CAMBRIDGE

Books of enduring scholarly value

Medieval History

This series includes pioneering editions of medieval historical accounts by eye-witnesses and contemporaries, collections of source materials such as charters and letters, and works that applied new historiographical methods to the interpretation of the European middle ages. The nineteenth century saw an upsurge of interest in medieval manuscripts, texts and artefacts, and the enthusiastic efforts of scholars and antiquaries made a large body of material available in print for the first time. Although many of the analyses have been superseded, they provide fascinating evidence of the academic practices of their time, while a considerable number of texts have still not been re-edited and are still widely consulted.

Notitia dignitatum

Otto Seeck (1850–1921) was a student of Theodor Mommsen, to whom he dedicated this, his first major work, published in 1876. Seeck went on to publish extensively on late antiquity; his six-volume history of the decline of the ancient world is still highly regarded. The 'Notitia dignitatum' edited here is an unparalleled source of data about the administrative structure of the later Roman empire, east and west. Originally compiled around 400 C.E., it survives in four late medieval copies deriving from a single early medieval manuscript that disappeared in the late sixteenth century. Organised hierarchically, it lists thousands of civilian and military posts from the officials of the imperial court to governors of individual provinces and commanders of army units. It includes illustrations – also copied from the lost manuscript – of the emblems associated with many key offices, together with the badges of the units serving under particular military commanders.

Cambridge University Press has long been a pioneer in the reissuing of out-of-print titles from its own backlist, producing digital reprints of books that are still sought after by scholars and students but could not be reprinted economically using traditional technology. The Cambridge Library Collection extends this activity to a wider range of books which are still of importance to researchers and professionals, either for the source material they contain, or as landmarks in the history of their academic discipline.

Drawing from the world-renowned collections in the Cambridge University Library and other partner libraries, and guided by the advice of experts in each subject area, Cambridge University Press is using state-of-the-art scanning machines in its own Printing House to capture the content of each book selected for inclusion. The files are processed to give a consistently clear, crisp image, and the books finished to the high quality standard for which the Press is recognised around the world. The latest print-on-demand technology ensures that the books will remain available indefinitely, and that orders for single or multiple copies can quickly be supplied.

The Cambridge Library Collection brings back to life books of enduring scholarly value (including out-of-copyright works originally issued by other publishers) across a wide range of disciplines in the humanities and social sciences and in science and technology.

Notitia dignitatum

Accedunt notitia urbis
Constantinopolitanae et laterculi provinciarum

OTTO SEECK

CAMBRIDGE
UNIVERSITY PRESS

University Printing House, Cambridge, CB2 8BS, United Kingdom

Cambridge University Press is part of the University of Cambridge.
It furthers the University's mission by disseminating knowledge in the pursuit of
education, learning and research at the highest international levels of excellence.

www.cambridge.org
Information on this title: www.cambridge.org/9781108081825

© in this compilation Cambridge University Press 2019

This edition first published 1876
This digitally printed version 2019

ISBN 978-1-108-08182-5 Paperback

This book reproduces the text of the original edition. The content and language reflect
the beliefs, practices and terminology of their time, and have not been updated.

Cambridge University Press wishes to make clear that the book, unless originally published
by Cambridge, is not being republished by, in association or collaboration with,
or with the endorsement or approval of, the original publisher or its successors in title.

NOTITIA DIGNITATUM.

NOTITIA DIGNITATUM

ACCEDUNT

NOTITIA URBIS CONSTANTINOPOLITANAE

ET

LATERCULI PROUINCIARUM

EDIDIT

OTTO SEECK.

BEROLINI
APUD WEIDMANNOS
MDCCCLXXVI.

THEODORO MOMMSEN

GRATO ANIMO

D. D. D.

INDEX RERUM.

Praefatio . . . . p. VII
Notitia Dignitatum in partibus Orientis . . . . p. 1
Notitia Dignitatum in partibus Occidentis . . . . p. 103
Notitia urbis Constantinopolitanae . . . . p. 227
Prouinciarum laterculi . . . . p. 245
    Laterculus Ueronensis . . . . p. 247
    Laterculus Polemii Siluii . . . . p. 254
    Notitia Galliarum . . . . p. 261
Indices . . . . p. 275
    Nomina uirorum et mulierum . . . . p. 277
    Index geographicus . . . . p. 277
    Magistratus et officia . . . . p. 301
    Legiones, quae ante Constantinum imperatorem extitisse
        uidentur . . . . p. 309
    Alae . . . . p. 311
    Cohortes . . . . p. 313
    Classes . . . . p. 315
    Numeri reliqui:
        I. equites . . . . p. 316
        II. pedites . . . . p. 320
    Notabilia uaria . . . . p. 327
    Conspectus officiorum ciuilium . . . . p. 335
    Conspectus officiorum militarium . . . . p. 336

PRAEFATIO.

Res critica librorum prope omnium, quos hoc volumine conprehendimus, aut tota aut magna ex parte nititur uno codice manu scripto, qui Spirae quondam adseruatus post medium s. XVI periit. Sed quoniam apographa eius quattuor extant, quae omnia ea cum cura facta sunt, ut etiam in minimis rebus conspirent, non est cur iacturam magnopere doleamus. De omnibus enim libri primarii scripturis, quin etiam de diuisione eius in paginas et columnas aeque constat ac si ipse maneret, atque adeo picturae eius felici quodam casu propemodum integrae ad nos peruenerunt. Et quod eis saeculis, quibus apographa illa confecta sunt, fieri solebat, uidelicet ut in antiqui exemplaris picturis describendis res ipsae quidem redderentur, sed adhiberetur nouella pingendi ratio et supellex, aedificia, similia in eas formas mutarentur, quae miniatoris aetate in usu essent, id in nostris quoque codicibus factum est; sed cum Othonem Henricum comitem Palatinum in eo exemplari, quod a clericis Spirensibus dono acceperat, picturarum immutatio offenderet, alterum earum exemplum confectum est, quod formas codicis primarii quam accuratissime redderet et libro priori adnexum principis desiderio sufficeret. Qui liber duplici picturarum serie adornatus adhuc in bibliotheca Monacensi adseruatur[1]). Itaque de omnibus codicis Spirensis partibus plenum et certum iudicium ferri potest.

Quo in libro scribendo cum librarius *a* littera aperta interdum usus esset, saeculo undecimo recentior non fuit, neque tamen ante medium saeculum nonum compositus,

---

[1]) u. Zur Kritik der N. D. Hermae t. IX p. 218.

utpote qui Dicuili librum a. 825 absolutum contineret. Qua re etiam hoc docemur libellos illos diuersissimos, qui in codice Spirensi extabant, aut tum demum in corpus unum redactos esse, cum ipse conscribebatur, aut non ita multo ante. Itaque singula, quippe quae ex fontibus diuersis manauerint, plane diuersa ratione tradita esse possunt, id quod re uera factum est. Erant autem omnia haec:

1. Picturae eae, quas Böckingius in primis editionis suae foliis describendas curauit.
2. *Aethicus.*
3. *Itinerarium Antonini*, cuius uersus primi usque ad uerba »*rationem quod mercurius*« aut rubricatoris neglegentia omissi erant aut saeculo XV ita euanuerant, ut legi iam non possent [1]).
4. *Septem montes urbis Romae.*
5. *Dicuil* [2]).
6. *Notitia Galliarum.*
7. *Laterculus Polemii Siluii.*
8. *De montibus, portis et uiis urbis Romae.*
9. *De rebus bellicis.* Impressus est in editionibus Notitiae Dignitatum *Basil. 1552; Lugd. 1608 append. p. 201; Geneu. 1623 append. p. 25; Paris. 1651 p. 164.*
10. *Disputatio Hadriani Augusti et Epicteti philosophi;* impressa in *Not. Dign. ed. Basil. 1552; Paris. 1651 p. 190.*
11. *Notitia urbis Romae* cum inscriptione hac: »*Urbs quae aliquando desolata nunc clariosior* (sic) *piissimo imperio restaurata.*«
12. *Notitia urbis Constantinopolitanae.*
13. *De gradibus cognationum;* impressus in *Corp. Iur. anteiust. ed. Böcking. p. 173; Iurisprudentia anteiustin. ed. Huschke p. 386.*
14. *Notitia Dignitatum.*

Partes 9—14 omnes picturis ornatae erant.

Librarius in codice Spirensi scribendo satis diligenter uersatus est, nam et litterae eius tam planae et expressae erant, ut ei qui postea codicem descripserunt, nisi locis quibusdam euanidis et carie corruptis in litterarum formis uix unquam haesisse uideantur, et corruptelas, quae ex

---

[1]) In edit. Parthey et Pinder genuinas codicis Spir. lectiones exhibent *TUV*; *OQ* e codice alio correcti sunt.
[2]) *V* in edit. Parthey, *B* in edit. Letronne e cod. Spirensi fluxerunt.

neglegentia scriptoris ortae sint, in eo haud ita multas inuenies. Sed cum opuscula geographica in codice Dresdensi 182 et notitiae urbium in codice Uindobonensi 162 ita legantur, ut dubitari nequeat quin ex eodem e quo Spirensis fonte fluxerint, his collatis librarius ille non nunquam interpolationis arguendus est [1]; quae latius fortasse serpsisset, nisi librorum omnium, quos codex continebat, ea ratio esset, quae rarissime tantum ingenio proprio indulgere permitteret. Itaque interpolationes illae nec multae nec fere maioris momenti sunt, si modo opuscula singula, quae librarius in corpus unum contulit, exemplis satis emendatis ad eum peruenerint. Ad haec ipsa ergo tota quaestio transferenda est, ac primum quidem de Notitia Dignitatum dicturi sumus, quae nisi in codice Spirensi nusquam traditur.

Liber [2] primarius, qui Not. Dignitatum solam continebat, constabat quaternionibus tredecim, quibus senio unus adiectus erat. Librarius in fine cuiusque dignitatis gradus, excepto clarissimatu, qui cum uno tantum folio contineretur, perfectissimatum sine diuisione praecessit, paginas singulas uacuas reliquerat; item tres inter notitias Orientis et Occidentis postque indicem utrumque conscriptae non fuerunt. Folium primum utrum uacuum an, quod magis placet, picturis ornatum fuerit, cum exciderit, definiri nequit. Paginae scripturae destinatae bipertitae erant, singulaeque columnae constabant uersibus uigenis senis, ita ut paginae totae uersuum quinquagenorum binorum capaces essent, quamuis interdum non plures quam binos uel ternos continerent. Nam spatiis eis, quae capitibus absolutis uacua remanserant, neque ad scribendum unquam neque ad pingendum librarius usus est, sed unum quodque caput incipiebat paginam neque minus duas complebat. Tabulis enim insignium scriptura nulla subiecta erat, etiamsi spatium abunde sufficiebat, et tam pictura quam contextus paginam suam tenebant. Atque inscriptiones capitum, quibus insignia

---

1) *Itin. Ant. p.* 527 genuina lectio: *Ortyx*, Dresd.: *Ortux* Spir.: *Ortigia*; *Not. urb. Rom. reg. VI 6*; 7 Vind.: *Statuam Mamuri, Templum dei Quirini*; Spir.: *Statuam mamuritam plumbeam dei Quirini*; *Not. urb. Const. II 11* addidit librarius Spir.: *Regio I continet*; VI 18 addidit: *habet*; IX 8: addidit: *ad*.

2) Omnia quae de codice archetypo dicturus sum, in libello *Quaestiones de Not. Dign. (Berol. 1872)* inscripto iam exposui; perpauca tantum re melius considerata h. l. a me immutata sunt.

nulla apposita erant (Or. I; Oc. I; VII; XLII) tanto
splendore pictor confecerat, ut paginam dimidiam uel
maius etiam spatium implerent. Commata eadem fere in
codice fuerunt, quae in editione nostra fecimus, sed cum
librarius ferme uteretur compendiis sollemnibus ut *praef.*,
com., *pp.*, *leg.*, *coh.*, *aug.*, notasque numerorum adhi-
beret, uersus multo breuiores euaserant. Praeter compendia illa, quae aut punctis aut uirgulis distincta fuisse
crediderim, uerba quae commata singula efficiebant con-
tinuata erant, ita ut librarii archetypum describentes
in diuisione uerborum saepissime peccarent. Perierunt
foliorum paria quattuor, suo loco mota sunt paria duo;
praeterea paginae nonnullae, quas librarius ad insignia
accipienda praetermiserat, pictoris incuria uacuae reman-
serunt.

Omnia, quae de forma codicis archetypi exposuimus,
imprimis foliorum deperditorum et transpositorum ratione
stare, uix est quod dicamus; et quia praeterea summi
momenti est, utrum capita ea, quae in indicibus promit-
tuntur, in ipso libro non inueniuntur, casu aliquo exci-
derint an nunquam in codice archetypo fuerint, discri-
ptionem quaternionum et foliorum integram proponam.
Et numerum commatum quidem ita posui, ut neque lacu-
nas neque dittographias in archetypo fuisse sumerem;
quare dubitari nequit, quin hac ex parte permulta dubia
maneant, quae tamen summae rei nusquam officiunt.

QUATERNIO I.

fol. 1 aut uacuum aut picturis ornatum.]
fol. 2 \ praeter inscriptionem summo splendore pi-
fol. 3 ∫ ctam indicem commatum 127 (10? + 52
  + 52 + 13?) continebat.
fol. 4a uacua relicta.
  b \ insignibus praefecti praetorio Orientis de-
fol. 5a ∫ stinatae erant, quae pictoris uitio omissa
  sunt.
  b \
fol. 6a ∫ Or. II commatum 72.
  b \
fol. 7a ∫ insignia praefecti praetorio per Illyricum.
  b   Or. III commatum 30.
fol. 8a   insignia praefecti urbis Constantinopoli-
    tanae.
  b   Or. IV.

QUATERNIO II.

fol. 9 insignia magistri militum praesentalis I.
fol. 10 Or. V commatum 50.
fol. 11 insignia magistri militum praesentalis II.
fol. 12 Or. VI commatum 51.
fol. 13 insignia magistri militum per Orientem.
fol. 14a Or. VII comm. 46.
fol. b
15a } insignia magistri militum per Thracias.
b Or. VIII comm. 40.
fol. 16 insignia magistri militum per Illyricum.

QUATERNIO III.

fol. 17a Or. IX comm. 41.
    b insignibus praepositi sacri cubiculi destinata erat, quae pictoris uitio omissa sunt.
fol. 18a Or. X comm. 2.
    b insignia magistri officiorum.
fol. 19 Or. XI comm. 50.
fol. 20a insignia quaestoris.
    b Or. XII comm. 4.
fol. 21a insignia comitis sacrarum largitionum.
    b Or. XIII comm. 32.
fol. 22a insignia comitis rerum priuatarum.
    b Or. XIV comm. 14.
fol. 23a insignia comitum domesticorum.
    b Or. XV comm. 6.
fol. 24a uacua relicta ad indicandum finem illustrium dignitatum.
    b insignia castrensis.

QUATERNIO IV.

fol. 25a Or. XVII comm. 10.
    b insignia primicerii notariorum.
fol. 26a Or. XVIII comm. 4.
    b insignia magistrorum scriniorum.
fol. 27a Or. XIX comm. 9.
    b insignia proconsulis Asiae.
fol. 28a Or. XX comm. 15.
    b insignia proconsulis Achaiae.

fol. 29a Or. XXI comm. 13.
  b insignia comitis Orientis.
fol. 30a Or. XXII comm. 27.
  b insignia praefecti Augustalis.
fol. 31a Or. XXIII comm. 17.
  b uacua relicta ad indicandum finem proconsularium dignitatum; u. C. Th. VI 22, 7.
fol. 32a insignia uicarii Asianae.
  b Or. XXIV comm. 19.

QUATERNIO V.

fol. 33a insignia uicarii Ponticae.
  b Or. XXV comm. 22.
fol. 34a insignia uicarii Thraciarum.
  b Or. XXVI comm. 17.
fol. 35a insignia uicarii Macedoniae.
  b Or. XXVII.
fol. 36a insignia comitis Aegypti.
  b Or. XXVIII comm. 42.
fol. 37a insignia comitis Isauriae.
  b Or. XXIX comm. 13.
fol. 38a insignia ducis Libyarum.
  b }
fol. 39a } Or. XXX supersunt comm. 6.
  b insignia ducis Thebaidos.
fol. 40 Or. XXXI comm. 54.

perierunt.

QUATERNIO VI.

fol. 41a insignia ducis Phoenices.
  b Or. XXXII comm. 36.
fol. 42a insignia ducis Syriae.
  b Or. XXXIII comm. 29.
fol. 43a insignia ducis Palaestinae.
  b Or. XXXIV comm. 40.
fol. 44a insignia ducis Osrhoenae.
  b Or. XXXV comm. 29.
fol. 45a insignia ducis Mesopotamiae.
  b Or XXXVI comm. 27.
fol. 46a insignia ducis Arabiae.
  b Or. XXXVII comm. 40.
fol. 47a insignia ducis Armeniae.
  b Or. XXXVIII comm. 37.
fol. 48a insignia ducis Scythiae.
  b Or. XXXIX comm. 33.

eiecta et inter quaterniones V et VI inserta sunt.

QUATERNIO VII.

fol. 49a insignia ducis Moesiae secundae.
fol. 50a b } Or. XL comm. 41.
    b insignia ducis Moesiae primae.
fol. 51a Or. XLI comm. 37.
    b insignia ducis Daciae ripensis.
fol. 52 Or XLII comm. 40.
fol. 53a uacua relicta ad indicandum finem spectabilium dignitatum.
    b insignia consularis Palaestinae.
fol. 54a Or. XLIII comm. 12.
    b insignia praesidis Thebaidos.
fol. 55a Or. XLIV comm. 12.
fol. 56a b } Or. XLV.
    b uacua relicta.

QUATERNIO VIII.

fol. 57 } Oc. I comm. 120 (10? + 52 + 52 + 6?)
fol. 58 }   praeter inscriptionem.
fol. 59a uacua relicta.
fol. 60a b } insignia praefecti praetorio Italiae.
fol. 61a b } Oc. II comm. 51.
    b librarii uitio una tantum pagina insignibus praefecti praetorio Galliarum accipiendis relicta erat; quae cum eis non sufficeret, uacua remansit.
fol. 62a Oc. III comm. 50.
    b insignia praefecti urbis Romae.
fol. 63a Oc. IV comm. 32.
fol. 64 b } insignia magistri peditum.

QUATERNIO IX.

fol. 65 } insignia magistri peditum.
fol. 66a }
fol. 67 b } Oc. V comm. 157 (51 + 52 + 51 + 3).
fol. 68a }

fol. 69a $\left.{b \atop b}\right\}$ insignia magistri equitum.

fol. 70a $\left.{b \atop b}\right\}$ Oc. VI comm. 53.

fol. 71 $\left.{b \atop }\right\}$ Oc. VII comm. 208 (14? + 50 + 50 + 48
fol. 72 $\quad\quad$ + 46?) praeter inscriptionem.

QUATERNIO X.

fol. 73a insignia praepositi sacri cubiculi ⎫
    b Oc. VIII. ⎭
⎡ fol. 74a insignia magistri officiorum.
⎢   b Oc. IX comm. 44.
⎢ ⎡ fol. 75a insignia quaestoris.
⎢ ⎢   b Oc. X comm. 4.
⎢ ⎢ ⎡fol. 76a insignia comitis sacrarum largitionum.
⎢ ⎢ ⎢ fol. 77 $\left.{b \atop }\right\}$ Oc. XI comm. 97.
⎢ ⎢ ⎣ fol. 78a insignia comitis rerum priuatarum.
⎢ ⎢   b Oc. XII comm. 35.
⎢ ⎣ fol. 79a insignia comitum domesticorum.
⎢   b Oc. XIII comm. 4.
    fol. 80a uacua relicta ad indicandum finem ⎫
        illustrium dignitatum.   ⎬
      b insignia primicerii sacri cubiculi. ⎭

    perierunt.

QUATERNIO XI.

fol. 81a Oc. XIV comm. 1.
    b insignia castrensis.
fol. 82a Oc. XV comm. 10.
    b insignia primicerii notariorum.
fol. 83a Oc. XVI comm. 3.
    b insignia magistrorum scriniorum.
fol. 84a Oc. XVII comm. 3.
    b insignia proconsulis Africae.
fol. 85a Oc. XVIII comm. 13.
    b uacua relicta ad indicandum finem proconsularium dignitatum.
fol. 86a insignibus uicarii urbis destinata, quae pictoris uitio omissa sunt.
    b Oc. XIX comm. 25.
fol. 87a insignia uicarii Africae.
    b Oc. XX comm. 19.

fol. 88a insignia uicarii Hispaniarum.
  b Or. XXI comm. 21.

QUATERNIO XII.

fol. 89a insignia uicarii Septem prouinciarum.
  b Oc. XXII comm. 31.
fol. 90a insignia uicarii Britanniarum.
  b Oc. XXIII comm. 19.
fol. 91a insignia comitis Italiae.
  b Oc. XXIV comm 2.
fol. 92a insignia comitis Africae.
  b Oc. XXV comm. 28.
fol. 93a insignia comitis Tingitaniae.
  b Oc. XXVI comm. 20.
fol. 94a insignia comitis Argentoratensis.
  b Oc. XXVII comm. 2.
fol. 95a insignia comitis litoris Saxonici.
  b Oc. XXVIII comm. 20.
fol. 96a insignia comitis Britanniarum.
  b Oc. XXIX comm. 11.

eiecta et inter qua-
terniones XII et
XIII inserta sunt.

QUATERNIO XIII.

fol. 97a insignia ducis Mauretaniae.
  b Oc. XXX comm. 19.
fol. 98a insignia ducis Tripolitanae.
  b Oc. XXXI comm. 25.
fol. 99a insignia ducis Pannoniae secundae.
fol. 100a b } Oc. XXXII comm. 48.
  b insignia ducis Ualeriae.
fol. 101 Oc. XXXIII comm. 52.
fol. 102a insignia ducis Pannoniae primae.
fol. 103a b } Oc. XXXIV comm. 43.
  b insignia ducis Raetiarum.
fol. 104 Oc. XXXV comm. 31.

SENIO.

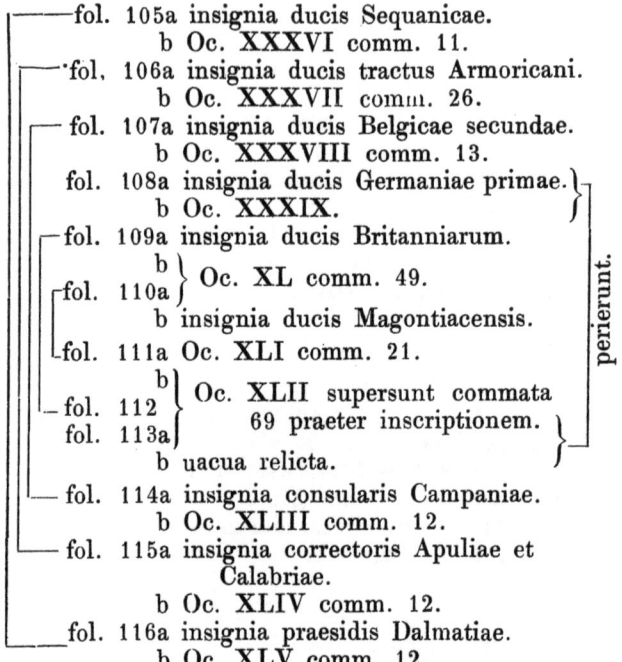

fol. 105a insignia ducis Sequanicae.
  b Oc. XXXVI comm. 11.
fol. 106a insignia ducis tractus Armoricani.
  b Oc. XXXVII comm. 26.
fol. 107a insignia ducis Belgicae secundae.
  b Oc. XXXVIII comm. 13.
fol. 108a insignia ducis Germaniae primae.
  b Oc. XXXIX.
fol. 109a insignia ducis Britanniarum.
  b
fol. 110a } Oc. XL comm. 49.
  b insignia ducis Magontiacensis.
fol. 111a Oc. XLI comm. 21.
  b
fol. 112 } Oc. XLII supersunt commata
fol. 113a   69 praeter inscriptionem.
  b uacua relicta.
fol. 114a insignia consularis Campaniae.
  b Oc. XLIII comm. 12.
fol. 115a insignia correctoris Apuliae et Calabriae.
  b Oc. XLIV comm. 12.
fol. 116a insignia praesidis Dalmatiae.
  b Oc. XLV comm. 12.

Codicem Spirensem per plures alios ex archetypo deriuatum esse mendorum ratio docet, quae plerumque ea est, ut nisi falsis scripturis per exemplaria plura propagatis explicari non possit. Quibus in mendis cum alia tum illud numerandum est, quod tam singula uerba quam tota commata in archetypo describendo omissa et postea in margine adscripta in codice Spirensi loco peruerso inserta sunt [1]). Praeterea interpolationes, quibus N. D. nunc scatet, eam diligentiam quin etiam sagacitatem in libro corrigendo produnt, quam a librario codicis Spirensis, cuius interpolandi rationem ex itinerario et notitiis urbium nouimus, haud facile expectaueris. Et primum compendia codicis archetypi maxima ex parte soluta sunt et, quod mireris, plerumque recte, nisi quod numeri singularis et pluralis et uoces ab eadem stirpe prouenientes

---

1) u. Zur Kritik der Not. Dign. Hermae t. IX p. 238.

ut praefectus et praefectura saepissime confunduntur[1]). Qua re perspecta facile apparebit, exitus uerborum pro traditis habendos non esse et pro ratione locorum ad arbitrium immutari posse. Tum interpolator diuersa libri capita diligenter inter se contulit, atque hic unum ex altero correxit, illic quae ei notatu digna uidebantur, in margine adscripsit, eaque ratione effecit; ut et glossemata permulta in contextum irreperent[2]) et menda semel admissa pluribus locis inferrentur[3]). Et cum perspexisset, insignia partem contextus plerumque referre, quod in archetypo tamen non semper factum est[4]), alteram partem ex altera adeo interpolauit, ut nunc insignium inscriptiones haud aliter ferme sint adhibendae, ac si excerpta sint e contextu ipso et eo quidem satis recenti, utpote qui iam litteris minusculis scriptus fuerit[5]). Itaque quoniam de uera insignium lectione restituenda desperaui, correxi in illis omnino nihil, sed menda, quae in codice Spirensi fuisse uidebantur, omnia intacta reliqui. Nam quia inscriptionum utilitas paene nulla erat, nisi ad contextum hic illic corrigendum, in uocabulis ita exhibendis, uti tradita essent, huic usui optime prospexisse mihi uidebar. Solae tabulae capitum Or. XXIX et XXXIX—XLII aut nihil aut non multum a forma antiqua recesserunt[6]) et in cap. Or. XXXVI pars tabulae posterior (13—17), reliquae inscriptionis omnes aut passim correctae sunt, aut id quod per totam Occidentis notitiam factum est, adeo e contextu descriptae.

Sed quoniam ad insignium inscriptiones peruentum est neque facile locus alius occurret, quo hanc rem absoluam, pauca de ratione dicenda sunt, qua in magi-

1) l. l. p. 240.
2) l. l. p. 234.
3) l. l. p. 229.
4) u. Die Zeit des Vegetius Herm. t. XI p. 73.
5) Zur Kritik der Not. Dign. p. 231; die Zeit des Vegetius p. 73. Haec interpolandi ratio adeo obuia erat, ut in apographis etiam codicis Spirensis alioquin fide dignissimis interdum grassata sit; u. Or. IX 5=26; 13=35; Oc. V 34=182; 75=224; 84=233.
6) Discrepant a contextu re ipsa XXXIX 3=12; XLI 10=18; mendis scripturae XL 8=13; XLI 8=17; XLII 8=21; ordine enumerationis XXXIX 5, 6=15, 14; XL; XLI 3, 4=13, 12; 9, 10=19, 18; XLII 3, 4=14, 13. Menda, quae in contextu et in insignibus repetantur, nulla inueni nisi hoc solum: XLII 9=18 *Uarina* pro *Uariana*, nam XXXIX 5=15 scriptura *Bireo* lectiòne Rauennatis et tabulae Peutingerianae confirmari uidetur, quamuis Theophylactus et itinerarium Anton. Βερόη et *Biroe* praebeant.

strorum militum insignibus inscriptiones recte positae agnoscantur, interpolatae corrigantur uel certe refellantur. Numeri enim militum, quorum nomina aut plane eadem sunt, nisi quod alteri seniores alteri iuniores appellantur, aut saltem similia ut sagittariorum Gallicanorum et sagittariorum Orientalium, aut qui alia qualibet re arte coniuncti sunt, ut e. g. Petulantes et Celtae, Brachiati et Cornuti, qui in Ammiani libris semper una nominantur neque facile in expeditione aut in hibernis diuulsi esse uidentur, insignibus clipeorum similibus uti solebant. Quod quamuis licentia pictorum et interpolatorum plerumque obscuratum sit, tamen nunc quoque non nunquam apparet. Similitudo autem illa interdum eiusmodi est, ut clipeis alioquin paribus pro colore caeruleo alterius in altero ruber ponatur, uel pro albo giluus, aut ut colores permutentur, e. g. ut in altero signum album in area rubra, in altero signum rubrum in area alba depingatur.

Quae ut probemus, primum de eis tabulis disputabimus, quae cum in codice archetypo inscriptiones insignium cum contextu iam propemodum conspirarent, interpolatione instituta damnum non admodum magnum perpessae sunt; id quod uel praecipue de insignibus magistrorum militum praesentalium iu partibus Orientis (V et VI) dicendum erit. Conferat ergo lector clipeos lanceariorum seniorum (V 2) et iuniorum (VI 7), Iouianorum Herculianorumque iuniorum (V 3; 4) et seniorum (Oc. V 2; 3), mattiariorum iuniorum (Or. V 7) et seniorum (VI 2), Dacorum et Scythorum et (Sarmatarum) Regiorum (VI 3; 4; 8), atque eadem similitudo, quam in his obseruabit, in insignibus quoque sagittariorum seniorum iuniorumque Gallicanorum (Or. V 13; 14) et sagittariorum iuniorum Orientalium dominicorumque (VI 14; 15) appareret, nisi in eo codice, quem nos describendum curauimus, in clipeis duobus (V 13; 14) angeli bini, quos alii codices ostendunt, omissi essent[1]. Et in clipeo tertiorum sagittariorum Ualentis (V 15) alioquin simillimo eiusdem modi angelos aliquando fuisse, quamquam in codicibus quos uidi omnibus perierunt, equidem persuasum habeo, clipeum autem eum, cui nomen sagittariorum seniorum Orientalium adscriptum est (VI 13), etiamsi pictorum licentiae multa tribuamus, cum reliquorum tamen sagittariorum insignibus nulla re comparari potest. Sed

---

[1] u. picturas editionis Böckingianae et Basiliensis 1552.

clipeum praecedens in ea tabula, quae apud Böckingium inuenitur, non angelos quidem sed aues duas ostendit, quae cum angelis facile confundi poterant; quos si inseramus, similitudo illa, quae requiritur, restituta est. Et nomina quoque Mattiacorum iuniorum et Constantinianorum (VI 11, 12), qui sagittarios seniores Orientales praecedunt, loco suo mota esse, Mattiacorum seniorum et Constantianorum insignia comparata ostendunt (V 11, 12), quae omnia corriguntur, si Tubantum nomen (VI 10) ad clipeum id referamus, quod sagittariis senioribus Orientalibus tribuitur, inscriptionesque reliquas iuxta positas sinistram uersus moueamus. Itaque in hac quoque tabula ordo clipeorum cum ordine eo, quo numeri in contextu propositi erant, non omnino conspirabat, atque inscriptiones eorum, ita uti nunc leguntur, in codice archetypo non fuerunt sed e contextu haustae sunt. Et ne quis credat, nos in interpolationibus statuendis nimis faciles fuisse, menda contextus apertissima cum in ea tabula, qua de agimus tum in insignibus capitis praecedentis repetuntur[1]). Ergo in eis etiam picturis, ubi partem inscriptionum recte positam esse probari potest, de reliquis dubitari licet, uel potius de nullo clipeo constat ex sola inscriptione, nisi aliae quoque rationes accedant. Quod in insignibus magistrorum militum praesentalium eo usque fit, ut in cap. V inscriptiones 2—4, 7, 8, 10—20, 23—25, in cap. VI 2—6, 14—20 ueras esse, paene affirmauerim, VI 10—13 ita corrigam, uti feci, de reliquis dubitem. Nam ut numeros eos omittam, de quibus iam disputaui, Theodosianorum clipei angelis singulis omnes ornati sunt (V 23—25; VI 23), cornutorum (VI 9) et Batauorum (V 8) insignia in Occidentis partibus eadem fere reperiuntur (V 14; 19), defensores (V 16) et uindices (VI 16) tam nominibus, quam insignium similitudine arte cohaerent, Uisos (V 20) et Teruingos (VI 20), quorum clipei, praesertim si picturas editionum Böckingianae et Basiliensis sequimur, nisi in coloribus non discrepant, utrosque populos Gothicos fuisse constat, Fortenses et Neruios (V 5; 6) Raetouarios (V 17) et Bucinobantes (VI 17), Angleuarios (V 18) et Falchouarios (VI 18), Hiberos (V 19) et Thraces (VI 19) simili quadam ratione coniunctos fuisse, quamuis probari non possit, nihil tamen nos uetat suspicari. Sed brachiatorum insignia (V 9) ab

---

1) *cf.* VI 24 = 22 = 65 = 63; V 12 = 53.

eis, quae in Occidentis notitia proponuntur (V 15) omnino
diuersa sunt, neque felices Honoriani (V 21), uictores
(V 22), felices Theodosiani (Vl 21), felices Arcadiani
(VI 22), ubi repetiti sunt (Or. VII 3; Oc. V 37; Or. V
25; VII 2) utuntur clipeis similibus.

In insignibus magistri militum per Orientem (VII)
exceptis clipeis felicium Arcadianorum et Honorianorum,
quibus de modo dictum est, dubitandi causas non iuueni,
in reliquis autem id quidem probari potest, inscriptiones
perperam positas esse, sed quomodo recte ponantur, nisi
in parte tabularum trium cap. V not. Oc. indicari non
potest. Quas uti potuero emendatas hoc loco lectoribus
proponam [1]).

[1] *cf.* Zur Kritik der N. D. p. 233.

PRAEFATIO.   XXIII

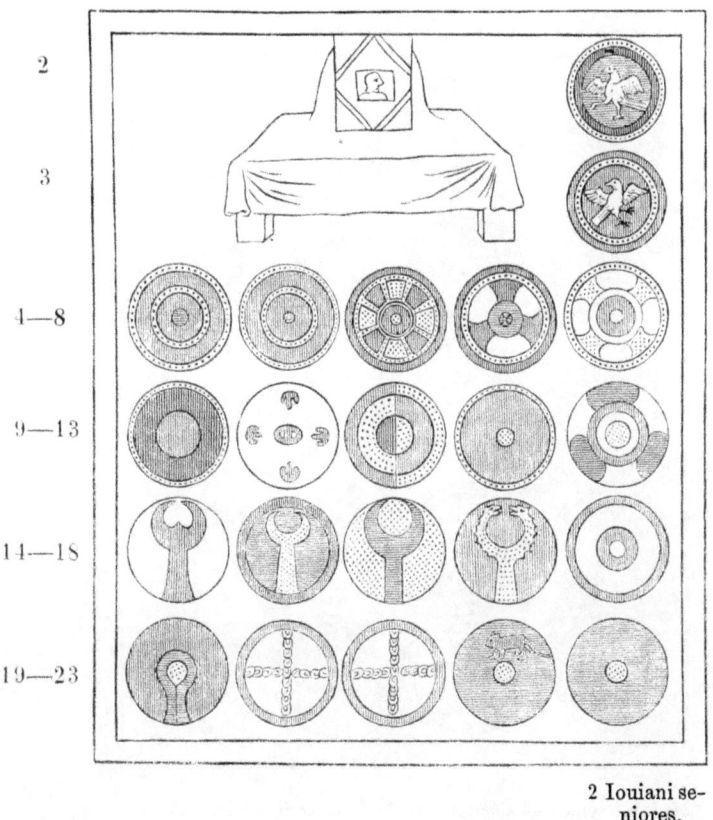

                                                                   2 Iouiani se-
                                                                     niores.
                                                                    cf. Or. V 3.
                                                                    3 Herculiani
                                                                    seniores.
                                                                    cf. Or. V 4.

4 Armigeri   5 Armigeri   6 Lancearii   7 ?   8 ?
  propugna-   propugna-   Sauarien-
  tores senio-   tores iuni-   ses? cf. Or.
  res? cf. 5.   ores? cf. 4.   V 2; VI 7.
9 ?   10 ?   11 ?   12 ?   13 ?
14 Cornuti 15 Brachiati 16 Petulantes 17 Celtae se- 18 Heruli se-
  seniores.   seniores.   seniores.   niores. cf.   niores.
  cf. 25; Or.   cf. 51.   cf. 17; u.   16; 59.
  VI 9   praef. p. XVIII.
19 Bataui se- 20 Mattiaci 21 Mattiaci 22 Ascarii se- 23 Ascarii iuniores. cf.   seniores. cf. iuniores.   niores. cf.   niores. cf.
  Or. V 8.   21; Or. V   cf. 20.   23.   22.
              12; VI 11

XXIV   PRAFFATIO.

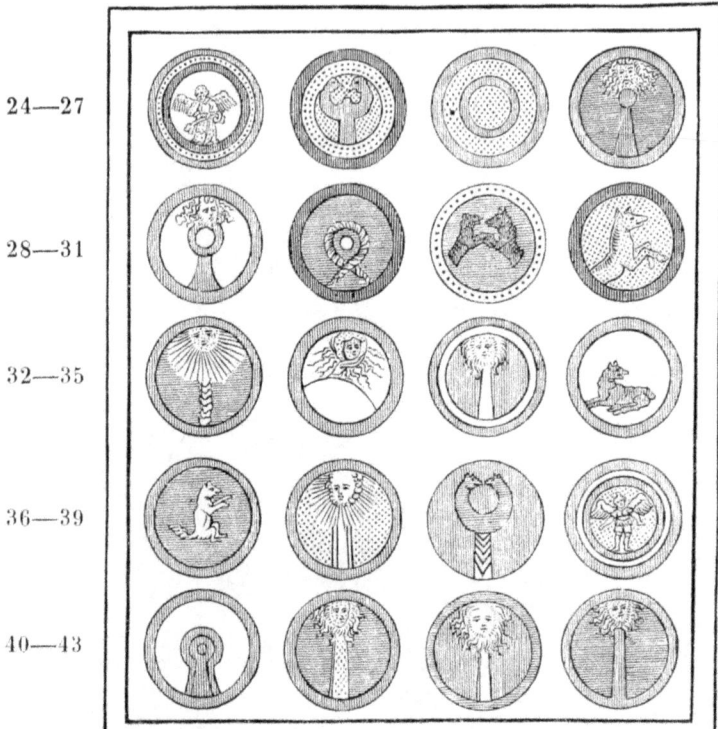

24—27

28—31

32—35

36—39

40—43

24 Iouii seniores.	25 Cornuti iuniores. cf. 14.	26 Sagittarii Neruii.	27 Leones seniores. cf. 28; capita barbata. crinita e leonum capitibus corrupta esse uidentur.
28 Leones iuniores. cf. 27.	29 ?	30 ?	31 ?
32 ?	33 ?	34 ?	35 ?
36 ?	37 ?	38 ?	39 Iouii iuniores? cf. 24.
40 ?	41 ?	42 ?	43 ?

PRAEFATIO.   XXV

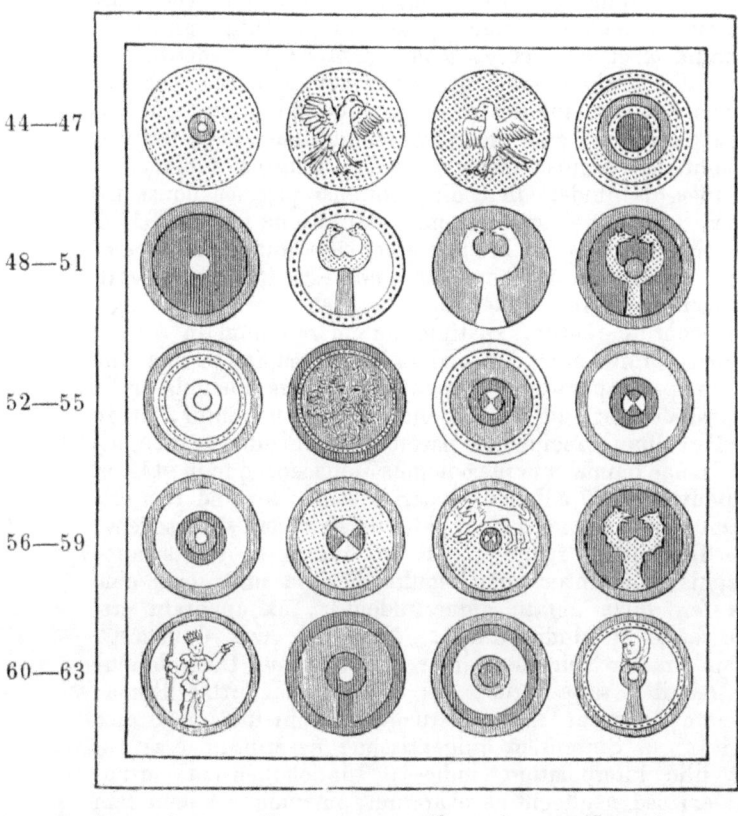

44   ?   45   ?   46   ?   47   ?
48   ?   49   ?   50   ?   51 Brachiati iu-
                                          niores. cf. 15;
                                          196.
52 Honoriani   53 Marcoman-   54 Honoriani   55 Brisigaui se-
   Atecotti se-   ni. in cap. VII   Atecotti iu-   niores. cf. 56;
   niores. cf. 54;   38 semel tan-   niores. cf. 52;   201.
   197.   tum ponun-   200.
                   tur; in cap.
                   V 198, 199 bi-
                   pertiti sunt.
56 Brisigaui iu-   57 Honoriani   58 Honoriani   59 Celtae iuni-
   niores. cf. 55;   Mauri senio-   Mauri iunio-   ores. cf. 17.
   202.   res. cf. 58;   res. cf. 57;
                   203.   204.

Praeter ea menda, quibus de egimus, corruptelae perquam multae ex litteris anglosaxonicis male lectis enatae sunt, quod in primis apparet in permutationibus litlerarum *n* et *r*, *r* et *y*, *a* et *u* tam saepe repetitis, ut fere ad arbitrium unam pro altera ponere liceat. Diuisio autem illa columnarum et paginarum, quam in archetypo fuisse uidimus, cum magnam et inutilem, ut uidebatur, membranae profusionem requireret, penitus sublata est. Et insignia quidem in codice Spirensi paginas nouas incipere solebant — spatium enim alia ratione non suffecisset — sed contextus, si breuior erat, non nunquam subiciebatur tabulae et ubi hoc factum non est, ita scriptus erat, ut commata prima: *sub dispositione etc.* per totam paginam continuarentur, spatium autem reliquum in tot columnas diuideretur, ut maiora etiam capita pagina una plerumque caperet. At capita ea, quibus insignia nulla opposita erant, ita praecedentibus adnectebantur, ut in media columna incipientes partem illorum efficere uiderentur. Quae omnia cum in codicibus Monacensi quoque (*M*) et Canoniciano (*C*) adhuc obseruari possint neque ad rem criticam magni momenti sint, plura de eis dicere supersedeo.

De libellis reliquis, qui in codicis Spirensis apographis reperiuntur, haud multa dicenda sunt, cum omnia fere quae notatu digna uidentur, ex apparatu critico facile concludi possint. Nam not. urb. Constant., quam praeter Spirensem liber antiquissimus Uindobonensis omnibus satis notus, qui topographiae urbis Romae operam dederunt, nobis seruauit, ita in utroque codice legitur, ut Spirensem diligentissime descriptum esse sed hic illic interpolatum iudices, Uindobonensem purum quidem sed negligentius exaratum, utrumque autem tam prope ad codicem archetypum accedere, ut haud scias, cui plus tribuas. At laterculus Pol. Siluii et not. Gall. codicibus innumerabilibus et multis quidem uetustissimis inserti sunt, sed in codice Spirensi plane singulari ratione traduntur. Laterculus enim ualde interpolatus est, sed tempore tam remoto, ut interpolationes eaedem iam Paulo Diacono notae fuerint[1]), notitiae autem Galliarum exemplar nullum tam fidum archetypi imaginem reddit, quam Spirensis liber littera C in editione nostra notatus. De stemmate codicum, quod editioni praeposuimus, fusius disputandum esse non duxi; neque enim res tot uerbis

---

1) u. Mommsen, Laterculus Polemii Siluii, Abhandlungen der sächs. Gesellsch. der Wissensch. Phil.-hist. Cl. 1857 p. 231 ff.

digna uidebatur, quot haec disputatio requirebat, et in
libello tam paruo omnes, quorum interest, facillime ipsi
rationes cognationum inuenire possunt. In editione instruenda pro ratione rerum diuersas
uias ingressi sumus; et Notitiam urb. Constant. quidem,
quae a doctulo aliquo stilo quam maxime elaborato con-
scripta est eodem modo tractauimus, qui in edendis aucto-
ribus antiquis dudum receptus est, sed in meris nominum
enumerationibus philologica emendandi ratio aut pericu-
losa fuisset aut superflua. Itaque laterculum Ueronensem ex
editione Mommseniana [1]) repetiuimus librariorum uitiis eo
usque correctis, ut nomina prouinciarum quodammodo
agnosci possent, orthographia autem uitiosa et mendis,
qui cum plena certitudine corrigi nequirent, ita uti tradita erant relictis. Et in laterculo Polemii Siluii et notitia Galliarum nihil omnino correximus, sed quae in archetypo fuisse uidebantur, quam fidissime expressimus, lectionibus codicum rectis quidem sed ex interpolatione ortis
in apparatum criticum nonnunquam reiectis. Qua de re
ut iudicium plenum et certum ferre liceret, sufficiebant,
quod ad laterculum attinet, codices quattuor, quibus iam
Mommsenus usus erat; reliquis ergo, quorum notitiam
habui, omnibus neglectis, id solum in apparatu Momm-
seniano immutauimus, ut pro apographo codicis Spirensis secundario primarium adhiberemus. Atque ad notitiae
quoque Galliarum archetypum restituendum suffecissent
codices tres, unum libri Spirensis apographum (C) codex-
que unus familiae a et d; sed cum interpolationes libelli
huius, ut quae ad initium saeculi quinti redirent, non
nullius momenti essent, ut de his constaret et antiquis-
simae a recentioribus discerni possent, cuiusque familiae,
quam equidem nossem, adhibui exemplaria bina ea, quorum aut collationes optimas praesto haberem aut quae
ex familiis alienis minime correcta uiderentur. Nam et
codices, qui ex familiis pluribus conflati erant, et fami-
lias, qui ex classibus pluribus, abieci omnes, excepto
codice A^1 et qui ad explicandas huius lectiones facerent,
$A^2 A^3 B b$; ille enim, cum aut ipse aut eius simillimus a
Sirmondo publici iuris factus esset, uulgatae instar erat,
quae cum usque ad hunc diem auctoritate maxima uteretur, negligi non potuit. Et ne quis miretur, me codicem saeculo septimo exaratum tam parui aestimare, hoc

1) Das Provinzenverzeichnis vom Jahre 297, Abhandl. der Ber-
liner Akad. der Wissensch. 1862 p. 489 ff.

addere liceat, exemplaria singularum familiarum, quae
nos adhibuimus, prope omnia saeculis nono et decimo
scripta esse, ita ut a probabilitate minime abhorreat, ar-
chetypos earum uel antiquiores fuisse codice Sirmon-
diano.

In libris eis, quorum contextus testium plurium fide
nitebatur, familiae cuiusque specimina bina satis super-
que uidebantur, in Notitia Dignitatum autem, quae tota
ex uno fonte haurienda erat, apographa eius omnia adhibui. Auctoritati codicis unius ex eis qui superstites
essent, totum me addicere nolui neque potui; omnes enim
tam diligenter descripti sunt, ut plerumque etiam in minimis rebus conspirent, et ubi dissentiunt, consensus partis maioris, id quod raro alias euenit, fere pro tradita
lectione habenda est. Uariam lectionem integram dedi,
nisi quod minutias mere orthographicas suppressi, et plura
fortasse supprimenda erant, quae editor parum adhuc ex-
pertus, quamuis inutilia esse perspexissem, nimis anxius
in apparatum criticum recepi. In nominibus urbium locorum populorum barbarorum, exceptis notissimis ut e. g.
Rauenna, Astures, nihil immutaui, sed quae in codice
Spirensi scripta fuisse persuasum habebam, ea in contextu religiose proposui, omnibus quae ad emendanda uel
explicanda nomina facerent, in adnotationes reiectis. Con-
iecturas, quae res ipsas spectarent, aut si certae erant
aut si conspectus generalis locorum in huiusmodi catalogo
minime contemnendus hac re iuuaretur, in contextum
recepi; reliquas, nisi quae nullam probabilitatem habere
uiderentur, proposui in adnotationibus. Omnes autem
litteris inclinatis distingui iussi, ita ut ubique primo ob-
tutu appareat, quae tradita sint, quae ex coniectura posita. In rebus orthographicis, etsi recta scribendi ratio
iam eo tempore, quo Notitia Dignitatum composita est,
non semper obseruata sit, me tamen nimis anxie codicum
auctoritati addictum fuisse, nunc quidem perspicio, sed
libro iam dudum impresso nihil immutari potest. Insignia ex ea codicis Monacensis parte, quam fidelissimam
archetypi imaginem reddere supra (p. VII) indicaui, charta
dilucida paginis imposita diligenter efficta sunt et postea
eo instrumento, quod ciconiae rostrum appellamus, ligno
inscriptae. Cum autem miniator, qui illam codicis partem confecit, in pingendis rebus minutis et curam maiorem requirentibus non nunquam negligentius uersatus
esset, melius me lectorum commodo consulturum esse

putaui, si insignia magistrorum militum ex altera codicis parte nouella quidem ratione sed multo maiore cum diligentia composita describi iuberem. Quod ut facerem, ea quoque ratione adductus sum, ut uiris doctis, qui accuratiorem de insignibus quaestionem instituere uellent neque codices ipsos praesto haberent, quandam conferendi facultatem praeberem. Mea enim editione emissa tria picturarum, quibus de agitur, exemplaria habebunt, quae omnia riuulis diuersis ex communi fonte fluxerunt, scilicet picturas editionis Basiliensis[1] e Spirensi ipso descriptas, Böckingianas ex codicis Monacensis parte posteriore haustas, meas, quae ex eiusdem libri parte priore originem ducunt.

Quod ad Notitiam Dignitatum edendam eis subsidiis instructus accessi, ut lectiones quae recipiantur dignas posthac ex codicibus manu scriptis prolatum iri paene negare audeam, amicorum comitate et praecipue Theodori Mommseni praeceptoris optime de me meriti beneuolentia effectum est. Nam et quae mihi ab aliis collata sunt, magna ex parte eo interueniente impetraui, et ubi ipse in hoc laborum genere adhuc inexpertus haerebam, dux peritissimus uias monstrauit atque aperuit. Itaque libros omnes, ex quibus Spirensis deperditi notitia haurienda est, aut ipse contuli aut alii a me rogati contulerunt. Ex quibus de Boor amicitiae, qua iam a primis studiorum annis coniuncti sumus, haud uulgare documentum dedit, cum Londinio, ubi tum uersabatur, Oxoniam profectus est, ut laborem codicis Canoniciani (*C*) conferendi satis taediosum susciperet. Quo opere perfecto de locis quibusdam, qui mihi dubii remanserant, uu. dd. Neubauer et Bywater Oxonienses certiorem me fecerunt. Et librum Parisinum (*P*), postquam a u. d. Geppert acceperam, Böckingii collationem fide dignam non esse, u. d. Otto Hirschfeld qua est comitate in usum meum pro parte contulit, pro parte lectiones Böckingianas suppleuit et correxit. Codicem Palatinum (*M*) ipse primum Monaci euolui a praefectis bibliothecae regiae Foeringer et Halm benignissime adiutus, tum ministerio regio interueniente ad me Berolinum missum denuo inspexi; item Uindobonensi libro (*V*) eiusdem ministerii auxilio liberalissimo bis mihi uti licuit. Quod autem ad opuscula minora attinet, codices notitiae urbis Constant. omnes contuli

---

1) Eaedem repetitae sunt in editionibus Pancirolianis.

ipse, notitiae Galliarum Parisinum *d* mea causa euoluit Hirschfeld, librorum Coloniensium apographa u. d. Wattenbach, antequam imprimerentur, mihi utenda concessit; praeterea uu. dd. Schmitz Coloniensis et Gardthausen Lipsiensis collationes codicum nonnullorum a se factas benignissime mecum communicauerunt, quas tamen, ne moles apparatus critici in immensum cresceret, adhibere nolui. Adiumenta reliqua editionis libris impressis debeo, qui cum in omnium manibus uersentur, plura de eis dicere supersedeo.

Opere post trium annorum curas absoluto nemo credo me ipso melius perspiciet, quam multa aliis supplenda et corrigenda reliquerim; id autem me effecisse reor, ut in libris omnibus, quos hoc uolumine coniunxi, iam de lectionibus, quae pro traditis accipiendae sint, ubique constet. Et haec, quam uel maximam huius libri utilitatem duxerim, non tam mihi ipsi debetur quam amicorum et fautorum huius operis benignissimis studiis. Quibus omnibus inprimis Mommsenio, de Borio, Hirschfeldio gratias maximas ago et omnes acturos esse puto, qui aliquando hoc libro usuri sunt.

Parisiis, mense Augusto MDCCCLXXVI.

NOTITIA DIGNITATUM.

C   Oxoniensis Canonicianus lat. misc. 378   s. XV.
P   Parisinus 9661   s. XV.
V   Uindobonensis 3103   s. XV.
M   Monacensis 10291   s. XVI.
M¹ inscriptiones picturarum, quae contextui insertae sunt.
M² inscriptiones picturarum, quae ad finem libri adnexae sunt.
Nota codicis uncis rotundis inclusa indicaui, mihi de lectione eius
   non constare.
Quae nulla re in apparatu critico adnotata litteris inclinatis in con-
   textu impressa sunt, in codicibus omnibus sine lacunae indicio
   omittuntur.
In clipeis, qui p. 11—31; 115—144 in insignibus picti sunt, indi-
   cantur colores hoc modo:

   albus.   ruber.

   giluus.   caeruleus.

I.

Notitia dignitatum omnium, tam ciuilium quam militarium, in partibus Orientis.

2 Praefectus praetorio Orientis.
3 Praefectus praetorio Illyrici.
4 Praefectus urbis Constantinopolitanae.
5 Magistri equitum et peditum in praesenti duo.
6   Equitum et peditum per Orientem.
7   Equitum et peditum per Thracias.
8.   Equitum et peditum per Illyricum.
9 Praepositus sacri cubiculi.
10 Magister officiorum.
11 Quaestor.
12 Comes sacrarum largitionum.   Böck. p. 4
13 Comes rerum priuatarum.
14 Comites domesticorum duo:
15   Equitum.
16   Peditum.
17 Primicerius sacri cubiculi.
18 Primicerius notariorum.
19 Castrensis sacri palatii.

    1 o͞im dignitatum V ‖ ciuium CV ‖ in om. P ‖ 2 refectus V spatio rubricae uacuo relicto. ‖ 3 ollyrici P ‖ 9 p͞p CPM papa V^r ‖ sacri om. M ‖ 12 co͞m CPV comites M ‖ 13 co͞m CP co͞mi V comites M ‖ 14 domestici corum P

	20	Magistri scriniorum:
	21	Memoriae.
	22	Epistolarum.
	23	Libellorum.
	24	Graecarum.
	25	Proconsules II:
	26	Asiae.
	27	Achaiae.
	28	Comes Orientis.
	29	Praefectus Augustalis.
	30	Uicarii quatuor:
	31	Asianae.
	32	Ponticae.
	33	Thraciarum.
	34	Macedoniae.
	35	Comites rei militaris duo:
	36	Aegypti.
	37	Isauriae.
	38	Duces *tredecim:*
	39	Per Aegyptum duo:
	40	Lib*y*arum.
Böck. p. 5	41	Thebaidos.
	42	Per Orientem sex:
	43	Foenicis.
	44	Eufratensis et Syriae.
	45	Palaestinae.
	46	Osrhoenae.
	47	Mesopotamiae.
	48	Arabiae.
	49	Per Ponticam unus:
	50	Armeniae.
	51	Per Thracias duo:
	52	Moesiae secundae.

20 magister M ǁ 24 crecarum PV ǁ 25 *post* 27 *colloc.* V ǁ 27 achie V ǁ 29 profectus P ǁ 40 librarum $CPVM$ ǁ 46 osrhoe C ǁ 49 ponticum M.

53   Scythiae.
54   Per Illyricum II:
55   Daciae ripensis.
56   Moesiae primae.
57 Consulares XV:
58   Per Orientem V:
59   Palaestinae.
60   Foenicis.
61   Syriae.
62   Ciliciae.
63   Cypri.
64   Per Asianam tres:
65   Pamfyliae.
66   Hellesponti.
67   Lydiae.
68   Per Ponticam II:
69   Galatiae.
70   Bithyniae.   Böck. p. 6
71   Per Thracias II:
72   Europae.
73   Thraciae.
74   Per Illyricum III:
75   Cretae.
76   Macedoniae.
77   Daciae mediterraneae.
78   Aegyptus autem consularitatem non habet.
79 Praesides XL:
80   Per Aegyptiacam quinque:
81   Libyae superioris.
82   Libyae inferioris.
83   Thebaidos.
84   Aegypti.
85   Arcadiae.

56 mesce *V* ‖ 60 fonicis *CPV* ‖ 77 mediterranie *C'* ‖ 80 aegyptiaca *M*.

	86	Per Orientem VIII:
	87	Palaestinae salutaris.
	88	Palaestinae secundae.
	89	Foenicis Libani.
	90	Eufratensis.
	91	Syriae salutaris.
	92	Osrhoenae.
	93	Mesopotamiae.
	94	Ciliciae secundae.
	95	Per Asianam VII:
	96	Pisidiae.
	97	Lycaoniae.
Böck. p. 7	98	Frygiae Pacatianae.
	99	Frygiae salutaris.
	100	Lyciae.
	101	Cariae.
	102	Insularum.
	103	Per Ponticam VIII:
	104	Honoriados.
	105	Cappadociae primae.
	106	Cappadociae secundae.
	107	Helenoponti.
	108	Ponti Polemoniaci.
	109	Armeniae primae.
	110	Armeniae secundae.
	111	Galatiae salutaris.
	112	Per Thracias quatuor:
	113	Haemimonti.
	114	Rhodopae.
	115	Moesiae secundae.
	116	Scythiae.
	117	Per Illyricum octo:
	118	Thessaliae.
	119	Epiri ueteris.
	120	Epiri nouae.

89 fonitis V || 92 osyhene C || 103 ponticum P || 107 helepo M.

121 Daciae ripensis.
122 Moesiae primae.
123 Praeualitanae.
124 Dardaniae.
125 Macedoniae salutaris.
126 Correctores duo: Böck. p. 8
127 Augustamnicae.
128 Paflagoniae.

II.

Insignia praefecti praetorio per Orientem desiderantur.

1 Sub dispositione uir*i* illustris praefect*i* Böck. p. 9
    praetorio per Orientem sunt¹) dioceses
    infrascriptae:
2   Oriens.
3   Aegyptus.
4   Asiana.
5   Pontica.
6   Thracia.
7   Prouinciae:
8   Orientis quindecim:
9   Palaestina.
10   Foenice.
11   Syria.
12   Cilicia.

1) sunt *del. Gelenius.*

124 darniae *P* || 127. 128 augustani incepaflagonie *V*

II.

1 uirorum illustrium praefectorum (prefectorum *C*) *CPVM* || dioceses] *ita codd. ubique omnes; cf. Sulp. Seu. epist. I 10; III 6. dial. II 3, 1; 9, 6; Cod. Iust. I 5, 8; 27, 1 § 15; § 19; 2 § 13; 37, 1; Cod. Th. I 5, 6; 12; VIII 5, 42; XVI 1, 3; Const. Sirm. 3* || 9 palastina *V* || 10 fonice *V.*

OR. II. PRAEFECTUS PRAETORIO PER ORIENTEM.

    13   Cyprus.
    14   Arabia [et dux et comes rei militaris].
    15   Isauria.
    16   Palaestina salutaris.
    17   Palaestina secunda.
    18   Foenice Libani.
    19   Eufratensis.
    20   Syria salutaris.
    21   Osrhoena.
    22   Mesopotamia.
    23   Cilicia secunda.
    24 **Aegypti quinque:**
    25   Libya superior.
    26   Libya inferior.
Böck. p. 10 27   Thebais.
    28   Aegyptus.
    29   Arcadia.
    30 **Asianae decem:**
    31   Pamfylia.
    32   Hellespontus.
    33   Lydia.
    34   Pisidia.
    35   Lycaonia.
    36   Frygia Pacatiana.
    37   Frygia salutaris.
    38   Lycia.
    39   Caria.
    40   Insulae.
    41 **Ponticae decem:**
    42   Galatia.
    43   Bithynia.
    44   Honorias.
    45   Cappadocia prima.
    46   Cappadocia secunda.

18 fenices *C* foenices *P* fonices *V* phoenices *M* ‖ 21 osyhoena *C* ‖ 30 asiae *P* asiana *V* ‖ 36 *post 40 colloc.* *V* ‖ 37 saluatoris *P* ‖ 43 bithimia *V*.

47	Pontus Polemoniacus.
48	Helenopontus.
49	Armenia prima.
50	Armenia secunda.
51	Galatia salutaris.
52	Thraciae sex:
53	Europa.
54	Thracia.
55	Haemimontus.
56	Rhodopa.
57	Moesia secunda.
58	Scythia.
59	Officium uiri illustris praefecti praetorio Orientis:
60	Princeps.
61	Cornicularius.
62	Adiutor.
63	Commentariensis.
64	Ab actis.
65	Numerarii.
66	Subadiuuae.
67	Cura epistolarum.
68	Regerendarius [2].
69	Exceptores.
70	Adiutores.
71	Singularii.
72	Praefectus praetorio Orientis euectiones annuales non habet, sed ipse emittit.

Böck. p. 11

[2] *Quamvis Cassiod. uar. XI, 29 et Joh. Lyd. de mag. III, 4; 21 formam* regendarius *commendent, nihil tamen consensu codicum trium vel omnium tot locis obstante immutare ausus sum.*

48 hellenopontus *P* ‖ 50 aremenia *C* ‖ 51 calacia *CP* calatia *VM* ‖ 55 haemimonitiis *P* ‖ 56 rhodapa *P sed correx.* ‖ 59 offitum *V* ‖ 66 suba uiue *C* subaiuuae *P* suba^d^iuue *V* suba uiuae *M* ‖ 68 regendarius *V* ‖ 72 praefectus praetorio Orientis] prefectura prefec̄ *C* praefectus prefectus *(P)* prefectura pref' *V* praefectura praeī *M*.

III.

Böck. p. 12 Insignia uiri illustris praefecti praetorio per Illyricum.

1 uirorum illustrium praefectorum (prefectorum *V*) *CPVM*.

OR. III. PRAEFECTUS PRAETORIO PER ILLYRICUM.

Böck. p. 13

2. 3

4   Sub dispositione uir*i* illustri*s* praefec*ti* praetorio per Illyricum sunt[1]) dioceses infrascriptae:
5   Macedonia.
6   Dacia.
7   Prouinciae Macedoniae sex:
8   Achaia.
9   Macedonia.
10   Creta.

1) sunt *del. Gelenius.*

2. 3 *om.* V ‖ 4 uirorum illustrium praefectorum (prefectorum CV) $CPVM$ ‖ dioces C ‖ 9 macedo C.

OR. III. PRAEFECTUS PRAETORIO PER ILLYRICUM.

11   Thessalia.
12   Epirus uetus.
13   Epirus noua et pars Macedoniae salutaris.
14   Prouinciae Daciae quinque:
15   Dacia mediterranea.
16   Dacia ripensis.
17   Moesia prima.
18   Dardania.
19   Praeualitana et pars Macedoniae salutaris.
20 Officium uiri illustris praefecti praetorio per Illyricum:
21   Princeps.
22   Cornicularius.
23   Adiutor.
24   Commentariensis.
25   Ab actis.
26   Numerarii quatuor; in his auri unus, operum alter.
27   Subadiuua [2]).
28   Cura epistolarum.
29   Regerendarius.
30   Exceptores.
31   Adiutores.
32   Singularii.
33 Praefectus praetorio Illyrici ipse emittit.

IV.

Excidit folium unum, quod pagina altera continebat insignia praefecti urbis Constantinopolitanae, altera, quae sub dispositione eius erant.

2) *scrib.* Subadiuuae.

20 uirorum illustrium praefectorum (prefectorum *CV*) *CPVM* ‖ 26 hiis *V*‖auri *om. M* ‖ oper̄ *CPVM* ‖ 33 *om. V* ‖ praefectus praetorio] pref̄ pref̄ *C* prefec̄ pref̄ *P* praefec̄ praef̄ *M*.

V.

Insignia uiri illustris magistri militum praesentalis. Böck. p. 17

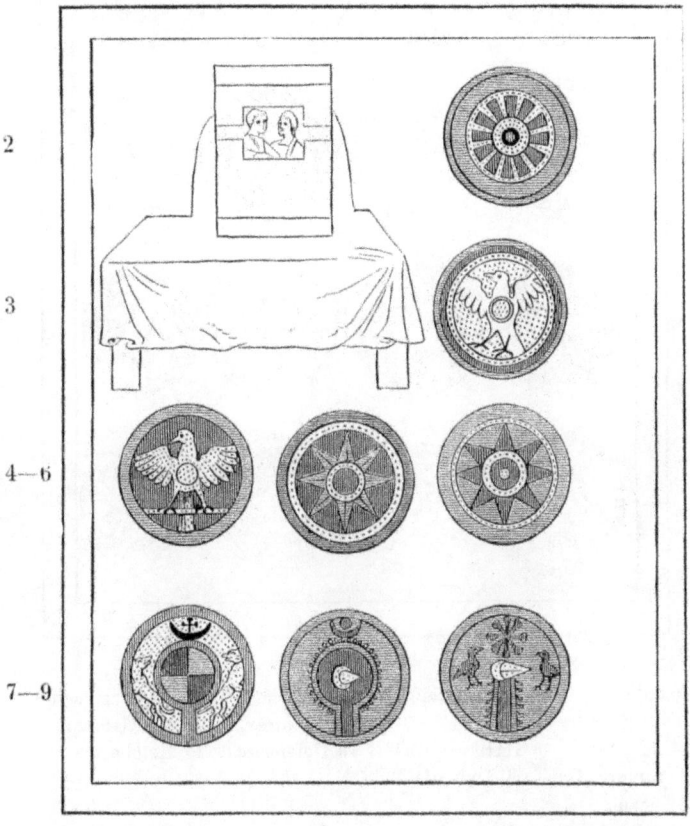

                                    2 Lanciarii seniores.
                                    3 Iouiani iuniores.
4 Herculiani iuniores.   5 Fortenses.   6 Neruii.
7 Matiarii iuniores.   8 Bataui seniores.   9 Brachiati iuniores.

Picturae cap. V—IX ex M^1 *descriptae sunt.* ‖ 1 milicii M^2 ‖ presentialis *C* ‖ *ordo nominum h. m. perturbatus est in V:* 4, 5, 2, 7, 8, 3, 6, 9 ‖ 3 louiarii minores *V* ‖ 4 herculiarii *V* ‖ 7 marciarii *V* martiarii M^2 ‖ minores *V* ‖ 8 batani M^2 ‖ 9 minores *V*.

12 OR. V. MAGISTER MILITUM PRAESENTALIS I.

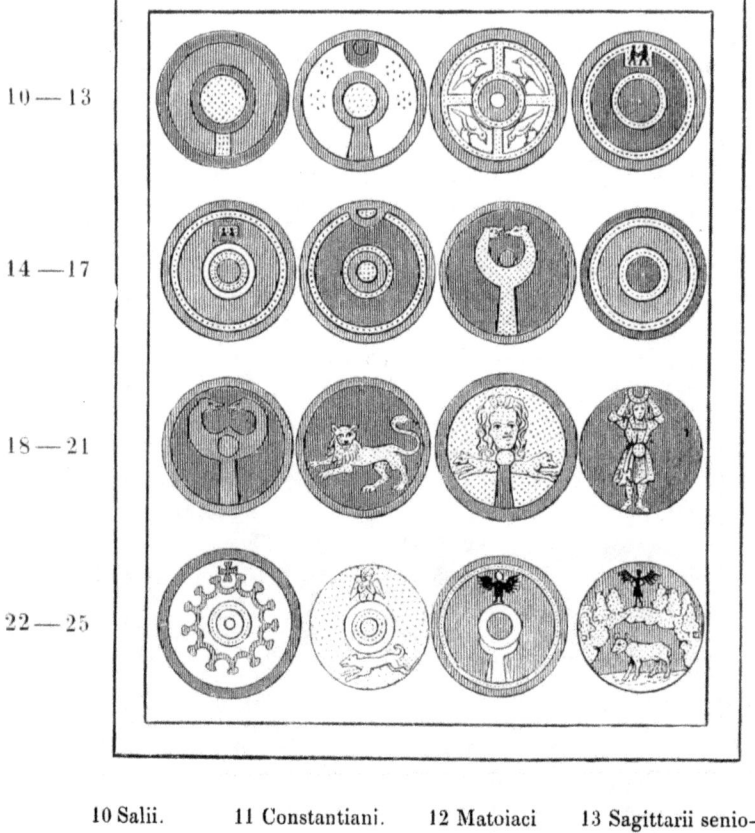

Böck. p. 18

10—13

14—17

18—21

22—25

10 Salii. 11 Constantiani. 12 Matoiaci seniores. 13 Sagittarii seniores Gallicani.
14 Sagittarii iuniores Gallicani. 15 Tertii sagittarii Ualentis. 16 Defensores. 17 Retobarii.
18 Angleuarii. 19 Hiberi. 20 Uisi. 21 Felices Honoriani iuniores.
22 Uictores. 23 Primi Theodosiani. 24 Tertii Theodosiani. 25 Felices Theodosiani Isauri.

Ordo nominum hoc modo perturbatus est in V: 10, 14, 22, 15, 18, 11, 19, 23, 20, 17, 12, 24, 21, 16, 13, 25 ‖ 12 matoiati V ‖ 13 iunio: *(sic)* $M^{1 \cdot 2}$ ‖ 17 rethobarii V raetobarii $M^{1 \cdot 2}$ ‖ 19 hebrei V ‖ 25 thodosiani C ‖ sauri $CPM^{1 \cdot 2}$ *sed correx.* P ysauri V.

OR. V. MAGISTER MILITUM PRAESENTALIS I. 13

26 Sub dispositione uiri illustris magistri militum praesenta*lis*:
27   Uexillationes palatinae quinque:
28   Equites promoti seniores.
29   Comites clibanarii.   Böck. p. 19
30   Comites sagittarii iuniores.
31   Comites Taifali.
32   Equites Arcades.
33   Uexillationes comitatenses VII.
34   Equites catafractarii Biturigen*s*es.
35   Equites armigeri seniores Gallicani.
36   Equites quinto Dalmatae.
37   Equites nono Dalmatae.
38   Equites primi scutarii.
39   Equites promoti iuniores.
40   Equites primi clibanarii Parthi.
41   Legiones palatinae sex:
42   Lanciarii seniores.
43   Iouiani iuniores.
44   Herculiani iuniores.
45   Fortenses.
46   Neruii.
47   Matiarii iuniores.
48   Auxilia palatina decem et octo:
49   Bataui seniores.
50   Brachiati iuniores.
51   Salii.
52   Constantiani.
53   Mat*t*iaci seniores.
54   Sagittarii seniores Gallicani.
55   Sagittarii iuniores Gallicani.
56   Tertii sagittarii Ualentis.
57   Defensores.

26 presentat CPV^- praesentat M || 34 bitiurgentes C biturigentes PVM || 40 parchi M || 42 lancearii VM || 43 louiani V^- || 44 seniores C || 47 mathiarii V^- || 53 matoiaci $CPVM$ || 56 ualentes M.

Böck. p. 20

58	Raetobarii.
59	Angleuarii[1].
60	Hiberi.
61	Uisi.
62	Felices Honoriani iuniores.
63	Uictores.
64	Primi Theodosiani.
65	Tertii Theodosiani.
66	Felices Theodosiani Isauri.

67 Officium autem suprascriptae magisteriae in praesenti potestatis in numeris militat et in officio deputatur;

68	Habet autem dignitates infrascriptas:
69	Principem.
70	Numerarios duos.
71	Commentariensem.
72	Primiscrinios, qui Numerarii fiunt.
73	Scriniarios.
74	Exceptores et ceteros apparitores.

75 Magister militum in praesenti XV.

1) Angriuarii *Pancirolus*.

58 recobarii V ǁ 66 sauri CM scauri P ǁ 73 seniores V ǁ 74 apparito V ǁ 75 magister̄ C.

VI.

Insignia uiri illustris magistri militum praesentalis. Böck. p. 21

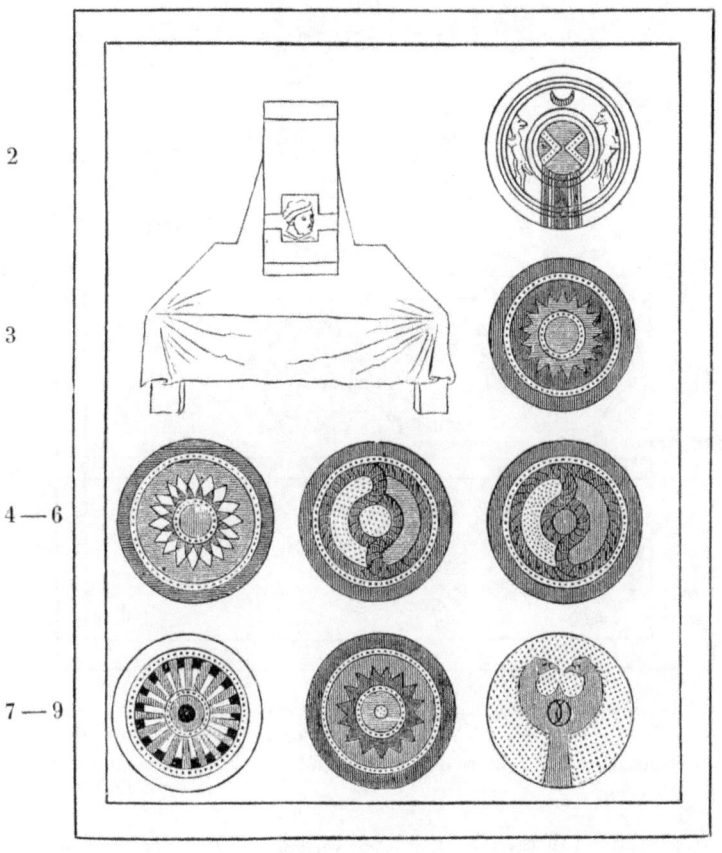

2 Matiarii seniores.
3 Daci.
4 Scythae.   5 Primani.   6 Undecimani.
7 Lanciarii iuniores.   8 Regii.   9 Cornuti.

1 presentialis C ∥ 2 martiarii M^2 ∥ 3 dati V ∥ 4 sertae C ∥ 5 primarii C priniani V ∥ 6 undetiniani V ∥ 7 lancrarii C lancearii $VM^{1 \cdot 2}$.

16 OR. VI. MAGISTER MILITUM PRAESENTALIS II.

Böck. p. 22

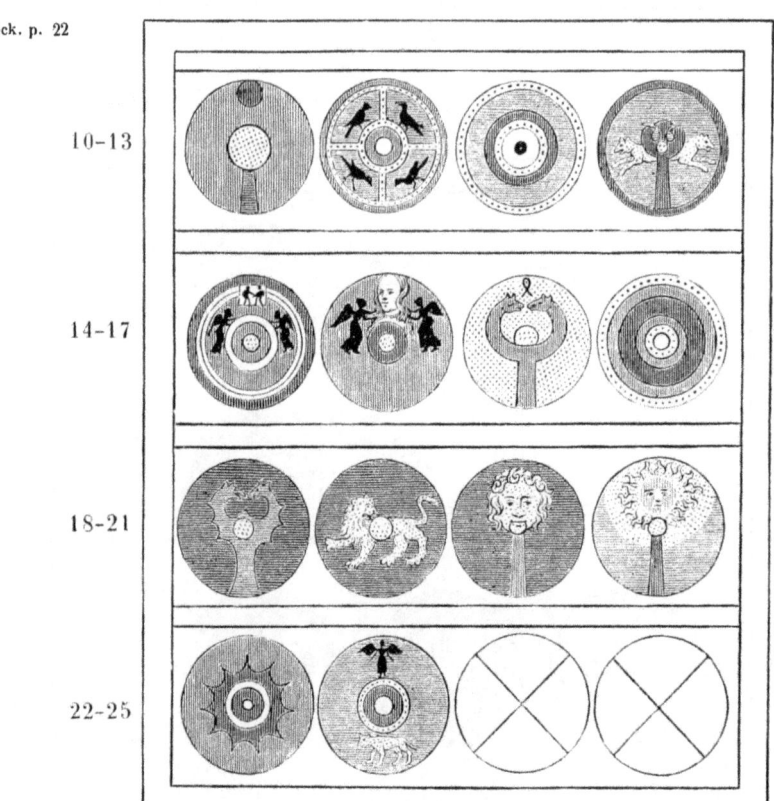

10 Tubantes.	11 Constantiniani.	12 Mattiaci iuniores.	13 Sagittarii seniores Orientales.
14 Sagittarii iuniores Orientales.	15 Sagittarii dominici.	16 Uindices.	17 Bucinobantes.
18 Falchouarii.	19 Thraces.	20 Teruingi.	21 Felices Theodosiani.
22 Felices Arcadiani iuniores.	23 Secundi Theodosiani.	24 Felices Arcadiani iuniores.	25 Quarti Theodosiani.

12 martiaci C matiaci V || 15 dñici $CPV M^1$ donici M^2 || 18 falchonarii C || 19 traces CP trates V || 20 terungi V || 22 areadiani M^2 || iuniores om. $M^{1\cdot 2}$ || 24 aread: M^2 || 24. 25 clipei duo sine coloribus relicti sunt.

OR. VI. MAGISTER MILITUM PRAESENTALIS II.

26 Sub dispositione uiri illustris magistri militum praesentalis:
27   Uexillationes palatinae sex:
28   Comites seniores.
29   Equites brachiati iuniores.
30   Equites Bataui iuniores.   Böck. p. 23
31   Comites sagittarii Armeni.
32   Equites Persae clibanarii.
33   Equites Theodosiaci seniores.
34   Uexillationes comitatenses sex:
35   Equites catafractarii.
36   Equites' catafractarii Ambianenses.
37   Equites sexto Dalmatae.
38   Equites secundi scutarii.
39   Equites scutarii.
40   Equites secundi clibanarii Parthi.
41   Legiones palatinae sex:
42   Matiarii seniores.
43   Daci.
44   Scythae.
45   Primani.
46   Undecimani.
47   Lanciarii iuniores.
48   Auxilia palatina decem et septem:
49   Regii.
50   Cornuti.
51   Tubantes.
52   Constantiniani.
53   Mattiaci iuniores.
54   Sagittarii seniores Orientales.
55   Sagittarii iuniores Orientales.
56   Sagittarii dominici.
57   Uindices.
58   Bucinobantes.

26 praesentalis *om.* C ‖ militum magistri praesentat *M* ‖ 32 dibanarii *V* ‖ 45 priniani *V* ‖ 46 undetiniani *V* ‖ 50 cornitti *M*.

18 OR. VI. MAGISTER MILITUM PRAESENTALIS II.

Böck. p. 24 59   Falchouarii.
60   Thraces.
61   Teruingi.
62   Felices Theodosiani.
63   Felices Arcadiani iuniores.
64   Secundi Theodosiani.
65   [Felices Arcadiani iuniores.]
66   [Secundi Theodosiani.]
67   Quarti Theodosiani.
68   Item Pseudocomitatenses:
69   Auxiliarii sagittarii.
70 Officium autem suprascriptae magisteriae in praesenti potestatis cardinale habetur;
71   Habet autem dignitates infrascriptas:
72   Principes duos[1]).
73   Numerarios duos.
74   Commentariensem.
75   Primiscrinios, qui numerarii fiunt.
76   Scriniarios.
77   Exceptores et ceteros apparitores.
78 Magister militum in praesenti XV.

1) *scrib.* Principem

Post 63 inser. V: felices arcadiani seniores ‖ 65 *om. V* ‖ 66 *ante 63 colloc. V* ‖ 68. 69 *om. C* ‖ 72 princeps *VM* ‖ 78 **magistri** *M*.

VII.

Insignia uiri illustris magistri militum per Orientem. Böck. p. 25

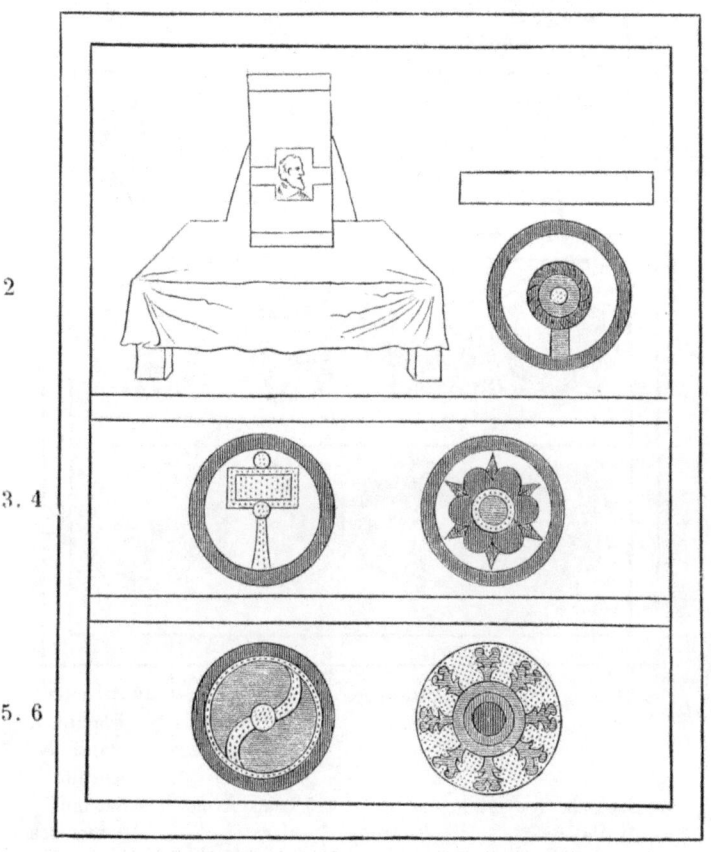

3 Felices Honoriani seniores.
5 Martenses seniores.
2 Felices Arcadiani seniores.
4 Quinta Macedonica.
6 Septima gemina.

3 bonoiani $V \parallel$ 5 marcenses M^2.

OR. VII. MAGISTER MILITUM PER ORIENTEM.

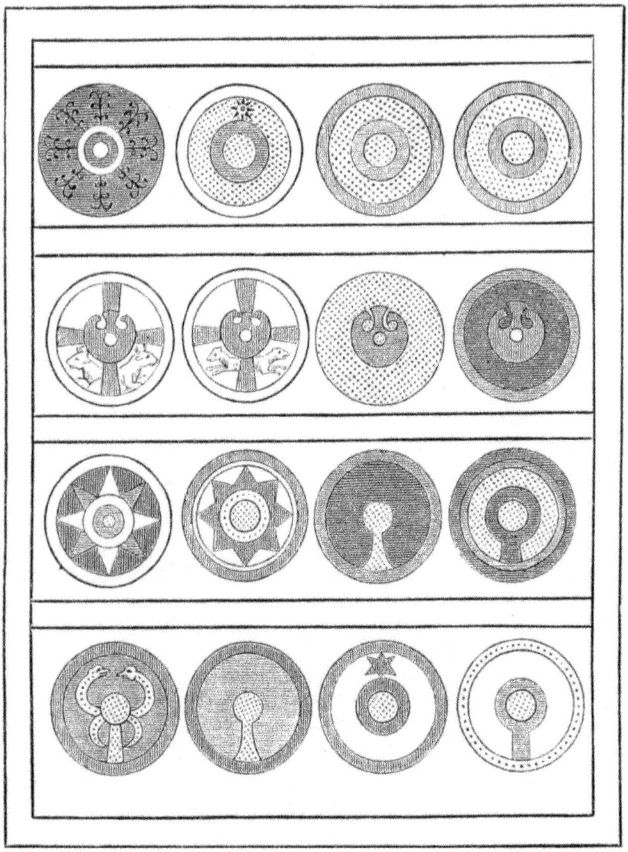

7 Decima gemina.	8 Balistarii seniores.	9 Prima Flauia Constantia.	10 Secunda Flauia Constantia Thebeorum.
11 Secunda felix Ualentis Thebeorum.	12 Prima Flauia Theodosiana.	13 Prima Armeniaca.	14 Secunda Armeniaca.
15 Fortenses auxiliarii.	16 Funditores.	17 Prima Italica.	18 Quarta Italica.
19 Sexta Parthica.	20 Prima Isaura sagittaria.	21 Balistarii Theodosiaci.	22 Transtigritani.

11 ualentes M^2 ‖ 15 fortentes M^2 ‖ 16 fundatores V^r ‖ 19 parchica P ‖ 21 theodosiaca M^2 theodosiani V^r sed correx.

OR. VII. MAGISTER MILITUM PER ORIENTEM.   21

23 Sub dispositione uiri illustris magistri militum per Orientem:
24   Uexillationes comitatenses decem:
25   Comites catafractarii Bucellarii iuniores.
26   Equites armigeri seniores Orientales.   Böck. p. 27
27   Equites tertio Dalmatae.
28   Equites primi scutarii Orientales.
29   Equites secundi stablesiani.
30   Equites tertii stablesiani.
31   Equites promoti clibanarii.
32   Equites quarti clibanarii Parthi.
33   Equites primi sagittarii.
34   Cuneus equitum secundorum clibanariorum Palmirenorum.
35   Auxilia palatina duo[1]:
36   Felices Arcadiani seniores.
37   Felices Honoriani seniores.
38   Legiones comitatenses ....:
39   Quinta Macedonica.
40   Martenses seniores.
41   Septima gemina.
42   Decima gemina.
43   Balistarii seniores.
44   Prima Flauia Constantia.
45   Secunda Flauia Constantia Thebaeorum.
46   Secunda Felix Ualentis Thebaeorum.
47   Prima Flauia Theodosiana.
48   Item pseudocomitatenses XI[2]:
49   Prima Armeniaca.
50   Secunda Armeniaca.
51   Fortenses auxiliarii.
52   Funditores.   Böck. p. 28

1) inser. Böck.   2) Decem tantum legiones enumerantur.

24 undecim P || 25 butellarii CPVM || 27 dalmatae tercio P ||
30 om. C || 37 om. C || 39 macedonia VM || 48 quinque P.

OR. VII. MAGISTER MILITUM PER ORIENTEM.

53   Prima Italica.
54   Quarta Italica.
55   Sexta Parthica.
56   Prima Isaura sagittaria.
57   Balistarii Theodosiaci.
58   Transtigritani.
59 Officium autem magisteriae per Orientem potestatis cardinale habetur;
60   Habet autem dignitates infrascriptas:
61   Principem.
62   Numerarios duos.
63   Commentariensem.
64   Adiutorem.
65   Scriniarios.
66   Mensores.
67   Exceptores et ceteros apparitores.
68 Magister militum per Orientem XXV [3]:

[3] *fort. scrib.* XV.

68 magistri *CPVM*.

VIII.

Insignia uiri illustris magistri militum per Thracias. Böck. p. 29

3 Menapii.
5 Tertia Diocletiana Thebeorum

2 Solenses seniores.
4 Prima Maximiana Theb eorum.
6 Tertiodecimani.

1 thracis $CV \parallel$ *margini superiori libri mandatorum inscriptum est in P et M^1:* dea uexillata $\parallel$ 2 seniores *om.* $V \parallel$ 5 dioclitiana C diodetiana $V \parallel$ 6 tertio decimana C tertio decimiani M^2.

24. OR. VIII. MAGISTER MILITUM PER THRACIAS.

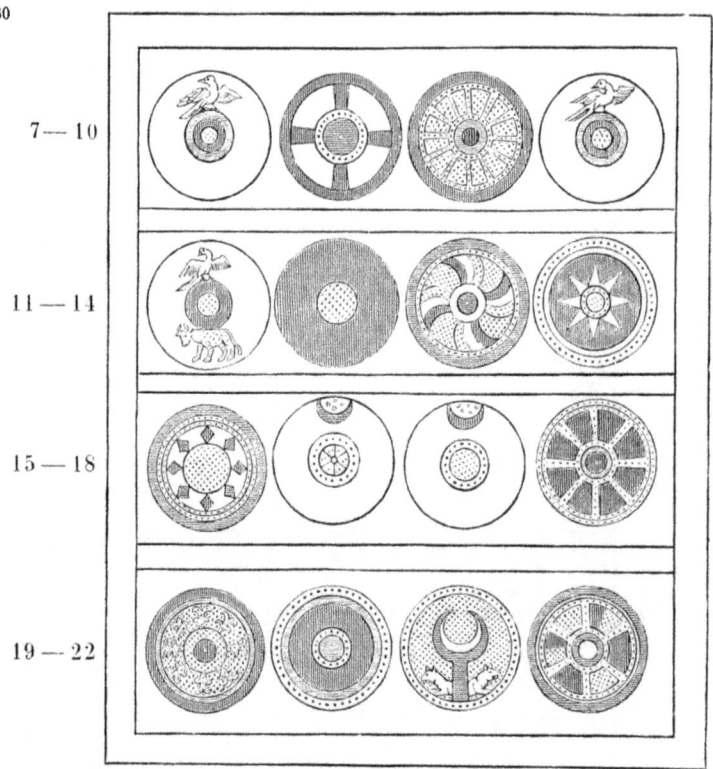

7 Quartodecimani.
8 Prima Flauia gemina.
9 Secunda Flauia gemina.
10 Constantini seniores.
11 Diuitenses Gallicani.
12 Lanciarii Stobenses.
13 Constantini Dafnenses.
14 Balistarii Dafnenses.
15 Balistarii iuniores.
16 Pannoniciani iuniores.
17 Tzaanni.
18 Solenses Gallicani.
19 Iulia Alexandria.
20 Augustenses.
21 Ualentinianenses.
22 Gratianenses.

23 Sub dispositione uiri illustris magistri militum per Thracias:
24   Uexillationes palatinae tres:

12 lanccarii $M^{1\cdot 2}$ ‖ 13. 14 dafirenses C ‖ 17 *ita* P tzaani C thaanni V taanni $M^{1\cdot 2}$ ‖ 24 pallatine C.

OR. VIII. MAGISTER MILITUM PER THRACIAS.

25	Comites Arcadiaci.	
26	Comites Honoriaci.	Böck. p. 31
27	Equites Theodosiaci iuniores.	
28	Uexillationes comitatenses ....:	
29	Equites catafractarii Albigenses.	
30	Equites sagittarii seniores.	
31	Equites sagittarii iuniores.	
32	Equites primi Theodosiani.	
33	Legiones comitatenses	
34	Solenses seniores.	
35	Menapii.	
36	Prima Maximiana Thebaeorum.	
37	Tertia Diocletiana Thebaeorum.	
38	Tertiodecimani.	
39	Quartodecimani.	
40	Prima Flauia gemina.	
41	Secunda Flauia gemina.	
42	Constantini seniores.	
43	Diuitenses Gallicani.	
44	Lanciarii Stobenses.	
45	Constantini Dafnenses.	
46	Balistarii Dafnenses.	
47	Balistarii iuniores.	
48	Pannoniciani iuniores.	
49	Taanni[1].	
50	Solenses Gallicani.	
51	Iulia Alexandria.	
52	Augustenses.	
53	Valentinianenses[2].	
54	Officium autem magisteriae per Thracias	Böck. p. 32

1) Tzaanni *17*, Tzanni *Böck.*   2) Gratianenses *add. Gelen.* cf. 22.

27 theodociaci *C* || 38 tertio detiniani *V* tertio decimanni *M* || 39 quarto detiniani *V* quarto decimanni *M* || 44 lancearii *VM* || 45 constanti *V* || 46 balastarii *V* || 49 tannni *P* n *primum ex correctura ortum uidetur.* thaanni *V*.

potestatis in numeris milit*at* et in officio deputatur:
55 Habet autem dignitates infrascriptas:
56   Principem.
57   Numerarios duos.
58   Commentariensem.
59   Primiscrinios, qui numerarii fiunt.
60   Scriniarios.
61   Exceptores et ceteros apparitores.
62 **Magister militum per Thracias XV.**

54 militat] militum *CPVM* ‖ 62 magistri *CV* magisterium *P*.

IX.

Insignia uiri illustris magistri militum per Illyricum. <small>Böck. p. 33</small>

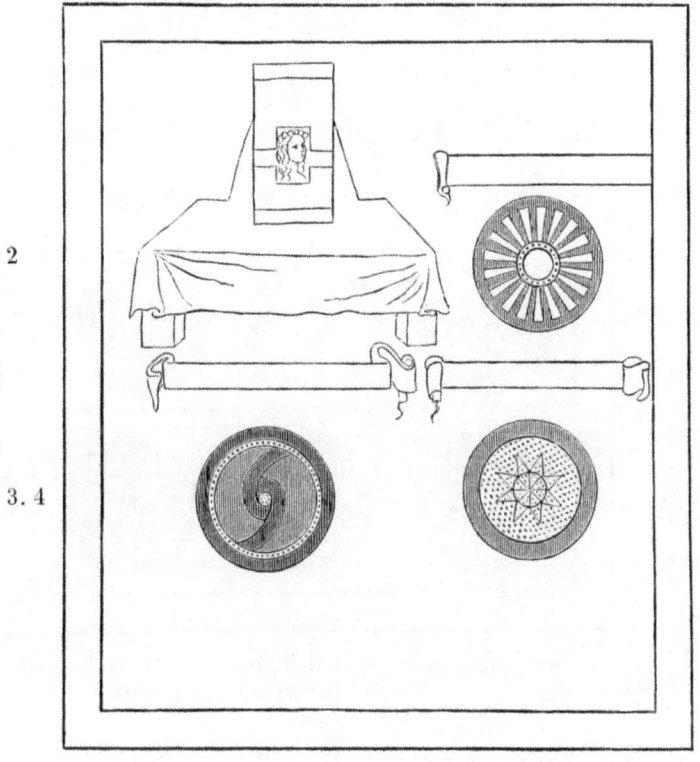

3 Ascarii seniores.   2 Britones seniores.
4 Ascarii iuniores.

OR. IX. MAGISTER MILITUM PER ILLYRICUM.

Böck. p. 34

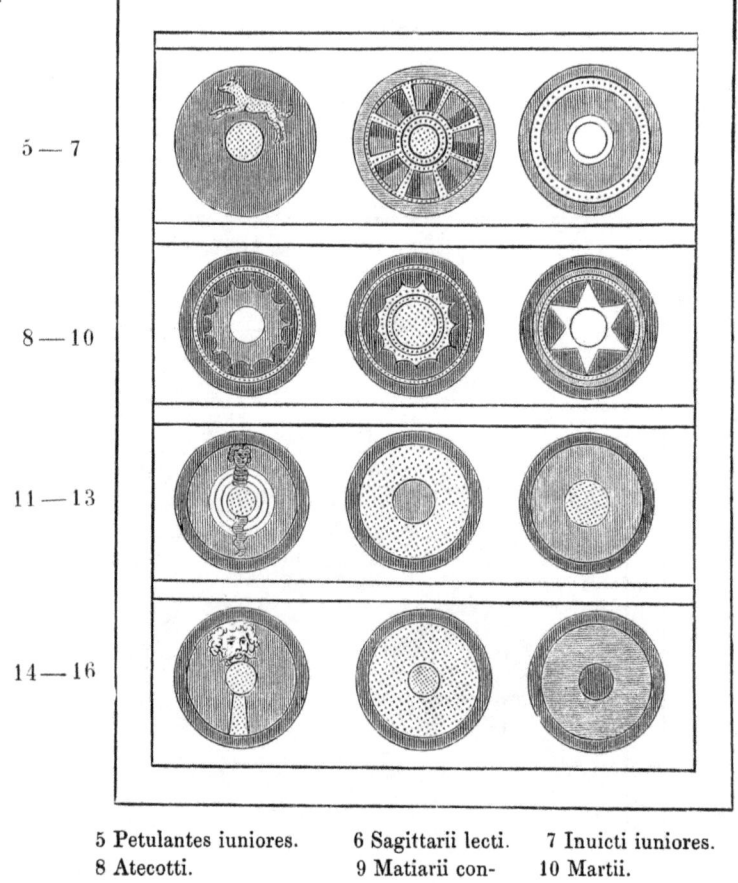

5 Petulantes iuniores. 6 Sagittarii lecti. 7 Inuicti iuniores.
8 Atecotti. 9 Matiarii constantes. 10 Martii.
11 Dianenses. 12 Germaniciani seniores. 13 Secundani.
14 Lanciarii Augustenses. 15 Mirteruii. 16 Lanciarii iuniores.

17 Sub dispositione uiri illustris magistri militum per Illyricum:
18 Uexillationes comitatenses duae:

5 peculantes V ‖ 8 acecotti M^2 atecocti P ‖ 9 martiarii CV ‖ constames C ‖ 11 bianenses C ‖ 12 germaniciarii C ‖ 13 secundarii V ‖ 14 lancearii V ‖ augustrenses P ‖ 16 lancearii V.

OR. IX. MAGISTER MILITUM PER ILLYRICUM.

19	Equites sagittarii seniores.	
20	Equites Germaniciani seniores.	
21	Legio palatina una:	
22	Britones seniores.	
23	Auxilia palatina sex:	Böck. p. 35
24	Ascarii seniores.	
25	Ascarii iuniores.	
26	Petulantes iuniores.	
27	Sagittarii lecti.	
28	Inuicti iuniores.	
29	Atecotti.	
30	Legiones comitatenses octo:	
31	Matiarii constantes.	
32	Martii.	
33	Dianenses.	
34	Germaniciani seniores.	
35	Secundani.	
36	Lanciarii Augustenses.	
37	Mineruii.	
38	Lanciarii iuniores.	
39	Item pseudocomitatenses nouem:	
40	Timacenses auxiliarii.	
41	Felices Theodosiani iuniores.	
42	Bugaracenses [1]).	
43	Scupenses.	
44	Ulpianenses.	
45	Merenses [2]).	
46	Secundi Theodosiani.	
47	Balistarii Theodosiani iuniores.	

1) Bagaraca (burburaca *cod. Scorialens.*) *It. Ant. p. 135*. Buragara *It. Hier. p. 567*. 2) Merienses *Böck. cf. Hierocl. p. 656* Μηρίων, *Procop. de aed. IV 4 p. 76 II D* Βερμέριον.

26 peculantes V || 29 attecotti V t *alterum postea additum est*. || 35 secundari CM secundarii PV || 36 lanciari C lantiari V lancearii M || 38 lancearii VM || 42 burgaracenses P || 43 seupenses C || 47 balistarii theodosiani *repetit M*.

OR. IX. MAG. MIL. P. ILLYR. X. PRAEP. S. CUBIC.

48 Scampenses.
49 Officium autem magisteriae per Illyricum potestatis in numeris militat et in officio deputatur;
50 Habet autem dignitates infrascriptas:
51 Principem.
52 Numerarios duos.
53 Commentariensem.
54 Primiscrinios, qui numerarii fiunt.
55 Scriniarios.
56 Exceptores et ceteros apparitores.
57 Magister milit*um* per Illyricum XV.

X.

Insignia praepositi sacri cubiculi desiderantur.

1 Sub dispositione uiri illustris praepositi sacri cubiculi:
2 Domus diuina per Cappadociam.

---

56 apparitoros *V* ‖ 57 magister̄ *CPM* ‖ militis *CPVM*. ‖ XV om. *CPVM*.

X.

1 praepositi] p̄p̄ *CPVM* ‖ 2 d'ina *C*.

XI.

Insignia uiri illustris magistri officiorum.

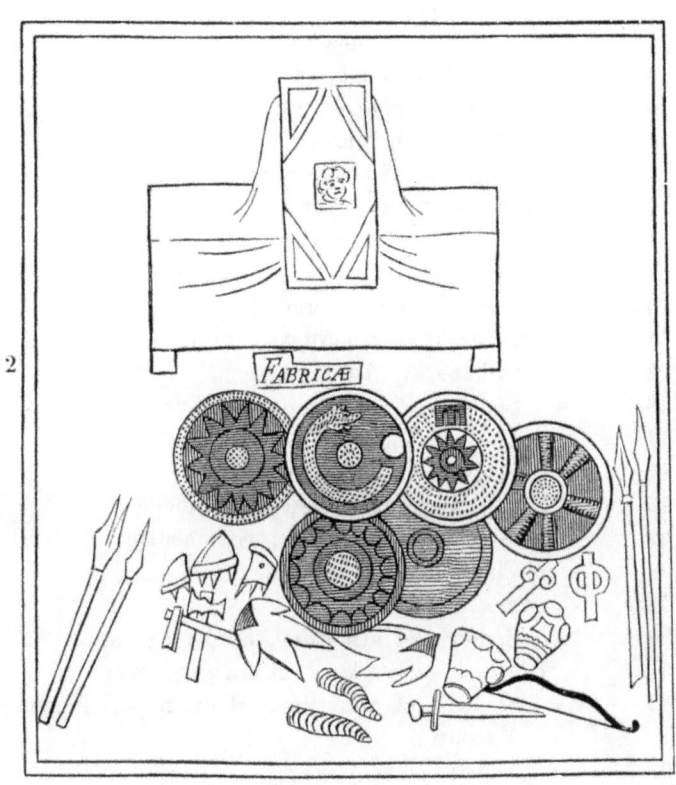

3   Sub dispositione uiri illustris magistri of- Böck. p. 38
    ficiorum:
4   Scola scutariorum prima.
5   Scola scutariorum secunda.
6   Scola gentilium seniorum.
7   Scola scutariorum sagittariorum.

Angulis superioribus libri mandatorum alteri bos *alteri* cap///
inscriptum est in C || 2 *om.* V.

OR. XI. MAGISTER OFFICIORUM.

8	Scola scutariorum clibanariorum [1]).
9	Scola armaturarum iuniorum.
10	Scola gentilium iuniorum.
11	Scola agentum in rebus et deputati eiusdem scolae.
12	Mensores et lampadarii.
13	Scrinium memoriae.
14	Scrinium epistolarum.
15	Scrinium libellorum.
16	Scrinium dispositionum.
17	Officium ammissionum.
18	Fabricae infrascriptae:
19	Orientis V:
20	Scutaria et armorum, Damasci.
21	Scutaria et armorum, Antiochiae.
22	Clibanaria, Antiochiae.
23	Scutaria et armamentaria, Edesa.
24	Hastaria Irenopolitana Ciliciae:
25	Ponticae [quatuor] *tres* [2]):
26	Clibanaria, Caesarea Cappadociae.
27	Scutaria et armorum, Nicomediae.
28	Clibanaria, Nicomediae.
29	*Asianae una:*
30	Scutaria et armorum, Sardis Lydiae.
31	*Thraciarum duae* [Asianae una]:
32	Scutaria et armorum, Hadrianopoli Haemimonti.
33	[Thraciarum duae:]
34	Scutaria et armorum, Marcianopoli.

Böck. p. 39 (at 29)

1) *Scuta cum clibanis coniuncta fuisse ueri dissimillimum est; scripserim:* Scola sagittariorum clibanariorum.   2) *quae sequuntur, correx.* Gelen.

12 mensoris V *lit.* i *ex correctura orta* ‖ 17 amissionum CPM ‖ 20 scrutaria P ‖ 24 ciliae C ‖ 26 cesaria C ‖ 30 scutarie CP scutariae M ‖ 32 heminonti CV heminonti$^\text{m}$s P.

35	Illyrici quatuor:
36	Thessalonicens*is*.
37	Naissatens*is*.
38	Ratiarens*is*.
39	Scutaria Horreomargens*is*.
40	Officium autem suprascripti uiri illustris magistri officiorum de scola agentum in rebus est ita:
41	Adiutor.
42	Subadiuuae.
43	Adiutores ³) duo.
44	Fabricarum tres.
45	Barbari*cari*orum [tres] *quatuor:*
46	Orientis unus.
47	Asianae unus.
48	Ponticae unus.
49	Thraciarum et Illyrici unus.
50	Curiosus cursus publici praesentalis unus.
51	Curiosi per omnes prouincias.
52	Interpretes diuersarum gentium.
53	Magister officiorum ipse emittit.

3) Adiutoris *Böck.*

36 thessalonicenses *CPVM* ‖ 37 naissatenses *CPVM* ‖ 38 ratiarenses *CPVM* ‖ 39 horreomargenses *CPVM* ‖ 40 ita] ista *V* ‖ 45 barbariorum *CPVM*.

XII.

Insignia uiri illustris quaestoris.

3 Sub dispositione uiri illustris quaestoris:
4   Leges dictandae.
5   Preces.
6 Officium non habet, sed adiutores de scriniis quos voluerit.

2 *om.* V ‖ salubres M^2 ‖ 6 scrinis P seruis VM *sed correx. V:* seruiis.

XIII.

Insignia uiri illustris comitis largitionum. Böck. p. 41

4 Sub dispositione uiri illustris comitis sacrarum largitionum:
5   Comites largitionum per omnes dioceses.
6   Comites commerciorum:
7   per Orientem et Aegyptum.
8   per Moesiam, Scythiam et Pontum.

2. 3 om. V ‖ 3 *loculi has inscriptiones praeferunt in C:-*

4 uiri *in rasura* C.

OR. XIII. COMES SACRARUM LARGITIONUM.

9 per Illyricum.
10 Praepositi thesaurorum.
11 Comes metallorum per Illyricum.
12 Comes et rationalis summarum Aegypti.
13 *Rationales summarum.*
14 Magistri lineae uestis.
15 Magistri priuatae.
16 Procuratores gynaeceorum.
17 Procuratores bafiorum.
18 Procuratores monetarum.
19 Praepositi bastagarum.
20 Procuratores linyfiorum.
21 Officium autem suprascripti uiri illustris comitis sacrarum largitionum habet:
22 Primicerium totius officii.
23 Primicerium scrinii canonum.
24 Primicerium scrinii tabulariorum.
25 Primicerium scrinii numerorum.
26 Primicerium scrinii aureae massae.
27 Primicerium scrinii auri ad responsum.
28 Primicerium scrinii uestiarii sacri.
29 Primicerium scrinii argenti.
30 Primicerium scrinii a miliarensi*bus*.
31 Primicerium scrinii a pecuniis, et ceteros scriniarios suprascriptorum scriniorum.
32 Secundocerium officii, qui primicerius est exceptorum.
33 Tertiocerium officii, qui tractat bastagas.
34 Quarto loco libellos tractat, et ceteros palatinos officii suprascripti.
35 Comes largitionum quotiens usus exegerit.

10 $\overline{pp}$ *CPVM* ‖ 19 bastigarum *V* ‖ 23 primicerii *M* ‖ 24 tabularum *P* ‖ 27 aurie *CPV* auriae M ‖ 30 anuliarensis *C* amiliarensis *PVM* ‖ 34 offitiū *M*.

XIV.

Insignia uiri illustris comitis priuatarum.

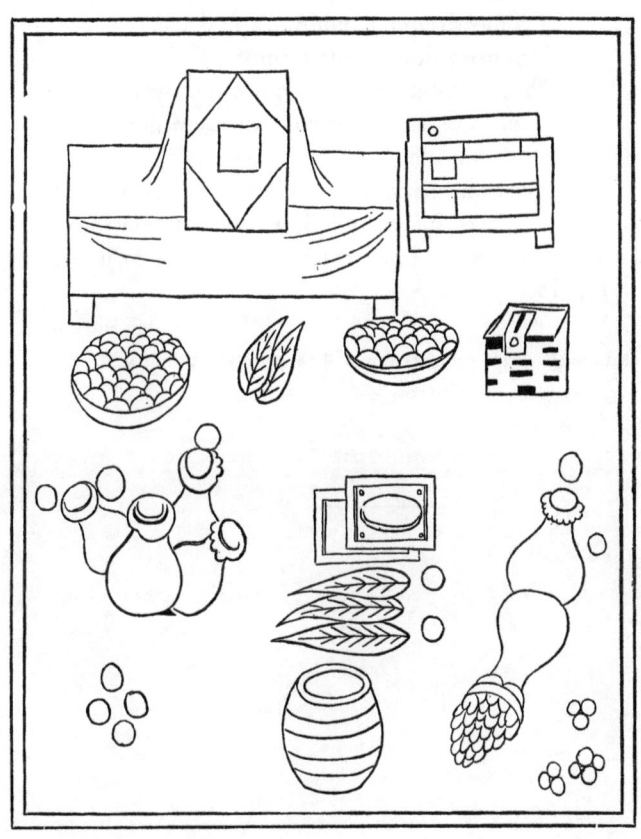

2 Sub dispositione uiri illustris comitis rerum Bock. p. 44
   priuatarum:
3   Domus diuinae.
4   Rationales rerum priuatarum.
5   Bastaga priuata.

6	Praepositi gregum et stabulorum.
7	Procuratores saltuum.
8	Officium autem suprascripti uiri illustris comitis rerum priuatarum habet:
9	Primicerium totius officii.
10	Primiscrinium beneficiorum.
11	Primiscrinium canonum.
12	Primiscrinium securitatum.
13	Primicerium scrinii largitionum priuatarum, et ceteros scriniarios suprascriptorum scriniorum.
14	Secundocerium totius officii, qui tractat chartas ipsius officii, et ceteros palatinos.
15	Comes rerum priuatarum quotiens usus exegerit.

6 stabulo*r̄u̇* C ‖ 9 primiterium V ‖ 13 primiscrinium M.

XV.

| Comes domesticorum equitum. | Comes domesticorum peditum. | Böck. p. 45 |

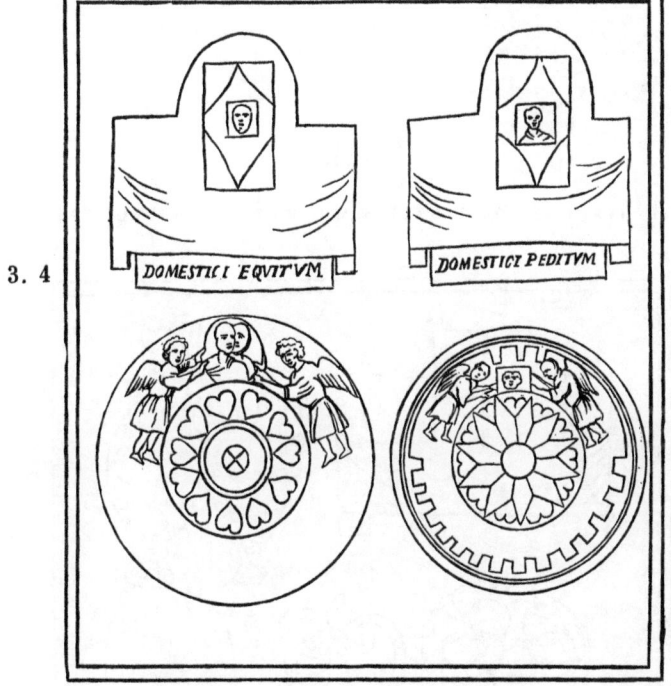

3. 4

5 Sub dispositione uirorum illustrium comitum domesticorum equitum siue peditum:
6   Domestici equites,
7   Domestici pedites,
8   et deputati eorum.
9   Comes domesticorum equitum . . . .
10   Comes domesticorum peditum . . . .

3 om. *V* ‖ 4 domestiti *V*.

XVI.

Caput, quo de primicerio sacri cubiculi actum erat, librarii culpa omissum est.

XVII.

Böck. p. 47 Sub dispositione uiri spectabilis castrensis[1]).

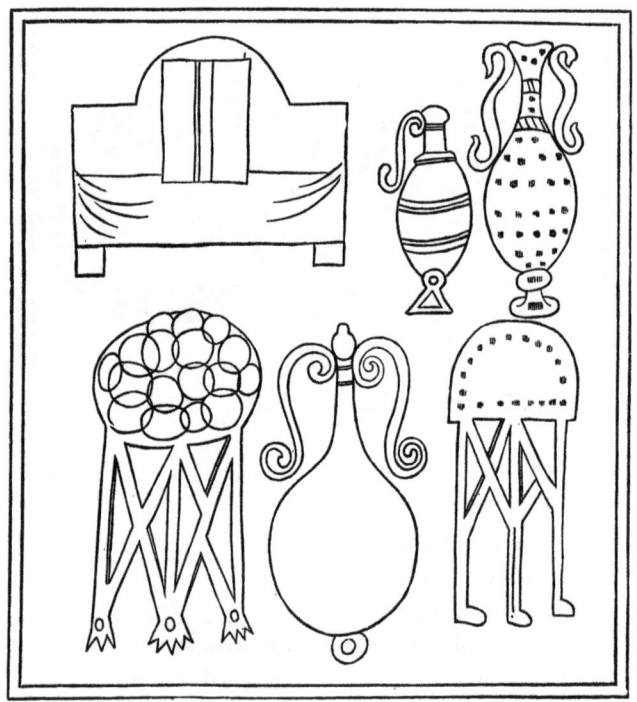

1) *ita codd. omnes.*

2 Sub dispositione uiri spectabilis castrensis:
3   Paedagogia.
4   Ministeriales dominici.
5   Curae palatiorum.
6 Officium autem suprascripti uiri spectabilis castrensis habet:
7   Tabularium dominicum.
8   Tabularium dominarum Augustarum.   Böck. p. 48
9   Adiutorem.
10   Chartularium et scrinium ipsius,
11   et ceteros palatinos officii suprascripti.

    6 uiri suprascripti *CPVM* ‖ 10 chartularū *V* ‖ et scrinium ipsius *om. V.*

XVIII.

Primicerius notariorum.

2

Böck. p. 49 3 Sub dispositione uiri [illustris] spectabilis primicerii notariorum:
4   Omnis¹) dignitatum et amministrationum notitia, tam militarium, quam ciuilium²).

1) Omnium *Schonhov.*   2) tam ciuilium quam militarium *Böck.*

1 primiciarius *P* ‖ 4 administrationum *V.* ‖ quam militarium tam ciuilium *M.*

5   Scolas etiam et numeros tractat.
6 Officium autem non habet, sed adiutorem[3])
   de scola notariorum.

XIX.

Magistri scriniorum.

2—5 Memoriae.   Epistolarum.   Libellorum.   Graecarum.

3) adiutores *Oc. XVI 6.*

5 nuros *M.*

XIX.

1 magister *CPVM* ‖ 2—5 *om. M²* ‖ 5 grecorum *M¹.*

OR. XIX. MAGISTRI SCRINIORUM.

Böck. p. 50

6 Magister memoriae
7   adnotationes omnes dictat et emittit, et precibus respondet.
8 Magister epistolarum
9   legationes ciuitatum, consultationes et preces tractat.
10 Magister libellorum
11   cognitiones et preces tractat.
12 Magister epistolarum graecarum
13   eas epistolas, quae graece solent emitti, aut ipse dictat aut latine dictatas transfert in graecum.
14 Officium autem de ipsis nemo habet, sed adiutores electos de scriniis.

7 aduocationes *V* ∥ distat *M* ∥ 13 greci *V* ∥ dictitatas *M*.

XX.

Proconsul Asiae.

Böck. p. 51

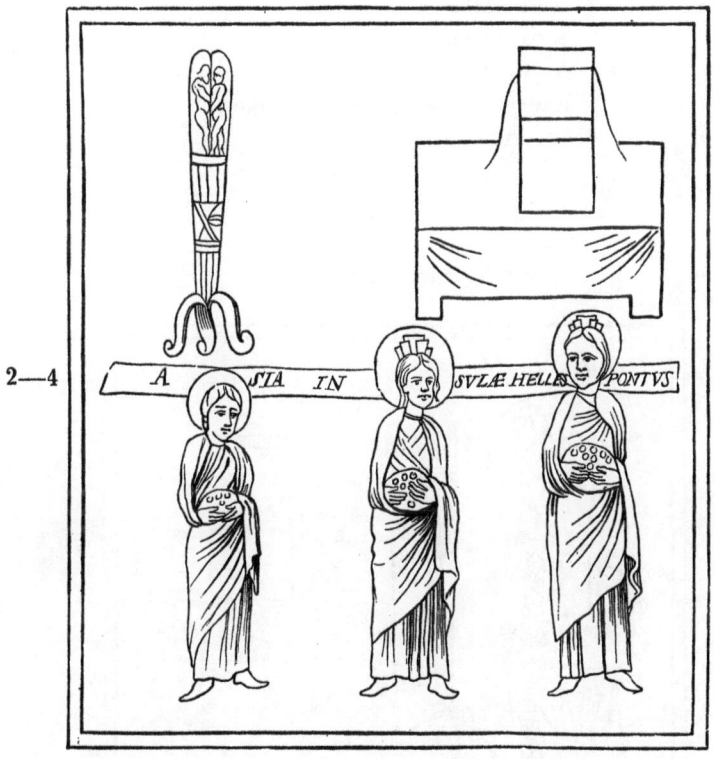

2—4

5 Sub dispositione uiri spectabilis proconsulis Asiae prouinciae infrascriptae:
6   Asia.
7   Insulae.
8   Hellespontus.
9 Officium autem habet ita:
10   Principem de eodem officio.

Böck. p. 52

8 hollespontus *V.*

OR. XX. PROC. ASIAE. XXI. PROC. ACHAIAE.

11 Cornicularium.
12 Adiutorem.
13 Commentariensem.
14 Ab actis.
15 Numerarios.
16 Scriniarios.
17 A libellis.
18 Exceptores et ceteros officiales.
19 Proconsul Asiae . . . .

XXI.

Proconsul Achaiae.

Böck. p. 53

3 Sub dispositione uiri spectabilis proconsulis Achaiae prouincia infrascripta:
4   Achaia.
5 Officium autem habet ita:
6   Principem de scola agentum in rebus duce- <small>Böck. p. 54</small>
          narum, qui *a*dorata clementia principali
          cum insignibus exit transacto biennio.
7   Cornicularium.
8   Commentariensem.
9   Quaestorem.
10   Adiutorem.
11   Ab actis.
12   Numerarios.
13   A libellis.
14   Exceptores et ceteros apparitores.
15 Proconsul Achaiae IIII.

<small>5 autem *om.* M ‖ 6 ducenar̄ CPVM ‖ dorata CVM ᵃdorata P</small>

XXII.

Comes Orientis.

Böck. p. 55

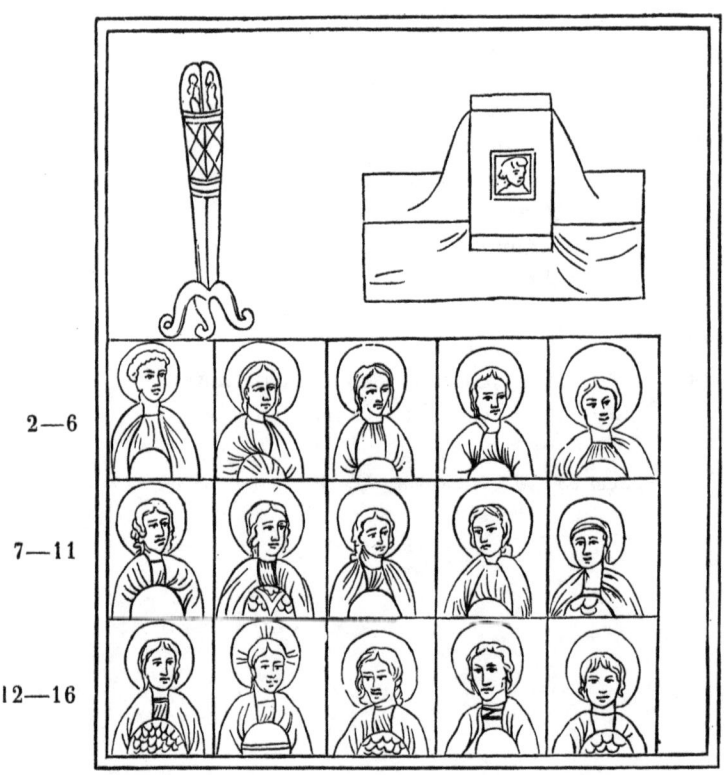

2—6
7—11
12—16

2 Palaestina. 3 Foenice. 4 Syria. 5 Cyprus. 6 Cilicia.
7 Palaestina   8 Palaestina 9 Foenice 10 Eufra-   11 Syria salu-
  secunda.   salutaris.   Libani.   tenses.   taris.
12 Osrhoena. 13 Mesopo- 14 Cilicia 15 Isauria. 16 Arabia.
             tamia.   secunda.

17 Sub dispositione uiri spectabilis comitis Orientis prouinciae infrascriptae:

1 *om.* V ‖ 6 cicilia M^2 ‖ 10 *sic* $CPVM$ ‖ 11 salutais V ‖ 12 osrhonna C ‖ 13 mesopotamea V ‖ 15 lisauria *vel* pisauria C ‖ 17 illustris spectabilis P.

OR. XXII. COMES ORIENTIS.

18 Palaestina.
19 Foenice. Böck. p. 56
20 Syria.
21 Cyprus.
22 Cilicia.
23 Palaestina secunda.
24 Palaestina salutaris.
25 Foenice Libani.
26 Eufratensis.
27 Syria salutaris.
28 Osrhoena.
29 Mesopotamia.
30 Cilicia secunda.
31 Isauria.
32 Arabia.
33 Officium autem uiri spectabilis comitis Orientis habet ita:
34   Principem, qui de scola agentum in rebus ducenarius adorata clementia principali cum insignibus exit.
35 Cornicularium.
36 Commentariensem.
37 Adiutorem.
38 Ab actis.
39 Numerarios.
40 A libellis [1].
41 Subadiuuas.

---

[1] *Exspectaveris* Cura epistolarum; *nam cum a libellis cognitiones tractet, cura epistularum consultationes (cf. XIX, 10; 8; Oc. XVII, 13; 12), ille in officiis eorum iudicum obuius est, qui ex ordine ius dicebant, hic in officiis eorum, qui ex appellatione iudicabant. Id quoque obseruandum est, nusquam in Not. Dign. nisi h. l. subadiuuas et a libellis in eodem officio reperiri; sed cf. Cod. Iust. I, 27, 1 § 24; 27.*

28 osrhena *C* ∥ 34 ducenar̄ *CPVM*.

NOTITIA DIGNITATUM.

42   Exceptores et ceteros officiales.
43 Comes Orientis . . . .

XXIII.

Böck. p. 57   Praefectus Augustalis.

Pictura praecedenti simillima, nisi quod feminae duae. quibus nomina Libyae inferioris et Archadiae adscripta sunt, altera sinistram, altera dextram subleuant.

2—4	Libya superior.	Libya inferior.	Thebais.
5—7	Aegyptus.	Archadia.	Augustamnica.

8 Sub dispositione uiri spectabilis praefecti Augustalis prouinciae infrascriptae:

2. 3 libra *P.*

9	Libya superior.	
10	Libya inferior.	
11	Thebais.	Böck. p. 58
12	Aegyptus.	
13	Arcadia.	
14	Augustamnica.	

15 Officium autem habet ita:
16   Principem, qui de scola agentum in rebus ducenarius adorata clementia principali cum insignibus ex*i*t.
17   Cornicularium.
18   Adiutorem.
19   Commentariensem.
20   Ab actis.
21   Numerarios.
22   Cura epistolarum.
23   Exceptores et ceteros officiales.
24 Praefectus Augustalis . . . .

Post 11 rubris litteris officium autem habet ita *inserit* P ‖ 13 archaia P ‖ 16 ducenār̄ *CPVM* ‖ exiit *CPVM sed correx.* V 2 *man.*

XXIV.

Uicarius dioceseos Asianae.

Böck. p 59

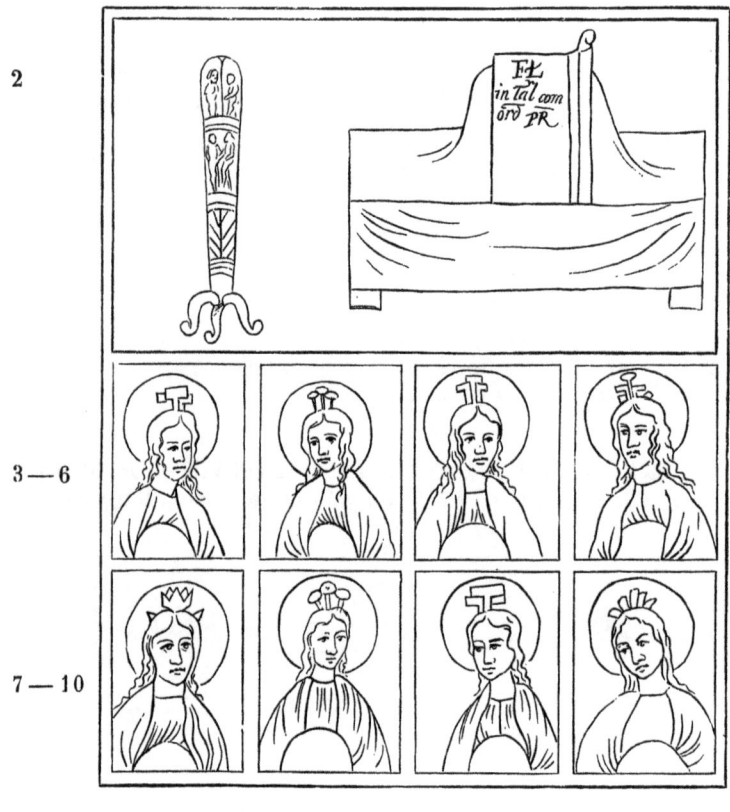

3 Pamphilia.　　4 Lydia.　　5 Caria.　　6 Lycia.
7 Lycaonia.　　8 Pisidia.　　9 Frigia　　10 Frigia
　　　　　　　　　　　　　Pacatiana.　　salutaris.

1 diocesios CV ‖ 2 *ita* M^2 *om.* V F·Ł·X· | I͠N · TA͠L · | COMORD · | · PR̃ · C · FŁ · | I͠NTAĪμ | CAMOR̄D | PR̃ · P FŁ | IN TAL | COMOR̄D | PR̃ M^1 ‖ *in volumine, quod margini libri appositum est* *l*egitur in C: ϛ π ω η ξ ο ‖ 9 pacariana C pacatiaria P.

11 Sub dispositione uiri spectabilis uicarii dioceseos Asianae prouinciae infrascriptae:
12   Pamfylia.   Böck. p. 60
13   Lydia.
14   Caria.
15   Lycia.
16   Lycaonia.
17   Pisidia.
18   Frygia Pacatiana.
19   Frygia salutaris.
20 Officium autem uiri spectabilis uicarii dioceseos Asianae habet ita:
21   Principem, qui de scola agentum in rebus
               ducenarius adorata clementia principali
               cum insignibus ex*i*t.
22   Cornicularium.
23   Commentariensem.
24   Adiutorem.
25   Ab actis.
26   Numerarios.
27   Cura epistolarum.
28   Exceptores et ceteros officiales.
29 Uicarius Asianae . . . .

    20 uiri spectabilis uicarii dioceseos Asianae *om.* *V* ∥ 21 *rubrica distinguunt* *CPM* ∥ ducenā*r* *CVM* ducenarum *P* ∥ exiit *CPVM.*

XXV.

Uicarius dioceseos Ponticae.

Pictura praecedenti simillima, nisi quod feminarum capita solis nimbis ornata sunt.

2			F. L̃'. INTÃLL. COMORD̃. ·PR̃·		
3	Bithynia.				
4—8	Galatia.	Paflagonia.	Honorias.	Galatia salutaris.	Capadocia prima.
9—13	Capadocia secunda.	Helenopontus.	Pontus Polemoniacus.	Armenia prima.	Armenia secunda.

14 Sub dispositione uiri spectabilis uicarii dioceseos Ponticae prouinciae infrascriptae:
15   Bithynia.
16   Galatia.

2 *ita CP om. V.* FL | INTALĪ | COMORD̃ | PR̃ M^1 FL | intalim | comord̃ | PR̃ M^2 ‖ 3 bithinea V ‖ 7 saiutaris C ‖ 11 polemaniacus C polemonicus M^2 ‖ 14 pontice bilis C ‖ suprascriptae M.

17	Paflagonia.
18	Honorias.
19	Galatia salutaris.
20	Cappadocia prima.
21	Cappadocia secunda.
22	Helenopontus.
23	Pontus Polemoniacus.
24	Armenia prima.
25	Armenia secunda.
26	Officium autem habet ita:
27	Principem, qui de scola agentum in rebus ducenar*ius* adorata clementia principali cum insignibus ex*i*t transacto biennio
28	Cornicularium.
29	Commentariensem.
30	Adiutorem.
31	Ab actis.
32	Numerarios.
33	Cura epistolarum.
34	Exceptores et ceteros officiales.
35	Uicarius Ponticae XII.

27 ducenarum *CPVM* ‖ exiit *CPVM* ‖ transacto biennio *om. V.*

XXVI.

Uicarius dioceseos Thraciarum.

Böck. p. 63

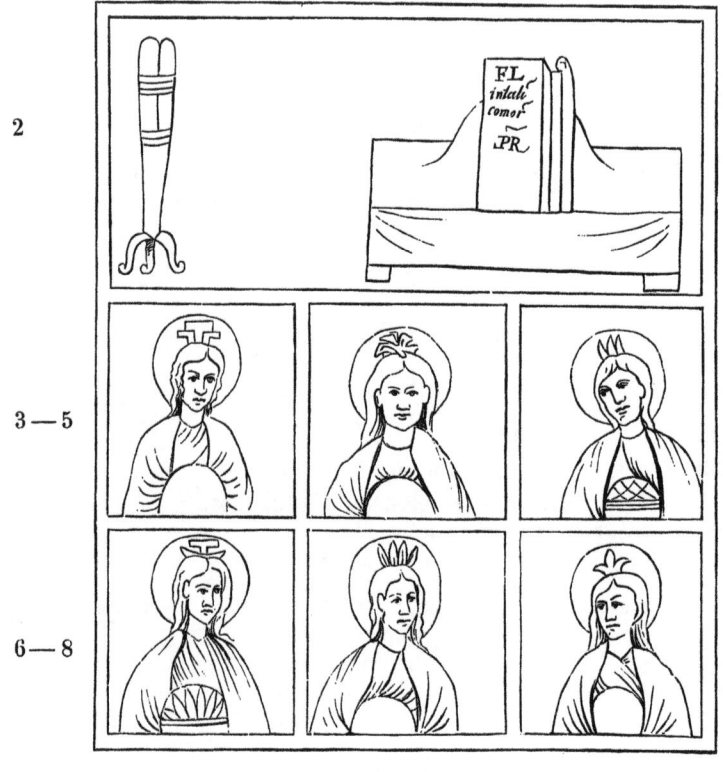

3 Europa.   4 Tracia.   5 Hemimontus.
6 Rhodopa.   7 Moesia secunda. 8 Scythia.

9 Sub dispositione uiri spectabilis uicarii dioceseos Thraciarum prouinciae infrascriptae:

2 ita $M^{1\cdot 2}$ om. V F·Ľ· | INTAL̄L· | COMORD̄· J ·P·Ř· C ·F̂L· | INTAL̄L | CAMORD̄ | ·PR̃· P ‖ 3 euroropa C ‖ 9 thracearum V ‖ suprascriptae M.

OR. XXVI. UICARIUS DIOCESEOS THRACIARUM.

10   Europa.
11   Thracia.
12   Haemimontus.   Böck. p. 64
13   Rhodopa.
14   Moesia secunda.
15   Scythia.
16 Officium autem habet ita:
17   Principem, qui de scola agentum in rebus est.
18   Cornicularium.
19   Commentariensem.
20   Adiutorem.
21   Ab actis.
22   Numerarios.
23   Cura epistolarum.
24   Exceptores et ceteros officiales.
25 Uicarius Thraciarum . . . .

XXVII.

Excidit folium unum, quod pagina altera insignia uicarii Macedoniae continebat, altera, quae sub dispositione eius erant.

---

16 ita *om.* *CPM* || 17 rebus ē ḍuc̣ẹṇạr *V* || 25 thraticiarum *V*.

XXVIII.

Comes limitis Aegypti.

Böck. p. 67

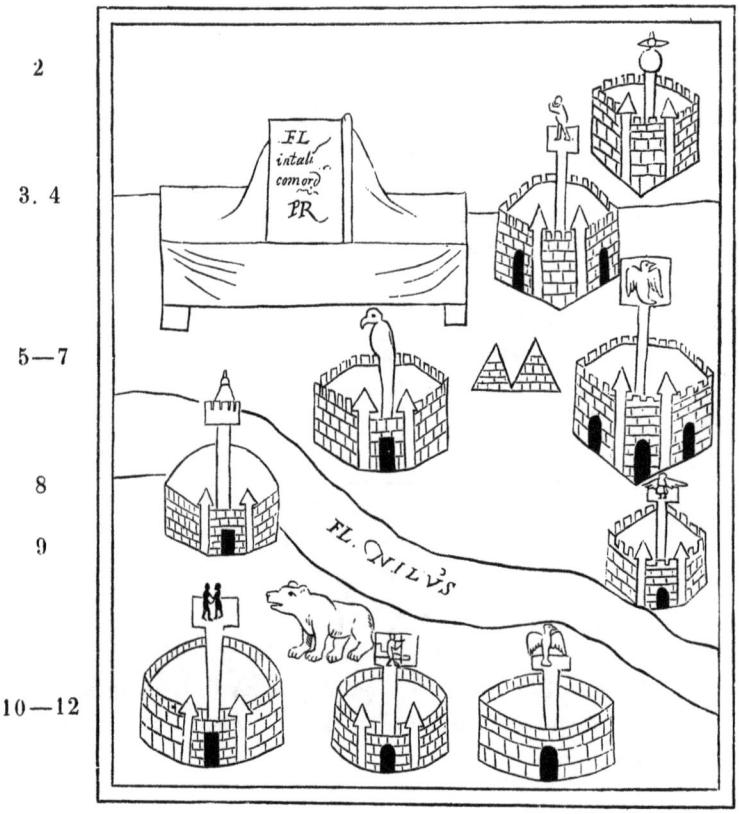

2 Babylonia.
4 Memfi.
5 Pelusio. 6 Pyramides. 7 Thamudena.
8 Archadiana. 9 Andros.
10 Parembole. 11 Theodosiana. 12 Oasi minor.

Insignium inscriptiones praeter 1 om. $V \parallel$ 2 babilonia $P.M^2 \parallel$ 3 *ita.* $M^{1 \cdot 2}$ F.L̃·|INTALL̃·|COMORD̃·|P·R̃· C FŁ |INTALL̄ |CAMOBD̄ | PR· $P \parallel$ 4 menifi $M^1 \parallel$ 5 peliisie $M^2 \parallel$ 6 pàriamides $P \parallel$ 7 tamudena C thamutēa $M^2 \parallel$ 8 archadiani C archadian $M^{1 \cdot 2}$.

OR. XXVIII. COMES LIMITIS AEGYPTI.

13 Sub dispositione uiri spectabilis comitis rei
    militaris per Aegyptum:
14   Legio quinta Macedonica, Memfi.
15   Legio tertiadecima gemina, Babilona.   Böck. p. 68
16   Equites stablesiani, Pelusio.
17   Equites Saraceni Thamudeni, Scenas Ueteranorum.
18   Legio tertia Diocletiana [Thebaidos], Andro.
19   Legio secunda Traiana, Parembole.
20   Ala Theodosiana nuper constituta.
21   Ala Arcadiana nuper constituta.
22   Ala secunda Armeniorum, Oasi minore.
23 Et quae de minore laterculo emittuntur:
24   Ala tertia Arabum, Thenenuthi[1].
25   Ala octaua Uandilorum, Nee[2].
26   Ala septima Sarmatarum, Scenas Mandrorum.
27   Ala prima Aegyptiorum, Selle[3].
28   Ala ueterana Gallorum, Rinocoruna[4].
29   Ala prima Herculia, Scenas extra Gerasa[5].
30   Ala quinta Raetorum, Scenas Ueteranorum.
31   Ala prima Tingitana, Thinunepsi[6].
32   Ala Apriana, Hipponos.
33   Ala secunda Assyriorum, Sosteos.
34   Ala quinta Praelectorum, Dionisiada.

1) *scrib.* Terenuthi. 2) Arsinoe? *In regionibus maris rubri, quas militum praesidio omnino caruisse uix credideris, alia statio nulla commemoratur.* 3) Sile *Itin.* Σέλης *Hard. Conc. I. p.* 1429. 4) *scrib.* Rhinocorura. 5) τὰ .Γέρρα *Strab. p. 50; 56; 760.* Gerrho *Plin. VI 167.* Γέρρον *Ptol.* Gerra *Tab.* Gerro, Gerra, Gera *Rav.* Γέρας *Sozom. VIII 19* Γέρρας *Hierocl.* Γέρος *Not. episc. I 719.* 6) Thimonepsi *Itin. scrib.* Tmunepsi; *cf. Brugsch, Geographie des alten Aegyptens p. 190.*

18 diodetiana *V* || 19 traiane *CPV* traianae *M* || perembole *C* || 21 archadiana *CPV* || 25 octaba *CP* octoba *V* || 26 armatarum *M* || scoenas *M* || 27 alae *M* || prime *CPV* primae *M* || 28 rinocorima *P* rhinocornua *M* || 29 horculia *V litt.* i *ex correct.* orta || scena sexta gerasa *P* scoena sextragesara *M* || 30 scoenas *M* || 31 tingitane et hinunepsi *CPV* tingitanae et hinunepsi *M* || 33 assiriorum *CPVM* || 34 dionysiada *M.*

OR. XXVIII. COMES LIMITIS AEGYPTI.

35   Cohors tertia Ga*l*atarum, Cefro [7]).
36   Cohors secunda Astarum [7a]), Busiris.
37   Prouinciae Augustamnicae:
38   Ala secunda Ulpia Afrorum, Thaubasteos [8]).
39   Ala secunda Aegyptiorum, Tacasiria [9]).
40   Cohors prima sagittariorum, Naithu [10]).
41   Cohors prima Augusta Pannoniorum, Tohu [11]).
42   Cohors prima Epireorum [12]), Castra Iudaeorum.
43   Cohors quarta Iuthungorum, Affrodito.
44   Cohors secunda Itu*r*aeorum, Aiy [13]).
45   Cohors secunda Thracum, Muson.
46   Cohors quarta Numidarum, Narmunthi.
47 Officium autem habet ita:
48   Principem de scola agentum in rebus ducenar*i*um, qui adorata clementia principali cum insignibus exit.
49   Numerarios [14]).
50   Commentariensem.
51   Adiutorem.
52   A libellis siue subscribendarium.
53   Exceptores et ceteros officiales.
54 Comes Aegypti VII.

Böck. p. 69 (marginal note at line 38)

7) Κεφρώ *Euseb. h. eccles.* VII 11.   7a) Asturum *Böck.*   8) Thaubasio *Itin.*   9) Tacasarta *Itin.*   10) *fort. scrib.* Naisiu *cf. Parthey, Abh. der Berl. Akad. 1858. p. 125.*   11) Thou *Itin.*   12) *fort. scr.* Ituraeorum.   13) Alyi *Itin.*   14) *adde:* et adiutores eorum.

35 gallatarum *CPM* gallatorum *V sed correx.* || 37 augustannice *V* || 39 tacasirita *V* || 40 naithii *V* || 41 tohii *V* || 42 castra frodito iudeorum *P* || 44 itareorum *CPVM* || arii *V* || 48 ducenar̄ *C* ducenarum *PVM* || qui *om. M* || exiit *VM* || 52 siue *om. M* || 54 IIII *CVM* UII *P*.

XXIX.

Comes per Isauriam.

Böck. p. 70

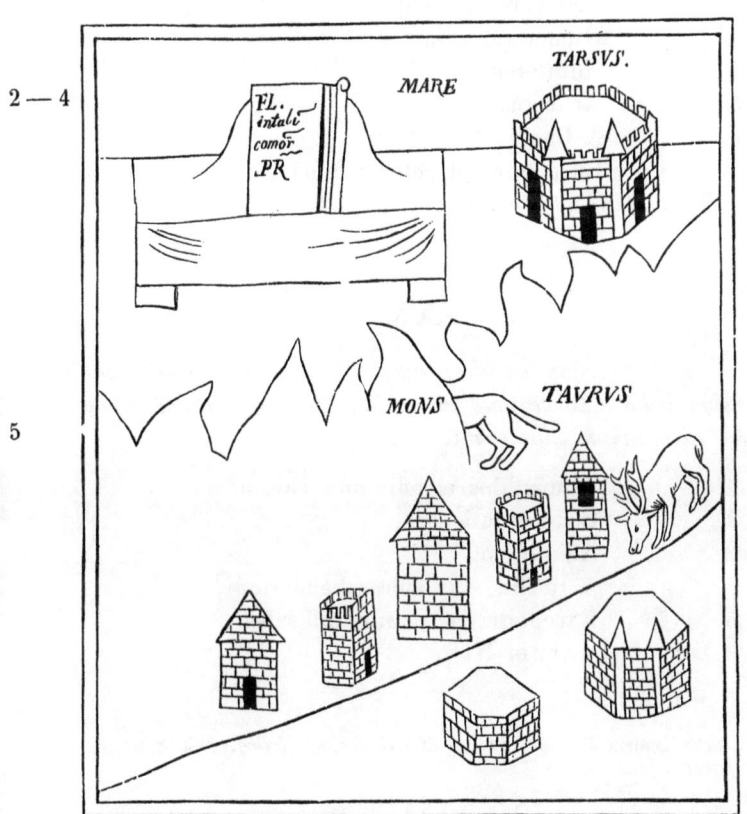

6 Sub dispositione uiri spectabilis comitis *rei* militaris per Isauriam et praesid*is*:

1 isauream M^2 ‖ 2. 3. 4 om. V ‖ 2 *ita* $M^{1 \cdot 2}$ F·L̃ ‖ INTAL̂L ǀ COMORD· ǀ ·PR̃· C F̃L ǀ INTAL̄L ǀ·CAMOR̄D ǀ PR̃· P ‖ 3. 4 tarsium mare C tharsus mare P ‖ 4 tharsus $M^{1 \cdot 2}$ ‖ 6 et praesidis *om*. M et preside CP t p̄sule V.

OR. XXIX. COMES ISAUR. XXX. DUX LIBYAR.

7 Legio secunda Isau*r*a.
8 Legio tertia Isau*r*a.
9 Officium autem habet ita:
10 Principem de eodem officio.
11 Cornicularium.
12 Commentariensem.
13 Numerarios.
14 Adiutorem.
15 Ab actis.
16 A libellis.
17 Exceptores et ceteros officiales.
18 Dux[1]) Isauriae VI.

XXX.

Folium unum excidit, quod pagina altera continebat insignia ducis Libyarum, altera initium earum rerum quae sub dispositione eius erant.

1 Numerarios et adiutores eorum.
2 Commentariensem.
3 Adiutorem.
4 A libellis siue subscribendarium.
5 Exceptores et ceteros officiales.
6 Dux Lib*y*arum III[1]).

1) Comes *Böck*.

7. 8 isauria *CPVM* || 13 *om. M* || 16 *ante* 15 *colloc. M* || 18 sextus *CPVM*.

XXX.

1) *Ducem eum, qui tot militum numeris imperaret ut enumeratio eorum spatio unius paginae uix caperetur, pauciores euectiones annuales habuisse, quam omnes reliquos, persuadere mihi non possum; fort. scrib.* VI; *cf. adn. crit. ad XXVIII* 54.

1 humerarios *M* || 4 a libellis *om. M* || rescribendarium *C'* || 6 librarum *CPVM* || tertius *V*.

XXXI.
Dux Thebaidos.

Böck. p. 74

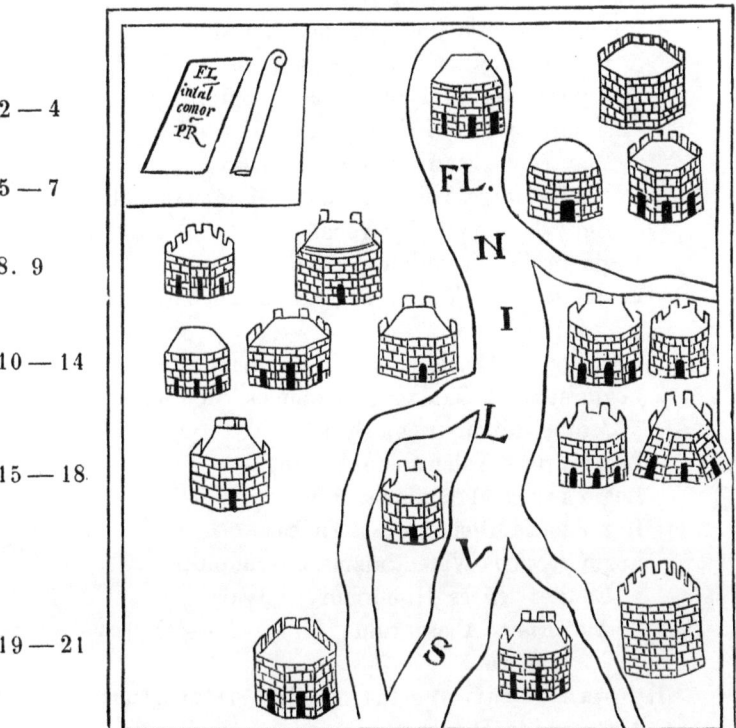

2 — 4

5 — 7

8. 9

10 — 14

15 — 18.

19 — 21

                       3 Filari.   4. Hermunthus.
                               6 Hermipolis. 7 Lato.
8 Tentyra.   9 Cussa.
10 Oasis   11 Asfinis. 12 Thebas.   13 Apollonos. 14 Syene.
   maior.
    15 Presentia.   16. Diospolis.   17 Lyco.   18 Copto.
        19 Copto.   20 Ambos. 21 Maximiano-
                                                          polis.

Insignium inscriptiones praeter 1 om. $V \parallel 2$ *ita* $M^{1 \cdot 2}$ $\widetilde{FL} \cdot | INTA\overline{LL} |$ COMO$\overline{RD}$ | $\overline{PR} \cdot$ $CP \parallel$ 4 hermūdus $M^2 \parallel$ 6 hermupolis $M^{1 \cdot 2} \parallel$ 7 lico $M^{1 \cdot 2} \parallel$ 8 tentira $M^{1 \cdot 2} \parallel$ 9 cusa $M^{1 \cdot 2} \parallel$ 11 asfinus *(P)* $\parallel$ 13 appollosia $P \parallel$ 14 sieno C siena *(P)* $\parallel$ 16 dispolis $C \parallel$ 21 maximianopolus M^2.

OR. XXXI. DUX THEBAIDOS.

22 Sub dispositione uiri spectabilis ducis Thebaidos:
23   Cuneus equitum Maurorum scutariorum, Lico [1]).
24   Cuneus equitum scutariorum, Hermupoli.
25   Equites sagittarii indigenae, Tentira [2]).
26   Equites sagittarii indigenae, Copto.
27   Equites sagittarii indigenae, Diospoli.
28   Equites sagittarii indigenae, Lato.
29   Equites sagittarii indigenae, Maximianopoli.
30   Equites promoti indigenae . . . . .
31   Legio tertia Diocletiana, Ombos.
32   Legio secunda Flauia Constantia Thebaeorum, Cusas [3]).
33   Legio tertia Diocletiana, Praesentia [4]).
34   Legio secunda Traiana, Apollonos superioris.
35   Milites Miliarenses, Syene.
36   Legio prima Valentiniana, Copto.
37   Legio prima Maximiana, Filas.
38   Legio tertia Diocletiana, Thebas.
39   Legio secunda Valentiniana, Hermunthi.
40   Equites felices Honoriani, Asfynis.
41   Ala prima Abasgorum, Hibeos [5]) — Oaseos maioris.
42 Et quae de minore laterculo emittuntur:
43   Ala secunda Hispanorum, Poisarietemidos [6]).
44   Ala Germanorum, Pescla [7]).
45   Ala quarta Britonum, Isiu.

1) Lyco *17*.   2) Tentyra *8*.   3) Cussa *9*. Chusis *Itin*. Χουσαί *Aelian. de nat. an. 10*, 27. Κάσος *Not. episc. I 764*. 'Ακούσσα *Hierocl.*   4) Praesidio *Böck. cf. Strab. p. 813* Θηβαϊκὴ φυλακή; *Ptol.*   5) Ibiu *Itin*. Ibion *Rav*. Νίβις *Steph.*   6) Peos Artemidos *Itin.* Speos Artemidos *Surita.*   7) Pesla *Itin.*

30 indigenarum *Γ* ‖ 31 legionis tertie (tercie *P*) *CPV* legiones tertiae *M* ‖ diocletionoambos *CP* diocletianoambos *VM* ‖ 34 appollonos *(C)M* appolonos *Γ* ‖ 38 diocletia *CPΓ* ‖ 41 tuntun *add*. *C* ‖ 43 poisarietenidos *C* poisarieteindos *P* poisarieteidos *VM* ‖ 44 pesela *M* ‖ 45 brittonum *PM*.

OR. XXXI. DUX THEBAIDOS. 65

46 Ala prima Hiberorum, Thmou ⁸). Böck. p. 76
47 Ala Neptunia, Chenoboscia.
48 Ala tertia dromedariorum, Maximianopoli.
49 Ala octaua Palmyrenorum, Foenicionis ⁹).
50 Ala septima Herculia uoluntaria, contra Lata ¹⁰).
51 Ala prima Francorum, contra Apollonos.
52 Ala prima Iouia catafract*ariorum*, Pampane.
53 Ala octaua ....., Abydum. — Abocedo ¹¹).
54 Ala secunda Herculia dromedariorum, Psinaula ¹²).
55 Ala prima Abasgorum, Oasi maiore.
56 Ala prima Quadorum, Oasi minore — Trimtheos ¹³).
57 Ala prima Ualeria dromedariorum, Precteos.
58 Cohors prima Lusitanorum, Theraco ¹⁴).
59 Cohors scutata ciuium Romanorum, Mutheos.
60 Cohors prima Apamenorum, Silili ¹⁵).
61 Cohors undecima Chamauorum, Peamu ¹⁶).
62 Cohors nona Tzanorum, Nitnu ¹⁷).
63 Cohors nona Alamannorum, Burgo Seueri.
64 Cohors prima felix Theodosiana, apud Ele- Böck. p. 77
    phantinem.

8) Thomu *Itin.* Tinoy *Rav.*   9) Poeniconon *Itin.* Phenice *Tat.*
Phinice *Rav.*   10) *scrib.* contra Lato.   11) Abotide *Böcking.*
12) Ψίναβλα *Athan. histor. Arrian. ad monach.* 72. Ψίναφος *Steph.*
Psinarni (?) *Rav.*   13) Terenutheos *Böcking, Lepsius; fort. scrib.* Mutheos; *cf.* 59; *Itin. p. 166.*   14) Hieracon *Wesseling.*   15) Silsili
d'Anville; propter ordinem geographicum h. l. obseruatum praetulerim: Selinɔ; *cf. Itin. p. 166.*   16) *fort. scrib.* Panu, *sed cf.* Permun
Rav.   17) Nibiu *Böck. (?)*

46 thinou *P* thunii *V* thimou *M* ‖ 47 neptimia *V* ‖ 49 palmirenorum *P* ‖ fenitionis *C* foenitionis *PV* ‖ 50 uolumptaria *PVM* ‖ contra
Lata *om.* *V* ‖ 51 Ala prima Francorum *om.* *V* ‖ cīra *M* ‖ appollonos
PV ‖ 52 catafractan *CVM* catafractam *P* ‖ 53 abidum *CM* ‖ abecedo *V*
sed correx. ‖ 55 abasgarum *V* ‖ minore *V sed correx.* ‖ 56 quadrorum
P ‖ thrimtheos *V* trūtheos *M* ‖ 58 lysitanorum *CPVM* ‖ 61 XI *CP* ‖
peanui *P* peamū *M* ‖ 62 zanorum *V* ‖ 63 alamanoiorum *V sed correx.* ‖
64 Elefantinem *CP.*

NOTITIA DIGNITATUM. 5

OR. XXXI. DUX THEBAIDOS.

65   Cohors quinta Suentium [18] [quinta], Suene.
66   Cohors sexta saginarum [19], in Castris Lapi-
                 dariorum.
67   Cohors septima Francorum, Diospoli.
68 Officium autem uiri spectabilis ducis The-
     baidos habet ita:
69   Principem de scola agentum in rebus.
70   Numerarios et adiutores eorum.
71   Adiutorem.
72   Commentariensem [20].
73   A libellis siue subscribendarium.
74   Exceptores et ceteros officiales.
75 Dux Thebaidos V.

     18) Suenensium *Böcking*.   19) *fort. scrib.* Sugambrorum *uel* sagittariorum.   20) *Commentariensis in officiis ducum et comitum adiutorem praecedere solet.*

     65 suentuum *P* ‖ 66 capidariorum *M* ‖ 68 thebaide *CT* thebaidae *P* ‖ 69 de rebus *M* ‖ 75 quintus *V*.

XXXII.

Dux Foenicis.

2 — 5	F̃L. INTAL̄L· COMOR̄D PR̃·	Otthara. Castellum.	Euhara. Castellum.	Saltatha. Castellum.
6 — 9	Lataui. Castellum.	Auatha. Castellum.	Nazala. Castellum.	Abira. Castellum.
10 — 13	Casama. Castellum, ex quo ca- put barba- tum eminet.	Calamona. Castellum.	Betproclis. Castellum.	Thelsee. Castellum.
14 — 16	Adatha. Castellum.	Palmyra. Castellum.	Danaba. Castellum.	

17 Sub dispositione uiri spectabilis ducis Foenicis:
18   Equites Mauri Illyriciani, Otthara[1]).
19   Equites scutarii Illyriciani, Euhari[2]).

1) Ocurura *Tab.* (?)   2) Eumari *Itin.* Εὐάριος *Not. ep. I 991.*
Αὐερία *Ptol.* Εὐαρείας *Hard. Conc. II p. 473.*

*Praecedunt in codd. omnibus cap. XXXIV et XXXVII; u. ad
cap. XXXIV* ||·1 foenitis *V* || 2 *ita CP om. V* FL | INTAL̄ | COMOR̄ |
PR̃ *M*¹ FL | intalī | Comord' : | P̃R *M*² || 4 eubara *P* || 5 salthata *M*² ||
6 litaui *M*² || 9 abina *V* || 12 tprodis *V* sed add. be || 13 thelsce *V* |
15 palmira *VM*¹·² || 16 *om. M*² || 17 foenitis *V* || 18 otthora *V*.

68   OR. XXXII. DUX FOENICIS.

Böck. p. 85 20   Equites promoti indigenae³), Saltatha⁴).
21   Equites Dalmat*ae* Illyriciani, Lataui.
22   Equites promoti indigenae, Auatha.
23   Equites promoti indigenae, Nazala⁵).
24   Equites sagittarii indigenae, Abina⁶).
25   Equites sagittarii indigenae, Casama.
26   Equites sagittarii indigenae, Calamona.
27   Equites Saraceni indigenae, Betproclis.
28   Equites Saraceni, Thelsee.
29   Equites sagittarii indigenae, Adatha⁷).
30   Praefectus legionis primae Illyricorum, Palmira.
31   Praefectus legionis tertiae Gallicae, Danaba⁸).
32   Et quae de minore laterculo emittuntur:
33   Ala prima Damascena, Monte Iouis.
34   Ala noua Diocletiana, Ueriaraca.
35   Ala prima Francorum, Cunna⁹)
36   Ala prima Alamannorum, Neia.
37   Ala prima Saxonum, Uerofabula.
38   Ala prima Foenicum, Rene¹⁰).
39   Ala secunda Salutis, Arefa¹¹).
40   Cohors tertia Herculia, Ueranoca.
41   Cohors quinta pacata Alamannorum, Oneuatha.
42   Cohors prima Iulia lectorum, Uale¹²) Alba.
43   Cohors secunda Aegyptiorum, Ualle Diocletiana.
Böck. p. 86 44   Cohors prima Orientalis, Thama.
45   Officium autem habet ita:

3) *scrib.* Illyriciani; *nunquam enim indigenae Illyricianos praecedunt.*   4) ΛΑΘΑΟΗΝΩΝ *lege* Σαλθαθηνῶν *Wetzstein, Inschr. aus Hauran. Abh. der Berl. Acad. 1863.' p. 311.*   5) Nezala *Tab.*
6) Abira *9*; Abila *Pancirolus.*   7) Ἀδάχα *Ptol.*   8) Danauae *C. I. L. III 755.* Danoua *Tab.* Δανάβα *Ptol.* Δανάβων, Danaborum, castri Danabeni *Lequien II p. 847.*   9) Conna *Itin.*   10) Neue *Itin.* Νεύη *Not. episc. I 1020; cf. Lequien Or. christ. II p. 863.*   11) Ἀρφά *Joseph. b. i. III 3, 5.*   12) *scrib.* Ualle.

21 dalmati *CPVM* ‖ 27 betprodis *VM* ‖ 28 theslee *V* ‖ 30 illyriciorum *CM* illiriciorum *P* illyritiorum *V* ‖ 34 diodetiana *M* ‖ 43 uale *V*.

OR. XXXII. DUX FOENICIS. XXXIII. DUX SYRIAE.

46 Principem de scola agentum in rebus.
47 Numerarios et adiutores eorum.
48 Commentariensem.
49 Adiutorem.
50 A libellis siue subscribendarium.
51 Exceptores et ceteros officiales.
52 Dux Foenicis V.

XXXIII.

Dux Syriae.

Böck. p. 87

2	F$\widetilde{\text{L}}$· $\overline{\text{INTALL}}$ $\overline{\text{COMORD}}$ P$\overline{\text{R}}$·	Seriane. Occariba. Castellum. Castellum.	7. 8
3. 4	Barbalissus. Neocaesar. Castellum. Castellum.	Matthana. Adada. Castellum. Castellum.	9. 10
		Aratha. Acadama.	11. 12
5. 6	Rosapha. Sura.	Castellum. Castellum.	
	Castellum. Castellum.	Acauatha. Oresa.	13. 14
		Castellum. Castellum.	

52 foenitis V ‖ V om. V.

XXXIII.

2 *ita CP* om. V FL | INTA$\overline{\text{L}}$ | COMOR$\overline{\text{D}}$ | P$\widetilde{\text{R}}$ M^1 FL | intali |
Comord. | P$\widetilde{\text{R}}$ M^2 ‖ 3 barbalissos V ‖ 8 aratha V *suprascr.* occariba ‖
9 maithana $M^{1,2}$ ‖ 12 achadam̊ C ‖ 13 achauata C.

OR. XXXIII. DUX SYRIAE.

15 Sub dispositione uiri spectabilis ducis Syriae et Eufratensis Syriae:
16   Equites scutarii Illyriciani, Seriane.
17   Equites promoti Illyriciani, Occariba [1]).
18   Equites sagittarii indigenae, Matthana.
19   Equites promoti [2]) indigenae, Adada.
20   Equites sagittarii indigenae, Anatha [3]).
21   Equites sagittarii, Acadama [4]).
22   Equites sagittarii, Acauatha.
23   Praefectus legionis quartae Scythicae, Oresa [5]).
24 In Augusta Eufratensi:
25   Equites Dalmatae Illyriciani, Barbalisso.
26   Equites Mauri Illyriciani, Neocaesareae.
27   Equites promoti indigenae, Rosafa [6]).
28   Praefectus legionis sextaedecimae Flauiae firmae, Sura.
29 Et quae de minore laterculo emittuntur:
30   Ala prima noua Herculia, Ammuda [7]).
31   Ala prima Iuthungorum, Salutaria.
32   Cohors prima Gotthorum, Helela [8]).
33   Cohors prima Ulpia Dacorum, Claudiana.
34   Cohors tertia Ualeria, Marmantarum.
35   Cohors prima uictorum, Ammattha [9]).
36 Officium autem habet ita:

1) Occaraba *Tab.* Orarabon *Rav.* Ἀχοράβα *Ptol.* Acorabensis *Hard. Conc. I. p. 316.*   2) *Promoti sagittarios praecedere solent.* 3) Aratha *11.* Arachon *siue* Arachensis *Hard. I. p. 815.* Ἀργαίων *Lequien Or. christ. II p. 848.*   4) Ἀσαφειδάμα *Ptol.* (?)   5) Ὄριζα *Ptol.* Oruba *Tab.* Orissa *Rav.*   6) Ῥησάφα *Ptol.* Risapa *Tab.* Risapha *Rav.*   7) Ἀρουδίς *Ptol.* Arulis *Tab.* Araris *Rav.* (?) *sed cf. 35.* 8) Ἀλαλίς *Ptol.* Alalius *Hard. Conc. I p. 314.* Alalorum *Lequien Or. christ. II p. 848.*   9) Ἀλαμάθα *Ptol.* (?) *cf. 30.*

16 syriane *P* ‖ 18 maithana *CM* ‖ 20 antha *V* ‖ 21 om. *V* ‖ 23 prefecture *CV* praefecturae *PM* ‖ legiones *C* ‖ 24—28 *post 35 colloc. M* ‖ 24 augusto *CPVM* ‖ 25 dalmati *CPVM* ‖ 26 neocesar *CV* neocaesar *PM* ‖ 28 prefecture *CV* praefecturae *PM* ‖ 30 nona *C* ‖ āmuda *CV* amuda *(P)M* ‖ 32 gotliorum *CVM* ‖ 35 ammaitha *CM* amatha *P* ammatha *V*.

37 Principem [unum].
38 Numerarios et adiutores eorum.
39 Commentariensem.
40 Adiutorem.
41 A libellis siue subscribendarium.   Böck. p. 89
42 Exceptores et ceteros officiales.
43 Dux Syriae V.

   43 quintus *V*.

XXXIV.
Dux Palaestinae.

Böck. p. 78

2 — 5
6. 7
8. 9
10
11. 12
13 — 15
16

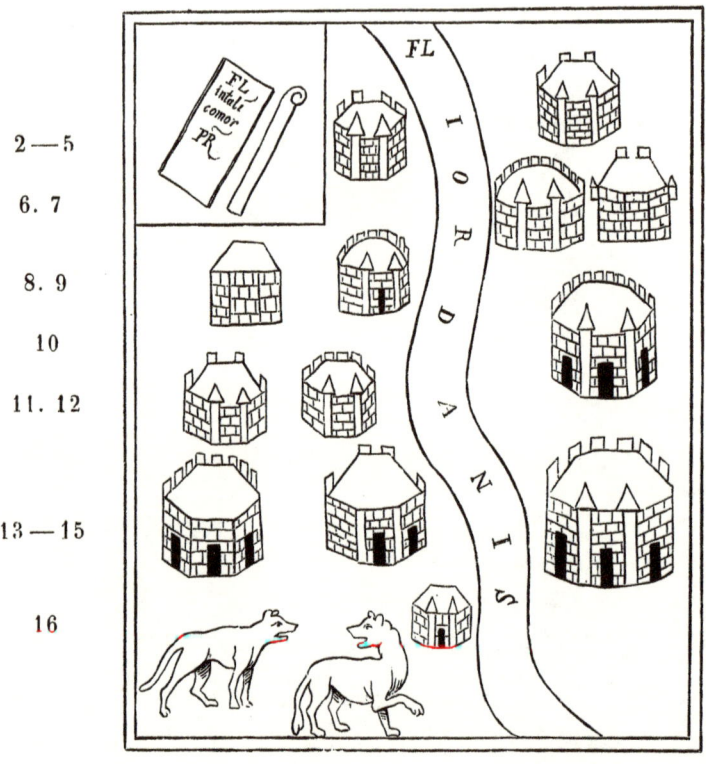

3 Menoida.   5 Berosaba.
               6 Chermula. 7 Zoara.
8 Zodocatha.   9 Sabaia.
                       10 Birsama.
11 Robatha.   12 Hauare.
13 Ueterocania.   14 Mohaila.   15 Aelia.
                16 Aila.

Folia coniuncta duo, quae cap. XXXIV et XXXVII continebant, in archetypo suo loco mota et ante cap. XXXII inserta sunt, quem locum in omnibus codd. nostris obtinent. ‖ 2 ita $M^{1 \cdot 2}$ om. V F̄L̄ ǀ INTALL ǀ COMORD ǀ PR̄ CP ‖ 3 menosoa C menochia $M^{1 \cdot 2}$ ‖ 4 om. V ‖ 5 — 7, 10, 15 *post 17 colloc.* V ‖ 5 benosaba $VM^{1 \cdot 2}$ ‖ 8 zodochata CP ‖ 10 birsania V ‖ 12 lauare V *sed correx.* ‖ 13 ueterocama $PM^{1 \cdot 2}$ ueterocai'a V ‖ 14 moahila M^1 moabila M^2.

OR. XXXIV. DUX PALAESTINAE.

17 Sub dispositione uiri spectabilis ducis Palaestinae:
18   Equites Dalmatae Illyriciani, Benosabae [1]).   Böck. p. 79
19   Equites promoti Illyriciani, Menochiae [2]).
20   Equites scutarii Illyriciani, Chermulae.
21   Equites Mauri Illyriciani, Aeliae.
22   Equites Thamudeni Illyriciani, Birsama [3]).
23   Equites promoti indigenae, Sabaiae [4]).
24   Equites promoti indigenae, Zodocathae [5]).
25   Equites sagittarii indigenae, Hauanae [6]).
26   Equites sagittarii indigenae, Zoarae.
27   *Equites sagittarii indigenae, Robatha* [7]).
28   Equites primi felices [sagittarii indigenae] Palaestini, Sabure [8]) siue Ueterocariae [9]).
29   Equites sagittarii indigenae, Moahile [10]).
30   Praefectus legion*is* decimae Fretensis, Ailae.
31 Et quae de minore laterculo emittuntur:
32   Ala prima miliaria Sebastena, Asuada [11]).
33   Ala Antana [12] dromedariorum, Admatha [13]).
34   Ala Constantiana, Toloha.
35   Ala secunda felix Ualentiana, apud Praesidium.
36   Ala prima miliaria, Hasta [14]).

1) Berosaba 5.   2) Menoida 3; Μηνοίδος *Hard. Conc. II p. 401. Minoidis l. l. p. 459.* Μηνοίς *Euseb. onom. urb. sacr. scr.* Moenoenum·castrum *C. Th. VII 4, 30.*   3) Σάλτων Γεραϊτικὸς ἤτοι Βαρσάμων. *Not. episc. V 108* Βέρζαμμα *Ptol.* Uersaminum castrum *C. Th. VII 4, 30.*   4) Σαβαί *Steph. Byz.*   5) Zadagatta *Tab.* Ζαναδθα *Ptol.*   6) Ḥauare *12.* Hauarra *Tab.* Αὐάρα *Ptol.* Αὔαρα *Steph. Byz.*   7) *cf. 11.* Ṗοωβώθ *Euseb.*   8) Σαπφουρεῖ *Ptol.* Σάπφωρα *Ios. ant. XIV 5, 4.* Σεπφώρις *Ios. passim.*   9) Καρκαρία *Euseb.*   10) Mohaile *14; fort. scrib.* (Charac-) Moab − Ailae.   11) Ασαραδδά *Euseb.* Asadada *versio lat. Hier.* Ἀνουάθ *Ios. bell. iud. III 3, 5.*   12) Antoniniana?   13) Ἀμμαθά *Euseb.* Amathar *Hier.* ἐν Ἀμαθοῖς *Ioseph. ant. iud. XVII 10, 6.*   14) Ἀσθώ *Euseb.* Asta *cod. Leid. Hier.*

20 scrutarii *P* || 22 thamudetii *M* || birsania *V* || 28 palestine *P* || subure *V* || 29 moabile *M* || 30 legionum *CPVM* || frecensis *V* || 31 latercule *V* || 34 coloha *V*.

74 OR. XXXIV. DUX PALAESTINAE.

37 Ala Idiota constituta [15]).
38 Cohors duodecima Ualeria, Afro.
39 Cohors decima Carthaginensis, Cartha.
40 Cohors prima agentenaria [16]), Tarba [17]).
41 Cohors quarta Frygum, Praesidio.
42 Cohors secunda Gratiana, Iehibo.
43 Cohors prima equitata, Calamona.
44 Cohors secunda Galatarum, Arieldela [15]).
45 Cohors prima Flauia, Moleatha [19]).
46 Cohors quarta Palaestinorum, Thamana [20]).
47 Cohors secunda Cretensis, iuxta Iordanem fluuium.
48 Cohors prima salutaria, inter Aeliam et Hierichunta.
49 Officium autem habet ita:
50 Principem de scola agentum in rebus.
51 Numerarios et adiutores eorum.
52 Commentariensem.
53 Adiutorem.
54 A libellis siue subscribendarium.
55 Exceptores et ceteros officiales.
56 Dux Palaestinae V.

15) Ala prima Iota constituta *Böck. fort. scrib.* Ala prima quingenaria Iota constituta. 16) centenaria *Gelen. cf. XXXVI* 35. cohors quinquagenaria. 17) Θαμαρὰ κώμη — ἥτις νῦν φρούριόν ἐστι τῶν στρατιωτῶν *Euseb.* Θαμάρῳ *Ptol.* Thamaro *Tab.* Thamara *Rav.* 18) 'Αρίνθηλα *Hierocl.; Not. Episc.* 1, *1000;* 5, *127; Steph. Byz.* 'Αριδήλων *Hard. Conc. I. p. 1428.* 19) ἐν Μαλάθοις *Ios. ant. iud. XVIII, 6, 2;* Μαλαάθ, Μαλαάθοις, Μαλαθών *Euseb.* Μαλιάτθα *Ptol.* 20) Θαιμάν, ἀπέχουσα Πετρῶν ἀμφὶ τὰ ιε΄ σημεῖα, ἐν ᾗ καὶ ἐγκάθηται στρατιωτικόν. *Euseb.* Θάνα *Ptol.* Thornia *Tab.*

40 argentenaria *C* || 41 frigum *CPV* phrygum *M* || 42 ihehibo *V* || 43 calamonia *P* || 44 galatharum *CPVM* || 46 IIII *CPV* || 47 iordanen *M* || 48 hierichumta *V* || 54 rescribendarium *C* || 56 palastine v[u] *V*

XXXV.

Dux Osrhoenae.

Böck. p. 89

2 — 4	F̄L̄ INTAL̄L COMORD̄ P̃R̃	Gallaba. *Castellum.*	Callinico. *Castellum.*	
5 — 8	Dabana. *Castellum.*	Banasam. *Castellum.*	Syna Judeorum. *Castellum.*	Oroba. *Caştellum.*
9 — 12	Thillazamara. *Castellum.*	Mediana. *Castellum.*	Rasin. *Castellum.*	Circesio. *Castellum.*
13			Apatna. *Castellum.*	

14 Sub dispositione uiri spectabilis ducis Osrhoenae: Böck. p. 90
15   Equites Dalmat*ae* Illyriciani, Ganaba[1]).
16   Equites promoti Illyriciani, Callinico.
17   Equites Mauri Illyriciani, Dabana.
18   Equites promoti indigenae, Banasam[2]).

1) Gallaba 3; *scrib.* Cannaba.   2) Βαναςυμέων *Procop. de aed.* II 4.

1 osrhenae *P* osrhroene *V* || 2 *ita CP om. V* FL | INTAL̄ | COMOR̄ | PR̃ *M*¹ FL | intalī | Comord | P·R̃· *M*² || 6 banasani *CV* banasa *M*¹·² || 8 oroha *C* oraba *M*¹·² || 9 tyllasamara *V* || 10 mecliana *(C)* || 12 ˙gracefio *P* || 13 aptana *C* || 14 osrhenae *P* || 15 dalmati *CPVM* || gauaba *PM* || 18 banasani *V*.

OR. XXXV. DUX OSRHOENAE.

19 Equites promoti indigenae, Sina Iudaeorum.
20 Equites sagittarii indigenae, Oraba [3]).
21 Equites sagittarii indigenae, Thillazamana.
22 Equites sagittarii indigenae Medianenses, Mediana.
23 Equites [sagittarii indigenae] primi Osrhoeni, Rasin [4]).
24 Praefectus legionis quartae Parthicae, Circesio.
25 . . . ., *Apatna* [5])
26 Et quae de minore laterculo emittuntur:
27 Ala septima Ualeria praelectorum, Thillacama [6]).
28 Ala prima Uictoriae, Touia [7]) —contra Bintha [8]).
29 Ala secunda Paflagonum, Thillafica.
30 Ala prima Parthorum, Resaia [9]).
31 Ala prima noua Diocletiana, inter Thannurin et Horobam.
32 Cohors prima Gaetulorum, Thillaamana [10]).
33 Cohors prima Eufratensis, Maratha [11]).
34 Ala prima salutaria, Duodecimo constituta.
35 Officium autem habet ita:
36 Principem de scola agentum in rebus.
37 Numerarios et adiutores eorum.
38 Commentariensem.

3) Oroba *8*; Horoba *31*. 4) Ῥάσιος *(gen. casu) Procop. l. l.*
5) *cf. 13.* Ἀφραδάνα *Ptol. Legiones Parthicae exhibentur quattuor: prima et secunda XXXVI 29; 30; quarta h. l.; sexta VII 19 = 55. Quinta anno 359 a Parthis deleta est u. Amm. XVIII 9, 3; XIX 8); tertiam h. l. excidisse putauerim.* 6) Thilaticomum, Thillaticomum *Itin.* 7) Iouia? 8) contra Birtha *Wesseling.* 9) *scrib.* Resaina. 10) Thillazamana *21.* Thillazamara *9.* Ζάμα *Ptol.* 11) Ζαμαρθάς *Procop. de aed. II 6* (?)

21 thillazamịna *C!* tyllasamana *V* || 24 prefecture *CPV* praefecturae *M* || panthice *CPV* panthicae *M* || crecesio *V* || 26 mittuntur *V* || 27 preelectorum *C* praeelectorum *PVM* || 28 alia *P* || uictoriatouia *CPVM* || 29 secunda *om. C sed post. add.* II || 30 panthorum *CPVM* || 31 intenthannuri nethorobam *CPM* intonthamuri nethorobam *V* || 32 gettulorum *V* || *in V litterae* ama *postea add. sunt* || 33 eufratensi *CPV* || 34 duodetima *V* || 35 *om. C spatio uacuo relicto.*

39   Adiutorem.
40   A libellis siue subscribendarium.
41   Exceptores et ceteros officiales.
42 Dux Osrhoenae V.

XXXVI.

Dux Mesopotamiae.

Böck. p. 92

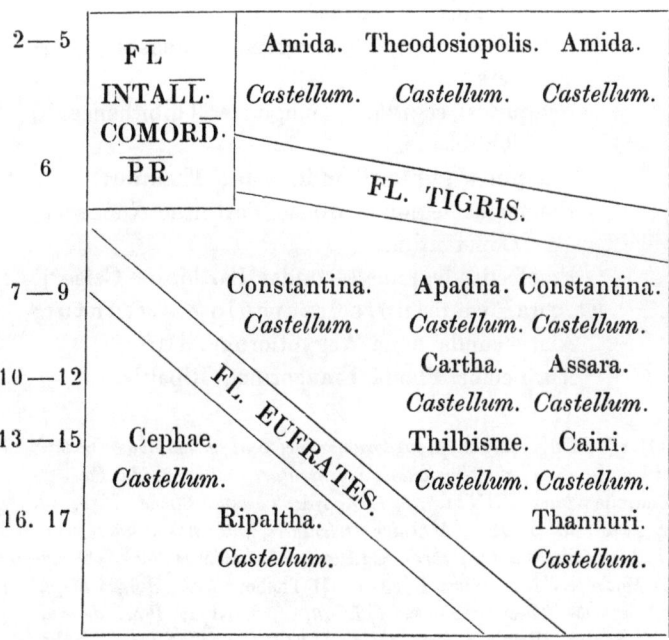

42 V om. *Γ*.

XXXVI.

1 mesopotanee *Γ*‾ ‖ 2 *ita CP om.* *Γ*‾ FL | INTALĪ | COMORD̄ | PR *M*¹·² ‖ 6 *om.* *Γ*‾ tygris *CM*¹·² ‖ 7 constantini *C* ‖ 10 *om.* *Γ*‾ ‖ 11 charta *Γ*‾ ‖ 17 thamuri *Γ*‾.

OR. XXXVI. DUX MESOPOTAMIAE.

18 Sub dispositione uiri spectabilis ducis Mesopotamiae:
19   Equites scutarii Illyriciani, Amidae.
20   Equites promoti Illyriciani, Resain — Theodosiopoli.
21   Equites ducatores Illyriciani [primi ducatores], Amidae.
22   Equites felices Honoriani Illyriciani, Constantina.
23   *Equites promoti indigenae, Apadna*[1].
24   *Equites promoti indigenae, Constantina*[1].
25   Equites sagittarii indigenae Arabanenses[2], Mefana — Cartha[3].
26   Equites scutarii[4] indigenae Pafenses[5], Assara[6].
27   Equites sagittarii indigenae Thibithenses[7], Thilbisme.
28   Equites sagittarii indigenae, Thannuri.
29   Praefectus legionis primae Parthicae Nisibenae, Constantina.
30   Praefectus legionis secundae Parthicae, Cefae[8].
31   Et quae de minore laterculo emittuntur:
32   Ala secunda noua Aegyptiorum, Cartha[3].
33   Ala octaua Flauia Francorum, Ripaltha.

1) *cf. 8; 9; equitum promotorum cunei bini in omnibus Orientis tractibus proximi ab Illyricianis recensentur.* 2) Ἀραάβα *Ptol.* (?) 3) Charcha *Amm. XVIII. 10, 1.* Χαρχάς *Theoph. Simoc. Γ. 1; 13.* Καρχαρωμάν *id. I. 13.* 4) *Inter Orientales indigenas scutarii praeter h. l. non reperiuntur; scrib.* sagittarii. 5) Safenses *Böck.* 6) Κάστρον Μασσάρων *Not. episc. I. 931.* 7) Thebeta *Tab.* Θεβητά *Steph. Byz.* Θεβοθών *Theoph. Simoc. III. 10.* 8) Κίφας *Proc. de aed. II. 4.* Κάστρον Ῥισκιφᾶς *Not. episc. I. 913.* Cepha, Κηφάς, Zephanensis *Lequien, Or. christ. II. p. 1006.*

20 resam *PM* || 22 honoria *Γ* || 25 charta *Γ* || 26 pauenses *Γ* || 28 thanmuri *Γ* || 29 prefecture *CV* praefecturae *PM* || primae legionis *(C)* || nisilene *P* || 30 prefecture *CV* praefecturae *PM* || 31 et *om. CPM.*

34   Ala quintadecima Flauia Carduenorum, Caini.
35   Cohors quinquagenaria⁹) Arabum, Beth-
      allaha.
36   Cohors quartadecima Ualeria Zabdenorum,
      Maiocariri¹⁰).
37 Officium autem habet ita: Böck. p. 94
38   Principem de scola agentum in rebus.
39   Numerarios et adiutores eorum.
40   Commentariensem.
41   Adiutorem.
42   A libellis siue subscribendarium.
43   Exceptores et ceteros officiales.
44 Dux Mesopotamiae VIII.

9) cf. Cohors prima centenaria *XXXIV. 40*.   10) Meiacarire
Amm. *XVIII. 6, 16; 10, 1;* Μαϊακαριρί *Theoph. Simoc. I. 13.*

34 cami *C* ‖ 36 quardecima *C* ‖ ualerie *CV* ualeriae *PM* ‖ cami
maiocariri *C* ‖ 44 VIII *om. V.*

XXXVII.

Dux Arabiae.

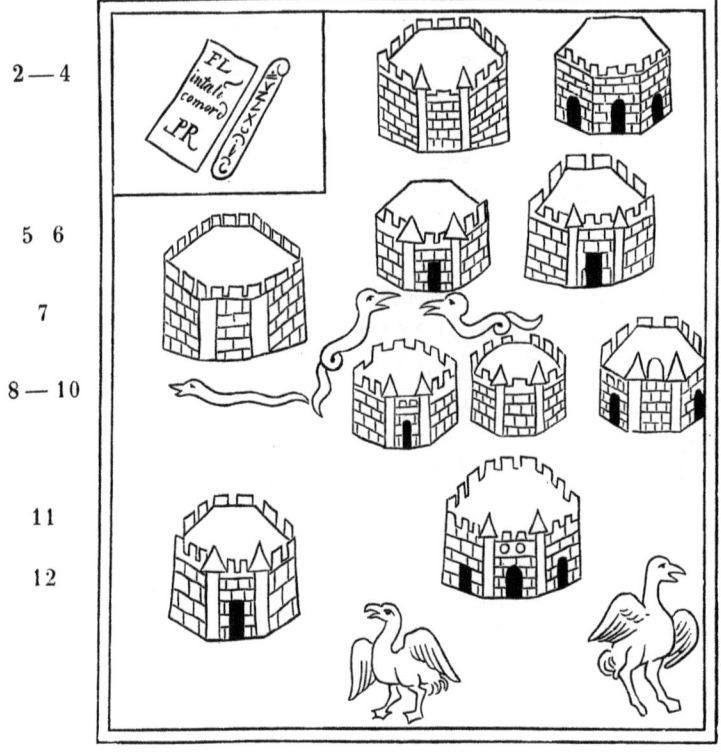

7 Ziza.

3 Animotha.   4 Tricomia.
5 Areopolis.   6 Speluncis.
8 Mefa.   9 Gadda.   10 Bostra.
11 Diafenes.

12 Betthora.

In omnibus codd. ante cap. XXXII colloc. est; u. ad cap. XXXIV || 2 ita $M^{1\cdot 2}$ om. V ·FL· | INTALL | COMORD | PR· CP || 3 cf. 14 || 5 arreopolis V || 7 ziça C zeha M^2 || 9 gaddai M^2.

OR. XXXVII. DUX ARABIAE. 81

13 Sub dispositione uiri spectab¡lis ducis Arabiae:
14   Equites scutarii Illyriciani, Motha [1]).
15   Equites promoti Illyriciani, Tricomia.
16   Equites Dalmat*ae* Illyriciani, Ziza.   Böck. p. 82
17   Equites Mauri Illyriciani, Areopoli.
18   Equites promoti indigenae, Speluncis.
19   Equites promoti indigenae, Mefa [2]).
20   Equites sagittarii indigenae, Gadda.
21   Praefectus legionis tertiae Cyrenaicae, Bostra.
22   Praefectus legionis quartae Martiae, Betthoro.
23   Equites sagittarii indigenae, Dia—Fenis [3]).
24 Et quae de minore laterculo emittuntur:
25   Ala nona miliaria, Auatha.
26   Ala sexta Hispanorum, Gomoha.
27   Ala secunda Constantiana, Libona [4]).
28   Ala secunda Miliarensis, Naarsafari.
29   Ala prima Ualentiana, Thainatha [5]).
30   Ala secunda felix Ualentiniana, apud Adittha [6]).
31   Cohors prima miliaria Thracum, Adtitha [6]).
32   Cohors prima Thrac*um*, Asabaia [7]).
33   Cohors octaua uolu*n*taria, Ualtha.
34   Cohors tertia felix Arabum, in ripa Uade Afaris fluuii in castris Arnonensibus.

1) Μωθώ *Steph. Byz.* Μωθανῶν *Wetzstein, Inschriften aus Hauran. Abh. d. Berl. Acad. 1863 p. 283.*   2) Μηφαάθ *Euseb.*   3) Φαινά *Hierocl.* Φενουτός *Not. episc. I, 1025.* Φαινήσιοι *C. I. G. 4542—44; 4551; Wetzstein p. 311.*   4) Δαιβὼν ἢ Διβών *Euseb.*   5) Thantia *Tab.*   6) Hatita *Tab.*   7) Sabaia *XXXIV* 9 = 23.

14 illyrici animotha *CM* illirici animotha *PV cf.* 3 || 15 tricoma *C* tricoma *M* || 16 dalmati *PVM* damati *C sed correx.* || 17 arreopoli *V* || 18 spelucis *C* speluntis *V* || 21 cyriniuce *C* eyrenaice *V* eyrenaicae *M* || 22 becthoro *M* || 29 ualentiniana *V* || 30 aditha *V* || 31 ad titha *(sic) CPM* ad thita *V* || 32 thracocum *CPVM* || 33 uolumptaria *CPVM* || 34 Arabum *post* Uade *colloc. M.*

NOTITIA DIGNITATUM.   6

35   Cohors tertia Alp*i*norum, apud Arnona.
36 Officium autem [habet] uiri spectabilis ducis
    Arabiae et praesidis *habet* ita:
37   Principem de scola agentum in rebus.
38   Numerarios et adiutores eorum.
39   Commentariensem.
40   Adiutorem.
41   A libellis siue subscribendarium.
42   Exceptores et ceteros officiales.
43 Item officium praesidis eiusdem prouin-
    ciae:
44   Principem de eodem officio.
45   Cornicularium.
46   Ordinarios.
47   Commentariensem.
48   Numerarios et adiutores eorum.
49   Adiutorem.
50   A libellis siue regerendarium [8]).
51   Exceptores et ceteros officiales.
52 Dux Arabiae V.

[8]) subscribendarium *Bethmann-Hollweg*.

35 alpenorum *CPVM* ‖ arnonā *M* ‖ 36 dux[cis] *M* ‖ 50 regenerendarum *C* regenendarium *PV* ‖ 52 quintus *VM*.

XXXVIII.

Dux Armeniae.

Böck. p. 95

2	F͞L. INTA͞L͞L. COMO͞R͞D P͞R.	Auaxa. *Castellum.*	7
3. 4	Sabbu. Domana. *Castellum. Castellum.*	Siluanis. *Castellum.*	8
5. 6	Apolli- Melitena. naris. *Castellum. Castellum.*	Trapezunta. *Castellum.* Colore caeruleo mare indicatur.	9

10 Sub dispositione uiri spectabilis ducis
      Armeniae:
11   Equites sagittarii, Sabbu[1]).
12   Equites sagittarii, Domana.

1) Sabus *Itin.* Saba *Tab.*

2 *om.* V FL· | INTA͞L | COMO͞R | PR M^1 FL. | intalī | Comord: | P.R M^2 ‖ 3 sabbii C sabii V ‖ 5 appollinaris C appolinaris V ‖ 8 syluanis $M^{1.\,2}$ ‖ 9 trapezus (P) ‖ 11 sabbii PV.

OR. XXXVIII. DUX ARMENIAE.

Böck. p. 96

13   Praefectus legionis quintaedecimae Apollinaris, Satala.
14   Praefectus legionis duodecimae fulmin*a*tae, Melitena.
15   In Ponto:
16   Praefectus legionis primae Ponticae, Trapezunta.

17   Ala Rizena, Aladaleariza [2]).
18   Ala Theodosiana, apud Auaxam [3]).
19   Ala felix Theodosiana, Siluanis.
20   Et quae de minore laterculo emittuntur:
21   Ala prima Augusta Colonorum, Chiaca [4]).
22   Ala Auriana, Dascusa.
23   Ala prima Ulpia Dacorum, Suissa.
24   Ala secunda Gallorum, Aeliana.
25   Ala castello Tablariensi constituta.
26   Ala prima praetori*a* nuper [4a]) constituta.
27   Cohors tertia Ulpia miliaria Petraeorum, Metita.
28   Cohors quarta Raetorum, Analiba.
29   Cohors mil*i*aria Bosporiana, Arauraca.
30   Cohors miliaria Germanorum, Sisila [5]).

31   Ala prima *I*ouia felix, Chaszanenica [6]).
32   Ala prima felix Theodosiana, Pithiae [7]).
33   Cohors prima Theodosiana, Ualentia.

2) olotoaelariza, olutoeulariza, olotedariza, olotoedariza *Codd. Itin.* Λυταραρίζων *Procop. de aed. III 4.* 3) Anxis *Rav.* 4) Craca *Tab.* Κιαχίς *Ptol.* Chiaca *Codd. Itin. praeter Scorialensem, qui* ciaca *praebet.* 4a) *in* nuper *uel* canuper *nomen loci alicuius latere coni.* Mommsen. 5) Σισιλισσῶν φρούριον *Procop. de aed. III 6.* 6) Gizenenica *Tab.* 7) *scrib.* Pityunte.

13 prefecture *CV* praefecturae *PM* ‖ apolinaris *P* appolinaris *V* ‖ 14 prefecture *CPV* praefecturae *M* ‖ leigionis *V* ‖ fulmine *CV* fulminae *PM* ‖ melithena *C* ‖ 16 prefecture *CPV* praefecturae *M* ‖ 17 ala dade ariza *P* ala doleariza *V* ‖ 21 chiata *V* ‖ 23 ulpididacorum *V* ‖ 25 tablarensi *C* ‖ 26 pretorica *CPV* praetorica *M* ‖ 29 militaria *CPVM* ‖ ararauca *V* ‖ 31 touia *CPVM* ‖ 32 pythie *C* pithicae *M*.

OR. XXXVIII. DUX ARMENIAE.

34	Cohors Apule*ia* ciuium Romanorum, Ysiporto [8].	
35	Cohors prima Lepidiana, Caene — Parembole.	Böck. p. 97
36	Cohors prima Claudia equitata, Sebastopolis.	
37	Cohors secunda Ualentiana, Ziganne [9].	
38	Cohors, Mochora [10].	
39	Officium autem habet ita:	
40	Principem de scola agentum in rebus.	
41	Numerarios et adiutores eorum.	
42	Commentariensem.	
43	Adiutorem.	
44	A libellis siue subscribendarium.	
45	Exceptores et ceteros officiales.	
46	Dux Armeniae VII.	

8) Ἴσσου λιμήν *passim.*   9) Zigana *Itin.* Τζιγγανέων *Not. episc.* *I 468.* Ζηγανέων *l. l.* VII *238.* Ζιγανέως *l. l.* VIII *517.* Ζιγανέω *l. l.* IX *428.*   10) Mogaro *Itin.*

34 apuleta *CPVM* ‖ 35 laepidiana *PM* ‖ 38 ɯachora *V* ‖ 44 rescribendarium *C* ‖ 46 VII *om. V.*

XXXIX.

Dux Scythiae.

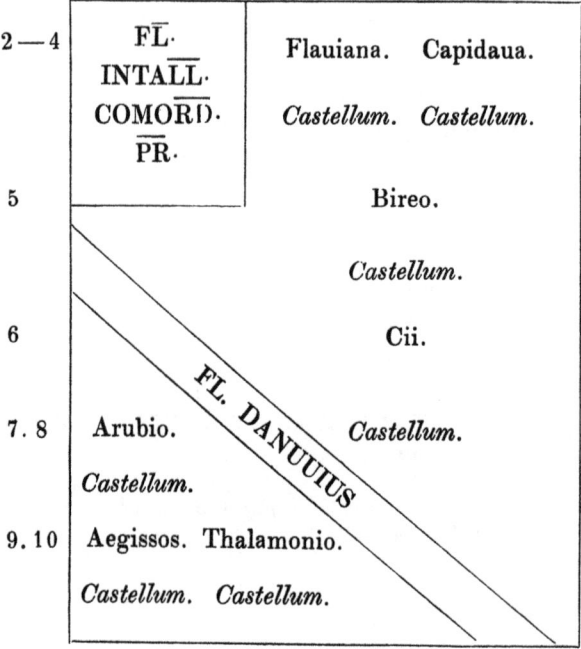

11 Sub dispositione uiri spectabilis ducis Scythiae:
12   Cuneus equitum scutariorum, Sacidaua [1]).
13   Cuneus equitum Solensium, Capidaua.

1) Sucidaua *XL* 7 = 17. *Itin. Tab. Ptol.*

1 cithiae *P* cythye *V* ‖ 2 *om.* *V* FL INTALĪ | COMOR̄ | PR̆ M^1 FL | intalī | Comord | P·R̃ M^2 ‖ 4 capidana *P* capidua *V* ‖ 8 *om.* *V* danubius $CPM^{1\cdot 2}$ ‖ 9 aegyssos CPM^1 ‖ 10 thalamono $VM^{1\cdot 2}$ ‖ 11 schithie *C* cithiae *P* ‖ 12 sacidana *C* ‖ 13 solentium *CPVM*.

OR. XXXIX. DUX SCYTHIAE.

14 Cuneus equitum stablesianorum, Cii.
15 Cuneus equitum stablesianorum, Bireo [2]).
16 Cuneus equitum catafractariorum, Arubio.
17 Cuneus equitum armigerorum, Aegissos.
18 Cuneus equitum Arcadum, Talamonio [3]).
19 Auxiliares:
20 Milites nauc*l*arii, Flauiana.
21 Milites superue*n*tores, Axiupoli.
22 Milites Scythici, Carso.
23 Milites secundi Constantini, Trosmis.
24 Milites Scythici, Dirigothia [4]).
25 Milites primi Constantiani, Nouioduro [5]).
26 Milites quinti Constantiani, Salsouia.
27 Milites primi Gratianenses, Gratiana.
28 Item legiones riparienses:
29 Praefectu*s* legionis secundae Herculi[an]ae, Trosmis.
30 Praefectu*s* ripae legionis secundae Herculiae cohor*t*is quintae pedaturae inferioris [6]), Axiupoli.
31 Praefectu*s* *ripae* legionis *secundae* Herculiae cohortis quintae pedaturae inferioris, Iprosmis [7]).
32 Praefectu*s* legionis prim*ae* Iouiae, Nouioduno.
33 Praefectu*s* ripae legionis primae Iouiae cohortis quintae pedaturae superioris, Nouioduno.

---

2) Biroe *Itin.* Βερόη *Theoph. Sim. II 16.* Bereo *Tab.* Birafon, Bireon *Rau.* 3) Thalamonio *vel* Thalamono *10.* 4) Diniguttia *Itin.* Διvoγέτεια *Ptol.* Dinogessia *Rau.* 5) *scrib.* Nouioduno. 6) superioris *Böck.* 7) *scrib.* Trosmis.

14 cunens *P* || 17 armigenorum *CPVM* || egyssos *V* aegyssos *M* || 18 thalamonio *V* || 20 *seqq.* mi̶tt̶ *CPVM* || 20 naudarii *CPVM* || 21 super uertor *CPVM* || axiopoli *M* || 25 nou͡iduro *P* || 29 prefecture *CPV* praefecturae· *M et ita plerumque nisi quod interdum M:* praefectus, *CV compendia praebent* || 30 hercule *P* || prêdature *V* || auxiupoli *V* || 31 p̄dature *V* || prosmis *M* || 32 primaei *CPVM*.

OR. XXXIX. DUX SCYTHIAE.

34   Praefectu*s* ripae legionis primae Iouiae cohortis quintae pedaturae inferioris, Accisso [8]).
35   Praefectu*s* ripae legionis primae Iouiae cohortis . . . . . et secundae Herculiae musculorum Scythicorum et classis [9]), Inplateypegiis.
36 Officium autem habet ita:
37   Principem de eodem officio, qui completa militia adorat protecto*r*.
38   Numerarios et adiutores eorum.
39   Commentariensem.
40   Adiutorem.
41   A libellis siue subscribendarium.
42   Exceptores et ceteros officiales.
43 Dux Scythiae V

[8] *scrib.* Aegisso.   [9] et classis musculorum Scythicorum *Mommsen*.

34 ioute cohors P ∥ 35 niplateypegiis C ipplateipegiis P ∥ 37 protectorem $CPVM$.

XL.

Dux Moesiae secundae.

Böck. p. 101

2—4	F̄L̄· INTAL̄L̄· COMŌRD· P̄R̄·	Prista. *Castellum.*	Appiaria. *Castellum.*
5—7	Securisca. *Castellum.*	Dimo. *Castellum.*	Sucidaua. *Castellum.*
8.,9	Latris. *Castellum.*	Tegra. *Castellum.*	

10 Sub dispositione uiri spectabilis ducis Moesiae secundae:
11   Cuneus equitum scutariorum, Securisca.
12   Cuneus equitum Solensium, Dimo.
13   Cuneus equitum scutariorum, Latius[1]).   Böck. p. 102

[1]) Latris *8.* Latro *Tab.* Latron *Rau.* Ἰατρῶν *Procop. de aed. IV 7.* Ἰατρόν *Theoph. Simoc. VII 2; 13.* Ieterus fluuius *Plin. III 149.* Iatrus fluuius *Iord. Get. 18.*

   2 om. *V* FL | INTAL̄ | COMŌRD | P̄R̄ *M*¹ F̄L̄ | intalī | Comord.|
P. R̄ *M*² ‖ 3 pristae *M*² ‖ 7 suciclaua *C* ‖ 12 solentium *CPVM* ‖ duno *CP* ‖ 13 latuis *V.*

OR. XL. DUX MOESIAE SECUNDAE.

14	Cuneus equitum armigerorum, Sexagintaprista.
15	Cuneus equitum secundorum armigerorum, Tegra [2]).
16	Cuneus equitum scutariorum, Appiaria.
17	Cuneus equitum stablesianorum, Sucidaua.
18	Auxiliares:
19	Milites praeuentores, Ansamo [3]).
20	Milites Constantini, Trimammio.
21	Milites Dacisci, Mediolana.
22	Milites tertii nauclarii, Appiaria.
23	Milites Nouenses, Transmariscae.
24	Milites primi Moesiaci, Candidiana.
25	Milites Moesiaci, Teglicio.
26	Milites quarti Constantiani, Durostoro.
27	Milites Cimbriani, Cimbrianis.
28	Milites nauclarii Altinenses, Altino [4]).
29	Item legiones riparienses:
30	Praefectus legionis primae Italicae, Nouas.
31	Praefectus ripae legionis primae Italicae cohortis quintae pedaturae superioris, Nouas.
32	Praefectus ripae legionis primae Italicae cohortis quintae pedaturae inferioris, Sexagintaprista.

2) Tegris *Tab.* Tigris *Rau.* Tigra *Itin.* Τιγᾶς *Proc. l. l.* Τίγρα *id. IV 11.* 3) Ansamon *Rau.* Anasamo *Tab.* ἐν 'Ασίμῳ *Theophyl. Simoc. VII 3.* "Ασημα *id. VIII 6.* Asamus *uel* Asiamus fluuius *codd. Plin. III 149.* 4) 'Αλτηνῶν *Procop. de aed. IV 7.* 'Αλτῖνα *l. l. 11.*

14 *post* 15 *colloc.* M ‖ 14. 15 Sexagintaprista — armigerorum *om.* V‖ 14 sexaginta. presta M ‖ 15 secundorum *om.* M, *sed post* armigerorum *inser.* SR ‖ 17 sucidana C ‖ 19 *seqq.* miłł CPVM ‖ 20 triniamimo V ‖ 21 daciscii CPVM ‖ 22 naucharii P ‖ 24 moefiaci C ‖ 25 teglitio CP ‖ 26 constantini V ‖ 28 naucarii P ‖ 30 *seqq. pro eo q. e.* praefectus *compendiis utuntur* CPM, prefecture *aut* prefect' V ‖ legionis *plerumque* leḡ *scribitur in* CPM ‖ 30 *om.* C ‖ italiae PM italie V ‖ nouaˢ P ‖ 31 ripae *om.* C ‖ italie V ‖ quintae — 32 cohortis *om.* P ‖ predature C ‖ 32 quintae] V CPM ‖ pediture V ‖ LX prista CPVM.

33 Praefectus legionis undecimae Claudiae, Durostoro.
34 Praefectus *ripae* legionis undecimae Clau- Böck. p. 103
    diae cohortis quintae pedaturae superioris,
    Transmariscae.
35 Praefectus ripae legionis undecimae Claudiae
    cohortis quintae pedaturae inferioris, Transmariscae [5]).
36 Praefectus nauium amnicarum et militum ibidem deputatorum.
37 Officium autem habet ita:
38   Principem de eodem officio, qui completa
        militia adorat protector.
39   Numerarios et adiutores eorum.
40   Commentariensem.
41   Adiutorem.
42   A libellis siue subscribendarium.
43   Exceptores et ceteros officiales.

44 Et quae de minore laterculo emittuntur:
45   In prouincia Rhodopa:
46   Cohors quarta Gallorum, Ulucitra.
47   In prouincia Thracia:
48   Cohors prima Aureliana, sub Radice — Uiamata.
49   Cohors tertia Ualeria Bacarum [6]), Drasdea.

50 Dux Moesiae inferioris V.

5) *scrib.* Durostoro, *cf. 33*; *in ea statione, quam praefectus totius legionis obtinet, praefectus quoque alterius utrius pedaturae sedem habere solet.*   6) Bracar(augustanorum) *Böck.*

33 XIme *C* XI *P* undetime *V* XI^{ae} *M* ‖ 34 legionis *om.* *V* ‖ XIme *C* XI *P* undetime *V* XI^{ae} *M* ‖ quintae *om.* *M* ‖ 35 pref "leg XI" ripe *P* ‖ XIme *C* undetime *V* ‖ quintae *om.* *M* ‖ transmarisca *CM* ‖ 36 milit *CPVM* ‖ 37 autem *om.* *CM* ‖ 38 protectorem *CPV* protector *M* ‖ 48 uianiata *V* ‖ 50 V *om.* *M* quintus *V*.

XLI.

Dux Moesiae primae.

2—4	F̄L̄. INTAL̄L̄. COMOR̄D̄. P̄R̄.	Flauiana. Castellum.	Pinco. Castellum.
5—7	Tricornio. Castellum.	Aureomonto. Castellum.	Uiminacio. Castellum.
8—10	Laederata. Castellum.	Cuppis. Castellum.	Ad Nouas. Castellum.

11 Sub dispositione uiri spectabilis ducis Moesiae primae:
12   Cuneus equitum Constantiacorum, Pinco[1]).

    1) Pingus fluuius *Plin. III 149.* Punicum *Tab.; Rau.* Πιχνούς , *Procop. de aed. IV 6.* Aeliana Pincensia *Eckh. doctr. num. VI. p. 446.*

    2 *om. V* FL | INTAL̄Ī | COMOR̄D̄ | P̄R̄ $M^{1\cdot 2}$ ‖ 6 aureomonte M^2 ‖ 7 uiminatio VM^2 ‖ 8 laederatae P ‖ 10 ad nonas M^2.

13	Cuneus equitum promotorum, Flauiana. Böck. p. 105
14	Cuneus equitum sagittariorum, Tricornio.
15	Cuneus equitum Dalmatarum, Aureomonto.
16	Cuneus equitum promotorum, Uiminacio.
17	Cuneus equitum sagittariorum, Laedenatae[2]).
18	Cuneus equitum Dalmatarum, Pinco [1]).
19	Cuneus equitum Dalmatarum, Cuppis.
20	Auxiliares:
21	Auxiliares Reginenses, contra Reginam.
22	Auxiliares Tricornienses, Tricornio.
23	Auxiliares Nouenses, Ad Nouas.
24	Auxilium Margense, Margo.
25	Auxilium Cuppense, Cuppis.
26	Auxilium Gratianense, Gratiana.
27	Auxilium Taliatense, Taliata [3]).
28	Auxilium Aureomontanum, Tricornio.
29	Item legiones:
30	Praefectus legionis quartae Flauiae, Singiduno.
31	Praefectus legionis septimae Claudiae, Uiminacio.
32	Praefectus legionis septimae Claudiae, Cuppis.
33	Praefectus militum ......, contra Margum in castris Augustoflauianensibus.
34	Praefectus militum exploratorum, Nouis.
35	Praefectus militum exploratorum, Talia- Böck. p. 106 tae [3]).
36	Praefectus militum Uincentiensium, Laedemata [2]).
37	Praefectus militum exploratorum, Zmirnae [4]).

2) Laederata 8. Lederata *Tab.; Procop. l. l.* 3) Τανατίς *Ptol.* Τανάτας *Procop. l. l.* Talia *Itin.* Faliatis *Tab.* Taliatis *Rau.* 4) Σμόρνης *Procop. l. l.*

16 uiminatio *CVM* || 17 laedanate *V* || 27 tabatense *V* || taliana *P* || 30 prefecture *CPV* praefecturae *M et ita plerumque, nisi quod interdum in uno uel altero codice compendiis scriptum est* || flaū *CPVM* || 31 uiminatio *V* || 32 cuppe *V* || 33 mil *CPVM* || 34 om. *V* || 36 laedamata *P.*

38		Praefectu*s* classis Histri*c*ae, Uiminacio.
39		Praefectu*s* classis Stradensis et Germensis, Margo.
40	Officium autem habet ita:	
41		Principem de eodem officio, qui completa militia adorat protector.
42		Numerarios et adiutores eorum.
43		Commentariensem.
44		Adiutorem.
45		A libellis siue subscribendarium.
46		Exceptores et ceteros officiales.
47	Dux Moesiae superioris *V*.	

38 histrie *CV* histriae *PM* ‖ uiminatio *CVM* ‖ 41 protect̄ *CM* protectorem *PV* ‖ V *om. CPVM.*

———

XLII.

Dux Daciae ripensis.

Böck. p. 107

2—4	F̄L̄. INTAL̄L̄. COMOR̄D̄. P̄R̄.	Dortico. *Castellum.*	Bononia. *Castellum.*
5—7	Cebro. *Castellum.*	Drobeta. *Castellum.*	Augusta. *Castellum.*
8			Lito.
9—11	Varina. Almo. Aegetae. *Castellum.* *Castellum. Castellum. Castellum.*		

12 Sub dispositione uiri spectabilis ducis Daciae ripensis:
13   Cuneus equitum Dalmatarum Fortensium, Bononia.
14   Cuneus equitum Dalmatarum Diuitensium, Dortico [1].   Böck. p. 108

[1] *In insignibus Dorticum Bononiae praeponitur, quod ordini geographico melius respondet.*

2 om. V FL | INTALĪ | COMOR̄D̄ | P̄R̄ $M^{1 \cdot 2}$ || 3 dordico M^2 ||
6 drebeta V || 11 egeta V || 13 dalmatiarum P || forentium $CPVM$ ||
14 diuitensum V.

OR. XLII. DUX DACIAE RIPENSIS.

15 Cuneus equitum scutariorum, Cebro.
16 Cuneus equitum Dalmatarum Diuitensium, *Drobeta* [2]).
17 Cuneus equitum Dalmatarum, Augustae.
18 Cuneus equitum Dalmatarum, Uarina [3]).
19 Cuneus equitum stablesianorum, Almo.
20 Cuneus equitum scutariorum, Aegetae [4]).
21 Cuneus equitum Constantinianorum, Uto.
22 Auxiliares:
23 Auxilium Miliarensium, Transalba [Daciae].
24 Auxilium primorum Daciscorum, Drobeta.
25 Auxilium Crispitiense, Crispitia.
26 Auxilium Mariensium [5]), Oesco.
27 Auxilium Claustrinorum, Transluco.
28 Auxilium secundorum Daciscorum, Burgo Zono.
29   Praefectus militum exploratorum, Transdiernis.
30 Item legiones:
31   Praefectus legionis quintae Macedonicae, Uariniana [3]).
32   Praefectus legionis quintae′ Macedonicae, Cebro.
33   Praefectus legionis quintae Macedonicae, Oesco.
34   Praefectus legionis tertiaedecimae gemin*ae*, Aegeta [4]).
35   Praefectus legionis tertiaedecimae gemin*ae*, Transdrobeta.

Böck. p. 109

2) *u. 6.*   3) Uarianis *Itin.* Βαριάνα *Procop. de aed. IV 6.*
4) Egeta *Tab.;* Rau. Egeta *et* Ageta *Codd. Itin.* Ἔτητα *Ptol.*   5) Martensium *Böck.*

21 utocie *V* utociae *M* ‖ 23 miliarentium *CPVM* ‖ Transalba Daciae] tnsalbada^{cie} *C* transalbada *VM cf. adn. ad 21* ‖ Daciae *om. P* ‖ 24 auxiliorum *M* ‖ dacisorum *V* ‖ 25 crispiciense *CPV̄* ‖ 26 mauriensium *C* ‖ 28 dacisiorum *V* ‖ 29 *seqq. pro* praefectus *aut* praefecturae *aut, id quod plerumque euenit, compendium aliquod ponitur* ‖ 31 *seqq. pro* legionis *in CPM plerumque* leḡ *scriptum est* ‖ 31 V^{tae} *M* ‖ uarimana *C* ‖ 32. 33 V *P* ‖ 34 XIII *P* tredetime *V̄* XIII^{mae} *M* ‖ geminia *CPVM* ‖ 35 tertiedetime *V* XIII *M* ‖ geminia *CPV* gemina *M*.

OR. XLII. DUX DACIAE RIPENSIS.

36   Praefectus legionis tertiaedecimae gemin*ae*, Burgo Nouo.
37   Praefectus legionis tertiædecimae gemin*ae*, Zernis.
38   Praefectus legionis tertiaedecimae gemin*ae*, Ratiaria.
39   Praefectus legionis quintae Macedonic*ae*, Sucidaua.
40   Tribunus cohortis secundorum reducum, Siosta.
41   Tribunus cohortis nouae Sosticae . . . .
42   Praefectus classis Histricae, Aegetae [4]).
43   Praefectus classis Ratianensis [5]).
44 Officium autem habet ita:
45   Principem de eodem officio, qui completa militia adorat protecto*r*.
46   Numerarios et adiutores eorum.
47   Commentariensem.
48   Adiutorem.
49   A libellis siue subscribendarium.
50   Exceptores et ceteros officiales.   Böck. p. 110
51 Dux Daciae ripensis V.

5) *scrib.* Ratiariensis.

36 *post* 37 *colloc.* V ‖ XIIIe V XIII PM ‖ geminia $CPVM$ ‖ 37 XIII M triedetime V ‖ geminia $CPVM$ ‖ 38 XIIIe V XIII M ‖ geminia $CPVM$ ‖ 39 macedonici $CPVM$ ‖ 42 agete CPV Ægetae M ‖ 43 racianensis P ‖ 45 protectorem CPV protect: M ‖ 51 quintus V.

XLIII.

Consularis Palaestinae.

3 Sub dispositione *uiri* clarissimi consularis
   Palaestinae:
4   Prouincia Palaestina.
5 Officium autem habet ita:
6   Principem de eodem officio.
7   Cornicularium,
8   Commentariensem.
9   Adiutorem.
10   Numerarium.
11   Ab actis.
12   A libellis.

2 *om.* V^rM^2 ‖ 11 abatis *P.*

13 Exceptores et ceteros co*h*ortali*n*os, quibus non licet ad aliam transire militiam sine annotatione clementiae principalis.
14 Ceteri omnes consulares ad similitudinem consularis Palaestinae officium habent.

XLIV.

Praeses Thebaidos.

Böck. p. 112

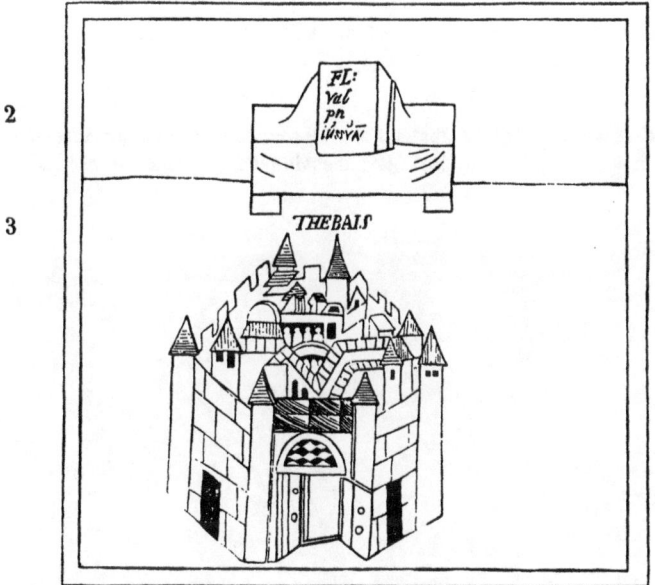

4 Sub dispositione uiri clarissimi[1]) praesidis Thebaidos:

1) perfectissimi?

13 cortinalios *CPVM*.

XLIV.

1 dux M^1 ‖ 2. 3 *om.* V ‖ 2 ·FL· | VAL· | PNEV3. | IVSSV. | ·A͞V· *C* ·FL· | VAL | Pnʒẜ | Lussu | aũ *P* ‖ 3. thebai *C* thebaides *P*.

5 Prouincia Thebais.
6 Officium autem habet ita:
7 Principem de eodem officio.
8 Cornicularium.
9 Commentariensem.
10 Adiutorem.
11 Numerarium.
12 Ab actis.
13 *A libellis.*
14 Exceptores et ceteros co*h*ortalinos, quibus non licet ad aliam transire militiam, sine annotatione clementiae principalis.
15 Ceteri omnes praesides ad similitudinem praesidis Thebaid*os* officium habent.

6 autem *om*. *M* ‖ 12 abatis *CP* ‖ 14 cortalinos *CPVM* ‖ principa*l* *P* principali *M* ‖ 15 silitudinē *M* ‖ thebaide *CPV* thebaidae *M* ‖ habet *V*.

XLV.

1
2. 3   Uirtus.

Diuina prouidentia.

Böck. p. 115

Scientia rei militaris.

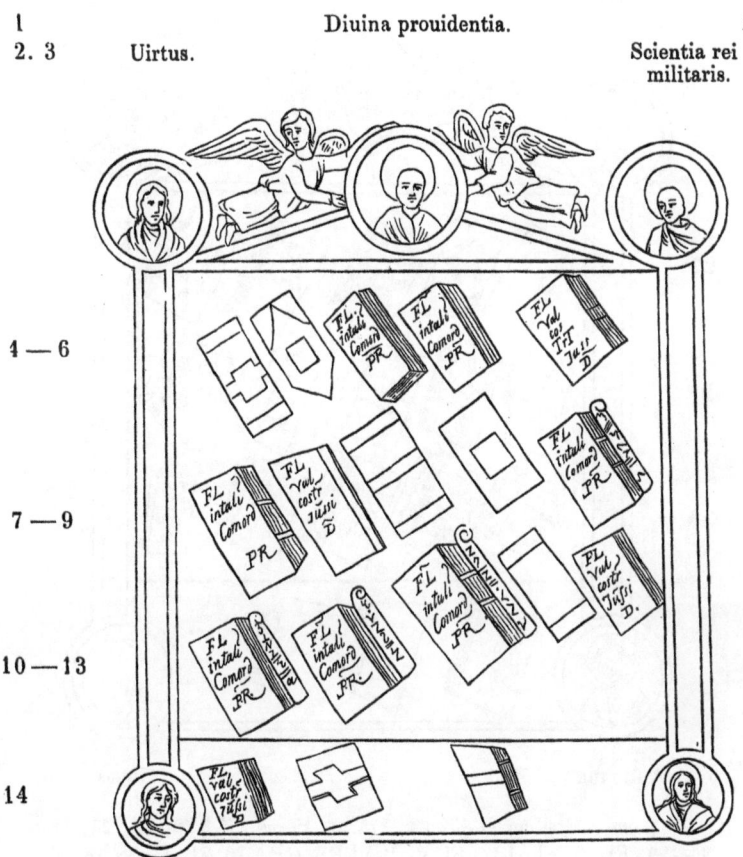

4 — 6

7 — 9

10 — 13

14

15. 16   Auctoritas.

Felicitas.

1. om. C ‖ omnia praeter 1, 2, 3 om. V ‖ 4, 5, 7, 9, 10—12 ·FL·
INTALL | COMORD | PR CP ‖ 4, 5, 9 FL | INTA | COMOR | PR
M^1 ‖ 7 FL | INTAL | COMORD | PR M^1 ‖ 10, 11 FL | INTALI |
COMOR | PR M^1 ‖ 12 FL | INTALI | COMORD | PR M^1.

6, 8, 13, 14 FL | UAL |·COSTRT | Ivssi d C ·FL· | UAL | COSTRL' |
Ivssi d P ‖ 6 FL | VAL | COSTR | LVSS | D M^1 ‖ 8 FL | VAL |
COSTR | IVSSI | D M^1 ‖ 13 FL | VAL | COSTR | IVSSI·D M^1 ‖
14 FL | VAL | COMORD (sic) | IVSSI·D· M^1.

OR. XLV. FINIS.

Böck. p. 116 17
18. 19   Uernus.   Diuina electio.   Aestas.

20 — 22

23 — 25

26 — 30

31

32. 33   Autumnus.   Hiems.

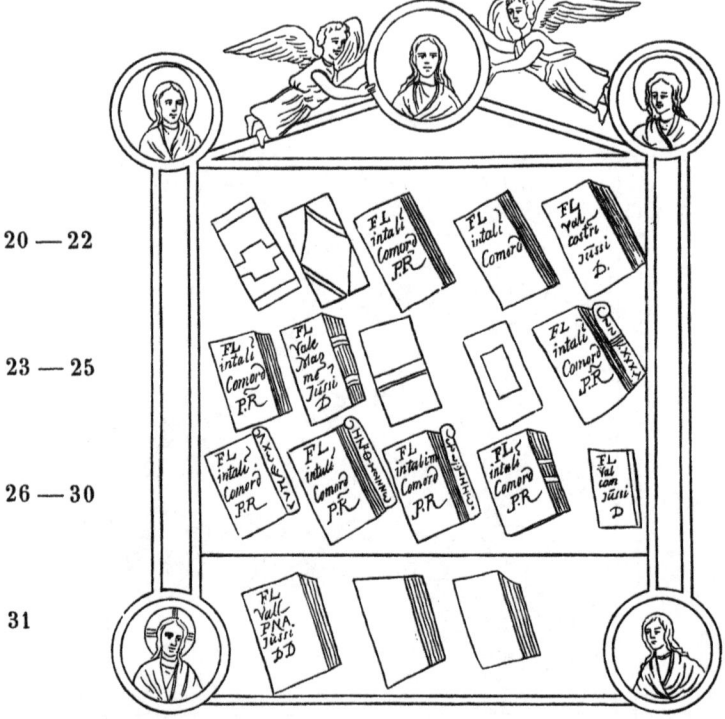

17 *om. CP* ‖ *omnia praeter* 17, 18, 19 *om. V* ‖ 20, 21, 23, 25, 26—29 FL· | INTALL̄ | COMORD̄ | PR̂ *CP* ‖ 20, 21, 23, 25, 28, 29 FL | INTAL̄ | COMOR̄ | PR̂ *M*¹ ‖ 26 FL | INTA | COMŌ | PR̂ *M*¹ ‖ 27 FL̄ | COMŌ | PR *(sic) M*¹.

22 FL | VAL | COSTRT̂ | Ivssi d̄ *C* FL· | UAL· | COSTRL̄ | IVSSI d̄ *P*FL | VAL | COSTRL̄ | IVSSI ·D *M*¹ ‖ 24 FL | VALE | magmē | IVSSI d̄ *CP* FL | INTAL̄ | COMŌ | PR̂ *(sic) M*¹ ‖ 30 FL | VAL | CONN· | IVSSI d̄ *CP* FL̄ | VAL | CON⸴ | IVSSI D *M*¹ ‖ 31 IFL | VALL̸ | PnV̌ | iuss d̄d̄ *C* ¹FL· | UALL̸ | Pnav | ıuſſıd̄ *P* IFL | VALL | PNẢ· | IVSSI | DD *M*¹ ‖ 32 autunnus *C* ‖ 33 hiemis *P*.

I.

Notitia dignitatum omnium tam ciuilium quam militarium in partibus Occidentis.

2 Praefectus praetorio Italiae.
3 Praefectus praetorio Galliarum.
4 Praefectus urbis Romae.
5 Magister peditum in praesenti.
6 Magister equitum in praesenti.
7 Magister equitum per Gallias.
8 Praepositus sacri cubiculi.
9 Magister officiorum.
10 Quaestor.
11 Comes sacrarum *largitionum*.
12 Comes rerum priuatarum.
13 Comes domesticorum equitum.
14 Comes domesticorum peditum.
15 Primicerius sacri cubiculi.
16 Primicerius notariorum.
17 Castrensis sacri palatii.
18 Magis*tri* scriniorum :
19   Memoriae.
20   Epistolarum.
21   Libellorum.

15. 16 primiterius *V* || 18 *om*. *V* || magister *CPM*.

	22	Proconsul Africae.
	23	Uicarii sex:
	24	Urbis Romae.
	25	Italiae.
	26	Africae.
	27	Hispaniarum.
	28	Septem prouinciarum.
	29	Britanniarum.
	30	Comites rei militaris sex:
	31	Italiae.
	32	Africae.
	33	Tingitaniae.
	34	Tractus Argentoratensis.
	35	Britanniarum.
	36	Litoris Saxonici per Britannias.
	37	Duces duodecim:
	38	Limitis Mauritaniae Caesariensis.
	39	Limitis Tripolitani.
	40	Pannoniae primae et Norici ripensis.
Böck. p. 5*	41	Pannoniae secundae.
	42	Ualeriae ripensis.
	43	Raetiae primae et secundae.
	44	Sequanicae.
	45	Tractus Armoricani et Neruicani.
	46	Belgicae secundae.
	47	Germaniae primae.
	48	Britanniae.
	49	Mogontiacensis.
	50	Consulares uiginti duo:
	51	Pannoniae[1].
	52	Per Italias octo:

[1] *scrib.* Per Pannoniam unus: | Pannoniae secundae. *cf.* Mommsen, *Abh. d. Berl. Akad. 1862. p. 497.*

23 Uicarii *om.* P || 29 britanniorum *C* brittanniorum *PV* || 33 tingritanie *V* tingritaniae *M* || 45 Armoricani et] armoricarie *CV* armoricariae *PM* || 49 moguntiacensis *V*.

53	Uenetiae et Histriae.
54	Aemiliae.
55	Liguriae.
56	Flaminiae et Piceni anno*n*arii.
57	Tusciae et Umbriae.
58	Piceni subu*rb*icarii.
59	Campaniae.
60	Siciliae.
61	Per Africam duo:
62	Byzacii.
63	Numidiae.
64	Per Hispanias tres:
65	Baeticae.
66	Lusitaniae.
67	Callaeciae.
68	Per Gallias sex:
69	Uiennensis. Böck. p. 6*
70	Lugdunensis primae.
71	Germaniae primae.
72	Germaniae secundae.
73	Belgicae primae.
74	Belgicae secundae.
75	Per Britannias duo:
76	Maximae Caesariensis.
77	Ualentiae.
78	Correctores *tres:*
79	Per Italiam duo:
80	Apuliae et Calabriae.
81	Lucaniae et Brittiorum.
82	Per Pannoniam unum:
83	Sauiae.
84	Praesides triginta unum:
85	Per Illyricum quattuor:

56 annorarii *CPVM* || 57 tuscia *V* || 58 picē *V* || subundicarii *CPVM* || 64 tres *om*. *M* || 67 callecte *V* || 70 primae *om*. *C* || 71 *post* 74 *colloc*. *M* || 85 quatuor tres *P*.

	86	Dalmaticarum [2].
	87	Pannoniae primae.
	88	*Norici mediterranei.*
	89	Norici ripensis.
	90	Per Italias septem:
	91	Alpium Co*tt*iarum.
	92	Raetiae primae.
	93	Raetiae secundae.
	94	Samnii.
	95	Ualeriae.
	96	Sardiniae.
	97	Corsicae.
Böck. p. 7*	98	Per Africam duo:
	99	Mauritaniae Sitifensis.
	100	Tripolitanae.
	101	Per Hispanias quattuor:
	102	Tarraconensis.
	103	Carthaginensis.
	104	Tingitaniae.
	105	Insularum Balearum.
	106	Per Gallias undecim:
	107	Alpium maritimarum.
	108	Alpium Poeninarum et Gra*i*arum.
	109	Maximae Sequanorum.
	110	Aquitanicae primae.
	111	Aquitanicae secundae.
	112	Nouempopulanae.
	113	Narbonensis primae.
	114	Narbonensis secundae.
	115	Lugdunensis secundae.
	116	Lugdunensis tertiae.
	117	Lugdunensis Seno*n*icae.

2) *scrib.* Dalmatiae.

  89 ripenses M || 91 cotiarum CPM cociarum V || 102 tairaconensis C || 108 penninarum C poenninarum PM poennimarum V || gratiarum CM graciarum P gretiarum V || 117 senorice C senoricae PM seronice senoricae V.

118	Per Britannias tres:
119	Britanniae primae.
120	Britanniae secundae.
121	Flauiae Caesariensis.

II.

Insignia uiri illustris praefecti praetorio per Italias. Böck. p. 8*

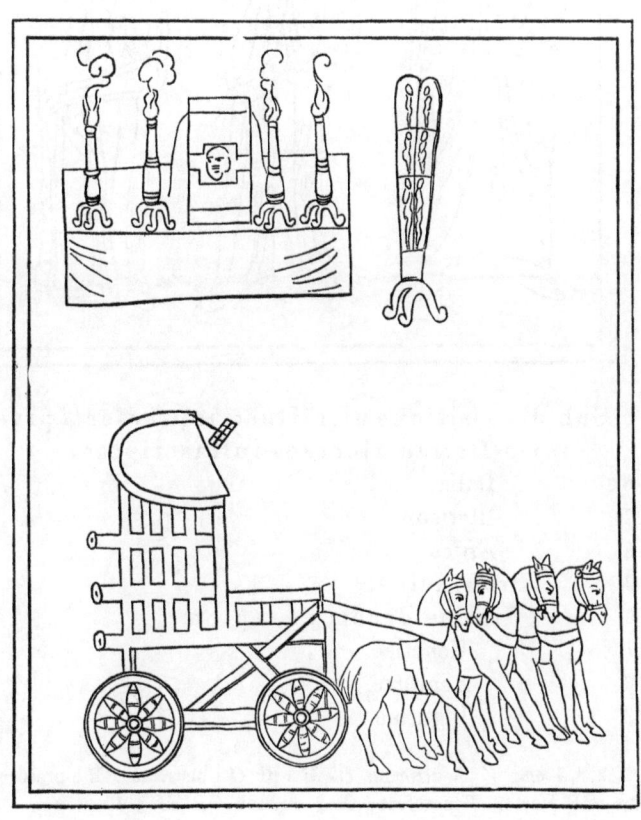

108   OC. II. PRAEFECTUS PRAETORIO PER ITALIAS.

Böck. p. 9*

2 — 4

5 Sub dispositione uiri illustris praefecti praetorio Italiae dioceses infrascriptae:
6   Italia.
7   Illyricum.
8   Africa.
9   Prouinciae:
10   Italiae decem et septem:
11   Uenetiae.
12   Aemiliae.

Böck. p. 10*   13   Liguriae.

2,3,4 *om.* *V* ‖ 5 uirorum *CPM* ‖ i̅l̅l̅ *C* illustrium *PM* ‖ prefectorum *CP* p̄fector *V* praefect: *M* ‖ praetor̅ *CPVM* ‖ 10 et *om.* *M* ‖ 11 lenetie *V* ‖ 12 aemelie *C* ameliae *P* emilee *V*.

OC. II. PRAEFECTUS PRAETORIO PER ITALIAS. 109

14	Flaminiae et Piceni annon*a*rii.
15	Tusciae et Umbriae.
16	Piceni s*u*burbicarii.
17	Campaniae.
18	Siciliae.
19	Apuliae et Calabriae.
20	Luca*n*iae et Brittiorum.
21	Alpium Cottiarum.
22	Raetiae primae.
23	Raetiae secundae.
24	Samnii.
25	Ualeriae.
26	Sardiniae.
27	Corsicae.
28	Illyrici sex:
29	Pannoniae secundae.
30	Sauiae.
31	Dalmatiarum [1].
32	Pannoniae primae.
33	Norici mediterranei.
34	Norici ripensis.
35	Africae septem [2]:
36	Byzacium.
37	Numidia.
38	Mauritania Sitifensis.
39	Mauritania Caesariensis.
40	Tripolis.
41	Praefectus a*n*nonae Africae.
42	Praefectus fundorum patrimonialium.
43	Officium uiri illustris praefecti praetorio Italiae:

Böck. p. 11*

1) *scrib.* Dalmatiae.   2) *scrib.* quinque.

14 flaminee *CV sed corr. C* ‖ annonorii *CPVM* ‖ 15 umbrice *P* ‖
16 saburbicarii *CPVM* ‖ 19 apulei *V* ‖ 20 lucarie *CV* lucariae *PM* ‖
24 sannii *V* ‖ 33 medi terrani *M* ‖ 41 arnone *CV* arnonae *PM* ‖
43 praetorio] praetoris *V*.

44	Princeps.
45	Cornicularius.
46	Adiutor.
47	Commentariensis.
48	Ab actis.
49	Numerarii.
50	Subadiuuae.
51	Cura epistolarum.
52	Regerendarius.
53	Exceptores.
54	Adiutores.
55	Singularii.

III.

Insignia praefecti praetorio Galliarum desiderantur.

Böck. p. 13· 1 Sub dispositione uiri illustris praefecti praetorio Galliarum dioceses infrascriptae:
2   Hispaniae.
3   Septem prouinciae.
4   Britanniae.
5   Prouinciae:
6   Hispaniarum VII:
7   Baetica.

48 abatis *CPV* ‖ 51 aptay *C sed correx.* ‖ 52 regeredarius *C.*

III.

1 scriptae *om. M.* ‖ 3 septem prouintiarum *V* ‖ 6 hyspanie *V* hispa: *M* ‖ VII *om. CPM* ‖ 7 boetica *CPVM.*

OC. III. PRAEFECTUS PRAETORIO GALLIARUM. 111

8	Lusitania.
9	Callaecia.
10	Tarraconensis.
11	Carthaginensis.
12	Tingitania.
13	Baleares.
14	Septem prouinciarum XVII:
15	Uiennensis.
16	Lugdunensis prima.
17	Germania prima.
18	Germania secunda.
19	Belgica prima.
20	Belgica secunda.
21	Alpes maritimae.
22	Alpes Poeninae et Graiae.
23	Maxima Sequanorum.
24	Aquitania prima.
25	Aquitania secunda.
26	Nouem populi.
27	Narbonensis prima.
28	Narbonensis secunda.
29	Lugdunensis secunda.
30	Lugdunensis tertia.
31	Lugdunensis Senonia.
32	Britanniarum V:
33	Maxima Caesariensis.
34	Ualentia.
35	Britannia prima.
36	Britannia secunda.
37	Flauia Caesariensis.
38	Officium uiri illustris praefecti praetorio Galliarum:

Böck. p. 14*

11 carthagniensis *M* || 13 baleris *CPVM sed correx*. *C* || 14 VII prouinciarum *CPM* || XII *CVM* duodecim *P* || 15 liennensis *V* || 16 lugdonensis *CVM* || 21 maritinie *V* || 22 pennine *CV* penninae *PM* || gratie *CV sed correx*. *C* gre *P* gratiae *M* || 29—31 lugdonensis *M* || 29 lugdŏneñ *C* || 30 lugdŏnēsis *C* || 31 lugdneñ *C* || senoria *CPVM*.

OC. III. PRAEFECTUS PRAETORIO GALLIARUM.

39	Princeps.
40	Cornicularius.
41	Adiutor.
42	Commentariensis.
43	Ab actis.
44	Numerarii.
45	Subadiuuae.
46	Cura epistolarum.
47	Regerendarius.
48	Exceptores.
49	Adiutores.
50	Singularii.

45 subadiune *C* ‖ 46 epistolarum *om.* *M* ‖ 47 — 50 *om.* *M.*

IV.

Insignia uiri illustris praefecti urbis Romae. Böck. p. 15*

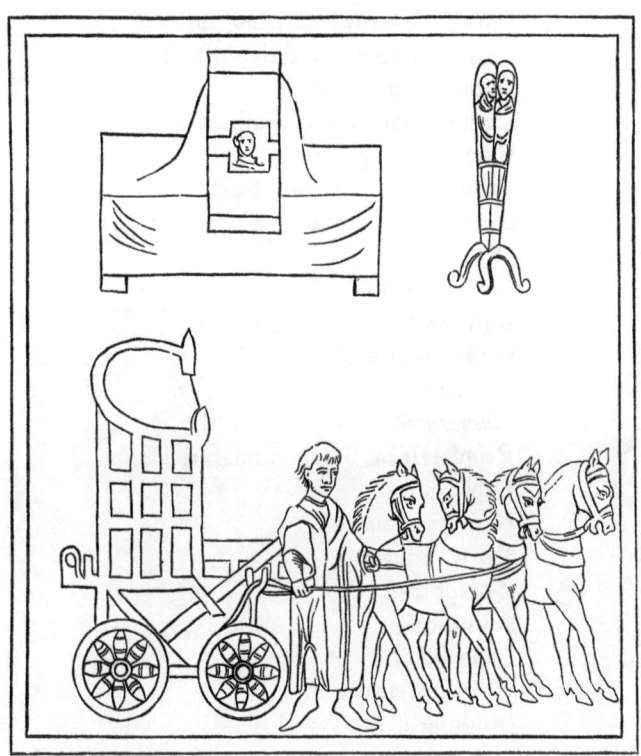

2 Sub dispositione uiri illustris praefecti urbis habentur amministrationes infrascriptae:
3   Praefectus annonae.
4   Praefectus uigilum.
5   Comes formarum.

2 administracões *V* administrationes *M*.

OC. IV. PRAEFECTUS URBIS ROMAE.

Böck. p. 16*
6   Comes riparum et a*lu*ei Tiberis et cloacarum.
7   Comes po*r*tus.
8   Magister census.
9   Rationalis uinorum.
10   Tribunus fori suarii.
11   Consularis aquarum.
12   Curator operum maximorum.
13   Curator operum public[an]orum.
14   Curator statuarum.
15   Curator ho*rr*eorum Galbanorum.
16   Centenarius po*r*tus.
17   Tribunus rerum nitentium.
18 Officium uiri illustris praefecti urbis:
19   Princeps.
20   Cornicularius.
21   Adiutor.
22   Commentariensis.
23   Ab actis.
24   *Numerarii.*
25   Primiscrinius [siue numerarius].
26   Subadiuuae.
27   Cura epistolarum.
28   Regerendarius.
29   Exceptores.
30   Adiutores.
31   Censuales.
32   Nomenculatores.
33   Singularii.

    6 abiettiberis *C* abieitiberis *PM* abiectiberis *V* ‖ doacarum *CPM* ‖ 7 pontus *CPVM* ‖ 15 horneorum *CPM* borneorum *V* ‖ 16 pontus *CPVM* ‖ 17 nitent$\overline{\text{uu}}$ *V* ‖ 18 rome *add. V* ‖ 25 primus crinius *C* ‖ 28 regendarius *V*.

V.

Insignia uiri illustris magistri peditum.

Böck. p. 17*

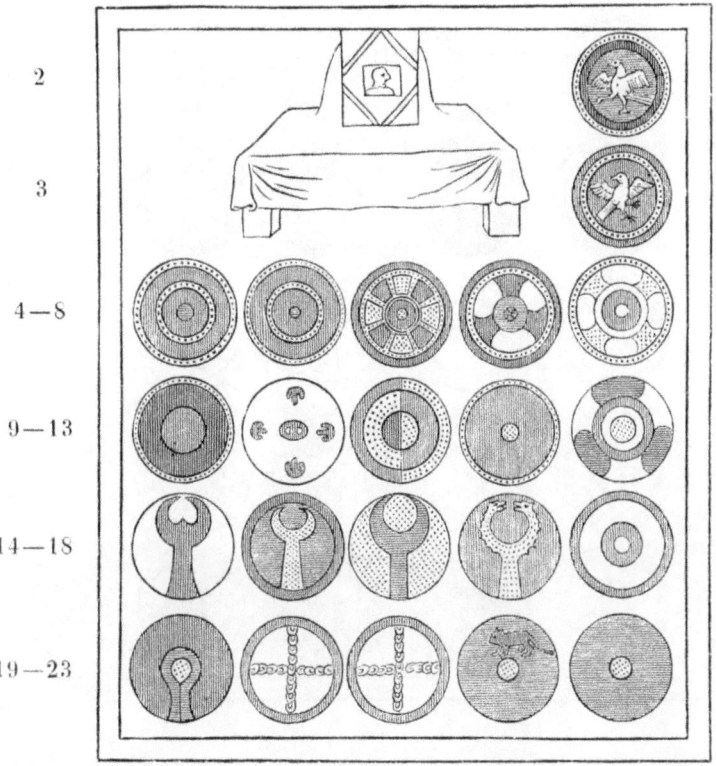

				2 Iouiniani.
				3 Herculiani.
4 Diuitenses.	5 Tongrecani.	6 Pannoniciani.	7 Moesiciaci.	8 Armigeri seniores.
9 Sabarienses.	10 Ociauani.	11 Thebei.	12 Cimbriani.	13 Armigeri iuniores.
14 Cornuti.	15 Brachiati.	16 Petulantes.	17 Celtae.	18 Heruli.
19 Bataui.	20 Mattiaci.	21 Ascarii seniores.	22 Ascarii iuniores.	23 Iouii.

Insignium tabulae cap. V et VI ex M^1 descriptae sunt ∥ 2 louimani V ∥ sen̄ *add.* C ∥ 3 sen̄ *add.* C ∥ 5 tongraecani $M^{1 \cdot 2}$ ∥ 7 moeficiaci P moesiatiaci V morsiciaci $M^{1 \cdot 2}$ ∥ 10 ociuani C ∥ 13 uuōres V ∥ 14 cornicti V ∥ 17 celta M^2 ∥ senio: *add.* M^1 senior: *add.* M^2 ∥ 18 herculi V ∥ senio: *add.* M^1 senior: *add.* M^2 ∥ 20 matiaci C marciaci V ∥ 21 seniores *om.* V ∥ 22 iuniores *om.* V ∥ 23 louii V ∥ senior: *add.* $M^{1 \cdot 2}$.

116 OC. V. MAGISTER PEDITUM PRAESENTALIS.

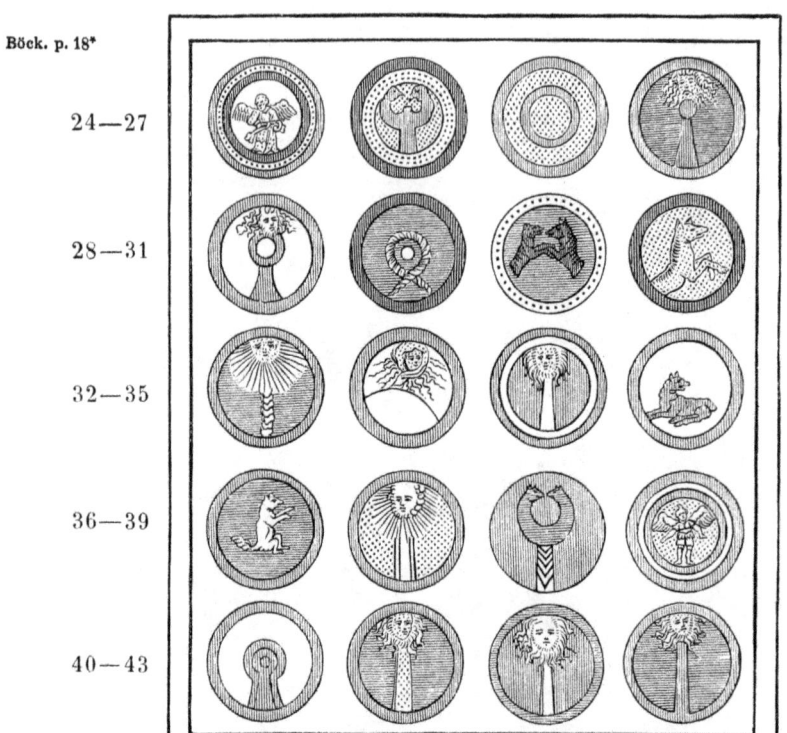

Böck. p. 18*

24—27
28—31
32—35
36—39
40—43

24 Cornuti.	25 Sagittarii Nerui.	26 Leones seniores.	27 Leones iuniores.
28 Tubantes.	29 Salii.	30 Grati.	31 Felices seniores.
32 Felices iuniores.	33 Gratianenses seniores.	34 Inuicti.	35 Augustei.
36 Iouii.	37 Uictores.	38 Bataui.	39 Bructeri.
40 Ampsiuarii.	41 Gratianenses iuniores.	42 Ualentinianenses.	43 Reti.

26 senio: leones M^2 ‖ 30 graci V ‖ 34 inuiati $M^{1\cdot 2}$ ‖ 36 louii V ‖ iuniores *add.* $M^{1\cdot 2}$ ‖ 41 iuniores *om.* $M^{1\cdot 2}$ ‖ 42 ualentianenses V ‖ 43 rheti $M^{1\cdot 2}$.

OC. V. MAGISTER PEDITUM PRAESENTALIS. 117

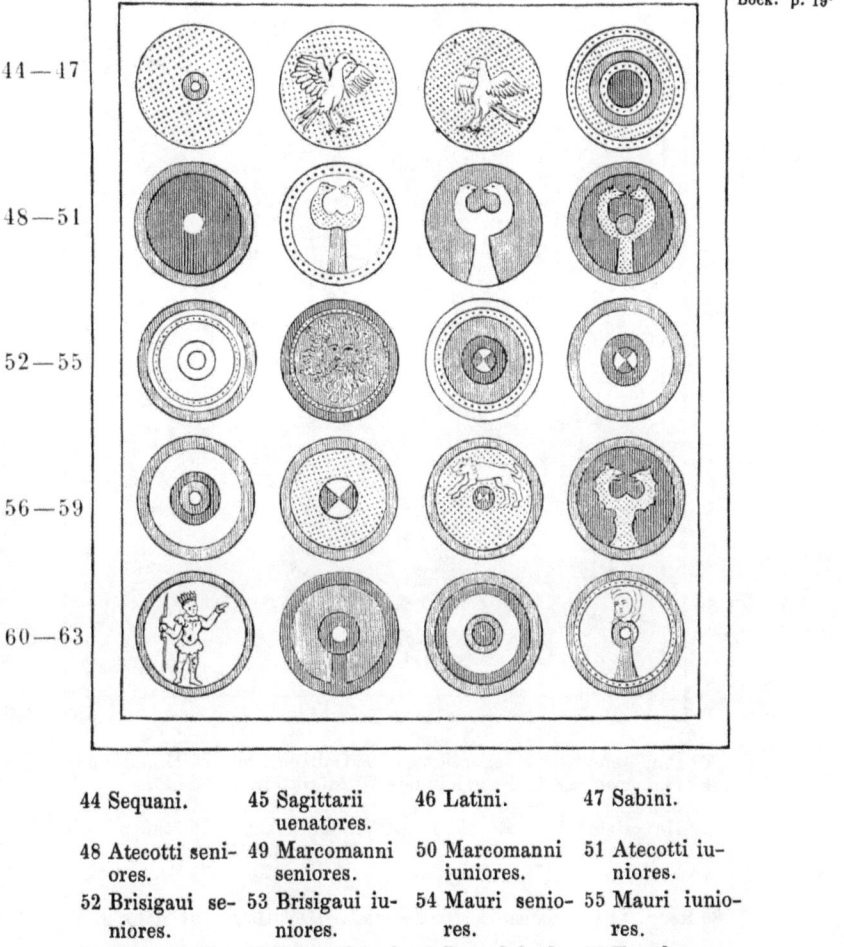

Böck. p. 19*

44 Sequani. 45 Sagittarii uenatores. 46 Latini. 47 Sabini.
48 Atecotti seniores. 49 Marcomanni seniores. 50 Marcomanni iuniores. 51 Atecotti iuniores.
52 Brisigaui seniores. 53 Brisigaui iuniores. 54 Mauri seniores. 55 Mauri iuniores.
56 Celtae iuniores. 57 Britanniciani. 58 Bataui iuniores. 59 Exculcatores.
60 Felices Ualentinianenses. 61 Mattiaci. 62 Salii Gallicani. 63 Sagittarii Nerui.

47 sauini V || 49 marcomōni V || 52 brysigani P brisgaui M^1 brisguaui M^2 || 53 brysigani P brisiguaui M^2 || 61 matiaci CP matciaci V marciaci $M^{1,2}$ || 63 neruii M^2.

OC. V. MAGISTER PEDITUM PRAESENTALIS.

Böck. p. 20*

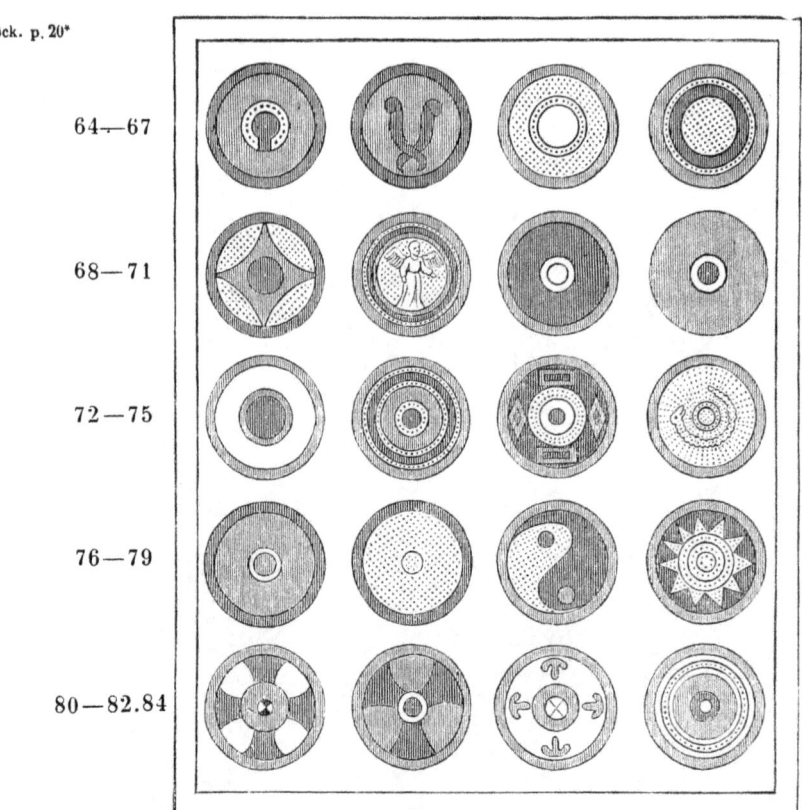

64 Iouii iuniores. 65 Seguntienses. 66 Galli uictores. 67 Honoriani iuniores.
68 Honoriani seniores. 69 Felices iuniores. 70 Atecotti iuniores. 71 Tungri.
72 Honoriani Gallicani. 73 Mauritoantes seniores. 74 Mauritoantes iuniores. 75 Menapi seniores.
76 Fortenses. 77 Propugnatores. 78 Armigeri. 79 Septimani.
80 Regii. 81 Pacatianenses. 82 Uesontes. 83 Mattiarii. 84 Mauricitrati.

64 louii V || 70 attcoetti C || se *pro*tungari P || 72 hŏriani V || 73 mauricoanniores *om*. $M^{1\cdot 2}$ || 74 mauricoantes i. V M^1 menapi senior: M^2 || 75 menapes CP seniores *om*. P || 77 propungnatores M^2 || iuniores V || 71 tes $VM^{1\cdot 2}$ || semenapii senior: menapii M^1 || 79 seniores *add*. C || 81 pacacianenses $VM^{1\cdot 2}$ || 83 *huius modi clipeum inser*. M^2, *similes* CP; *nomen cum clipeo om*. M^1 || *ita* V maciarii C matiarii P matrarii M^2 || 84 mauricetuati C mauricitraci V.

OC. V. MAGISTER PEDITUM PRAESENTALIS. 119

Böck. p. 21*

85—88

89—92

93—96

97—100

101—104

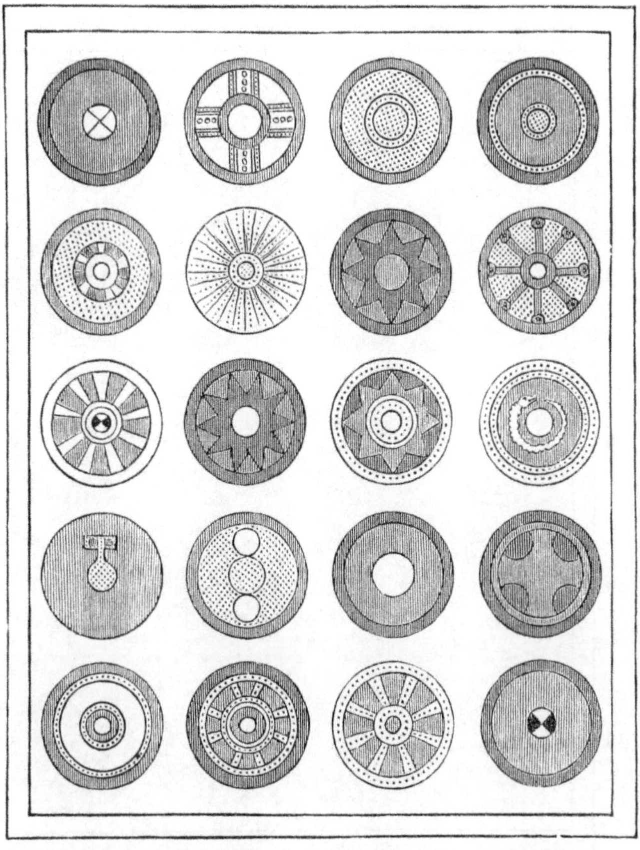

85 Undecimani.	86 Secundani Italiciani.	87 Germaniciani.	88 Tertiani.
89 Tertia Herculea.	90 Lanciarii.	91 Propugnatores.	92 Britannici.
93 Septimani.	94 Praesidiantes.	95 Ursarienses.	96 Cortoriacenses.
97 Geminiacenses.	98 Gallicani.	99 Tertia Iulia Alpina.	100 Prima Flauia Pacis.
101 Secunda Flauia Uirtutis.	102 Tertia Flauia Salutis.	103 Constantici.	104 Constantiniani.

85 undetiniani V || 86 sedecimani P || Italiciani *om*. $PM^{1 \cdot 2}$ || 89 herculia V || 90 lancearii V || gall' *add*. C || 93 septimāni P septiniani V || 94 presichantes $VM^{1 \cdot 2}$ || 95 uisarienses P usarienses V || 97 geminiatenses P || 99 Iulia *om*. P || alpnia M^2 || 102 Flauia *om*. V || 103 constantinia V || 104 constantiniana V.

120 OC. V. MAGISTER PEDITUM PRAESENTALIS.

Böck. p. 22*

105—8

109—12

113—16

117—20

121—24

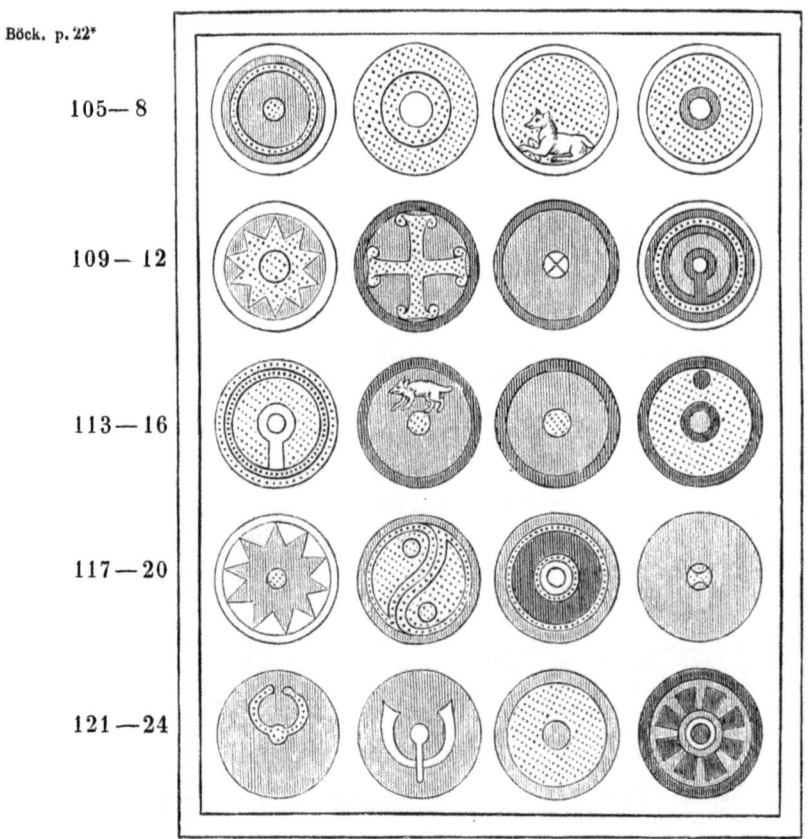

105 Augustani. 106 Fortenses. 107 Alpini. 108 Secunda Iulia Alpina.
109 Lauriacenses. 110 Comaginenses. 111 Taurunenses. 112 Antianenses.
113 Pontinenses. 114 Constantia. 115 Martenses. 116 Abrincateni.
117 Defensores seniores. 118 Mauriosismiaci. 119 Metis. 120 Superuentores.
121 Constantiaci. 122 Corniacenses. 123 Septimani. 124 Romanenses.

105—124 om. V spatio uacuo relicto ‖ 106 fontenses $M^{1.2}$ ‖ 112 ancianenses P ‖ 118 mauriosismaci C mariosismiaci P mauriosisiniaci M^2 ‖ 119 mettis P.

125 Sub dispositione uiri illustris magistri pe- ditum praesentalis:
126   Comites *lim*itum infrascriptorum ...:
127   Italiae.
128   Africae.
129   Tingitaniae.
130   Tractus Argentoratensis.
131   Britanniarum.
132   Litoris Saxonici per Britannias.
133   Duces limitum infrascriptorum decem:
134   Mauritaniae Caesariensis.
135   Tripolitani.
136   Pannoniae secundae.
137   Ualeriae ripensis.
138   Pannoniae primae et Norici ripensis.
139   Raetiae primae et secundae.
140   Belgicae secundae.
141   Germaniae primae.
142   Britanniarum.
143   Mogontiacensis.
144   Legiones palatinae | *Collatio cap. VII*[1]):
        XII:
145   Iouiani seniores. | 3   *Italia.*
146   Herculiani seniores. | 4   »
147   Diuitenses seniores. | 5   »
148   Tongrecani[2]) seniores. | 6   »
149   Pannoniciani seniores. | 7   »
150   Moesiaci seniores. | 8   »

1) *Numeris inclinatis indicatur, nomen legionis uel auxilii in cap. VII immutatum legi.*   2) Tongrecani 5. Tungrecani *VII 6; XXVIII 14.* Tuncgrecani *Amm. XXVI 6, 12; XXVII 1, 2.*

126 limitum] militum *CPVM* || infrascripte *V* infrascriptae𝑦 *M* || 129 tingitanee *V sed correx.* || 130 argentoratenses *V* || 134 mauritanee *V* || cesarienses *V sed correx.* || 138 ripenses *C sed correx.* || 143 mogontiacenses *C* || 145—151 = 2—8 || 145 louiani *V* || 148 tongraecani *PM* || 150 mesiciaci *C* moesiciaci *P* morsiaci *M.*

122 OC. V. MAGISTER PEDITUM PRAESENTALIS.

151	Armigeri propugnatores seniores.	142	*Africa.*
Böck. p. 24 152	Lanciarii Sabarienses³).	82	*Gallia.*
153	Octauani.	28	*Italia.*
154	Thebaei.	29	»
155	Cimbriani.	145	*Africa.*
156	Armigeri propugnatores iuniores.	143	»
157	Auxilia palatina sexaginta quinque:		
158	Cornuti seniores.	9	*Italia.*
159	Brachiati seniores.	10	»
160	Petulantes seniores.	11	»
161	Celtae seniores.	12	»
162	Heruli seniores.	13	»
163	Bataui *seniores*.	14	»
164	Mattiaci seniores.	15	»
165	Mattiaci iuniores.	64	*Gallia.*
166	Ascarii seniores.	119	*Hispania.*
167	Ascarii iuniores.	120	»
168	Iouii seniores.	16	*Italia.*
169	Cornuti iuniores.	18	»
170	Sagittarii Neruii.	121	*Hispania.*
171	Leones seniores.	65	*Gallia.*
172	Leones iuniores.	19	*Italia.*
173	Exculcatores seniores.	20	»
174	Sagittarii Tungri.	41	*Illyricum.*
175	Exculcatores iuniores.	122	*Hispania.*
176	Tubantes.	123	»

3) Sauaria *inscr. lapid. omnes; u. C. I. L. III p.* 525.

151 propugnatoī *PM* propug̃torŭ *V* || 152 — 156 = 9 — 13 || 152 larciarii *CPM* lartiarii *V* || 153 ociauani *CPVM* || 156 propugnatoī *CPM* propugnatorum *V* || minores *C* || 157 quinque *om.* *V* || 158 — 162 = 14 — 18 || 160 peculantes *V* || 162 neruli *V* || 163 — 168 = 19 — 23 || 163. 164 bataui matriciaci seniores (señ *V*) *CPVM* || 164 *om. insign.* || 166 iun. *V* || 167 señ *V* || 168 louii *V* || 169 — 172 = 24 — 27 || 170 nerui *CPVM* || 173—175 *om. insign.* || 173. 174 *om. V* || 175 exculcatoī *(C)* || ionior: *M* || 176 — 179 = 28 — 31.

OC. V. MAGISTER PEDITUM PRAESENTALIS. 123

177	Salii.	67	*Gallia.*	
178	Grati.	21	*Italia.*	
179	Felices seniores.	124	*Hispania.*	
180	Felices iuniores.	23	*Italia.*	
181	Gratianenses seniores.	68	*Gallia.*	
182	Inuicti seniores.	125	*Hispania.*	Böck. p. 25*
183	Augustei.	des.	—	
184	Iouii iuniores.	42	*Illyricum.*	
185	Uictores iuniores.	126	*Hispania.*	
		154 (?)	*Britannia.*	
186	Bataui iuniores.	72	*Gallia.*	
187	Bructeri.	69	»	
188	Ampsiuarii.	70	»	
189	Gratianenses iuniores.	37	*Italia.*	
190	Ualentinianenses iuniores [3a].	*71* (?)	*Gallia.*	
		61 (?)	*Illyricum.*	
191	Raeti.	44	»	
192	Sequani.	43	»	
193	Sagittarii uenatores.	45	»	
194	Latini.	46	»	
195	Sabini.	22	*Italia.*	
196	Brachiati *iuniores.*	66	*Gallia.*	
197	Honoriani Atecotti seniores.	74	»	
198	Honoriani Marcomanni seniores [4].	38	*Italia.*	
199	Honoriani Marcomanni iuniores [4].	38	»	
200	Honoriani Atecotti iuniores.	24	»	

3a) Ualentinianenses *VII 61; 71.*   4) Marcomanni *VII 38.*

180—183 = 32 — 35 || 181 *ante 176 colloc.* M || 182 inuiati *CPVM* ||
184 — 187 = 36 — 39 || 184 louii *V* || 188 —191 = 40 — 43 || 190 ualentinianes: IV *M* || 191 re/// *C* || 192 —195 = 44 — 47 || 192 equarii *P sed add.* s sequarii *VM* sequ/////// *C* || 196 *om. insign.* || 197 — 200 = 48 — 51 || 197 honorarii *P* || 198 Marcomanni *om. V* || 199 maro: *M* || 200 *om. V.*

124 OC. V. MAGISTER PEDITUM PRAESENTALIS.

201	Brisigaui seniores.	128	*Hispania.*
202	Brisigaui iuniores.	25	*Italia.*
203	Honoriani Mauri seniores.	*51*	*Illyricum.*
204	Honoriani Mauri iuniores.	26	*Italia.*
205	Celtae iuniores.	141	*Africa.*
206	Inuicti iuniores Britanniciani.	*127*	*Hispania.*
207	Exculcatores iuniores Britanniciani.	*des.*	—
208	Felices Ualentinianenses.	47	*Illyricum.*
209	Mattiaci iuniores Gallicani.	77	*Gallia.*
Böck. p.26* 210	Salii Gallicani ⁵).	*129*	*Hispania.*
211	Sagittarii Nerui*i* Gallicani.	75	*Gallia.*
212	Iouii iuniores Gallicani.	76	»
213	Seguntienses.	49	*Illyricum.*
214	Galli uictores.	27	*Italia.*
215	Honoriani uictores iuniores ⁶).	*48*	*Illyricum.*
216	Honoriani ascarii seniores.	79	*Gallia.*
217	Felices iuniores Gallicani.	*des.*	—
218	Atecotti iuniores Gallicani ⁷).	78	*Gallia.*

5) Salii iuniores Gallicani *VII 129*.   6) Honoriani uictores *VII 48*.   7) *cf. 70; VII 78*.

201—204 = 52—55 ǁ 202 *om.* P ǁ 204 hono^{ni} mauri IV C ǁ 205. 206 = 56. 57 ǁ Bataui iuniores *inser. insign. 58* ǁ 207—211 = 59—63 ǁ 208 uaentinianeñ *M* ǁ 209 matiaci *CV* matici *P* ǁ galliani *CPVM* ǁ 210 sallii *V* ǁ gallia// *C* galleani *P* galliani *V* ǁ 211 sag//////////ui///////n. *C* ǁ nerui *PVM* ǁ 212—215 = 64—67 ǁ 212 Iouii *euanuit in C* louii *V* ǁ gallicatii *V* ǁ 213 saguntienses *V litt.* a *ex correct. orta* ǁ 216 — 219 = 68—71 ǁ 216 arcarii *CPVM*.

OC. V. MAGISTER PEDITUM PRAESENTALIS.

219	Tungri.	50	*Illyricum.*
220	Honoriani Gallicani [8].	52	»
221	Mauri to*n*antes seniores.	136	*Tingitania.*
222	Mauri to*n*antes iuniores.	137	»
223	Legiones comitatenses XXXII:		
224	Me*n*ap*ii* seniores.	83	*Gallia.*
225	Fortenses.	130	*Hispania.*
226	Propugnatores seniores.	131	»
227	Armigeri defensores seniores.	80	*Gallia.*
228	Septimani seniores.	132	*Hispania.*
229	Regii.	32	*Italia.*
230	Pacatianenses.	55	*Illyricum.*
231	Uesontes [9].	133	*Hispania.*
232	Mattiarii iuniores.	30	*Italia.*
233	Mauri cet*r*ati.	56	*Illyricum.*
234	Undecimani.	134	*Hispania.*
235	Secundani Italiciani.	144	*Africa.*
236	Germaniciani iuniores [10].	*33*	*Italia.*
237	[Tertiani siue] tertia Italica [11].	*53*	*Illyricum.*
238	Tertia Herculea.	54	»
239	Lanciarii Gallicani Honoriani.	*81*	*Gallia.*
240	Propugnatores iuniores.	57	*Illyricum.*

Böck. p. 27*

[8] Mattiarii Honoriani Gallicani *VII* 52. [9] *ita etiam 82*; *VII 133.* Bisontes *Böck.* [10] Germaniciani *VII 33.* [11] Tertiani *VII* 53.

220 — 224 = 72 — 75 || 221. 222 mauritoantes.*CPVM* u utroque *in V ex correct. orto* || 224 merapes *CPVM* || 225 — 228 = 76 — 79 || 227 iuniores *C* || 229 — 233 = 80 — 84 || 230 pecatianenses *V* || 231 ues////// *C* || 232 iuniores *euan. in C* || 233 mauricetn//// *C* mauricetnati *PV* mauricettnati *M* || 234 — 237 = 85 — 88 || 234 undetiniani *V* || 235 italicia*ry. M* || 237 italiaca *CV* || 238 — 241 = 89 — 92.

126   OC. V. MAGISTER PEDITUM PRAESENTALIS.

241	[Legio] secunda Britannica [siue secundani] [12].	*84*	*Gallia.*
		156 (?)	*Britannia.*
242	Septimani iuniores.	31 (?)	*Italia.* 139 (?)
		Ting. 103 (?) *Gall.*	
243	Praesichantes [13]).	*86*	*Gallia.*
244	Ursarienses.	85	»
245	Cortoriacenses.	88	»
246	Geminiacenses.	87	»
247	Honoriani felices Gallicani.	89	»
248	Tertia Iulia Alpina [14]).	*35*	*Italia.*
249	Prima Flauia Pacis [15]).	*146*	*Africa.*
250	Secunda Flauia Uirtutis [16]).	*147*	»
251	Tertia Flauia Salutis [17]).	*148*	»
252	Flauia uictrix Constantina [18]) [id est Constantici].	*150*	»
253	Secunda Flauia Constantiniana [19]).	*149*˙	»
		138 (?)	*Tingitania.*
254	Tertio Augustani.	151	*Africa.*
255	Fortenses.	152	»
256	Pseudocomitatenses XVIII:		
257	[Legio] prima Alpina[20]).	*34*	*Italia.*

12) Secundani Britones *VII 84.* Secundani iuniores *VII 156.*
13) Praesidiantes *94.* Praesidienses *VII 86; recte.*   14) Tertia Iulia *VII 35.*   15) Primani *VII 146.*   16) Secundani *VII 147.*   17) Tertiani *VII 148.*   18) Constantici *103.* Constantiaci *VII 150.* Constantiana *Alciat.*   19) Constantiniani *VII 149.*   20) Prima Iulia *VII 34.*

241 secunde *CV* secundae *PM* || britannice *C* brittannice *PV* brittanice *M* || 242 — 245 = 93 — 96 || 246 — 249 = 97 — 100 || 247 gallicani *V* a *altero ex correct.* orto || 249 p̅ͩ fla//////cis *C* || 250 — 253 = 101 — 104 || 250 *euanuit in C* || 252 flauie *CV* flauiae *PM* || uictrices *CPVM* || constantine *CPV* constantinae *M* || 253 secunde flauie *CV* secundae flauiae *PM* || constantiniane *CPV* constantinianae *M* || 254 — 258 = 105 — 108 || 255 fontenses *CPVM cf. 106; VII 152.*

OC. V. MAGISTER PEDITUM PRAESENTALIS.

258	[Legio] secunda Iulia Alpina [21].	60	*Illyricum.*
259	Lanciarii Lauriacenses.	58	»
260	Lanciarii Comaginenses [22].	59	*Illyricum.*
261	Taurunenses.	des.	—
262	Antianenses.	des.	—
263	Pontinenses [23].	39	*Italia.*
264	Prima Flauia Gallicana Constantia [24].	90	*Gallia.*
265	Martenses.	91	»	Böck. p. 28*
266	Abrincateni.	92	»
267	Defensores seniores.	93	»
268	Mauri Osismiaci.	94	»
269	Prima Flauia Metis [25].	*95*	»
270	Superuentores iuniores.	96	»
271	Constantiaci [26].	*138*	*Tingitania.*
		150 (?)	*Africa.*
272	Corniacenses [27].	102	*Gallia.*
273	Septimani [28].	*103*	»
274	Romanenses.	106	»

275 Officium suprascripti magistri peditum praesentalis:
276 Princeps.
277 Numerarius.
278 Commentariensis.
279 Adiutor.
280 Regerendarius.
281 Exceptores et reliqui apparitores.

21) Secunda Iulia *VII 60.* 22) Comagenis *XXXIV 36; Itin.;* *Tab.*; *Eugipp. uit. S. Seuer. 1.* 23) Pontennenses *VII 39. fort. scr.* Pontaenenses. 24) Prima Flauia Gallicana *VII 90.* 25) Prima Flauia *VII 95; scrib.* Prima Flauia Martis; *cf. 249—51.* 26) Constantiniani *VII 138.* 27) Cornacenses *VII 102; recte.* 28) Septimani iuniores *VII 103.*

258 secunda] II *CM* || 259—262 = 109—112 || 259 lancerii *CPV* lancearii *M* || 260 lancearii *VM* || maginenses *CPVM* || 261 taurinenses *P* || 262 ancianenses *P* || 263—266 = 113—116 || 267—270 = 117 —120 || 271—274 = 121—124 || 271 constantiati *V* || 281 reliqua *P sed correx.*

128   OC. VI. MAGISTER EQUITUM PRAESENTALIS.

VI.

Böck. p. 29*   Insignia uiri illustris magistri equitum.

2. 3

4. 5

6—10

11—15

16—20

		2 Comites.	3 Promoti.
		4 Brachiati.	5 Bataui seniores.
6 Cornuti seniores.	7 Cornuti iuniores.	8 Alani.	9 Bataui iuniores.	10 Ualentinianenses.
11 Armigeri.	12 Prima Gallia.	13 Dalmatae.	14 Passeren- tiaci.	15 Mauri alites.
16 Taifali.	17 Honoriani.	18 Mauriferoces.	19 Constantiaci.	20 Scutarii.

2 seniores *add.* C senior *add.* V ‖ 3 senior' *add.* V ‖ 14 passeratiāti M^2 ‖ 16 iuñ *add.* V ‖ 17 seniores *add.* V ‖ 18 mauriteroces P ‖ 19 constantiati VM^2.

OC. VI. MAGISTER EQUITUM PRAESENTALIS. 129

Böck. p. 30*

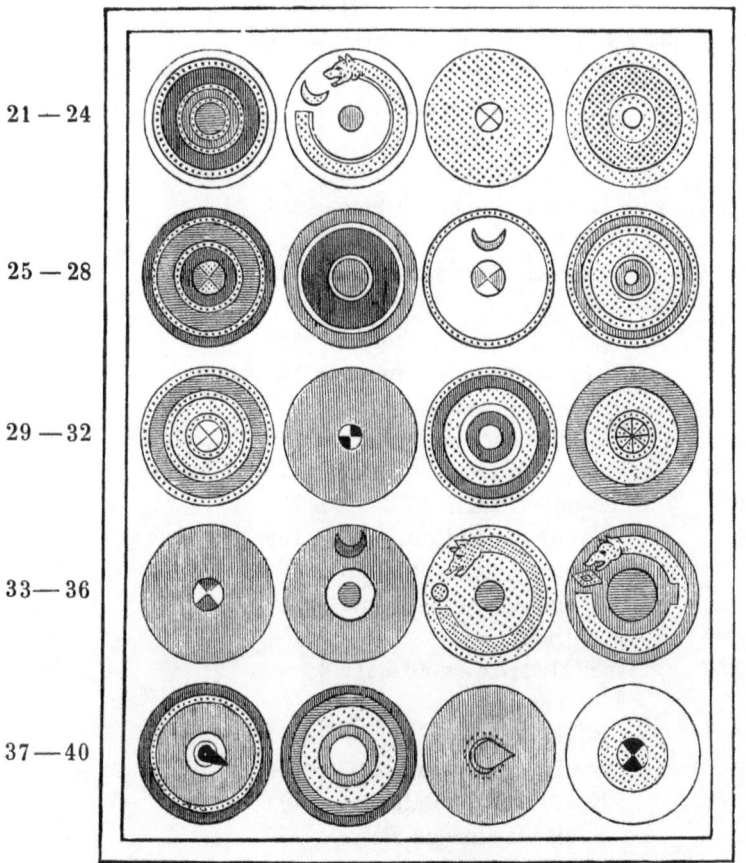

21 Stablesiani. 22 Marcomanni. 23 Armigeri seniores. 24 Clibanarii.
25 Parthi seniores. 26 Primo sagittarii. 27 Secundo sagittarii. 28 Tertii sagittarii.
29 Quarto sagittarii. 30 Parthi iuniores. 31 Citrati seniores. 32 Comites iuniores.
33 Promoti iuniores. 34 Sagittarii iuniores. 35 Citrati iuniores. 36 Honoriani iuniores.
37 Armigeri iuniores. 38 Scutarii. 39 Stablesiani. 40 Cordueni.

23 seniores om. $M^{1.2}$ || 24 uabanarii P || 26 primo V o ex correct. orto || 30 iuniores] seī C || 31 citraci V citāti M^2 || 32 Comites iuniores] comittenses P || 35 citraci V || 36 fonoriani C || 38 iu. add. V || 40 ante 38 colloc. V || corouerci P cordeni V.

NOTITIA DIGNITATUM. 9

OC. VI. MAGISTER EQUITUM PRAESENTALIS.

Böck. p. 31* 41 Sub dispositione uiri illustris comitis et magistri equitum praesentalis:

42	Uexillationes palatinae decem:	*Collatio cap. VII*[1].	
43	Comites seniores.	159	*Italia.*
44	Equites promoti seniores.	160	»
45	Equites brachiati seniores.	161	»
46	*Equites brachiati iuniores.*	170	*Gallia.*
47	Equites Bataui seniores.	167	»
48	Equites cornuti seniores.	168 (?)	»
		162 (?)	*Italia.*
49	Equites cornuti iuniores.	*168* (?)	*Gallia.*
		162 (?)	*Italia.*
50	Comites Alani.	163	»
51	Equites Bataui iuniores.	169	*Gallia.*
52	Equites constantes Ualentinianenses seniores[2].	165	*Italia.*
53	Uexillationes comitatenses .....:		
54	Equites armigeri[3].	*173*	*Gallia.*
55	Equites prim*i* Galli*cani*.	176	»
56	Equites octauo Dalmatae.	174	»
57	Equites Dalmatae Passerentiaci[4].	*175*	»
58	Equites Mauri alites.	177	»
59	Equites Honoriani Taifali iuniores[5].	*172*	»
		205 (?)	*Britannia.*

1) *Numeris inclinatis indicatur nomen uexillationis in cap. VII immutatum legi.* 2) iuniores *VII* 165. 3) Equites armigeri seniores *VII* 173; sed *cf.* 66 = *VII* 184. 4) Passerentiacenses *VII* 175. 5) Equites Honoriani iuniores *VII* 172; sed *cf.* 79 = *VII* 196. Equites Taifali *VII* 205.

43—52 = 2—10 || 45 brachiaci *V* || 46 om. *CPVM et insign.* || 54 —58 = 11—15 || 55 prima gallia *CPVM* || 56 octano *P* || 57 Equites Dalmatae om. *C* || passerentiati *V* || 59—63 = 16—20 || 59 tafali *V*.

OC. VI. MAGISTER EQUITUM PRAESENTALIS. 131

60	Equites Honoriani seniores.	171	*Gallia.*
		202	*Britannia.*
61	Equites Mauri feroces.	164	*Italia.*
62	Equites Constantiani felices.	178	*Gallia.*
63	Equites scutarii [6].	207	*Tingitania*
		181	*Africa.*
64	Equites stablesiani Africani [7].	*182*	»
65	Equites Marcomanni.	183	»
66	Equites armigeri seniores.	184	»
67	Equites sagittarii clibanarii [8].	*185*	»
68	Equites sagittarii Parthi seniores.	*186*	»
69	Equites primo sagittarii.	188	»
70	Equites secundo sagittarii.	189	»
71	Equites tertio sagittarii.	190	»
72	Equites quarto sagittarii.	191	»
73	Equites sagittarii Parthi iuniores.	*192*	»
74	Equites cetrati seniores.	187	»
75	Comites iuniores.	des.	—
76	Equites promoti iuniores.	194	*Africa.*
77	*Equites* sagittarii iuniores [9].	*195*	»
78	Equites cetrati iuniores.	193	»
79	*Equites* Honoriani iuniores.	196	»

Böck. p. 32*

6) Equites scutarii seniores *VII 181* = 207. 7) Equites stablesiani seniores *VII 182.* 8) Equites clibanarii *VII 185.* 9) Equites scutarii iuniores *VII 195, recte; cf. 81* = *VII 197.*

62 constantia *P* constantiati *V* || 64—67 = 21—24 || 65 macomāni *V* || 66 arongeri *C* || 68—71 = 25—28 || 71 tertii *CV* tercii *P* || 72 —75 = 29—32 || 76—79 = 33—36 || 74. 78 citrati *CPM* curati *V.*

9*

OC. VI. MAGISTER EQUITUM PRAESENTALIS.

80   *Equites* armigeri iuniores. | 198 *Africa.*
81   Equites secundi scutarii | *197* »
    iuniores [10]).
82   Equites stablesiani Itali- | 180 »
    ciani.
83   Equites sagittarii Cor- | *209 Tingitania.*
    dueni [11]).
84   Equites sagittarii senio- | 208 »
    res.
85   Cuneus equitum promoto- | *des.* -
    rum.
86 Officium suprascriptae magisteriae potestatis:
87   Princeps.
88   Numerarius.
89   Primiscrinius.
90   Commentariensis.
91   Adiutor.
92   Regerendarius.
93   Exceptores et reliqui apparitores.

[10]) Equites scutarii iuniores scolae secundae *VII 197.* [11]) Equites Cardueni *VII 209.* Carduenorum *Or. XXXVI 34.*

80 — 83 = 37 — 40 ‖ 81 seniores *M* ‖ 84. 85 *om. insign.* ‖ 85 promòttorum *V* t *altero ex correct. orto* ‖ 92 regendarius *V*.

VII.

Qui numeri ex praedictis per infrascriptas prouincias habeantur: Böck. p. 33*

2	Intra Italiam:	*Collatio cap. V*[1]:	
3	Iouiani seniores.	145 *leg. pal.*	
4	Herculiani seniores.	146 »	»
5	Diuitenses seniores.	147 »	»
6	Tungrecani seniores.	148 »	»
7	Pannoniciani seniores.	149 »	»
8	Moesiaci seniores.	150 »	»
9	Cornuti seniores.	158 *aux. pal.*	
10	Brachiati seniores.	159 »	»
11	Petulantes seniores.	160 »	»
12	Celtae seniores.	161 »	»
13	Heruli seniores.	162 »	»
14	Bataui seniores.	*163* »	»
15	Mattiaci seniores.	164 »	»
16	Iouii seniores.	168 »	»
17	Uictores seniores.	*des.* — —	
18	Cornuti iuniores.	169 *aux. pal.*	
19	Leones iuniores.	172 »	»
20	Exculcatores seniores.	173 »	»
21	Grati.	178 »	»
22	Sabini.	195 »	»
23	Felices iuniores.	180 »	»
24	Atecotti Honoriani iuniores[2].	*200* »	»

1) *Numeris inclinatis indicatur nomen legionis uel auxilii in cap. V immutatum legi.* 2) *In cap. V vox* Honoriani *semper fere reliquis numerorum nominibus praeponitur.*

1 per *om. M* ‖ 3 //ui///////// *C* ‖ louiani *V* ‖ 4 her///////// *C* ‖ 5 seniores *euan. in C* ‖ 6 tungraecani *PM* ‖ 7 pannoriciani *CPM* pannoritiani *V* ‖ 11 peculantes *V* ‖ 12 celthe *C* ‖ 15 matiaci *CPVM* ‖ 16 louii *V* ‖ 22 sauini *CPVM* ‖ 24 attecotti *V*.

134   OC. VII. DISTRIBUTIO NUMERORUM.

25	Brisigaui iuniores.	202 *aux. pal.*
Böck. p. 34* 26	Mauri Honoriani iuniores.	204 » »
27	Galli uictores.	214 » »
28	Octauani.	153 *leg. pal.*
29	Thebaei.	154 » »
30	Mattiarii iuniores.	232 *leg. com.*
31	Septimani iuniores.	242 (?) » »
32	Regii.	229 » »
33	Germaniciani [3].	*236* » »
34	Prima Iulia [4].	*257 leg. pseud.*
35	Tertia Iulia [5].	*248 leg. com.*
36	Placidi Ualentinianici felices.	*des.* — —
37	Gratianenses iuniores.	189 *aux. pal.*
38	Marcomanni [6].	*198 199* » »
39	Pontennenses [7].	263 *leg. pseud.*
40	Intra Illyricum cum uiro spectabili comite Illyrici:	
41	Sagittarii Tungri.	174 *aux. pal.*
42	Iouii iuniores.	184 » »
43	Sequani.	192 » »
44	Raeti.	191 » »
45	Sagittarii uenatores.	193 » »
46	Latini.	194 » »
47	Ualentinianenses felices.	*208* » »
48	Honoriani uictores [8].	*215* » »
49	Seguntienses.	213 » »

[3] Germaniciani iuniores *V* 236. [4] Prima Alpina *V* 257. [5] Tertia Iulia Alpina *V* 99 = 248. [6] Honoriani Marcomanni seniores, Honoriani Marcomanni iuniores *V* 198; 199. [7] Pontinenses *V* 113 = 263 *fort. scrib.* Pontaenenses. [8] Honoriani uictores iuniores *V* 215.

26 iuniores] /////res *C* || 27 euan. in *C* || 28 ////uani *C* || 29 ///bei *C* || 36 ualentinianiaci *P* || 42 louii *V* || 44 retii *CPVM* || 45 segittarii *P* || 48 uictor̄ *CV* uicto: *M.*

OC. VII. DISTRIBUTIO NUMERORUM. 135

50	Tungri.	219	*aux. pal.*
51	Mauri Honoriani seniores.	203	» »
52	Mattiarii Honoriani Gallicani [9]).	220	» »
53	Tertiani [10]).	237	*leg. com.* Böck. p. 35*
54	Tertia Herculea.	238	» »
55	Pacatianenses.	230	» »
56	Mauri cetrati.	233	» »
57	Propugnatores iuniores.	240	» »
58	Lancearii Lauriacenses.	259	*leg. pseud.*
59	Lancearii Comaginenses.	260	» »
60	Secunda Iulia [11]).	*258*	» »
61	Ualentinianenses [12]).	*190* (?)	*aux. pal.*
62	Catarienses [13]).	des.	— —
63	Intra Gallias cum uiro illustri magistro equitum Galliarum:		
64	Mattiaci iuniores.	165	*aux. pal.*
65	Leones seniores.	171	» »
66	Brachiati iuniores.	*196*	» »
67	Salii seniores [14]).	*177*	» »
68	Gratianenses [15]).	*181*	» »
69	Brocteri [16]).	187	» »
70	Ampsiuarii.	188	» »
71	Ualentinianenses [12]).	*190* (?)	»
72	Bataui iuniores.	186	» »

9) Honoriani Gallicani *V* 72 = 220. *Mattiarios praeter hos inter auxilia non reperies; itaque aut ex cod.* V *Mauri recipiendum est, aut* Mattiaci, *quod edit. Gelen. praebet.* 10) Tertia Italica *V* 237 = Tertiani *V 88.* 11) Secunda Iulia Alpina *V 108* = *258.* 12) *repetuntur 71.* Ualentinianenses iuniores *V 190.* 13) N(umerus) Cattharensium *Bramb. inscr. Rhen.* 1293, 1377, 1491*e*, 1497, 1550*d;* Caddarensium *Henz.* 5271 = *Bramb. 1317.* 14) Salii *V* 29 = *177.* 15) Gratianenses seniores *V 33* = *181.* 16) Bructeri *V* 39 = *187.*

52 Mattiarii] mauri *V* || 56 citrati *CPVM* || 57 propugnatores *V* || 58 lactarii *V* || laurianenses *C* || 69 brotteri *V* || 72 Bataui *repetunt PM.*

OC VII. DISTRIBUTIO NUMERORUM.

	73	Britones.	des. — —
	74	Atecotti Honoriani seniores.	197 aux. pal.
	75	Sagittarii Neruii Gallicani.	211 » »
	76	Iouii iuniores Gallicani.	212 » »
	77	Mattiaci iuniores Gallicani.	209 » »
	78	Atecotti iuniores Gallicani.	218 » »
	79	Ascarii Honoriani seniores.	216 » »
Böck. p. 36*	80	Armigeri defensores seniores.	227 leg. com.
	81	Lancearii Honoriani Gallicani.	239 » »
	82	Lancearii Sabarienses.	152 leg. pal.
	83	Menapii seniores.	224 leg. com.
	84	Secundani Britones [17]).	241 » »
	85	Ursarienses.	244 » »
	86	Praesidienses.	243 » »
	87	Geminiacenses.	246 » »
	88	Cortoriacenses.	245 » »
	89	Honoriani felices Gallicani.	247 » »
	90	Prima Flauia Gallicana [18]).	264 leg. pseud.
	91	Mar*t*enses.	265 » »
	92	Abrincateni.	266 » »

17) *scrib* Secundani Britanniciani; *cf.* V 92: Britannici = V 241: secunda Britannica. 18) Prima Flauia Gallicana Constantia V 264 = Constantia V 114.

73 b//tones C ‖ 74 ////ti C arecotti V ‖ 75 nerui CPVM ‖ 76 louii V ‖ 77 martiaci (P) ‖ 78 om. V ‖ 82 om. C ‖ honoriani *pro* lancearii P ‖ 83 menapi CPVM ‖ 86 presidientes V ‖ 87 germiniacenses V ‖ 90 gallic̄ CP gallit' V galli: M ‖ 91 marienses CPVM ‖ 92 abrincateni CPVM.

OC. VII. DISTRIBUTIO NUMERORUM. 137

93	Defensores seniores.	267	*leg. pseud.*
94	Mauri Osismiaci.	268	» »
95	Prima Flauia [19]).	*269*	» »
96	Superuentores iuniores.	270	» »
97	Balistarii.	*des.*	— —
98	Defensores iuniores.	*des.*	— —
99	Garronenses [20]).	*des.*	— —
100	Andere[ni]tiani [21]).	*des.*	— —
101	Acincenses.	*des.*	— —
102	Cornacenses.	272	*leg. pseud.*
103	Septimani iuniores [22]).	*273*	» »
		242 (?)	*leg. com.*
104	Cursarienses [23]) iuniores.	*des.*	— —
105	Musmagenses.	*des.*	— —
106	Romanenses.	274	*leg. pseud.*
107	Insidiatores.	*des.*	— —
108	Truncensimani [24]).	*des.*	— —
109	Abulci.	*des.*	— —
110	Exploratores.	*des.*	— —

Böck. p. 37*

111 **Officium uiri illustris magistri equitum per Gallias:**
112 Princeps ex officiis magistrorum militum praesentalium, uno anno a parte peditum, alio a parte equitum.
113 Commentariensis.
114 Numerarii ex u*tris*q*ue* officiis singul*is* an*n*is.
115 Adiutor.
116 Regerendarius.
117 Exceptores et reliqui apparitores.

19) Prima Flauia Martis *V 269.* 20) Praefectus militum Carronentium *XXXVII 15.* 21) Anderetianorum *uel* Anderecianorum *XLI 17; XLII* 22. Andereton *Rau.* Anderitum *Tab.* Ἀνδέρηδον *Ptol.* 22) Septimani *V 273.* 23) Ursarienses *Puncirol.* 24) Tricesimani *Alciat.*

97 balistari *CPM* ‖ 99 gar'ionenses *V* ‖ 100 andereniciani *PM*‖ 111 offitia *M* ‖ m̊agistri üiri illustris *P* ‖ 113 commentarienses *PV sed correx. V* ‖ 114 utrisque] uiris et *CPVM* ‖ offitii *M* ‖ singulis annis] singularis *CPVM* ‖ 116 regendarius *V* ‖ 117 et *om. M.*

138   OC. VII. DISTRIBUTIO NUMERORUM.

118	Intra Hispanias cum *ui-ro* spectabili comite:		
119	Ascarii seniores.	166 *aux. pal.*	
120	Ascarii iuniores.	167 »	»
121	Sagittarii Nerui*i*.	170 »	»
122	Exculcatores iuniores.	175 »	»
123	Tubantes.	176 »	»
124	Felices seniores.	179 »	»
125	Inuicti seniores.	182 »	»
126	Uictores iuniores.	185 »	»
127	Inuicti iuniores Britones [25].	*206* »	»
128	Brisigaui seniores.	201 »	»
129	Salii iuniores Gallicani [26].	*210* »	»
130	For*t*enses.	225 *leg. com.*	
131	Propugnatores seniores.	226 »	»
132	Septiman*i* seniores.	228 »	»
133	Uesontes [27].	231 »	»
Böck. p. 38* 134	Undecimani.	234 »	»
135	Intra Tin̄gitan̄iam cum uiro spectabili comite:		
136	Mauri ton̄antes seniores.	221 *aux. pal.*	
137	Mauri ton̄antes iuniores.	222 »	»
138	Constantiniani [28].	*271 leg. pseud.* 253 (?) *leg. com.*	
139	Septimani iuniores.	242 (?) »	»
140	Intra Africam cum uiro spectabili comite Africae:		

25) Inuicti iuniores Britanniciani *V 206* = Britanniciani *V 57*; *recte.*   26) Salii Gallicani *V 210.*   27) Bisontes *Böck.*   28) Constantiaci *V 271.*

121 nerui *CPVM* || 124 i̯u̯ sen̄ *V* || 130 forienses *CPM* fořenses *V* || 132 om. *P* || septimane *CV* septimanae *M* || 134 undetiniani *V* || 135 tungitariam *CPVM* || 136. 137 mauritoantes *CP* mauritomantes *VM*.

141	Celtae iuniores.	205 *aux. pal.*
142	Armigeri propugnatores seniores.	151 *leg. pal.*
143	Armigeri propugnatores iuniores.	156 » »
144	Secundani Italiciani.	235 *leg. com.*
145	Cimbriani.	155 *leg. pal.*
146	Primani [29]).	*249 leg. com.*
147	Secundani [30]).	250 » »
148	Tertiani [31]).	*251* » »
149	Constantiniani [32]).	*253* » »
150	Constantiaci [33]).	252 » »
151	Tertio Augustani.	254 » »
152	Fortenses.	255 » »
153	*Intra Britannias* cum uiro spectabili comite Britanniarum:	
154	Uictores iuniores Britanniciani.	*185* (?) *aux. pal.*
155	Primani iuniores.	*des.* — —
156	Secundani iuniores.	*241* (?) *leg. com.*
157	Item Uexillationes:	*Collatio cap. VI.*
158	Intra Italiam:	
159	Comites seniores.	43 *pal.*
160	Equites promoti seniores.	44 »
161	Equites brachiati seniores.	45 »
162	Equites cornuti seniores [34]).	48 (?) *49*(?) »

Böck. p. 39*

29) Prima Flauia Pacis *V 100 = 249*.   30) Secunda Flauia Uirtutis *V101 = 250*.   31) Tertia Flauia Salutis *V102 = 251*.   32) Secunda Flauia Constantiniana *V 253*.   33) Flauia uictrix Constantina *V 252* = Constantici *V 103*.   34) *aut hic aut 168 scribendum est* iuniores.

142 *om. V* || 143 propūgtores *V* || 150 constantiati *V* || 154 iuniorum *CPVM*.

163	Comites Alani.	50 *pal.*
164	Equites Mauri feroces.	61 *com.*
165	Equites constantes Ualentinianenses iuniores [35]).	52 *pal.*
166	Intra Gallias cum uiro illustri comite et magistro equitum Galliarum:	
167	Equites Bataui seniores.	47 *pal.*
168	Equites cornuti seniores [34])	48 (?) *49* (?) »
169	Equites Bataui iuniores.	51 »
170	Equites brachiati iuniores.	*46* »
171	Equites Honoriani seniores.	60 *com.*
172	Equites Honoriani iuniores [36]).	*59* »
173	Equites armigeri seniores [37]).	*54* »
174	Equites octauo Dalmatae.	56 »
175	Equites Dalmatae Passerentiacenses.	*57* »
176	Equites primi Gallicani.	*55* »
177	Equites Mauri alites.	58 »

35) seniores *VI 52.*   36) Equites Honoriani Taifali iuniores *VI 59* = Taifali *VI 16.*   37) Equites armigeri *VI 54.*

167 "seniores "bataui *P* || 171 *om.* *V* || 175 Equites Dalmatae *om.* *M* || passeratianenses *V* || 176 p'me galli' *V* || 177 allit'es (*i. e.* allitres) *V.*

178	Equites Constantiaci feroces.	62 com.
179	Intra Africam cum üiro spectabili comite Africae:	
180	Equites stablesiani Italiciani.	82 com.
181	Equites scutarii seniores [38].	63 »
182	Equites stablesiani seniores [39].	64 »
183	Equites Marcomanni.	65 »
184	Equites armigeri seniores.	66 »
185	Equites clibanarii [40].	67 »
186	Equites Parthi sagittarii seniores.	68 »
187	Equites cetrati seniores.	74 »
188	Equites primo sagittarii.	69 »
189	Equites secundo sagittarii.	70 »
190	Equites tertio sagittarii.	71 »
191	Equites quarto sagittarii.	72 »
192	Equites Parthi sagittarii iuniores.	73 »
193	Equites cetrati iuniores.	78 »

Böck. p. 40*

[38]) Equites scutarii *VI 63*. [39]) Equites stablesiani Africani *VI 64*. [40]) Equites sagittarii clibanarii *VI 67*.

178 constantiati V ‖ 179 infra M ‖ 186 panthosagittarii $CPVM$ ‖ 187 cetnati CVM cernati P ‖ 188 sagittarii primi P primi $(C) VM$ ‖ 191 quarti CP ‖ 193 crinati $CPVM$.

194	Equites promoti iuniores.	76 com.
195	Equites scutarii iuniores [comitatenses].	77 »
196	Equites Honoriani iuniores.	79 »
197	Equites scutarii iuniores scolae secundae [41].	81 »
198	Equites armigeri iuniores.	80 »
199	In*tra* Britannias cum uiro spectabili comite Britanniarum:	
200	Equites catafractarii iuniores.	des. —
201	Equites scutarii Aureliaci.	des. —
202	Equites Honoriani seniores.	60 com.
203	Equites stablesiani [42]).	*64* (?) *82* (?) »
204	Equites Syri.	des. —
205	Equites Taifali [43]).	*59* (?) com.
206	In*tra* Tingitaniam cum uiro spectabili comite Tingitaniae:	
207	Equites scutarii seniores [44]) [comitatenses].	*63* com.

41) Equites secundi scutarii iuniores *VI 81*.   42) *cf. 180; 182*. 43) *cf. 172*. 44) *cf. 181*.

195 scutati *M* ǁ comitetenses *P sed correx.* ǁ 199 infra *CPVM* ǁ 202 honoriaci *CP* ǁ 206 infra *CPVM* ǁ tigritaniam *C* tungritaniam *VM* ǁ tigritarie *C* tingitariae *P* tingitarie *V*.

208	Equites sagittarii seniores [comitatenses].	84 *com.*
209	Equites Cardueni [45] [comitatenses].	*83* »

VIII.

Excidit folium unum, quod pagina altera continebat insignia praepositi sacri cubiculi, altera, quae sub dispositione eius erant.

[45] Equites sagittarii Cordueni *VI 83*.

IX.

Insignia uiri illustris magistri officiorum.

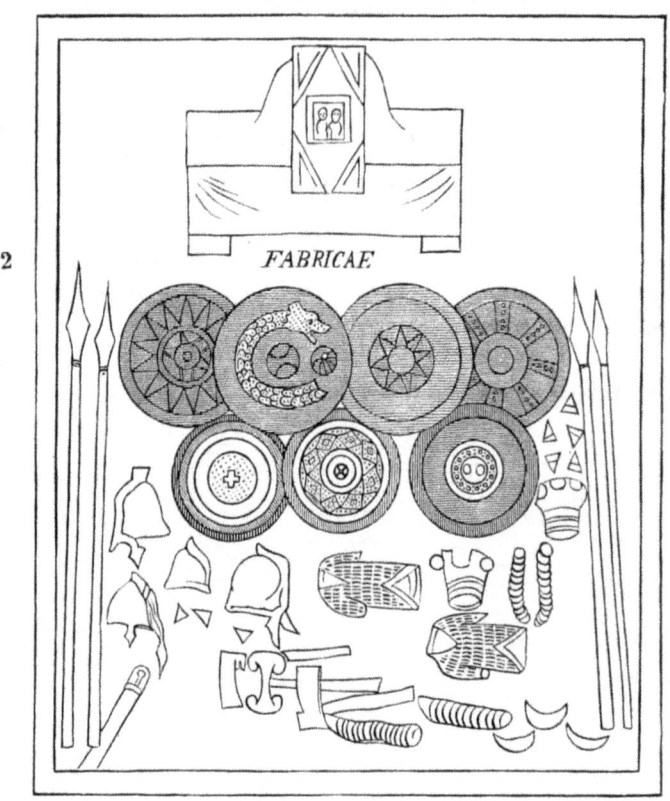

3 Sub dispositione uiri illustris magistri officiorum:
4   Scola scutariorum prima.
5   Scola scutariorum secunda.
6   Scola armaturarum seniorum.
7   Scola gentilium seniorum.

2 *om.* $V \parallel$ 3 in gallis *add.* $C \parallel$ 7 *om.* C.

OC. IX. MAGISTER OFFICIORUM. 145

8 Scola scutariorum tertia. Böck. p. 43*
9 Scola agentum in rebus et deputati eiusdem scolae.
10 Scrinium memoriae.
11 Scrinium dispositionum.
12 Scrinium epistolarum.
13 Scrinium libellorum.
14 Ammissionales.
15 Cancellarii.
16 Fabricae infrascriptae:
17 In Illyrico:
18 Sirmensis sc*u*torum, scordiscorum et armorum.
19 Acincensis scutari*a*.
20 Cornutensis [1]) scutaria.
21 Lauriacensis scutaria.
22 Salonitana armorum.
23 Italiae:
24 Concordiensis sagittari*a*.
25 *U*eronensis scutaria et armorum.
26 Mantuana loricaria.
27 Cremonensis scutaria.
28 Ticenensis arcuaria.
29 Lucensis spatharia.
30 In Galli*i*s:
31 Argentomagensis armorum omnium.
32 Matisconensis sagittaria.
33 Augustod*u*nensis loricaria, balistaria et clibanaria.

1) Carnuntensis *Böck*.

18 sermensis *C* ∥ scottorum *CM* scotorum *P* scociorum *V* ∥ 19 acincenses *PV* sed *correx*. *P* ∥ scutarie *CPV* scutariae *M* ∥ 20 cormitensis *V* ∥ 21 *om*. *C* ∥ 24 concordienses *M* ∥ sagittarii *CPVM* ∥ 25 beronensis *CPM* boronensis *V* ∥ scutarii *C* scutar̄ *PVM* ∥ 30 gallis *CP VM* ∥ 31 argentomagensés *C* armentomagensis *V* ∥ 32 sagītt *C* sagittar̄ *P* sagittarū *V* sagittarii *M* ∥ 33 augustodonensis *CPVM* ∥ lericaria *V* ∥ cliban. *CPV* clibani *M*.

Notitia Dignitatum. 10

OC. IX. MAGISTER OFFICIORUM.

Böck. p. 44*
34 Augustod*u*nensis scutaria.
35 Suessionensis . . . .
36 Remensis spatharia.
37 Triberorum scutaria.
38 Triberorum balistaria.
39 Ambianensis spatharia et scutaria.
40 Officium autem *supra*scripti uiri illustris magistri officiorum de scola agentum in rebus habetur hoc modo:
41 Adiutor.
42 Subadiuuae adiutoris.
43 Subadiuuae fabricarum diuersarum.
44 Curiosus cursus publici in praesenti.
45 Curiosi omnium prouinciarum.
46 Interpretes omnium gentium.

    34 augustodonensis *CPVM* ‖ 40 *om*. *M spatio trium uersuum uacuo relicto* ‖ infrascripti *CPV* ‖ 42 adiutores *PVM*.

X.

Insignia uiri illustris quaestoris.

Böck. p. 45*

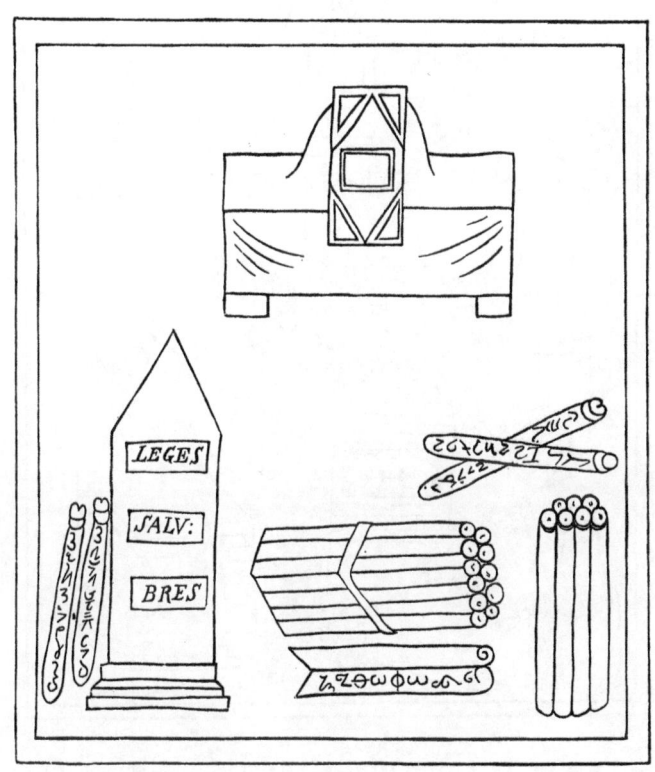

3 Sub dispositione uiri illustris quaestoris:
4   Leges dictandae.
5   Preces.
6 Habet subaudientes adiutores memoriales de scriniis diuersis.

2 *om.* V ∥ salutbres *M*¹.

XI.

Böck. p. 46* Insignia uiri illustris comitis sacrarum largitionum.

3 Sub dispositione uiri illustris comitis sacrarum largitionum:
4   Comes largitionum per Illyricum.
5   Comes uestiarii.
6   Comes auri.
Böck. p. 47* 7   Comes largitionum Italicianarum.
8   Comes titulorum largitionalium per Africam.
9 Rationales:

2 *om.* V laritiones *C.*

OC. XI. COMES SACRARUM LARGITIONUM. 149

10 Rationalis summarum Pannoniae secundae, Dalmatiae et Sauiae.
11 Rationalis summa*rum* Pannoniae primae, Ualeriae, Norici mediterranei et ripensis.
12 Rationalis summarum Italiae.
13 Rationalis summarum urbis Romae.
14 Rationalis summarum Trium prouinciarum, id est Siciliae, Sardiniae et Corsicae.
15 Rationalis summarum Africae.
16 Rationalis summarum Numidiae.
17 Rationalis summarum Hispaniae.
18 Rationalis summarum Quinque prouinciarum.
19 Rationalis summarum Galliarum.
20 Rationalis summarum Britanniarum.
21 *Praepositi thesaurorum:*
22 *Per Illyricum:*
23 Praepositus thesaurorum Salonita*n*orum, Dalmatiae.
24 Praepositus thesaurorum Siscianorum, Sauiae.
25 Praepositus thesaurorum Sabariensium[1]), Pannoniae primae.
26 *Per Italiam:*
27 Praepositus thesaurorum [per Italiam] Aquileiensium, *Uene*tiae.
28 Praepositus thesaurorum Mediolanensium, Liguriae.
29 Praepositus thesaurorum urbis Romae. <small>Böck. p. 48*</small>
30 Praepositus thesaurorum Augustae Uindelicensis, Raetiae secundae.

1) Sauaria *inscr. lapid. omnes; u. C. I. L. III p.* 525.

10 rationales *VM sed correx.* *V* || pannonie ṛạ *V* || 11 rationales *M* || summe *CV* summae *PM* || 14 et *om. M* || 15 *seqq. pro* rationalis *plerumque compendio* rat̄ *utuntur CP* || 19 rat̄ sum̄ *PM* || 23 *seqq.* p̄p̄tus *V* || 23 salonitarum *CPVM* || dalmate *C* || 27 *seqq. pro* praepositus *plerumque* prep̄ *CP* p̄p̄tus *V* praep̄ *M* || 27 Aquileiensium Uenetiae] aqạcie *C* aquiaciae *PM* aquiatie *V* || 28 mediolanentium *V* mediolensium *M* || 30 uindilicensis *CP* uindilicenses *V* || rettie *CPV* rhetiae *M*.

OC. XI. COMES SACRARUM LARGITIONUM.

31 *Per Gallias:*
32   Praepositus thesaurorum [per Gallias] Lugdunensi*um*.
33   Praepositus thesaurorum Arelatensium.
34   Praepositus thesaurorum *R*emorum.
35   Praepositus thesaurorum Triberorum.
36 *In Britanniis:*
37   Praepositus thesaurorum Augustensium [in Britannis].
38   Procuratores moneta*rum*:
39   Procurator monetae Siscianae.
40   Procurator monetae Aquile*i*ensis.
41   Procurator monetae urbis Romae.
42   Procurator monetae Lugdunensis.
43   Procurator monetae Arelatensis.
44   Procurator monetae Triberorum.
45   Procuratores *g*ynaeciorum:
46   Procurator *g*ynaecii Bassianensis, Pannoniae secundae — translati Salonis.
47   Procurator *g*ynaecii Sirmen*sis*, Pannoniae secundae.
48   Procurator *g*ynaecii Iouensis, Dalmatiae — Aspalato [2]).
49   Procurator *g*ynaecii Aquile*i*ensis, *U*enetiae inferioris.
50   Procurator *g*ynaecii Mediolanensis, Liguriae.
51   Procurator *g*ynaecii urbis Romae.

2) Spalato *Tab.* Spalathion, Spalatum, Spalathon *Rau.* Ἀσπάλαθον *Constant. Porph. de adm. imp. 29.*

32 lugdonensis *CVM* lugdunensis *P* || 33 arelatentium *CV* || 34 nemorum *CPVM correx. Fabric.* || 37 augustentium *CV* || 38 monetae *CPVM* || 39 procuratores *C* || *in uu. seqq. CV ubique fere exceptis rubricis compendio* procur̄ *utuntur,* procurāt *uel* procuratores *P, uariis compendiis utitur M* || 40 aquilitensis *CPVM* || 41 procuratores *M* || monetae *om. M sed suppleu.* || 42 lugdonensis *CVM* || 43 arelaten̄ *CM* || 45 cyneciorum *C* cynetiorum *PV* cineciorum *M* || 46 *seqq.* cynēc *semper fere CPVM* || 46 procuratores cynetiorum *V* || 47 sirmen *CPM* syrmen *V* || 49 aquilegen̄ *C* aquilegensis *PVM* || benecie *C* benetiae *PM* benetie *V*.

OC. XI. COMES SACRARUM LARGITIONUM. 151

52	Procurator gynaecii Canusini et Uenusini, Apuliae.	Böck. p. 49*
53	Procurator gynaecii Carthaginensis, Africae.	
54	Procurator gynaecii Arelatensis, prouinciae Uiennensis.	
55	Procurator gynaecii Lugdunensis.	
56	Procurator gynaecii Remensis, Belgicae secundae.	
57	Procurator gynaecii Tornacensis, Belgicae secundae.	
58	Procurator gynaecii Triberorum, Belgicae primae.	
59	Procurator gynaecii Augustoduno translati Mettis.	
60	Procurator gynaecii (in Britannis) Uentensis.	
61	**Procuratores linyfiorum:**	
62	Procurator linyfii Uiennensis, Galliarum.	
63	Procurator linyfii Rauennatis, Italiae.	
64	**Procuratores bafiorum:**	
65	Procurator bafii Tarentini, Calabriae.	
66	Procurator bafii Salonitani, Dalmatiae.	
67	Procurator bafii Cissensis, Uenetiae et Histriae.	
68	Procurator bafii Syracusani, Siciliae.	
69	Procurator bafiorum omnium per Africam.	
70	Procurator bafii Girbitani, prouinciae Tripolitanae.	
71	Procurator bafii insularum Balearum, in Hispania.	Böck. p. 50*

52 berus in apulie *CV* berus in apuliae *P* berus in apulia *M correx.*
Böck. ‖ 53 chartaginensis *V* ‖ 54 biennensis *CPVM* ‖ 55 procurator] prouinciae *P*‖lugdoñ *C* lugdonenses *V* lugdonensis *M*ǀ 56 remenses *CPM* ‖
58 belgicorum tribrorum *V* tribrorum *CM* trirobrorum *P* ‖ 59 translatamentis *CPM* translatamēṣiṣtis *V* ‖ ɩ60 britānias *V* ‖ bentensis *CP
VM* ‖ 62 biennensis *CPVM* ‖ 63 rabennatium *CPVM* ‖ Italiae *om. P* ‖
65 bafu *VM* ‖ tanentini *CPVM* ‖ 67 benetii *CVM* beneni *P* ‖ 68 bafii
om. M ‖ 69 bafiiorum *C* bafuorum *P* basnorum *V* bafnorum *M* ‖ 70
grebitani *V* girbitanae *M* ‖ Tripolitanae *om. M* tripolitani *CPV.*

72   Procurator bafii Telonensis, Galliarum.
73   Procurator bafii Narbonensis.
74   Praepositi branbaricariorum[3] siue argentariorum:
75   Praepositus branbaricariorum siue argentariorum Arelatensium.
76   Praepositus branbaricariorum siue argentariorum Remensium.
77   Praepositus branbaricariorum siue argentariorum Triberorum.
78   *Praepositi bastagarum:*
79   *Orientalium:*
80   Praepositus bastagae primae Orientalis [Orientalium] et quartae [4]).
81   Praepositus bastagae secundae Orientalis et tertiae [4]).
82   Praepositus bastagae *secundae* [4]) et tertiae Orientalis.
83   Praepositus bastagae *primae* [4]) *et* quartae Orientalis.
84   *Gallicanarum:*
85   Praepositus bastagae primae *Gallicanae* [Gallicanorum] et quartae [4]).
86   Comes commerciorum per Illyricum.
87 Officium autem suprascripti uiri illustris comitis sacrarum largitionum habet:
88   Primicerium totius officii.
89   Primicerium scrinii canonum.
90   Primicerium scrinii tabulariorum.

3) *scrib.* barbaricariorum.   4) *scilic.* Italicianae.

74 siue *om. M* || 75 *seqq.* prep̄ *CP* p̄ptus *V uariis compendiis utitur M* || 75 brabār *C* branbār *PVM* || 75 *seqq.* argentār *siue* argent *CP VM* || 76. 77 branbār *CPVM* || 77 tribyrorum *C* tribirorum *P* tribirerum *V* || 80 bastagar *CVM* bastagār *P* || Orientalis] oriēn *CP* ortēn *V* orient: *M* || 86 *om. M* || 87 uiri illustris suscripti *C* uiri illustris suprascripti *PV* illust: suprascript *M om.* uiri || 88 tetius *V sed correx.* || 89 *seqq.* prim̄ *plerumque CP* primicēr *V uariis compendiis utitur M* || 89—92 scriniorum *CPVM correx. Böck.*

OC. XI. COMES SACRARUM LARGITIONUM.

91	Primicerium scrin*ii* numerorum.	
92	Primicerium scrin*ii* aur*eae* massae.	
93	Primicerium scrinii auri ad responsum.	Böck. p. 51*
94	Primicerium scrinii uestiarii sacri.	
95	Primicerium scrinii ab argento.	
96	Primicerium scrinii a miliarensibus.	
97	Primicerium scrinii a pecuniis, et ceteros scriniarios.	
98	Secundicerium officii, qui primicerius est exceptorum.	
99	Tertiocerium officii, qui tractat bastagas [5].	

5) *Not. Or. XIII addit:* Quarto loco libellos tractat, et ceteros palatinos officii suprascripti.

92 auria *CPVM* ‖ 93 scriniorum *CPV* scrin: *M* ‖ 94 scriniorum *CP* scriñ *VM*.

XII.

Böck. p. 52* Insignia uiri illustris comitis priuatarum.

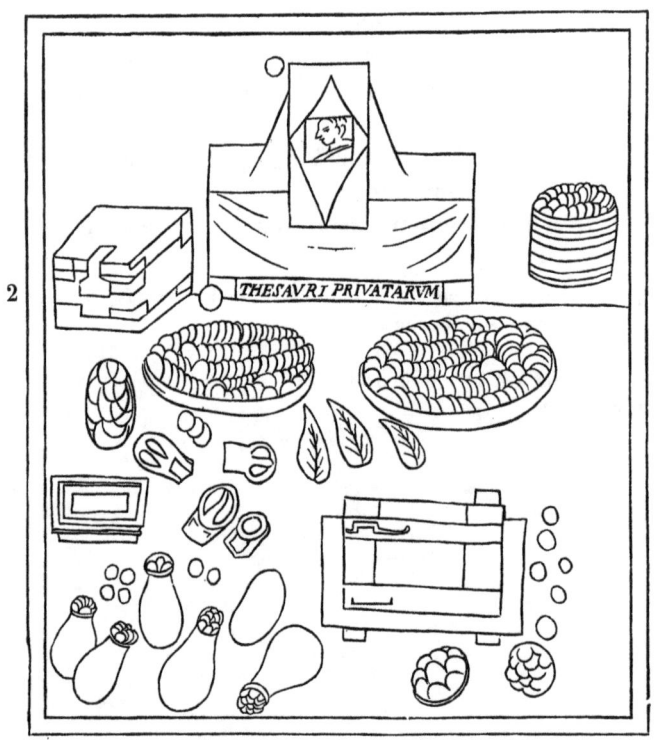

3 Sub dispositione uiri illustris comitis rerum priuatarum:
4   Comes largitionum priuatarum.
5   Comes Gildoniaci patrimonii.
6   Rationalis rerum priuatarum [1]) per Illyricum.
7   [Rationalis rerum priuatarum per Italiam].
8   Rationalis rei priuatae per Italiam.

1) *scrib. aut h. l.* rei priuatae *aut 8—28* rerum priuatarum.

2 *om.* $V \parallel$ 5 gildoniati $V \parallel$ 6. 8. 9 rationales *M*.

OR. XII. COMES RERUM PRIUATARUM.   155

9	Rationalis rei priuatae per urbem Romam Böck. p. 53* et suburbicarias regiones cum parte Faustinae.
10	Rationalis rei priuatae per Siciliam.
11	Rationalis rei priuatae per Africam.
12	Rationalis rei priuatae per Hispanias.
13	Rationalis rei priuatae per Gallias.
14	Rationalis rei priuatae per Quinque prouincias.
15	Rationalis rei priuatae per Britannias.
16	Rationalis rei priuatae fundorum domus diuinae per Africam.
17	*Procurator* rei priuatae per Siciliam.
18	Procurator rei priuatae per Apuliam et Calabriam siue saltus Carminianensis.
19	Praepositus rei priuatae per Sequanicum et Germaniam primam.
20	Procurator rei priuatae per Dalmatiam.
21	Procurator rei priuatae per Sauiam.
22	Procurator rei priuatae per Italiam.
23	Procurator rei priuatae per urbem Romam.
24	Procurator rei priuatae per urbicarias regiones rerum Iuliani.
25	Procurator rei priuatae per Mauritaniam Sitifensem.
26	Procurator rei priuatae gynaeciorum Triberorum
27	Procurator *gyn*aecei Uiuarensis rei priuatae Metti translata anhelat [2]).

2) translati Arelatum *Böck.*; *ergo gynaeceum Uiuario Mediomatricos, Mediomatricis Arelatum ultro citroque per totam Galliam migrauit? Ceterum 26—29 omnia ualde corrupta sunt, neque ego medelam satis certam inueni.*

9 rei publice *P* ‖ 9 *seqq.* roñ *V* rat̃ *plerumque C interdum P, uariis compendiis utitur M* ‖ priũ *uel* priuat̃ *plerumque CPM* ‖ 17 procurator] rat̃ *CPV* ratio: *M correx. Pancirol.* ‖ 18 *seqq.* procur̃ *uel* procurat̃ *plerumque CPVM* ‖ 18 saltus] salutis *V* ‖ carminenses *P* carminianenses *M* ‖ 20 re̥ rei *V* ‖ 21 suauiam *CPV* ‖ 23 romanam *V* ‖ 26 Triberorum *om.* *V* ‖ 27 cyrecei *CV* cy°̥recei *P* cirecei *M* ‖ iuuarensis *PM* uiuarenses *V.*

156   OC. XII. COMES RERUM PRIUATARUM.

Böck.p.54* 28   Praepositus bastagae rei priuatae Orientalis inferioris.
29   Praepositus bastagae priuatarum Galliarum.
30 Officium autem suprascripti uiri illustris comitis rerum priuatarum habet:
31   Primicerium totius officii.
32   Primiscrinium beneficiorum.
33   Primiscrinium *ca*nonum.
34   Primiscrinium securitatum.
35   Primiscrinium largitionum priuatarum,
36   scriniarios etiam reliquos suprascriptorum scriniorum.
37   Secundicerium totius officii, qui tractat chartas officii,
38   ceteros etiam palatinos.

31 officii] of/////// (rasura) P ‖ 33 nouum C nonum PVM ‖ 37 charias CVM.

XIII.

Comes domesticorum equitum.   Comes domesticorum peditum.   Böck. p. 55*

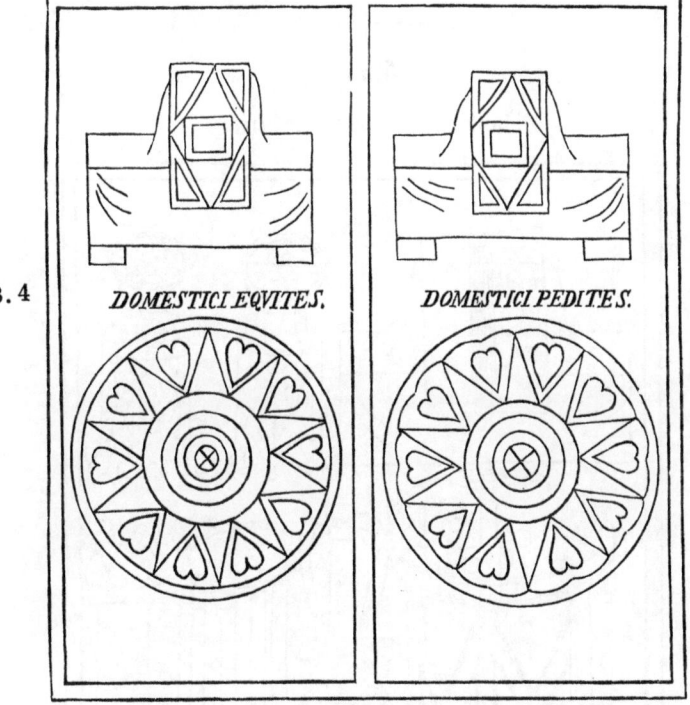

3. 4

5 Sub dispositione uirorum illustrium comitum domesticorum equitum siue peditum:
6   Domestici equites.
7   Domestici pedites.
      Deputati eorum.

3 *om* M^2 *(P?)* || equitum M^1 || 4 *om* M^2 *(P?)* || peditum M^1.

XIV.

Excidit folium unum, cuius pagina altera uacua relicta finem illustrium dignitatum indicabat, altera continebat insignia primicerii sacri cubiculi.

Böck. p. 56* Sub dispositione uiri spectabilis primicerii sacri cubiculi:
Reliqua desiderantur.

XV.

Böck. p. 57* Castrensis sacri palatii.

1 castrenses V ‖ palatini P ‖ 2 *om.* CVM[1] FL | IN | TALL· | COM | ORD | P̃R P.

OC. XV. CASTRENSIS SACRI PALATII.

3 Sub dispositione uiri spectabilis castrensis:
4   Paedagogia.
5   Ministeriales domini.
6   Curae palatiorum.
7 Officium autem uiri spectabilis castrensis Böck. p.58*
  habet:
8   Tabularium domini.
9   Tabularium dominae Augustae.
10   Adiutorem.
11   Chartularium et scrinium ipsius,
12   et ceteros palatinos officiorum[1]).

[1]) officii suprascripti Or. XVII 11.

5 domni *CV* || 8 tabulariorum *CPVM* || domni *C* || 9 domni aug̅ *C* domini aug̅ *V* dn̅i̅ aug̅ *PM* || 11 cartularium *CPM* carcularium *V* || 12 palatinus *V* sed *correx*.

XVI.

Primicerius notariorum.

Böck. p. 59*

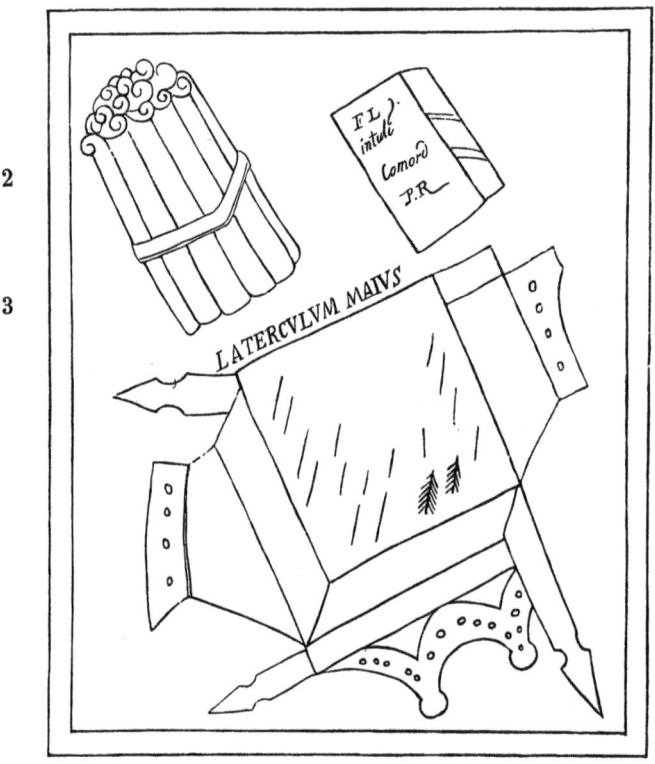

4 Sub cura uiri spectabilis primicerii notariorum:
5   Notitia omnium dignitatum et amministratio-
         num tam ciuilium quam militarium.
6 Officium autem non habet sed adiutores[1]).

[1]) adiutorem de scola notariorum *Or. XVIII 6.*

2. 3 *om.* V ‖ 2 *ita* M^2 *(C)* ·FL· | INTALL̆ | COMORD̄ | ·PR· *P*
FL | INTAL̄ | COMORD̄ | P̆R M^1 ‖ 4 spectabilis uiri V ‖ uiri *om.*
PM ‖ 5 ministrationum $CPVM$ ‖ 6 *atramento scriptum in codd. omnibus.*

XVII.

Magistri scriniorum.

Böck. p. 60*

2—4 Memoriae.   Epistolarum.   Libellorum.

11 Magister memoriae annotationes omnes dictat, et emittit; respondet tamen et precibus.

  1 magister *CPVM* ‖ 2—4 *om. CPVM*¹ ‖ 5—10 *om. V* ‖ 5. 7. 9. FL | INTA$\overline{\text{LL}}$ | COMOR$\overline{\text{D}}$ | P$\overline{\text{R}}$ *CP* ‖ 5 FL | INTAL | COMO$\overline{\text{R}}$ | PR *M*¹ ‖ 7 FL | IN$\overline{\text{T}}$ | COM$\overline{\text{C}}$ | PR *M*¹ ‖ 9 FL | IN$\overline{\text{L}}$ *(sic)* | COM$\overline{\text{O}}$ | P$\tilde{\text{R}}$ *M*¹ ‖ 6 *ita M*¹·² ‖ 6. 8. 10 FL | VALE | MAG EPIS | IVSS d̄d̄ *C* | 6 FL· | VALE | mag $\overline{\text{ep}}$ | iuſſ. d̄d̄ *P* ‖ 8. 10 FL | VALE | MAG | $\overline{\text{EP}}$ | IVSSI· d̄ *P* ‖ 8 FL | VAL | MAG | IVS$\overline{\text{S}}$ | D$\overline{\text{D}}$ *M*¹ ‖ 10 FL | VAL | MAG: E | IVS$\overline{\text{S}}$ | ·DD *M*¹ ‖ 11 et emittit. *om. M* ‖ respondit *V*.

12 Magister epistolarum legationes ciuitatum et consul*t*ationes et preces tractat.
13 Magister libellorum cognitiones et preces tractat.

XVIII.

Proconsul Africae.

Böck. p. 61*

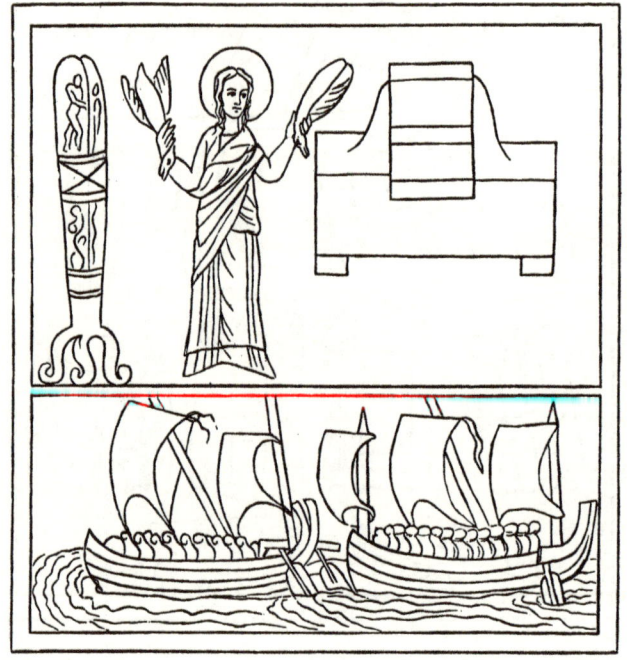

2 Sub dispositione uiri spectabilis proconsu- lis Africae:
3   Prouincia *pro*consularis et legati eius duo.
4 Officium autem habet ita:

12 consulationes *CPVM* ‖ 13 cognationes *M*.
XVIII.
3 proconsularis[et consularis *CPVM* ‖ et *om*. *VM* ‖ 4 aut *M*.

5   Principem de scola agentum in rebus duce-
       narium.
6   Cornicularium.   Böck. p. 62*
7   Numerarios duos.
8   Primiscrinium.
9   Commentariensem.
10   Adiutorem.
11   Ab actis.
12   Subadiuuas.
13   Exceptores.
14   Singulares et reliquum officium.

XIX.

Insignia uicarii urbis Romae desiderantur.

1 Sub dispositione uiri spectabilis uicarii ur- Böck. p. 63*
     bis Romae prouinciae infrascriptae:
2   Consulares:
3   Campaniae.
4   Tusciae et Umbriae.
5   Piceni suburbicarii.   Böck. p. 64*
6   Siciliae.
7   Correctores:
8   Apuliae et Calabriae.
9   Bruttiorum et Lucaniae.
10   Praesides:
11   Samnii.
12   Sardiniae.

    5 duodenarium *CPVM* || 7 duo *CP* II *V* || 12 subadiuias *M*.

XIX.

    6 sicilia *CPVM* || 8 apulte *CV* || 9 brutiorum *M* || 12 bardinie *V*
sardinii *M sed correx.*

13   Corsicae.
14   Ualeriae.
15 Officium autem supradictus uir spectabilis
   uicarius habet ita:
16   Principem de scola agentum in rebus duce-
            narium.
17   Cornicularium.
18   Numerarios duos.
19   Commentariensem.
20   Adiutorem.
21   Ab actis.
22   Cura epistolarum.
23   Subadiuuas.
24   Exceptores.
25   Singulares et reliquos officiales.

15 habet ita] sic habet *M* ‖ 18 duo *CPV* ‖ 25 reliquos *PM* ceteros *CV*

XX.

Uicarius Africae.

Böck. p. 67*

Pictura eis, quas p. 52 et 56 proposuimus, similis est, sed stela tripes dextrum tabulae latus occupat neque feminae aliquid manibus tenent et capita earum solis nimbis ornata sunt.

2	FL· INTALL· COMORD· PR·		
3—5	Byzaci.	Numidia.	Tripolitana.
6. 7	Mauritania Sitifensis.		Mauritania Caesariensis.

8 Sub dispositione uiri spectabilis uicarii
   Africae:
9   Consulares:
10   Byzacii.

2 *om.* V FL | INTALĨ | COMORD̃ | PR̃ $M^{1 \cdot 2}$ ‖ 3 bycaci CM^2 byzacium (P) ‖ 5 tripolitan V ‖ 6 maritania V ‖ 10 bizaci CV bygazi P byzaci M.

11 Numidiae.
12 Praesides:
13 Tripolitan*ae*.
14 Mauritaniae Sitifensis.
15 Mauritaniae Caesariensis.
16 Officium autem habet idem uir spectabilis uicarius hoc modo:
17 Principem de scola ágentum in rebus ducenarium.
18 Cornicularium.
19 Numerarios duo*s*.
20 Commentariensem.
21 Ab actis.
22 Cura epistolarum.
23 Adiutorem.
24 Subadiuuas.
25 Exceptores.
26 Singulares et reliquos officiales.

12 *atramento scriptum in* M ‖ 13 tripolitan *CV* tripolitani *PM* ‖ 14 *om.* V ‖ 15 cesariēn (C) caesariē: M caesariēns P ‖ 16 uicarius *om.* M ‖ 19 duo *CPVM*.

XXI.
Uicarius Hispaniae.

Böck. p. 69*

Pictura eis, quas p. 52 et 56 proposuimus, simillima est, nisi quod feminarum omnium capita nimbis et coronis muralibus ornata sunt eo fere modo, quo p. 52, 3; 5; 9; p. 56, 3.

2	$\overline{\text{FL}}$· $\overline{\text{INTALL}}$· $\overline{\text{COMORD}}$· $\overline{\text{PR}}$·	
3—5	Betica. | Lusitania. | Callecia.	

6 Sub dispositione uiri spectabilis uicarii Hispaniarum:
7   Consulares:
8   Baeticae.
9   Lusitaniae.
10   Callaeciae.

2 *om.* V FL | $\overline{\text{INTALI}}$ | COMORD | $\overline{\text{PR}}$ $M^{1\cdot 2}$ ‖ 3 betice V ‖ 4 iusitania C lusitanie V ‖ 5 galletie V ‖ 10 galleciae P galletie V.

168   OC. XXI. UICARIUS HISPANIARUM.

Böck. p. 70* 11   Praesides:
12   Tarraconensis.
13   Carthaginensis.
14   Tingitaniae.
15   Insularum Balearum.
16 Officium autem habet idem uir spectabilis *uicarius* hoc modo:
17   Principem de scola agentum in rebus ex ducenariis.
18   Cornicularium.
19   Numerarios duos.
20   Commentariensem.
21   Ab actis.
22   *Cura epistolarum.*
23   Adiutorem.
24   Subadiuuas.
25   Exceptores.
26   Singulares et reliquum officium.

12 terraconensis *C* tarraconenses *V sed correx.* ‖ 13 chartaginensis *V* ‖ 17 ex *om. V* ‖ 19 duo *CPV.*

XXII.

Uicarius Septem prouinciarum. Böck. p. 71*

Pictura eis, quas p. 52 et 56 proposuimus, simillima est, nisi quod feminarum capita solis coronis muralibus ornata sunt.

2		FL· INTALL· COMORD· PR·			
3. 4				Biennensis.	Lugdonensis.
5 — 9	Germaniae primae.	Germania secunda.	Belgica prima.	Belgica secunda.	Alpium maritimarum.
10 — 14	Alpium Poeninarum.	Maximae Sequanorum.	Aquitanica prima.	Aquitanica secunda.	Nouem populare.
15 — 19	Narbonensis prima.	Narbonensis secunda.	Lugdonensis prima.	Lugdonensis secunda.	Lugdonensis Senonia.

1 uicarii *CPM* uiccarii *V* ‖ 2 om. *V* FL | INTALĪ | COMOR̄ | P̄R̄ *M*¹ FL̄ | intalī | comord | P·R̃ *M*² ‖ 3 uiennensis *C* ‖ 4 lugdonensis *C litt.* o *ex correct. orta* ‖ 5 germania prima *M*¹,² ‖ 6 germanie scd̄e *V* ‖ 7. 8 bellica *M*² ‖ 10 alpium apenninarum *M*¹ alpium apeninarum *M*² ‖ 11 soq̈norum *V* ‖ 16 narbonenses *P* ‖ 17 lugdonensis *C litt.* o *ex correct. orta* ‖ 19 lugdon̄ senonie *C* lugdonensis senona *P* lugdonensis quarta *M*¹ lugdo: 4ta *M*².

OC. XXII. UICARIUS SEPTEM PROUINCIARUM.

Böck. p. 72* 20 Sub dispositione uiri spectabilis uicarii Septem prouinciarum:
21   Consulares:
22   *U*iennensis.
23   Lugdunensis.
24   Germaniae primae.
25   Germaniae secundae.
26   *Belgicae primae.*
27   Belgicae secundae.
28   Praesides:
29   Alpium maritimarum.
30   Alpium Poeninarum et Gra*i*arum.
31   Maximae Sequanorum.
32   Aquitanicae primae.
33   Aquitanicae secundae.
34   Nouempopula*n*ae.
35   Narbonensis primae.
36   Narbonensis secundae.
37   Lugdunensis secundae.
38   Lugdunensis tertiae.
39   Lugdunensis Senoniae.
40 Officium autem habet idem uir spectabilis uicarius hoc modo:
41   Principem de scola agentum in rebus ex ducenariis.
42   Cornicularium.
43   Numerarios duos.
44   Commentariensem.
Böck. p. 73* 45   Ab actis.
46   Cura epistolarum.
47   Adiutorem.
48   Subadiuuas.

    22 biennensis *CPVM* || 23 lugdonensis *CVM* || 30 poeminarum *V* || gratiarum *CPVM* || 34 nouem populare *CV* nouem popularae *PM* || 37 lugdonensis *CV* || 38. 39 lugdonensis *CVM* || 40 habet *post* modo *colloc. V* || 41 ex *om. V* || 43 duo *CPV*.

49 Exceptores.
50 Singulares et reliquos officiales.

XXIII.

Uicarius Britanniarum.

Böck. p. 74*

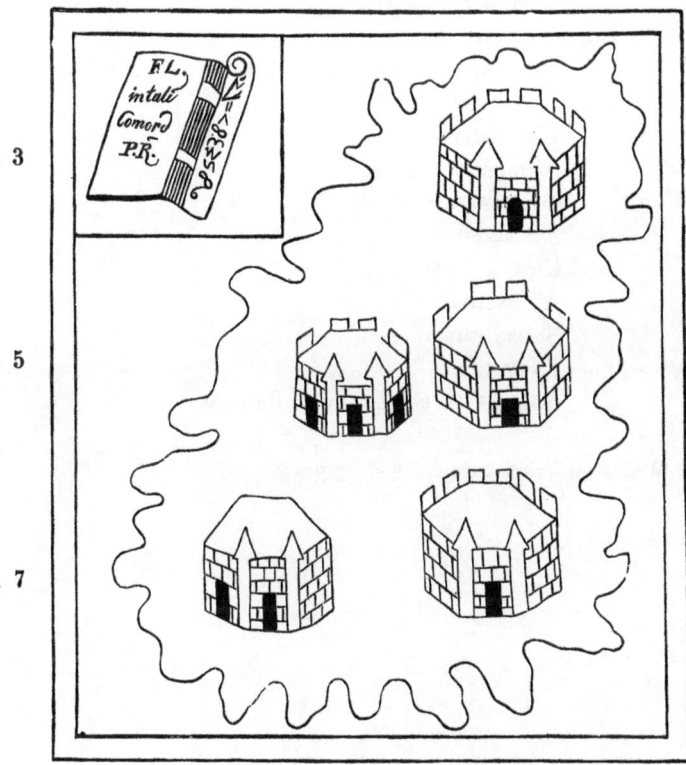

3 Maxima Caesariensis.
4 Ualentia. 5 Britannia prima.
6 Britannia secunda. 7 Flauia Caesariensis.

1 uicarii $CP(M^{1\cdot 2})$ uiccarii V ∥ 2 om. V $\overline{\text{FL}}$. | $\overline{\text{INTALL}}$. | CO-MO$\overline{\text{RD}}$. | $\overline{\text{PR}}$. CPM^1.

OC. XXIII. UICARIUS BRITANNIARUM.

8 Sub dispositione uiri spectabilis uicarii Britanniarum:
9   Consulares:
10   Maximae Caesariensis.
11   Ualentiae.
Böck. p. 75* 12   Praesides:
13   Britanniae primae.
14   Britanniae secundae.
15   Flauiae Caesariensis.
16 Officium autem habet idem uir spectabilis uicarius hoc modo:
17   Principem de scola agentum in rebus ex ducenariis.
18   Cornicularium.
19   Numerarios duos.
20   Commentariensem.
21   Ab actis.
22   Cura epistolarum.
23   Adiutorem.
24   Subadiuuas.
25   Exceptores.
26   Singulares et reliquos officiales.

16 uicarius britanniarum *P* ‖ 17 et *pro* ex *PM* ‖ 19 duo *CPV*.

XXIV.

Comes Italiae.

Böck. p. 84*

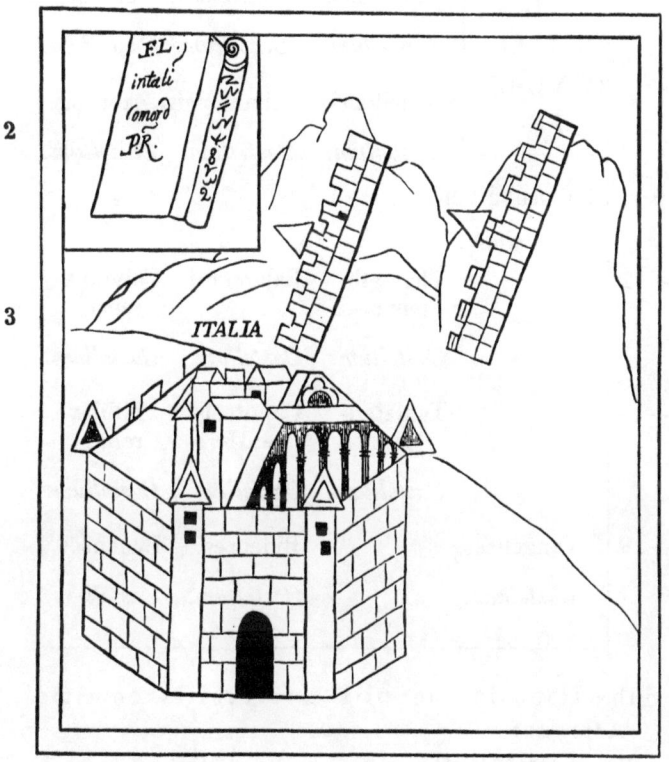

4 Sub dispositione uiri spectabilis comitis
   Italiae:
5   Tractus Italiae circa Alpes.

Folia coniuncta duo, quae cap. XXIV et XXVII continebant, in archetypo suo loco exciderunt et post cap. XXIX inserta sunt; quem locum in omnibus codd. nostris obtinent || 2. 3 om. *V* || 2 FL̄· | INTAL̄L· | COMOR̄D· | PR· *CP*.

XXV.

Comes Africae.

2—5	F̄L· INTAL̄L· COMORD· P̄R·	Thamalensis. Castellum.	Montensis. Castellum.	Bazensis. Castellum.
6—8		Gemellensis. Castellum.	Tubuniensis. Castellum.	Zabensis. Castellum.
9	Tubusubditani. Castellum.			
10—12		Thamallo- mensis. Castellum.	Balaretani. Castellum.	Columna- tensis. Castellum.
13—15		Tablaten- sis. Castellum.	Caputcel- lensis. Castellum.	Tilliba- renses. Castellum.
16—18	Tangenses. Castellum.		Bidenses. Castellum.	Badenses. Castellum.

19· Sub dispositione uiri spectabilis comitis
    Africae:
20   Limitanei:
21   Praepositus limitis Thamallensis[1])

    1) Turris Tamalleni *Itin.* Thamamuleni *Rau.* Tamalleni *Not.*
episc. Procons. 1. Tamateni *Hard. Cons. III p. 739.* Tamamallen-
sis *id. I p. 1083.* Tamallensis *id. I p. 1109.*

    2 *om.* V FL | INTAL̄L | COMOR̂ | P̄R M^1 F.L̇ | intalī | Co-
mord | P·R̃ M^2 || 3 thamalsensis P || 5 bauensis M^2 || 7 tubunensis P
tubuinensis M^2 || tubunsubditani C tubusubtitani M^2 || 10 thamalo-
mensis C || 12 colŭnacensis V || 15 tilibarenses C tillibanenses M^1
tillibalensis M^2 || 16 taugenses M^1 || 20 uinitanei CPM umctanei V.

OC. XXV. COMES AFRICAE.

22   Praepositus limitis Montensis in castris Lepti- _{Böck. p. 77*} tanis [2]).
23   Praepositus limitis Bazensis [3]).
24   Praepositus limitis Gemellensis.
25   Praepositus limitis Tubuniensis.
26   Praepositus limitis Zabensis.
27   Praepositus limitis Tubusubditani [4]).

28   Praepositus limitis Thamallomensis [5]).
29   Praepositus limitis Balaretani [6]).
30   Praepositus limitis Columnatensis [7]).
31   Praepositus limitis Tablatensis [8]).
32   Praepositus limitis Caputcellensis [9]).
33   Praepositus limitis Secundaeforum [10]) in castris Tillibanensibus [11]).
34   Praepositus limitis Taugensis [12]).
35   Praepositus limitis Bidensis [13]).
36   Praepositus limitis Badensis.
37 Officium autem habet idem uir spectabilis comes hoc modo:
38   Principem ex officiis magistrorum militum

2) *scrib.* Neptitanis (*cf. Morcelli, Africa christ. I p. 242; Guérin, Voyage arch. p. 267); neque enim limites in media prouincia quaerendi sunt, sed in confiniis regionis desertae.* 3) Badias *Tab.* Badiensis *Hard. I p. 1098. cf. Morc. I p. 91.* 4) Thugusubditanus *Not. episc. Maur. Sitif. 8.* Tubusubtu *Hard. I p. 1099.* Tubusubtos *Rau.* Τουβούσουπτος *Ptol.* Tubusuptu *Plin. V 21.* Tubusoptum *Amm. XXIX 5, 11.* Tubusuptus, Tubusuttus, Tubusuctus *Codd. Itin.* Tupusuctu *Wilmanns, Ex. inscr. lat. 2852.* 5) Tamallumensis *Uict. Uit. V 12; Not. ep. Byz. 55; Hard. I p. 1081; 1109; II p. 1085.* 6) Castelliiabaritanus (*sic) Not. ep. Maur. Caes. 65.* 7) *cf. XXX 3 = 12.* 8) Tabalati *uel* Thabalati *Codd. Itin.* 9) *cf. XXX 9 = 18.* Caput Cilani *uel* Cillani *Codd. Itin.* Caputcillensis *Not. ep. Maur. Caes. 38.* 10) Secundanorum *Gelen.* (?)   11) Tillibarenses *15.* Tillibarensis *XXXI 6 = 21.* Tillabari *Itin.* 12) Tangenses *16.* 13) *cf. XXX 4 = 13.*

22 seqq. prep̄ *uel* p̄p̄ plerumque *C* p̄p̄tus plerumque *V* ‖ 28 thamalloniensis *V* ‖ 30 colūnacensis *V* ‖ 32 caput *om. M* ‖ 38 magistrum *CPM* magistri *V*.

176 OC. XXV. COMES AFRICAE.

praesentalium, uno anno a parte peditum,
alio a parte equitum.
39 Cornicularium [14]).
40 Adiutorem [14]).
41 Commentariensem ex officiis magistrorum
militum praesentalium alternis annis.
42 Numerarios duos ex utrisque officiis magistrorum militum praesentalium singulos.
43 Subadiuuam.
Böck. p. 78* 44 Regerendarium.
45 Exceptores.
46 Singulares et reliquos officiales.

[14]) *Cornicularius et adiutor in officiis comitum et ducum post commentariensem et numerarios collocari solent.*

41 off'o *C* officio *P* offitio *VM* ‖ magistrum *CPVM* ‖ praesentalium *om.* *V* ‖ 42 duo *CPV* ‖ magistros *CPVM* ‖ 43 subadiuuan *V* ╷ 44 regendarium *V*.

XXVI.

Comes Tingitaniae.

2—4	F̄L· INTALL· COMORD· P̄R·	Tamucus. Castellum.	Dugas. Castellum.
5—7		Aulucus. Bariensis. Sala.	
		Castellum. Castellum. Castellum.	
8—10		Pacatiana. Tabernas. Frigias.	
		Castellum. Castellum. Castellum.	

11 Sub dispositione uiri spectabilis comitis Böck. p. 79*
    Tingitaniae:
12   Limitanei:
13   Praefectus alae Herculeae, Tamuco[1]).
14   Tribunus cohortis secundae Hispanorum, Duga[2]).
15   Tribunus cohortis primae Herculeae, Aulucos[3]).

1) Tamuda *uel* Tamusida?   2) Δούου ποταμοῦ ἐκβολαί *Ptol.* (?)
3) Ad Lucos *Alciat.*

2 *om.* V FL | INTALĪ | COMORD̄ | PR̄ $M^{1\cdot 2}$ ‖ 3 tamuccis V ‖
6 barrensis CV ‖ 9 taberna $M^{1\cdot 2}$ ‖ 10 friglas $M^{1\cdot 2}$ ‖ 13 tamuto C.

OC. XXVI. COMES TINGITANIAE.

16   Tribunus cohortis primae [et] *I*tyraeorum, Castrabariensi 4).
17   *Tribunus cohortis* . . . ., *Sala.*
18   Tribunus cohortis Pacatianensis, Pacatiana.
19   Tribunus cohortis tertiae Ast*u*rum, Tabernas.
20   Tribunus cohortis Friglensis, Friglas 5).
21 Officium autem habet idem uir spectabilis comes hoc modo:
22   Principem ex offici*is* magist*r*orum militum praesentalium, uno anno a parte peditum, alio anno a parte equitum.
23   Commentariensem ut supra.
24   Numerarios duos, singulos ex offici*is* supradict*is*.
25   Cornicularium.
26   Adiutorem.
27   Subadiuuam.
28   Regerendarium.
29   Exceptores.
30   Singulares et reliquos officiales.

4) Bariensis *uel* Barrensis *6.* Castro Banasensi *Böck.*   5) Frigidensis, Frigidas *Simmler.*

16 et tityreorum *CM* et titireorum *P* et tytireorum *V*⁻ ‖ 18 pacaciana *C* ‖ 19 hastorum *CPVM* ‖ 22 officio *CP* offitio *VM* ‖ magistr̄ *C* magistrum *PVM* ‖ equitum] peditum *P* ‖ 24 duo *CPV* ‖ officio *CP* offitio *VM* ‖ supradicto *CPVM* ‖ 27 subadiuuas *V*⁻ ‖ 28 regendarium *V*.

XXVII.

Comes Argentoratensis.

Böck. p. 85*

4 Sub dispositione uiri spectabilis comitis Argentoratensis:
5   Tractus Argentoratensis.

De loco, quem hoc cap. in codd. obtinet, u. ad cap. XXIV ||
2 *om.* V F̅L̅· | INTA̅L̅L· | COMO̅R̅D· | P̅R̅· CP || 3 argentorensis C.

XXVIII.

Böck. p. 80* Comes litoris Saxonici per Britanniam.

Pictura ei simillima est quam p. 171 proposuimus.

2	F̄L̄· INTAL̿L̿·		
3. 4	COMOR̿D̿· PR̄·	Othona.	Dubris.
		Castellum.	*Castellum.*
5 — 7	Lemannis.	Branoduno.	Garianno.
	Castellum.	*Castellum.*	*Castellum.*
8 — 10	Regulbi.	Rutupis.	Anderidos.
	Castellum.	*Castellum.*	*Castellum.*
11			Portum Adurni.
			Castellum.

12 Sub dispositione uiri spectabilis comitis litoris Sax*onici* per Britanniam:
13   Praepositus numeri Fortensium, Othonae[1]).
14   Praepositus militum Tungrecanorum, Dubris.

   1) Mutuantonis *vel* Mantuantonis *codd. Rau.*; *pro* Mutu *scrib.* Mutatio.

   1 saxon *CPV* sax$\overline{\text{or}}$ $M^{1\cdot 2}$ ‖ prittanniam M^2 ‖ 2 *om.* *V* FL | INTALĪ | COMOR$\overline{\text{D}}$ | PR̄ $M^{1\cdot 2}$ ‖ 3 othana V ‖ 6 branaduno V ‖ 9 rittupis *P* ‖ 10 anderitos M^2 ‖ 12 saxo$\overline{\text{i}}$ *C* sax$\overline{\text{or}}$ *PM* saxorum V ‖ 13 fortentium *PVM* ‖ 14 *seqq.* p̄p̄tus V prēp *plerumque C* ‖ 14 tungraecanorum *PM*.

OC. XXVIII. COM. LIT. SAXONICI PER BRITANNIAM.

15 Praepositus numeri Turnacensium, Leman- Böck. p.51*
   nis 2).
16 Praepositus equitum Dalmatarum Branodunensium, Branoduno.
17 Praepositus equitum stablesianorum Gariannonensium, Gariannonor 3).
18 Tribunus cohortis primae *Bae*tasiorum, Regulbio.
19 Praefectus legionis secundae Augustae, *Rutupis*.
20 Praepositus numeri Abulcorum, *Anderidos* 4).
21 Praepositus numeri exploratorum, Portum Adurni 5).
22 Officium autem habet idem uir spectabilis comes hoc modo:
23 Principem ex officio magistri *militum* praesentalis a parte peditum.
24 Numerarios duos ut supra 6) ex officio supradicto.
25 Commentariensem ex officio supra*dicto*.
26 Cornicularium.
27 Adiutorem.
28 Subadiuuam.
29 Regerendarium.
30 Exceptores.
31 Singulares et reliquos officiales.

2) Lemanis *Rau.*; *Itin.* Lemauio *Tab.* Lemana fluuius *Rau.*
3) Γαριέννου ποταμοῦ ἐκβολαί *Ptol.*   4) Anderelio *Rau.*   5) Ardua, Adron fluuius *Rau.*   6) ut supra] utrumque *uel* utrosque?

16 Branodunensium] branodun. *CPVM* ‖ branaduno *V* ‖ 17 stablesian̄ *CPVM* ‖ gariannonens̄ *CPM* garrianonensis *V* ‖ garianonor. *C* garrianonor. *V* ‖ 18 uetasiorum *CPM* uethasiorum *V* ‖ 19 aug̅ *CPVM* ‖ 20 p̄p̄ *CPM* p̄ptus *V* ‖ 21 prep̄ *CP* p̄ptus *V* praepos: *M* ‖ 23 presentalium *CV* praesentalium *PM* ‖ 24 duo *CPV* ‖ ut supra om. *P* ‖ ex officio supradicto om. *M* ‖ dicto om. *CP* ‖ 25 supra *CP* ut supra (*V*) *M* ‖ 26 om. *VM* ‖ 28 subadiuuan̄ *V* ‖ 29 regendarium *V*.

XXIX.

Comes Britanniae.

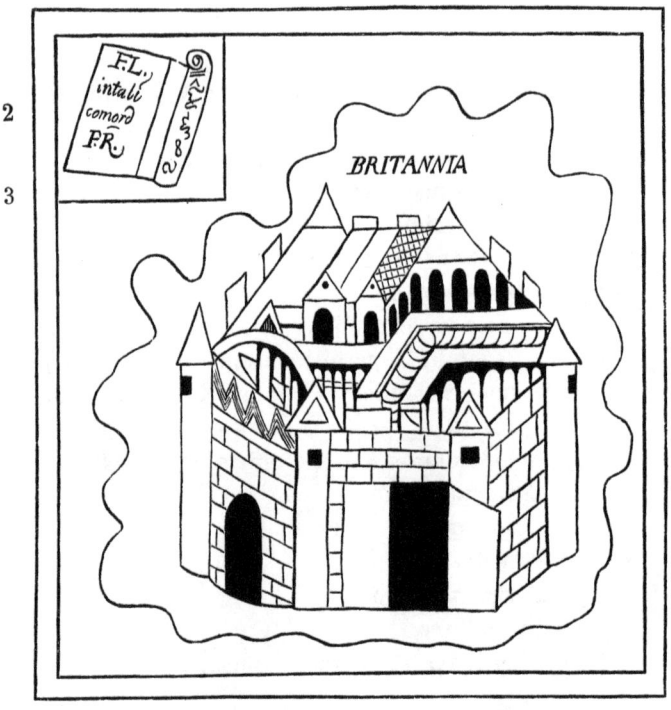

4 Sub dispositione uiri spectabilis comitis Britanniarum:
5   Prouincia Britannia[1]).
6 Officium autem habet idem uir spectabilis comes hoc modo:

1) Prouinciae Britanniae *Alciat*.

2. 3 *om.* V ∥ 2 F̅L̅· | INTAL̅L̅· | COMOR̅D̅· | P̅R̅· *CP* FL | INTAL̅ | COMOR̅ | P̅R̅ *M*¹ ∥ 5 prouinciae *M* ∥ Britannia *om.* *M* britā *P*.

OC. XXIX   COMES BRITANNIARUM.   183

7   Principem ex officiis magistr*orum* militum
    praesentalium alternis annis.
8   Commentariensem ut supra.   Böck. p. 83*
9   Numerarios duo*s*, singulos ex utrisque officiis
    supra*scriptis*.
10 Adjutorem.
11 Subadiuuam.
12 *Regerendarium*.
13 Exceptores.
14 Singulares et reliquos officiales.

  7 officio *CP* offitio *VM* ‖ magistri *CPVM* ‖ alternis uicibus *M* ‖
8 commentarensem *P* ‖ 9 duo *CPV* ‖ utr̄ offīc *CPVM* ‖ supra *CPM*
om. *V* ‖ 14 om. *M* ‖ ceteros *C* ‖ officiales om. *V*.

XXX.

Böck. p. 86*   Du*x* et praes*es* prouinciae Mauritaniae.

2 — 4	FL· INTALL· COMORD· PR·	Columnatensis. Castellum.	Uidensis. Castellum.
5 — 7	Inferioris. Castellum.	Fortensis. Castellum.	Muticitani. Castellum.
8 — 10	Audenses. Castellum.	Caputcellensis. Castellum.	Augustensis. Castellum.

11 Sub dispositione uiri spectabilis ducis et praesidis prouinciae Mauritaniae [et] Caesariensis:
12   Praepositus limitis Columnatensis [1]).
13   Praepositus limitis Uidensis [2]).
14   Praepositus limitis inferioris.
Böck. p 87* 15   Praepositus limitis Fortensis [3]).

1) *cf. XXV 12 = 30.*   2) Bidensis *XXV 17 = 35, recte.*   3) Frontensis *propos. Böck.*

1 ducis $\overline{CPVM}$ ‖ praesidis *CPM* presidis *V* ‖ 2 *om. V* FL | INTAL | COMOR | PR M^1 F·L̄ | intalī | Comord M^2 *reliqua desunt.* ‖ 3 colunarensis *V* ‖ 5 hiferioris *P* ‖ 7 matticitani *P* micticitani *V* ‖ 8 audienses M^1 audiensis M^2 ‖ 12 colūnacensis *V* ‖ 13 *om. C.*

OC. XXX. DUX MAURITANIAE. 185

16 Praepositus limitis Muticitani⁴).
17 Praepositus limitis Audiensis⁵).
18 Praepositus limitis Caputcellensis⁶).
19 Praepositus limitis Augustensis.
20 Officium autem habet idem uir spectabilis dux et praeses hoc modo:
21   Principem ex offici*is* magistr*orum* militum praesentalium alternis annis.
22   Numerarios duos, singulos ex officiis supra*scriptis*.
23   Commentariensem ex officiis supra*scriptis* alternis annis.
24   Cornicularium.
25   Adiutorem.
26   Subadiuuam.
27   Regerendarium.
28   Exceptores.
29   Singulares et reliquos officiales.

4) Mutecitanus *Not. episc. Maur. Caes.* 76.   5) Auzia *passim*.
6) *cf. XXV 14* = *32*.

16 mauricitani *P* micticitani *V* ‖ 17 a͞diensis *M* ‖ 18 caputcallensis *P* ‖ 19 agustensis *C* ‖ 20 hoc modo *om. M* ‖ 21 officio *CP* offitio *VM* ‖ magistri *CPVM* ‖ 22 duo *CPV* ‖ 22. 23 suprascriptis] supra singulis *CPVM* ‖ 26 subadiuuan̄ *V* ‖ 27 regendarium *V*.

XXXI.

Dux prouinciae Tripolitanae.

Böck. p. 88*

2—4	$\overline{\text{FL}}\cdot$ $\overline{\text{INTALL}}\cdot$ $\overline{\text{COMORD}}\cdot$ $\overline{\text{PR}}\cdot$	Talalatensis. *Castellum.*	Thentettani. *Castellum.*	
5—8	Bizerentane. *Castellum.*	Tillibarenses. *Castellum.*	Madensis. *Castellum.*	Maccomadensis. *Castellum.*
9—12	Tintiberitani. *Castellum.*	Bubensis. *Castellum.*	Mamucensis. *Castellum.*	Balensis. *Castellum.*
13—16	Uarensis. *Castellum.*	Leptitanis. *Castellum.*	Madensis. *Castellum.*	Sarcitani. *Castellum.*

17 Sub dispositione uiri spectabilis ducis prouinciae Tripolitanae:
    18   Praepositus limitis Talalatensis.

Böck. p. 89*   19   Praepositus limitis Tenthettani[1]).

1) Thenteos *Itin.*

2 *om.* V FL | INTAL | COMO$\overline{\text{R}}$ | P$\overline{\text{R}}$ M^1 FL | intalī | Comord | P·$\overline{\text{R}}$ M^2 || 3 talatensis V || 4 tenthettani CM || 5 bizerentani P byzerentane $M^{1 \cdot 2}$ || 6 tillibarensis V || 7 maclensis C madenses M^2 || 9 tentiberitani $M^{1 \cdot 2}$ || 11 manucensis V || 12 basensis P || 16 sacritani M^2 || 18 limitis] militis M || 19 *seqq.* $\overline{\text{pp}}$tus V || 19 tentheitani C thentectani V.

OC. XXXI. DUX TRIPOLITANAE.

20 Praepositus limitis Bizerentane [2]).
21 Praepositus limitis Tillibarensis [3]).
22 Praepositus limitis Madensis.
23 Praepositus limitis Maccomadensis [4]).
24 Praepositus limitis Tintiberitani.
25 Praepositus limitis Bubensis.
26 Praepositus limitis Mamucensis.
27 Praepositus limitis Balensis.
28 Praepositus limitis Uarensis.
29   Milites Fortenses in castris Leptitanis.
30   Milites Munifices in castris Madensibus.
31   Praepositus limitis Sarcitani [5]).
32 Officium autem habet idem uir spectabilis dux hoc modo:
33   Principem ex officiis magistrorum militum praesentalium [praēs] alternis annis.
34   Numerarios utrosque [6]).
35   Commentariensem utrumque [6])
36   Cornicularium.
37   Adiutorem.
38   Subadiuuam.
39   Regerendarium.
40   Exceptores.
41   Singulares et reliquos officiales.

---

2) Bezereos *Itin.*   3) *cf. XXV* 15 = 33.   4) Macomadibus Sirtis *Itin.* Macomad. selorum *Tab.* Sacomades, Macumades maiores *Rau.* Μαχόμαχα *Ptol.*   5) Sabratani *Böck.*; *potius de* Sancito *aliquo* (*of. Renier 173) cogitauerim.*   6) ut supra?

20 byzerentane *VM* ‖ 29 hortenses *V* ‖ *post* 29 *rubris litteris inser. C:* officium — hoc modo, *quod postea erasum est.* ‖ 32 dux *om. M* ‖ 35 utrunque *M* ‖ 38 subadiuuan *V* ‖ 39 regendarium *V*.

XXXII.

Dux Pannoniae.

2—5	F̄L̄· INTALL· COMOR̄D· P̄R̄·	Cornacu. Castellum.	Teutiborgio. Castellum.	Burgenas. Castellum.
6—10	Cuccis. Castellum.	Aciminci. Castellum.	Secundarum. Castellum.	Nouas. Castellum.	Albano. Castellum.
11—15	Teutibarcio. Castellum.	Cornaco. Castellum.	Cuccis. Castellum.	Bonoria. Castellum.	Cusi. Castellum.
16—20	Acirmirci. Castellum.	Ricti. Castellum.	Burgentas. Castellum.	Tauruno. Castellum.	Ad Hercules. Castellum.

21 Sub dispositione uiri spectabilis ducis prouinciae Pannoniae secundae *ri*pariensis et [siue] Sauiae:

22   Cuneus equitum scutariorum, Cornacii [1]).

1) *scrib.* Cornaci.

2 *om.* V FL | INTAL | COMOR̄ | P̄R̄ M^1 FL | intalī | Comord | P·R̄ M^2 ‖ 3 cornatii V ‖ 4 betiborgia P teubiborgio M^2 ‖ 7 acimici C acimnici $PM^{1.2}$ acimmci V ‖ 8 secundane P ‖ 9 nonas M^2 ‖ 11 theutibarcio C teucibatio P teutibartio V tenbitartio M^2 ‖ 16 acimirici V ‖ 19 taurimo P ‖ 20 adhercubes P ad herculem $M^{1.2}$ ‖ 21 pariensis CPVM ‖ 22 cornacu M.

OC. XXXII. DUX PANNONIAE SECUNDAE.   189

23   Cuneus equitum Dalmatarum, Teutiborgio [2]).
24   Cuneus equitum Constantianorum, Burgenas.
25   Cuneus equitum promotorum, Cuccis.
26   Cuneus equitum constantium, Aciminci.
27   Cuneus equitum Italicianorum, Secundarum.
28   Equites Dalmatae, Nouas.
29   Equites Dalmatae, Albano.
30   Equites promoti, Teutibarcio [2]).
31   Equites Dalmatae, Cornaco.
32   Equites sagittarii, Cuccis.
33   Equites Dalmatae, Bonoriae [3]).
34   Equites Dalmatae, Cusi.
35   Equites sagittarii, Acimirci [4]).
36   Equites Dalmatae, Ricti [5]).
37   Equites Dalmatae, Burgentas [6]).
38   Equites promoti, Tauruno.
39   Auxilia Herculensia, ad Herculem.
40   Auxilia Nouensia, Arsaciana [7]) siue Nouas.
41   Auxilia Augustensia, contra Bononiam in barbarico in castello Onagrino.
42   Auxilia Praesidentia [8]), in castris Herculis.
43   Auxilia ascarii, Tauruno siue Marsonia.
44   Praefectus legionis quintae Iouiae cohor- Böck. p. 92* tis quintae partis superioris, Bononiae.
45   Praefectus *legionis* sextae Herculeae cohortis quintae partis superioris, Aureo monte.

2) Τευτοβούργιον *Ptol.* Tittoburgo *Tab.* Clantiburgum *Rau.* Teutiburgio *Itin.*   3) *scrib.* Bononiae.   4) *scrib.* Aciminci.   5) 'Ρίττιον *Ptol.* Ritti *Itin.* Bittio *Tab.*   6) *scrib.* Burgenas.   7) Antiana?   8) *scrib.* Praesidiensia.

23 seqq. cun eq *vel* equit *plerumque codd.* || 23 tentiborgio *C* || 28 dalmatie *V* || noues *V* || 29 seqq. eq *vel* equit *plerumque codd.* || 30 tentibarcio *C* teutibartio *PV* || 38 taurimo *V* || 39 Herculensia] hercul *CPM* herculis *V* || 40 arsatiana *V* || 41 augustentia *CPM* augustantia *V* || babarico *C* || onachrino *CPVM* || 43 taurimo *V* || 44 quinta *V* || quine *C* quinae *PM* || 45 seqq. Praefectus *et* legionis *plerumque in CM compendiis scripta sunt* || 45 sexie *CV* sexiae *P*.

OC. XXXII. DUX PANNONIAE SECUNDAE.

46	Praefectus legionis quintae Iouiae, Burgenas.
47	Praefectus legionis sextae Herculeae, Teutiborgio⁹).
48	Praefectus legionis quintae Iouiae *et* sextae Herculeae, in castello Onagrino.
49	Praefectus militum Calcariensium, Sirmi.
50	Praefectus classis primae Flauiae Augustae, Sirmi.
51	Praefectus classis secundae Flauiae, Graio.
52	Praefectus classis *H*istricae, Mursae.
53	Tribunus cohortis tertiae Alpinorum Dardanorum, ...
54	Ala Sirmensis, Sirmi.

55	Praefectus classis primae Pannonicae, Seruitii.
56	*Praefectus* classis Aegetensium ¹⁰) siue secundae Pannonicae, ... nunc Sisciae.
57	Tribunus cohortis tertiae Alpinorum, Sisciae.
58	Tribunus cohortis primae Iouiae, Leonatae.
59	Tribunus cohortis primae Thracum ciuium Romanorum, Caput Basensis ¹¹).

Böck. p. 93* 60 **Officium autem habet idem uir spectabilis *dux* hoc modo:**

61 Principem de eodem officio.

---

9) Τευτοβούργιον *Ptol.* Tittoburgo *Tab.* Clantiburgum *Rau.* Teutiburgio *Itin.* 10) *u. Or. XLII adn. 4.* 11) *scrib.* Caput Basantis.

46 quintacio uie *C* quintatio uiae *P* quintatio uie *V* quintacio uiae *M* || 47 sexie *CV* sexiae *P* || tetiborgio *C* || 48 legis *V* || 50 Augustae Sirmi *om.* *M* || 51 Praefectus — Flauiae *om.* *M* || 52 istrice *CPV* istricae *M* || 55. 56 pannonie *CV* pannoniae *PM* || 56 egetentium *V* || sine *C* || 57 *seqq.* trib cohort *P* uariis compendiis utitur *M* || 56 nune *CPVM* || sitie *V* || 59 Caput Basensis *om. M.*

OC. XXXII. DUX PANNONIAE SECUNDAE. 191

62   Numerarium.
63   Adiutorem.
64   Commentariensem [12].
65   Subadiuuam.
66   Regerendarium.
67   Exceptores.
68   Singulares et reliquos officiales.

12) *Commentariensis adiutorem praecedere solet.*

XXXIII.

Dux prouinciae Valeriae.

Böck. p. 94*

2—5	F̄L̄· INTAL̄L̄· COMŌRD· P̄R̄·	Solue. *Castellum.*	Intercisa. *Castellum.*	Nuncinercisa. *Castellum.*
6. 7		Conradculia.		Altino.
		Castellum.		*Castellum.*
8—12	Odiabo.	Crumero. Solua.	Ad Herculem.	Cirpi.
	Castellum. Castellum. Castellum. Castellum. Castellum.			
13—17	Constantia.	Campona. Matrice.	Uetusalina.	Intercisa.
	Castellum. Castellum. Castellum. Castellum. Castellum.			
18—22	Adnamantia.	Lussonio. Ripa alta.	Ad Statuas.	Florentia
	Castellum. Castellum. Castellum. Castellum. Castellum.			

Böck. p. 95* 23 **Sub dispositione uiri spectabilis ducis prouinciae Ualeriae ripensis:**
    24   Cuneus equitum scutariorum, Solue[1]).
    25   Cuneus equitum Dalmatarum, Intercisa.

1) Σαλούα *Ptol.* Solua *10 = 31 et codd. Itin. optimi Scorialensis et Uindobonensis,* Salua *Parisiensis et asseclae Spirensis.*

2 *om. V* FL | INTALI | COMOR | P̄R̄ *M*¹ F·L̄ | intali | Comord P·R̄ *M*² ‖ 6 conradcuha *CM*¹·² conraocuba *P* ‖ 8 ochabo *P* ‖ 20 ripalta *C* ‖ 24 *seqq.* cuū eq̄ *uel* equiṫ *plerumque codd.*

26	Cuneus equitum Constantianorum, Lusionio [2]), nunc Inercisa [3]).
27	Cuneus equitum stablesianorum, Ripa Alta, nunc Conradcuha [4]).
28	Cuneus equitum Fortensium, Altino.
29	Equites Dalmatae, Odiabo [5]).
30	Equites promoti, Crumero.
31	Equites Mauri, Solua [1]).
32	Equites Dalmatae, Ad Herculem.
33	Equites Dalmatae, Cirpi [6]).
34	Equites Dalmatae, Constantiae.
35	Equites Dalmatae, Campona.
36	Equites promoti, Matrice.
37	Equites Dalmatae, Uetusalinae.
38	Equites sagittarii, Intercisa.
39	Equites Dalmatae, Adnamantia [7]).
40	Equites Dalmatae, Lussonio.
41	Equites Dalmatae, Ripa Alta.
42	Equites Dalmatae, Ad Statuas.
43	Equites Dalmatae, Florentiae.
44	Equites sagittarii, Altino, nunc in burgo contra Florentiam.
45	Equites Flauianenses, Ad Militare [8]).
46	Auxilia Herculensia, Ad Herculem.
47	Auxilia Ursarensia [9]), Pone Nauata [10]), nunc Böck. p. 96* Ad Statuas.

2) Lussonio $19=40$; 57; Λουσσόνιον Ptol. Lussunio Itin. Lusiene Tab Alusione Rau. 3) scrib. Intercisa. 4) contra Herculia scil. castra? cf. 32; 46. 5) Azao Itin. 6) Cirpi 56; Itin. Cirpe 49. Κάρπις Ptol. 7) Annamatia uel Anamatia codd. Itin. Annamatta Tab. Annama Rau. 8) Ad Miliare Alciat. 9) Ursarienses V $95=244=VII$ 85; XXXV 20; XXXVII 21. 10) De ponte aliquo sermonem esse suspicatus est Böck.

27 numc V || 29 seqq. eq̄ uel equit̄ plerumque codd. || 33 seqq. dalm̄ non nunquam codd. || 35 campana correx. ex campona V || 40 lusonio C || 44 borgo $CPVM$ || 46 seqq. aux̄ plerumque codd. || 46 herculentia CPM || 47 ursarentia $CPVM$ || poneuata P.

194   OC. XXXIII. DUX UALERIAE.

	48	Auxilia uigilum, contra Acinco [tras][11] in barbarico.
	49	Auxilia Fortensia, Cirpe[6].
	50	Auxilia insidiatorum, Cardabiaca[12].
	51	Praefectus legionis primae adiutricis cohortis quintae partis superioris, Bregetione[13].
	52	Praefectus legionis secundae adiutricis cohortis *quintae* partis superioris, Aliscae.
	53	Praefectus legionis secundae adiutricis partis inferioris, Florentiae.
	54	Praefectus legionis secundae adiutricis [tertiae] partis superioris, Acinco.
	55	Praefectus legionis secundae adiutricis, in castello contra Tautantum.
	56	Praefectus legionis secundae adiutricis, Cirpi.
	57	Praefectus legionis secundae adiutricis, Lussonio.
	58	Praefectus classis Histricae, Florentiae.
	59	Tribunus cohortis, Vincentiae.
	60	Tribunus cohortis, Quadriborgio.
Böck. p. 97*	61	Tribunus cohortis, Iouia.
	62	Tribunus cohortis, ad burgum Centenarium.
	63	Tribunus cohortis, Alescae[14].
	64	Tribunus cohortis, Marinanae[15].

11) *del. Böck.*   12) Gardellaca *Tab.* Cardelaca *Rau.*   13) *In lapidum inscr.* Brigetio *scribi solet.*   14) Aliscae 52. Alisca *Itin.*   15) Marinianis *Itin.*: *Tab.* Marinianus *Rau.* Maurianis *Itin. Hier.* Μαγνιάνα *Ptol.*

49 fortentia *V* || 51 *seqq.* praefectus *et* legionis *plerumque in CM compendiis scripta sunt* || 51 patis *P* || bregecione *C* || 52 cohortis *om. P* || Aliscae *ante* cohortis *colloc. VM* || 54 legis *V* || 55 tantantum *P* || 56 legionis] leḡ *C* miȋ *PVM* || cirpe *V* scirpi *M* || 59 *seqq.* tribunus cohortis *in codd. plerumque compendiis scriptum est* || 59 uincenciae *P* || 62 borgum *CPVM* || 64 maurinane *C* aninanae *M*.

65   Praefectus legionis, Transiacinco[16].
66 Officium autem habet idem uir spectabilis
    dux hoc modo:
67   Principem de eodem corpore.
68   Numerarium.
69   Commentariensem
70   Adiutorem.
71   Subadiuuam.
72   Regerendarium.
73   Exceptores.
74   Singulares et reliquos officiales.

16) *scrib.* Trans Acinco.

65 transiacino *C* || 66 aut *M* || 67 corp̄ *CM*.

XXXIV.

Dux Pannoniae primae.

2 — 4	F̄L̄· INTĀL̄L̄· COMŌR̄D· P̄R̄·	Flexo. *Castellum.*	Arrabona. *Castellum.*	
5 — 8	Arrabona.	Quadribur- gio.	Alanoua.	Aequi- noctiae.
	Castellum.	*Castellum.*	*Castel- lum.*	*Castellum.*
9 — 12	Ad Hercules.	Gerolate.	Flexo.	Quadrato.
	Castellum.	*Castellum.*	*Castel- lum.*	*Castellum.*

13 Sub dispositione uiri spectabilis ducis Pannoniae primae et Norici ripensis:
14   Cuneus equitum Dalmatarum, Flexo.
15   Cuneus equitum stablesianorum, Arrabonae.
16   Equites promoti, Arrabonae [1]).
17   Equites sagittarii, Quadriburgio.
18   Equites Dalmatae, Ala Noua.

1) *Ab ordine geographico recedit; fortasse e dittographia ortum.*

2 *om.* V FL· | INTĀL | COMŌR | P̃R̃ M^1 FL | intalī | Comord | P·R̃ M^2 || 6 quadribingio $P.$ || 7 nanoua V || 13 ripensis *om.* M || 16 seqq. eq̄ *uel* equit̄ *plerumque codd.* || 17 seqq. *pro* sagittarii *et* Dalmatae *in codd. non nunquam* sagitt̄ *et* dalm̄ *scriptum est.*

OC. XXXIV. DUX PANNONIAE PRIMAE. 197

19 Equites Dalmatae, Aequinoctiae [2]).
20 Equites Dalmatae, Ad Herculem.
21 Equites sagittarii, Gerolate [3]).
22 Equites promoti, Flexo.
23 Equites Mauri, Quadrato.
24 Tribunus gentis Marcomannorum.
25 Praefectus legionis decimae *geminae*, Uindomarae [4].
26 Praefectus legionis quartaedecimae geminae militum liburnariorum cohortis *quintae partis superioris*, Carnunto.
27 Praefectus legionis decimae et quartaedecimae gemina*rum* militum liburnariorum, Arrabonae.
28 Praefectus classis Histricae, Arrunto [5]) siue Uindomanae [4]) [a Carnunto translata].
29 Tribunus cohortis, Arrianis [6]).
30 Tribunus cohortis Caratensis [7]).

31 Equites promoti, Ad Mauros.
32 Equites sagittarii, Lentiae.
33 Equites sagittarii, Lacufelicis [8]).
34 Equites Dalmatae, Arlape [9]).

2) Aequinoctio *Itin.; Tab.* 3) Gerulata *Itin.* Gerulatis *Tab.*
4) Uindobona *Itin. p. 248; 268; Tab.* Uindobono *Itin. p. 261.* Uindob. *C. I. L. III 4710.* Uendobona *Uict. Caes. 16.* Bendobona *Epit. Uict. 16.* Ὀὐιλιόβονα *Ptol.* Uindomona *Itin. p. 233.* Uindomina *Iord. Get. 50.* 5) *scrib.* Carnunto. 6) Appiani *C. I. L. III 4672; cf. 4659, 6 f.* 7) Scarabantensis? *cf. 42; 43; Or. XLII 41; 42.* 8) Loco felicis *Itin.* 9) Ἀρεδάτη, Ἀρελάτη *Ptol.* Arelate *Tab.* Arlape *Itin. bis.*

19 equinoccie *V* || 24 genī̄ *C* || marcomāɤ *C* marcomanorum *V* || 26 seqq. praefectus *et* legionis *in codd. non nunquam compendiis scripta sunt.* || 26 liburmanorum *V* || 27 legis *V* || geminate *CPV* geminatae *M* || miī̄ liburnarum *CPVM* || arabone *C* || 28 carnumto *V* || translatae *M* || 31 seqq. eq̄ *uel* equiī̄, sagiīī *et* dalm̄ *plerumque codd.* || 32 lanciae *P.*

198 OC. XXXIV. DUX PANNONIAE PRIMAE.

	35	Equites Dalmatae, Augustianis [10].
	36	Equites promoti, Comagenis.
	37	Praefectus *legionis* secundae Italicae militum liburnariorum, Iouiaco.
Böck. p.100*	38	Praefectus legionis *secundae* Italicae partis inferioris, Lentiae.
	39	Praefectus legionis secundae *Italicae*, Lauriaco.
	40	Praefectus legionis primae Noricorum militum liburnariorum cohortis quintae partis superioris, Adiuuense.
	41	Praefectus legionis liburnariorum primorum Noricorum [11], Fafianae [12].
	42	Praefectus classis Arlapensis [9] et Maginensis [13].
	43	Praefectus classis Lauriacensis.
	44	Tribunus cohortis, Boiodoro [14].
	45	Tribunus cohortis, Austuris [15].
	46	Tribunus cohortis, Cannabiaca.
	47	**Officium autem habet idem uir spectabilis dux hoc modo:**
	48	Principem de eodem corpore.
	49	Numerarium.
	50	Commentariensem.
	51	Adiutorem.
	52	Subadiuuam.
	53	Regerendarium.

10) *scrib.* Augustanis; *locus antea Trigisamum dictus ab ala prima Augusta Thracum nouum nomen accepit; cf.* C. I. L. III *p. 684.* 11) *scrib.* Praefectus legionis primae Noricorum *uel* Noricae) militum liburnariorum *e. q. s.* 12) Fauianis *Eugipp. uit. St. Seuer. passim.* 13) Comagenensis *Böck.* 14) Boiiodurus *C. I. L. III 5755.* Βοιόδουρον *Ptol.* Bolodurum *Tab.* Boiodoro *uel* Bolodoro *Itin.* Boiotro *Eugipp. l. l. 22; 36.* 15) Asturis *Eugipp. l. l. 1.*

37 *seqq. pro* praefectus *et* legionis *codd. plerumque compendiis utuntur* ‖ 37 liburniariorum *V* ‖ 40 libuṝ *CVM* ‖ 41 fasiane *C* ‖ 47 dux *om. M* ‖ 53 regerendarium *V*.

54 Exceptores.
55 Singulares et reliquos officiales.

XXXV.

Dux Raetiae.

Böck. p. 101*

2—4	F̄L· INTAL̄L· COMOR̄D· PR̄·	Augustanis. Phebianis. *Castellum.* *Castellum.*
5—8	Submuntorio. Uallato. Ripa prima. Cambidano. *Castellum. Castellum. Castellum. Castellum.*
9—12	Guntia. Foetibus. Teriolis. Quintanis. *Castellum. Castellum. Castellum. Castellum.*

13 Sub dispositione uiri spectabilis ducis prouinciae Raetiae primae et secundae:

1 Raetiae] tertie V ‖ 2 *om.* V FL | INTAL | COMŌR | PR̄ M^1 FL̃ | intal̃ | Comord | P·R̃ M^2 ‖ 4 phoebianis $M^{1.2}$ ‖ 5 submumtorio V ‖ 6 uallaco V ‖ 7 rippa 1ᵃ M^2 ‖ 9 guritia C ‖ 13 Raetiae] tertie V.

14	Equites stablesiani seniores, Augustanis [1].
15	Equites stablesiani iuniores, Ponte Aoni [2], nunc Febians [3].
16	Equites stablesiani iuniores, Submuntorio [4].
17	Praefectus legionis tertiae Italicae partis superioris [5], Castra Regina, nunc Uallato.
18	Praefectus legionis tertiae Italicae partis superioris deputatae ripae primae, Submuntorio [4].
19	Praefectus legionis tertiae Italicae pro parte media praetendent*is* a Uimania [6] Cassiliacum usque, Cambidano [7].
20	Praefectus militum Ursariensium, Guntiae.
21	Praefectus legionis tertiae Italicae transuectioni specierum deputatae, Foetibus.
22	Praefectus legionis tertiae Italicae transuection*i* specierum deputatae, Teriolis.
23	Praefectus alae primae Flauiae Raetorum, Quintanis.
24	Tribunus cohortis noua*e* Batauorum, Batauis.
25	Tribunus cohortis tertiae Brittorum), Abusina [9].

1) Augustis *Itin.* 2) Ponte Aeni *Itin. quinquies.* Adenum *Tab.* 3) Phebianis *I.* 4) Summuntorio *uel* Summunturio *Itin.* 5) inferioris? 6) Uemania *Itin.* te*r*; *Tab.* 7) Καμβόδουνον *Ptol* Κανδόβουνον *Strab.* Camboduno *Tab.*; *Itin. p. 250; 258;* Campoduno *Itin. p.* 237. Camb. *C. I. L. III* 5987. ⟨) Coh. III Britannorum *C. I. L. III p.* 867; *cf. VII 84; 127.* 9) *ita Itin.* Arusena *Tab.*

16 submumtorio *V* ‖ 17 *seqq.* praefectus *et* legionis *plerumque in codd. compendiis scripta sunt* ‖ 17. 18 legis *V* ‖ 17—19 italie *V* ‖ 18 deputata *CPVM* ‖ submumtorio *V* ‖ 19 legionis *om. M* ‖ praetendent *CPVM* ‖ cassilia cusque *V* cassalia cumusque *M* ‖ 20 mit *CM* militis *V* ‖ 21 legis *V* ‖ italie *V.* italiae *M* ‖ deputata *V* ‖ fetibus *C* foecibus *V* ‖ 22 transuectionis *CPVM* ‖ 24 noua *CPVM* ‖ 25 brutorum *M.*

26	Praefectus alae secundae Ualeriae singularis, Uallato.
27	Tribunus cohortis sextae Ualeriae Raetorum, Uenaxamodorum.
28	Tribunus cohortis primae Herculeae Raetorum, Parroduno [10].
29	Tribunus cohortis quintae Ualeriae Frygum, Pinianis [11].
30	Tribunus cohortis tertiae Herculeae Pannoniorum, Caelio [12]. Böck. p. 103*
31	Tribunus gentis per Raetias deputatae, Teriolis.
32	Praefectus numeri bar[bari]cariorum [13], Confluentibus siue Brecantia [14].
33	Praefectus alae secundae Ualeriae Sequanorum, Uimania [6].
34	Tribunus cohortis Herculeae Pannoniorum, Arbore [15].

35 Officium autem habet idem uir spectabilis dux hoc modo:

36	Principem ex officiis magistrorum militum praesentalium alternis annis.
37	Numerarios duos, ex utrisque officiis praesentalibus singulos.
38	Commentariensem ex utrisque officiis alternis annis.
39	Adiutorem.
40	Subadiuuam.

10) Καρρόδουνον *Ptol.*   11) Φαινιάνα *Ptol.*   12) Celio monte *Itin.*   13) *correx. Böck.*   14) Βριγάντιον *Strabo; Ptol. bis;* Brigantio *Tab.* Brigantia *Itin. sexies; Amm.* XV 4, 1. Murigantia *l. l.* 3. Brigantinus lacus *Plin. h. n.* IX 63.   15) Arbor felix *Tab.; Itin.; Amm.* XXXI 10, 20.

26 singularis Uallato om. M ‖ 27 Tribunus — Ualeriae om. M ‖ 28 paraduno M ‖ 29 frigum CPVM ‖ puuahis C ‖ 30 herculae M ‖ 32 barbariaricorum V ‖ 34 hercule V herculae PM ‖ arborae PM.

oc. XXXVI. DUX SEQUANICI.

41   Regerendarium.
42   Exceptores.
43   Singulares et reliquos officiales.

XXXVI.

Böck. p. 104* Dux prouinciae Sequanici.

2
```
F̅L̅·
INTAL̅L̅·
COMOR̅D̅·
P̅R̅·
```

3   Olinone.

Castellum eis simile, quae in insignibus p. 99, 173, 179, 182 propositis depicta sunt.

4 Sub dispositione uiri spectabilis ducis prouinciae Sequanici:

41 regendarium *V*.

XXXVI.

1 sequanaci *C* sequanicae *M*² ‖ 2. 3 *om*. *V* ‖ 2 FL | INTA̅L̅ | COMO̅R̅ | P̃R̃ *M*¹ F̅L̅ | intalim | Comord | P·R̃ *M*².

OC. XXXVI. DUX SEQUANICI. 203

5   Milites Latauienses, Olitione [1]).
6 Officium autem habet idem uir spectabilis   Böck. p. 105*
         dux hoc modo:
7   Principem ex officio magistri militum prae-
            sentalis a parte peditum.
8   Numerarium ut *supra*.
9   Commentariensem ut supra
10   Adiutorem.
11   Subadiuuam.
12   Regerendarium.
13   Exceptores.
14   Singulares et reliquos officiales.

1) Milites Bataui, Uesontione *Uales.*

5 olicione *P* olinone *VM* ‖ 7 officiis *CP* offitiis *VM* ‖ militum magistrorum *P* ‖ magistrorum *CPVM* ‖ praesentalium *CPM* om *V* ‖ 8 ut supra] utr̄ *CP* ut*ꝗ* *V* ui*ꝗ* *M* ‖ 12 regendarium *V*.

XXXVII.

Dux tractus Armoricani.

2—4	FL· INTALL· COMORD· PR·	Litus Saxoniciani.		Blabia.
		Castellum.		Castellum.
5—8	Benetis.	Corumosismis.	Mannatias.	Aleto.
	Castellum.	Castellum.	Castellum.	Castellum.
9—12	Constantia.	Rotomago.	Abrincatis.	Grannono.
	Castellum.	Castellum.	Castellum.	Castellum.

13 Sub dispositione uiri spectabilis ducis tractus Armoricani et Neruicani:

14   Tribunus cohortis primae nouae Armoric*anae*, Grannona[1]) in litore Saxonico.

15   Praefectus militum Carronensium[2]), Blabia[3]).

1) Grannono $12 = 23$. Grauinum *Tab*. 2) Garronenses *VII* 99. 3) Blauia *Rau.; Tab.; Auson. ep. X 16; Gregor. Turon. Glor. conf. 46.* Blauto *Itin.*

1 armonicani *C* armoritani *V* ‖ 2 *om*. *V* FL | INTAL | COMOR | PR *M*¹ FL | intalī | Comord | P·R̃ *M*² ‖ 3 saxonicum *M*¹·² ‖ 7 manntias *P* ‖ 8 alleto *V* ‖ 10 rothomago *P* ‖ 13 tractus *om*. *V* ‖ armonicani *CV* ‖ et *om*. *C* ‖ 14 armorice *CPV* armoricae *M* ‖ saxonio *CPVM* ‖ 15 *seqq*. praefectus *et* militum *non nunquam compendiis scripta sunt* ‖ 15 carronentium *CPVM*.

16	Praefectus militum Maurorum Benetorum, Benetis⁴).
17	Praefectus militum Maurorum Osismiacorum, Osismis.
18	Praefectus militum superuentorum, Mannatias⁵).
19	Praefectus militum Martensium, Aleto.
20	Praefectus militum primae Flauiae, Constantia.
21	Praefectus militum Ursariensium, Rotomago⁶).
22	Praefectus militum Dalmatarum, Abrincatis.
23	Praefectus militum Grannonensium, Grannono.
24	Extenditur tamen tractus Armoricani et Neruicani limitis per prouincias quinque:
25	per Aquitanicam primam
26	et secundam,
27	*Lugdunensem* Senoniam,
28	secundam [Lugdonensem]
29	et tertiam.
30	Officium autem habet idem uir spectabilis dux hoc modo:
31	Principem ex officiis magistrorum militum praesentalium alternis annis.

---

4) *scrib.* Uenetorum, Uenetis.   5) Ciuitas Namnetum *Not. Gall.* III 6. Namnetes *Caes. b. g.* III 9; *Plin. h. n.* IIII 107. Portunamnetu *Tab.* Ναμνῆται *Ptol.* Ναμνιτῶν *Strab. p.* 190. Namnis *Bramb.* 891 = *Or.* 188.   6) Ratomago *et* Rotomago *Itin.* Ratumagus *Tab.* Ratumacos *Eckhel*, *Doctr. num.* I *p.* 73. Ῥατόμαγος *Ptol.* Rotomagus *Amm.* XV 11, 12. Ciuitas Rotomagensium *Not. Gall.* II 2.

17 osismia corumosismis *CPVM* || 19 martentium *CPM* marcentium *V* || 20 prima flauia *CPVM* || 21 ursarientium *CPVM* || rhotomago *P* || 23 grannonentium *CPVM* || 27—29 Senoniam secundam | Lugdonensem | et tertiam *CPM*.

OC. XXXVII. DUX TRACTUS ARMORICANI.

32 Numerarium a parte peditum uno anno 7).
33 Commentariensem de officiis *suprascriptis* alternis annis.
34 Adiutorem.
35 Subadiuuam.
36 Regerendarium.
Böck. p.108* 37 Exceptores.
38 Singulares et reliquos officiales.

7) altero a parte equitum *add. Böck.; potius scrib:* omni anno *cf.* XL *60;* XLI *28.*

36 regendarium *V*.

XXXVIII.

Dux Belgicae secundae.

2. 3	FL· INTALL· COMORD· PR·	Litus Saxonicum. Castellum.
4. 5	Quartensis. Castellum.	Portuae Patiaci. Castellum.

6 Sub dispositione uiri spectabilis ducis Belgicae secundae:
7   Equites Dalmatae, Marcis[1]) in litore Saxonico.
8   Praefectus classis Sambricae, in loco Quartensi siue Hornensi. <small>Böck. p.109*</small>

<small>1) *De Fano Martis aliquo cogitauerim.*</small>

<small>2 om.: V FL | INTA | COMOR | PR M¹ FL | intali | Comord | P·R M² || 5 portue patiati V portue patiaci M² || 8 Praefectus] om. M equites PV || class C classes M || lambrice C iambricae M || lococo VM || hornens. CPV.</small>

9   Tribunus militum Neruiorum, Portu Epa-
            tiaci.
10 Officium autem habet idem uir spectabilis
    dux hoc modo:
11   Principem ex eodem corpore.
12   Numerarium.
13   Commentariensem.
14   Adiutorem.
15   Subadiuuam.
16   Regerendarium.
17   Exceptores.
18   Singulares et reliquos officiales.

XXXIX.

Excidit folium unum, quod pagina altera continebat insignia ducis Germaniae primae, altera quae sub dispositione eius erant.

9 Tribunus *om* V ‖ portue patiaci *CPM* portue patiati *V* ‖ 10 dux *om. CPM* ‖ 16 regendarium *V*.

XL.

Dux Britanniarum.

Böck. p. 112*

Insignia eis simillima sunt, quae p. 171 proposuimus.

2—4	F̄L· INTAL̄L· COMOR̄D· P̄R·	Sextae. *Castellum.*	Praesidium. *Castellum.*	
5—8	Dano *Castellum.*	Morbio. *Castellum.*	Arbeia. *Castellum.*	Dictim. *Castellum.*
9—12	Concangios. *Castellum.*	Lauatres. *Castellum.*	Uerteris. *Castellum.*	Braboniaco. *Castellum.*
13—16	Magloue. *Castellum.*	Magis. *Castellum.*	Longouicio. *Castellum.*	Deruentione. *Castellum.*

17 Sub dispositione uiri spectabilis ducis Britanni*a*rum:
18   Praefectus legionis sextae [1]).
19   Praefectus equitum Dalmatarum, Praesidio. Böck. p.113*

1) *adde:* uictricis, Eburaci; *u. C. I. L. VII p. 61.*

1 brittaniorum *CV* britanniorum *P* brittanniorum $M^{1\cdot 2}$ ‖ 2 *om.*
V FL | INTA | COMOR̄ | P̄R M^1 F·L̃ | intalī | Comord | P·R̄ M^2 ‖
9 concagios *V* ‖ 15 longouitio *V* ‖ 16 deruencione *P* ‖ 17 britanniorum *CP* brittanniorum *VM* ‖ 18 seqq. praefectus *plerumque compendiis scriptum est* ‖ 18 leḡ *C.*

NOTITIA DIGNITATUM.

210   OC. XL. DUX BRITANNIARUM.

20   Praefectus equitum Crispianorum, Dano.
21   Praefectus equitum catafractariorum, Morbio [2]).
22   Praefectus numeri barcariorum [3]) Tigrisiensium, Arbeia.
23   Praefectus numeri Neruiorum Dictensium, Dicti [4]).
24   Praefectus numeri uigilum, Concangios [5]).
25   Praefectus numeri exploratorum, Lauatres [6]).
26   Praefectus numeri directorum, Uerteris [7]).
27   Praefectus numeri defensorum, Braboniaco [8]).
28   Praefectus numeri Solensium, Maglone [9]).
29   Praefectus numeri Pacensium, Magis [10]).
30   Praefectus numeri Longouicanorum, Longouicio.
31   Praefectus numeri superuenientium Petueriensium [11]), Deruentione.
32   Item per lineam ualli:
33   Tribunus cohortis quartae Lingonum, Segeduno [12]).

[2]) Οὐιννοούιον *Ptol.* Uinouia *Itin.*; *Rau.* Uinouie *C. I. L. VII 427; cf. Herm. IX p. 231.* [3]) P(rae)p(ositus) et milit(es) n(umeri) barc(ariorum) *C. I. L. VII 285 (Lancaster).* [4]) Dixio *Rau.* [5]) Ceganges *uel* Coganges *Rau.* Ceangi *C. I. L. VII 1204.* Ceang. *l. l. 1206.* [6]) Lauatris, Leuatris *Itin.* Lauaris *Rau.* [7]) Uerteris *Itin. bis.* Ualteris *Rau.* [8]) Brouonacis, Brocauo *Itin.* Rauonia *Rau.* [9]) Magloue *13.* [10]) Maio, Maia *Rau.* Mais *C. I. L. VII 1291.* [11]) Πετουαρία *Ptol.* Decuaria *Rau.* [12]) Serduno *Rau.*

20 crippianorum *V* || 21 cataphractorum *M* || 22 tigrisientium *CPVM* || 23 dictentium *CPVM* || 24 uigilium *CPVM* || 27 barboniaco *C* || 28 solentium *CPVM* || magloue *M* || 29 pacentium *CPVM* || 30 om. *PM spatio uacuo relicto*, prefectus numeri longo uica p̄fectus numeri longouitio *(sic)* *V* || longo uicariorum *C* || 31 om. *M spat. uac. rel.*, Praefectus numeri superuenientium *om. P spat. uac. rel.*; *et in C totum comma omissum erat, litterisque minoribus sed atramento eodem, quo reliqua scripta sunt, suppletum est* || superuenientium] *V* bonentium *C* || petueriense *CPV* || 32 om. *V* || 33 seqq. tribunus, praefectus, cohortis *plerumque compendiis scripta sunt* || 33 lergorum *CPVM* || seduno *M*.

OC. XL. DUX BRITANNIARUM. 211

34 Tribunus cohortis primae Cornouiorum, Ponte Aeli.
35 Praefectus alae primae Astu*r*um, Conderco [13]).
36 Tribunus cohortis primae Frixagorum [14]), Böck. p. 114* Uindobala [15]).
37 Praefectus alae Sa*b*inianae, Hunno [16]).
38 Praefectus alae secundae Astu*r*um, Cilurno [17]).
39 Tribunus cohortis primae Batauorum, Procolitia [18]).
40 Tribunus cohortis primae Tungrorum, Borcouicio [19]).
41 Tribunus cohortis quartae Gallorum, Uindolana [20]).
42 Tribunus cohortis primae [21]) Astu*r*um, Aesica [22]).
43 Tribunus cohortis secundae Dalmatarum, Magnis.
44 Tribunus cohortis primae Aeliae Dacorum, Amboglanna [23]).
45 Praefectus alae Petrianae, Petrianis.
46 . . . ., Luguuallii [24]).

13) Condecor *Rau.* 14) Frisiauonum *Böck.* 15) Uindouala *Rau.* 16) Onno *Rau.* 17) Celumno *Rau.* 18) Brocoliti *Rau.* 19) Uelurtion *Rau.* 20) Uindolande *Rau.* 21) *fort. scrib.* secundae; *u. C. I. L. VII p. 132; sed cf. Renier, Inscr. de l'Algérie 670:* praef. coh. p. Astu. prou. Britt. inf. 3579: praef. coh. I Astyrum pr. Brittan*n*iae. 22) Esica *Rau.* 23) Amboglans *C. I. L. VII 1291.* Gabaglanda *Rau.* 24) *Cum ultra Petrianos (Castlesteads) occidentem uersus reliquiae quattuor ualli castellorum adhuc supersint, neque plus quam tres h. l. nominentur — nam Aballaua (Papcastle prope Cockermouth u. C. I. L. VII 415), Concauata (Moresby u. l. l. p. 83), Uxelodunum (Ellenborough u. l. l. p. 84) a uallo remota sunt neque Ali*o *(Keswick aut Water-Crook) et quae eam sequuntur huc pertinent — praesidium unum librarii culpa excidisse manifestum est; cuius nomen alibi traditum (u. C. I. L. VII p. 161) contextui inserui.*

35 astorum *CPM* astrorum *V* ‖ 36 frixagorium *V* ‖ 37 sauiniane *CVM* sauinianae *P* ‖ 38 hastorum *CPVM* ‖ 40 tungorum *V* ‖ boreouitio *V* borcouitio *PM* ‖ 42 ast*r*um *C* astorum *PM* astrorum *V*.

14*

212   OC. XL. DUX BRITANNIARUM.

	47	Praefectus numeri Maurorum Aurelianorum, Aballaba 25).
	48	Tribunus cohortis secundae L*i*ngonum, Congauata.
	49	Tribunus cohortis primae Hispanorum, Axeloduno 26).
	50	Tribunus cohortis secundae Thracum, Gabrosenti 27).
	51	Tribunus cohortis primae Aeliae classicae, Tunnocelo 28).
	52	Tribunus cohortis primae Morinorum, Glannibanta 29).
Böck. p.115*	53	Tribunus cohortis tertiae Neru*i*orum, Alione 30).
	54	Cuneus *S*armatarum, Bremetenraco 31).
	55	Praefectus alae primae Herculeae, Olenaco 32).
	56	Tribunus cohortis sextae Neruiorum, Uirosido.
	57	**Officium autem habet idem uir spectabilis dux hoc modo:**
	58	Principem ex officiis magistrorum militum praesentalium alternis annis.
	59	Commentariensem ut *supra*.
	60	Numerarios ex utrisque officiis omni anno.
	61	Adiutorem.
	62	Subadiuuam.
	63	Regerendarium.

25) *47, 48, 49 post 52 collocanda sunt.* Aualana *Rau.* Galaua *Itin.* Aballaua *C. I. L. VII 1291.* Aballauensium *l. l 415.* 26) Uxelludamo *Rau.* Uxelodumo *(sic) C. I. L. VII 1291.* 27) Gabrocentio *Rau.* 28) Iuliocenon *Rau.* 29) Clanouenta *uel* Clamouenta *Itin.* Cantauenti *uel* Cantiuenti *Rau.* 30) Alone *Itin.* 31) N(umerus) eq(uitum) Sarmat(arum) Bremetenn(acensium) *G*ordian(orum) *C. I. L. VII 218 (Ribchester).* Bremetonaci *Itin.* Bresnetenaci ueteranorum *Rau.* 32) 'Ολίκανα *Ptol.* Oleiclauis, Olerica *Rau.*

48 lergorum *CPVM* ‖ 49 axdoduno *V* ‖ 50 gubrosenti *V* ‖ 52 marinorum *V* ‖ 53 neruorum *CPVM* ‖ 54 armatarum *CPVM* ‖ bremetemraco *V* bremēteraco *M* ‖ 55 hercule *OV* herculae *P(M)* ‖ elenaco *V* ‖ 57 dux *om. P* ‖ 59 ut supra] utr̄ *CPV* uirū *M* ‖ 63 regendarium *V*.

64 Exceptores.
65 Singulares et reliquos officiales.

XLI.
Dux Mogontiacensis.

Böck. p. 116*

2—4	F̄L̄· INTA̅L̄L· COMO̅R̄D· P̄R·	Salectio. Castellum.	Taberna. Castellum.
5—7	Uico Iulio.	Nemetis.	Alta Ripa.
	Castellum.	Castellum.	Castellum.
8—10	Uangionis.	Mogontiaco.	Bingio.
	Castellum.	Castellum.	Castellum.
11—13	Bodobrica.	Confluentibus.	Antonaco.
	Castellum.	Castellum.	Castellum.

14 Sub dispositione uiri spectabilis ducis Mogontiacensis:
15   Praefectus militum Pacensium, Saletione.

1 mogontiatensis *P.* moguntiacensis M^2 ‖ 2 *om.* *V* FL | INTA̅L̄ | COMOR | PR̃ M^1 FL | intalim | Comord | P·R̄ M^2 ‖ 7 altarippa *V* ‖ 8 wangionis *V* ‖ 9 mogonciaco *CP* moguntiaco *V* ‖ 12 conflentibus *C* ‖ 13 antoniaco *P* ‖ 14 mogonciacensis *C* mogontiacenses *P* ‖ 15 pacentium *CPM* patentium *V*.

214   OC. XLI. DUX MOGONTIACENSIS.

Böck. p.117* 16   Praefectus militum Menapiorum, Tabernis.
17   Praefectus militum Anderetianorum, Uico Iulio.
18   Praefectus militum uindicum, Nemetis.
19   Praefectus militum Martensium, Alta Ripa.
20   Praefectus militum secundae Flauiae, Uangiones.
21   Praefectus militum armigerorum, Mogontiaco.
22   Praefectus militum Bingensium, Bingio ¹).
23   Praefectus militum balistariorum, Bodobrica²).
24   Praefectus militum defensorum, Confluentibus.
25   Praefectus militum Acincensium, Antonaco ³).
26 Officium autem habet idem uir spectabilis dux hoc modo:
27   Principem ex officiis magistrorum militum praesentalium alternis annis.
28   Numerarium a parte peditum semper.
29   Commentariensem a parte peditum semper.
30   Adiutorem.
31   Subadiuuam.
32   Regerendarium.
33   Exceptores.
34   Singulares et reliquos officiales.

1) Uingio *Itin. bis* Uingo *Amm.* XVIII 2, 4. Uico *Auson. Mos.* 2. Bingium *Tac. h.* IV 70; *Tab.* Bingum *Rau.* //ingium *Henz.* 5236. 2) Baudobrica *Itin. bis.* //udobrica *Henz.* 5236. Bontobrice *Tab.* Bodorecas *Rau.* 3) Antunnaco *Itin. bis;* *Tab.* ////nnacum *Henz.* 5236. Antennacum *Amm.* XVIII 2, 4.

16 seqq. praefectus *et* militum *plerumque compendiis scripta sunt* ||
17 anderecianorum *CP* andericianorum *V* || uicouilio *M* || 19 martentium *CPM* marcentium *V* || 21 ar$\overset{mi}{\text{g}}$erorum *P* || mogonitaco *CV* || 22 bringentium *CPVM* || 25 acincentium *CPVM* || 29 *om.* *M* || 32 regendarium *V* || 34 ceteros *V*.

XLII.

Item praepositurae magistri militum praesentalis Böck. p. 118*
    a parte peditum.

2   In Italia:
3   In prouincia U*e*netia inferiore:
4   Praefectus classis Uenetum, Aquile*i*ae.
5   In prouincia Flaminia:
6   Praefectus militum iuniorum Italicorum, Ra-
          *u*ennae.
7   Praefectus classis Ra*u*enn*a*tium cum curis
          eiusde*m* ciuitat*is*, Ra*u*ennae.
8   In prouincia Liguria:
9   Praefectus classis Comensis cum curis eius-
          dem ciuitatis, Como.
10   In prouincia Campania:
11   Praefectus classis Misenatium, Miseno.
12   *In Gallia:*
13   In prouincia [Gallia] *R*iparensi:
14   Praefectus classis fluminis Rhodani, *U*ien-
          nae siue Arelati.
15   Praefectus classis barcariorum, Ebruduni[1])
          Sapaudiae.
16   Praefectus militum musculariorum, Massiliae
          Graecorum.

1) Uicani Eburodunenses *Or. 344; 345.* Eburoduno *Tab.* Castrum Ebrodunense *Not. Gall. IX 7.*

1 prepositura *V* || praesentalium *CPVM* || 3 in *om.* *PVM* || beretia *CPV* biretia *M* || inferior *V* || 4. 5 *om.* *M* spatio uersus unius uacuo relicto || 4 benecum *P* || aquilete *CV* aquiletae *P* || 6 seqq. praefectus, tribunus, militum, Sarmatarum, gentilium, *similia plerumque compendiis scripta sunt* || 6 rabenne *CV* rabennae *PM* || 7 rabennantium *CV* rabenantium *P* rabennancium *M* || eius de ciuitate rabennae (rabenne *CV*) *CPVM correx. Böck.* || 8 liguriae *M* || 10 campaniae *M* || 11 misenantium *V* || 13 galliani parensi *CPVM* || 14 rodani *CV* || bienne *CPV* biennae *M.*

216   OC. XLII. PRAEPOSITURAE MAGISTRI PEDITUM.

	17	Tribunus cohortis primae Flauiae Sapaudicae, Calaronae.
Böck. p.119*	18	In prouincia *Nouem*populana:
	19	Tribunus cohortis Nouempopulanae, Lapurdo.
	20	In prouincia Lug*d*unensi prima:
	21	Praefectus classis Araricae, Caballoduno [2]).
	22	In prouincia Lug*d*unensi Senonia:
	23	Praefectus classis Anderetianorum, Parisius.
	24	*Hispaniae:*
	25	In prouincia [Hispaniae] Callaecia:
	26	Praefectus legionis septimae geminae, Legione.
	27	Tribunus cohortis secundae Flauiae Pacatianae, Paetaonio [3]).
	28	Tribunus cohortis secundae Gallicae, ad cohortem Gallicam.
	29	Tribunus cohortis Lu*c*ensis, Luco.
	30	Tribunus cohortis Celtibe*r*ae, Brigantiae, nunc Iuliobriga.
	31	In prouincia Tarraconensi:
	32	Tribunus cohortis primae Gallicae, Ueleia [4]).
	33	Praefectus laetorum Teutonicianorum, Carnunta [5]) Senoniae Lug*d*unensi*s*.
	34	Praefectus laetorum Batauorum et gentilium

2) *Uide, ne ex duobus uocabulis* Cabillono — Lugduno *conflatum sit.*   3) Πεταυόνιον *Ptol.* Petauonium *Itin.*   4) Οὐέλεια *Ptol.* Uelienses *Plin. III 26.* Beleia *Itin.* Belegia *Rau.*   5) Gens Carnuntum *Henz.* 5279.

17 sapaudie *CV* sapaudiae *PM* ‖ 18 populana *CPVM* om. nouem ‖ 19 noue populane *CV* noue populanae *P* nouae populanae *M* ‖ 20 lugdonensi *CPVM* ‖ 21 aracicae *P* ‖ caballaduno *C* caballadimo *V* ‖ 22 lugdonen̄ *C* lugdonensi *PVM* ‖ senoniae *P* ‖ 23 anderecianorum *CM* anderitianorum *V* ‖ parisiis *M* ‖ 26 legis *V* ‖ geminine *V* legionae *PM* ‖ 27 pacationae *M* ‖ petonio *C* ‖ 29 lugensis *CPVM* ‖ 30 celtibene *CPVM* ‖ nuncui liobriga *M* ‖ 32 uelcia *V* ‖ 33 carminta *V* ‖ lugdonensi *CPVM*.

OC. XLII. PRAEPOSITURAE MAGISTRI PEDITUM. 217

    Sueuorum[5]), Baiocas[6]) et Constantiae Lugdunensis secundae.
35 Praefectus laetorum gentilium Sueuorum[5]), Böck. p.120*
   . . . . . . et Ceromannos[7]) Lugdunensis tertiae.
36 Praefectus laetorum Francorum, Redonas Lugdunensis tertiae.
37 Praefectus laetorum Lingonensium per diuersa dispersorum Belgicae primae.
38 Praefectus laetorum Actorum[8]), Epuso[9]) Belgicae primae.
39 Praefectus laetorum Neruiorum, Fanomantis[10]) Belgicae secundae.
40 Praefectus laetorum Batauorum Nemetacensium, Atrabatis Belgicae secundae.
41 Praefectus laetorum Batauorum Contraginnensium, Nouiomago Belgicae secundae.
42 Praefectus laetorum gentilium[11]), Remo[12]) et Siluanectas Belgicae secundae.
43 Praefectus laetorum Lagensium, prope Tungros Germaniae secundae.
44 Praefectus laetorum gentilium Sueuorum[5]), Arumbernos[13]) Aquitanicae primae.
  . . . .
  . . . .
45 Item in prouincia Italia:

---

 5) *scrib.* Sueborum 6) *scrib.* Baiocasses. 7) *scrib.* Cenomannos *uel* Cenomanos. 8) Aeduorum *Böck.* (?) 9) Epoisso *Itin.* Eposium *uel* Epusum *Gregor. Turon. h. Fr. VIII 15.* 10) *scrib.* Fano Martis. 11) *fort. addend.* Sueborum; *cf. 44; 34; 35.* 12) *scrib.* Remos. 13) Aruernos *Gelen.*

  34 lugdonensi *CPVM* || 35 lugdonensis *M* || 37 lingonentium *CPVM* || 40 nemetacentium *CPVM* || 41 contraginnentium *CPVM* || 42 syluanectas *M* || 43 lagentium *CPVM* || propartungros *CPV* pro partungris *M* || 44 acumbernos *V* || aquitanie *CV* || secunde *V* || 45 in *om. M.*

218   OC. XLII. PRAEPOSITURAE MAGISTRI PEDITUM.

	46	Praefectus Sarmatarum gentilium Apuliae et Calabriae.
	47	Praefectus Sarmatarum gentilium per Brittios et Lucaniam.
Böck. p.121*	48	Item in prouincia Italia mediterranea:
	49	[Praefectus Sarmatarum gentilium Apuliae et Calabriae.]
	50	[Praefectus Sarmatarum gentilium per Brutios et Lucaniam.]
	51	Praefectus Sarmatarum gentilium, Foro Fuluiensi.
	52	Praefectus Sarmatarum gentilium, Opittergii [14]).
	53	Praefectus Sarmatarum gentilium, Patauio.
	54	Praefectus Sarmatarum gentilium, ... [15]).
	55	Praefectus Sarmatarum gentilium, Cremonae.
	56	Praefectus Sarmatarum gentilium, Taurinis.
	57	Praefectus Sarmatarum gentilium, Aquis siue Tertona [16]).
	58	Praefectus Sarmatarum gentilium, Nouariae.
	59	Praefectus Sarmatarum gentilium, Uercellis.
	60	Praefectus Sarmatarum gentilium, Regionis Samnitis [17]).
	61	Praefectus Sarmatarum gentilium, Bononiae in Aemilia.
	62	Praefectus Sarmatarum gentilium, Quadratis et Eporizio [18]).

14) *scrib.* Opitergii.   15) Ueronae *add. Gelen.*, *utrum codicis Spirensis loco euanido melius lecto, an ex coniectura satis obuia, non diiudico.*   16) Dertona *passim.*   17) *scrib.* Regio [in Samnitis]; *cf. Herm. IX p. 237.*   18) Eporedia *passim.*

47 brutios *CPM* brictios *V* || 49 apulee *C* || 50 brucios *V* || 52 Opittergii] *CP om. M* op. *reliquis omissis V* || 53 gentilium Patauio *om. M* || patauoo *C signo postremo ex correct. orto*, patouio *V* || 54 gentilium *om. M* || 57 ţertorna tertona *C* tercona *V* || 62 epurizio *V*.

OC. XLII. PRAEPOSITURAE MAGISTRI PEDITUM. 219

63   Praefectus Sarmatarum gentilium, (in Liguria) Pollentia.
64   *In Gallia:*   Böck. p. 122*
65   Praefectus Sarmatarum et Taifalorum gentilium, Pictauis [in Gallia].
66   Praefectus Sarmatarum gentilium, a Chora Parisios usque.
67   Praefectus Sarmatarum gentilium, inter Renos et Tambianos [19] prouinciae Belgicae secundae.
68   Praefectus Sarmatarum gentilium, per tractum Rodunensem [20] et Alaunorum [21].
69   Praefectus Sarmatarum gentilium, Lingonas.
70   Praefectus Sarmatarum gentilium, Au......

Excidit in archetypo folium unum.

19) Remos et Ambianos *Gelen.*   20) Ῥοδούμνα *Ptol.* Roidomna *Tab.*   21) Uelauorum *Böck.*

65 sarmatarum gentilium *P* || 66 pictauis in gallia *post* gentilium *inser.* *P* || parisio *CPV* || 67 cambianos *PV* rambianos *M* || 68 Rodunensem et Alaunorum *om.* *M* || tractum rodune semetalaunorum *P* tractum *(spatium vacuum)* dune semeta launorum *C* tractum *(spatium uacuum)* semeta launorum *V* || 69. 70 *om.* *M* || 69 samatarum *P*.

XLIII.

Böck. p 123*

Consularis Campaniae.

3 Sub dispositione uiri clarissimi consularis
    Campaniae:
4   Prouincia Campaniae.
5 Officium autem habet ita:
6   Principem de officio praefecti praetorio Italiae.

2 om. V.

OC. XLIII. CONSULARIS CAMPANIAE.

Böck. p. 124*

7 Cornicularium.
8 Tabularios duos [pro Numerarios].
9 Adiutorem.
10 Commentariensem¹).
11 Ab actis.
12 Subadiuuam.
13 Exceptores et reliquos cohorta*l*inos, quibus non licet ad aliam transire militiam sine annotatione clementiae principalis.
14 Ceteri omnes consulares ad similitudinem consularis Campaniae officium habe*n*t.

1) In officiis iudicum, qui prouinciis singulis praeerant, commentariensis adiutorem praecedere solet; cf. Or. XXIX; XXXVII 43; XLIII; XLIV; Oc. XLIV; XLV.

8 tabellarios *V* ‖ 13 cohortallinos *CPVM*.‖ 14 habet *C(P)VM*.

XLIV.

Corrector Apuliae et Calabriae.

Böck. p 125*

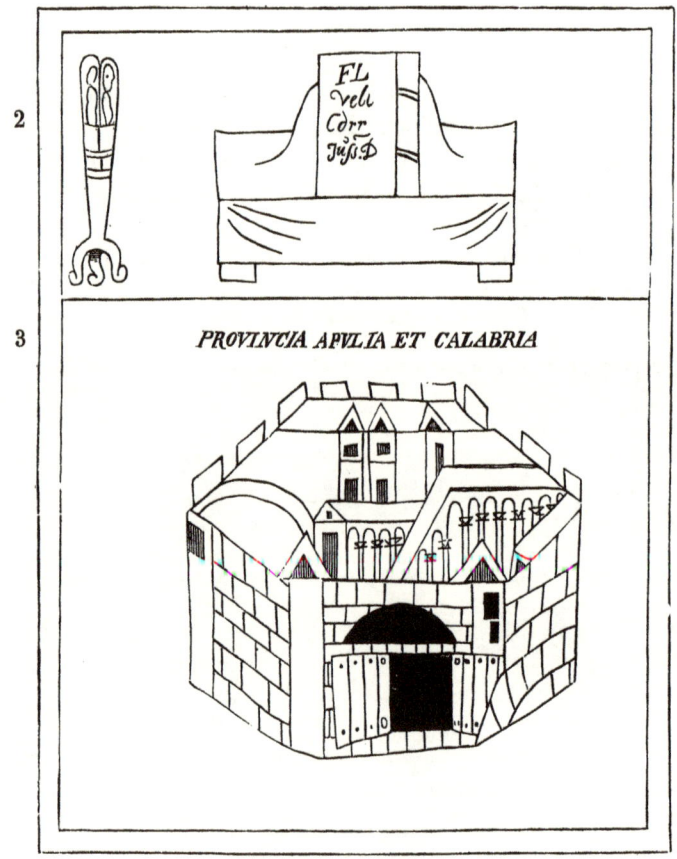

4 Sub iurisdictione uiri clarissimi correctoris Apuliae et Calabriae:

2 *om.* V LFL̄ | VELE | CORR· | IVSSV đđ C IFL· | VELE | CORR | IVSSU đ P FL | VELĒ CORR̄ | IVS̄S̄·D̄ M^1 || 3 prouincia (prouintia M^2) apuliae et calabriae $M^{1.2}$

5   Prouincia Apuliae et Calabriae.
6 Officium autem habet ita:
7   Principem ex eodem officio.
8   Cornicularium.   Böck. p. 126*
9   Tabularios duos.
10   Commentariensem.
11   Adiutorem.
12   Ab actis
13   Subadiuuam.
14   Exceptores et ceteros cohortalinos, quibus
       non licet ad aliam transire militiam sine
       annotatione clementiae principalis.
15 Ceteri correctores ad similitudinem correctoris Apuliae et Calabriae officium habent.

   7 eodem *om.* *V* ‖ 14 cohortallinos *CPVM* ‖ 15 officium habent
om. *M* ‖ habet *V*.

XLV.

Praeses Dalmatiae.

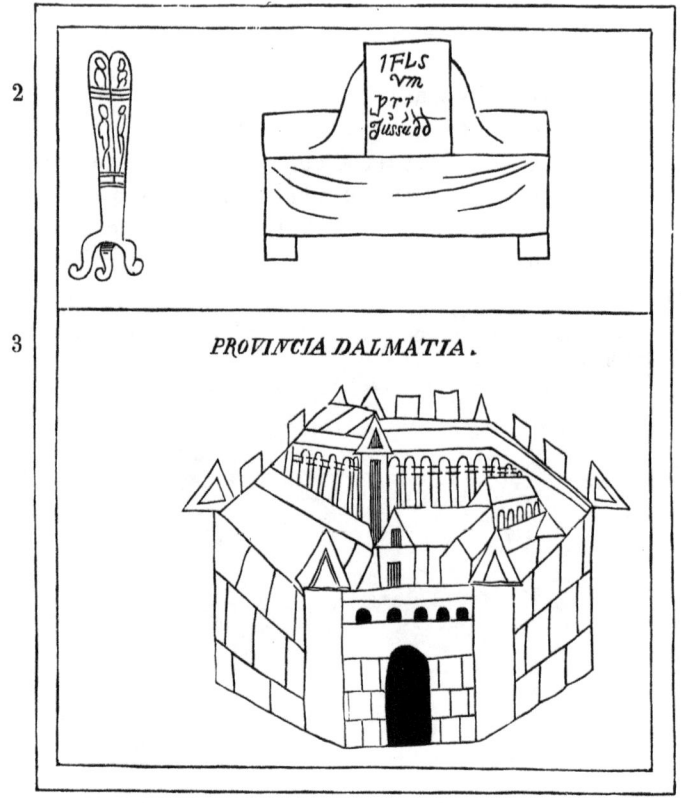

4 Sub iurisdictione uiri perfectissimi praesidis Dalmatiae:
5   Prouincia Dalmatiae.
6 Officium autem habet hoc modo:

2 *om.* V IFLG· | VM· | PRR· | IVSSV· đđ *CP* FL | PR̃ | IVSS
D̄ *(sic)* M^1 ‖ 3 prouintia dalmatiae M^2 ‖ 5 dalmatia *C.*

7	Principem ex eodem officio.	
8	Cornicularium.	Böck. p. 128*
9	Tabularios duos.	
10	Commentariensem.	
11	Adiutorem.	
12	Ab actis.	
13	Subadiuuam.	
14	Exceptores et reliquos cohorta*l*inos, quibus non licet ad aliam transire militiam sine annotatione clementiae principalis.	
15	Ceteri praesides ad similitudinem praesidis Dalmatiae officium habent.	

9 tabullarios $V \parallel$ 13 subadiuuan̄ $V \parallel$ 14 cohortallinos $CPVM \parallel$ clementie superioris principalis $V \parallel$ 15 habet VM.
Addit V: Anno dn̄ī 1484. *Addit C:* Exemplata ē hec cosmographia que Scoti dicitur cum picturis ex uetustissimo codice quem habui ex Spirensi bibliotheca. Anno dn̄ī ·M·CCCC·XXXVI· mense Ianuario. Dum ego Petrus donatus, dei pacientia episcopus paduanus, uice Sanctissimi dn̄ī Eugenii pape IIII· Generali Basiliensi Concilio presiderem.

NOTITIA
URBIS CONSTANTINOPOLITANAE.

V   *Uindobonensis 162 s. IX.*
*S*¹ *Uindobonensis 3103 s. XV*
*S*² *Monacensis 10,291 s. XVI.*
S   *Spirensis uetus siue consensus codicum S*¹ *et S*².

I URBS CONSTANTINOPOLITANA NOUA ROMA.

Praefatio.

Saepe litteris dediti, quos pro ingenii facultate la-
5 tentium rerum cura sollicitat, nunc peregrina gentium
nunc secreta terrarum curiosius animo peragrante metiun-
tur, ne quid ad familiaris scientiae detrimentum relinqua-
tur ignotum, inertiae esse ducentes, si lateat homines,
quod in orbe consistit humano. Illis igitur terrena pas-
10 sibus, freta stadiis, caelestia coniectura captantibus, bru-
tum et desidem iudicaui, cum totius absit mundi cura,
urbis etiam Constantinopolitanae, in qua uiuendi palae-
stra est, latere notitiam; quam supra conditoris laudem
THEODOSII inuicti principis — in nouam faciem uetu-
15 state detersa — ita uirtus et cura decorauit, ut eius per-
fectioni, quamuis sit quispiam diligens, nihil possit ad-
iungere. Uniuersis igitur eius partibus diligenter inspectis,
corporum quoque eidem inseruientium recensito numero,
fidem rerum omnium notitia circumscribente signaui, ut
20 admirantis intentio singulis edocta monumentis, ampli-
tudine quoque tantae felicitatis attonita fateatur, huic
urbi nec laudem sufficere nec amorem.

I 1 *Inscriptionem effigiei urbis mari circumdatae praepositam solus
seruauit Oxon. Canon. lat. misc. 378, uetustissimum codicis Spiren-
sis apographum; om.* V *et spatio uacuo relicto* S^1 S^2 || 3 *praefationem
cum initio descriptionis primae regionis om.* S || 4 sepe V || 5 curam V ||
6 /unc V || meq/untur V *de litt.* q *dubitari potest; corr. Mommsen* ||
8 intertiae V || 11 deses *ego;* brutum me et desidem *Mommsen* || 12 pa-
lestra V || 13 expectaueris pati latere *Mommsen* || 18 quoquedem V || re-
censeto V.

II   Regio prima.

Prima regio longa situ plana in angustum *producitur* a palatii inferiore parte contra theatrum maius euntibus, dextro latere decliuis in mare descendit, regiis nobiliumque domiciliis clara.

Continet in se:

Idem palatium magnum.
Lusorium.
Palatium Placidianum.
Domum Placidiae Augustae.
Domum nobilissimae Marinae.
Thermas Arcadianas.
Uicos siue angiportus uiginti nouem.
Domos centum decem et octo.
Porticus perpetuas duas.
Balneas priuatas quindecim.
Pistrina publica quattuor.
Pistrina priuata quindecim.
Gradus IIII.
Curatorem unum, qui totius regionis sollicitudinem gerat.
Uernaculum unum, uelut seruum in omnibus et internuntium regionis.
Collegiatos uiginti quinque, qui e diuersis corporibus ordinati incendiorum solent casibus subuenire.
Uicomagistros quinque, quibus per noctem tuendae urbis cura mandata est.

II 2 longa] *scrib.* aut laeua *aut* in longum (*i. e.* in aduersum; *cf.* *XIII* 3) || situ *V* || producitur *om.* *V* || 5 domicilis *V* || 11 Regio prima: omum placidie aug̅ *incip.* *S*¹ Regio I continet: Domum placidiae aug̅ *incip.* *S*² || placidae aug *V* || 14 angiportos *V* || 21 quin *V* || 24 internůcciů *S*¹.

III

Regio secunda.

Secunda regio ab initio theatri minoris post aequalitatem sui latenter molli subleuata cliuo, mox ad mare praecipitiis abrupta descendit.

Continet in se:
- Ecclesiam magnam.
- Ecclesiam antiquam.
- Senatum.
- Tribunal purpureis gradibus exstructum.
- Thermas Zeuxippi.
- Theatrum.
- Amphitheatrum.
- Uicos siue angiportus triginta quattuor.
- Domos nonaginta et octo.
- Porticus magnas quattuor.
- Balneas priuatas tredecim.
- Pistrina priuata quattuor.
- Gradus IIII.
- Curatorem unum.
- Uernaculum unum.
- Collegiatos triginta quinque.
- Uicomagistros quinque.

IV

Regio tertia.

Tertia regio plana quidem in superiore parte, utpote in ea circi spatio largius explicato, sed ab eius extrema parte nimis prono cliuo mare usque descendit.

Continet in se:

III 2 theatr̄ ininoris V ‖ 3 molle V ‖ diuo S^1 ‖ 4 mane V ‖ p̄cipitis V p̄cipitus S ‖ abrūpta V ‖ 12 ampitheatr̄ V ‖ 13 angiportos V.

IV 2 tertio V ‖ 3 utpute S^1 ‖ 4 ninus procliuo S^1 ‖ 6 in se *om.* S^1.

Eundem circum maximum.
Domum Pulcheriae Augustae.
Portum nouum.
10 Porticum semirotundam, quae ex similitudine
    fabricae si*g*ma Graeco uocabulo nuncu-
    patur.
Tribunal fori Constantini.
Uicos septem.
15 Domos nonaginta quattuor.
Porticus magnas quinque
Balneas priuatas undecim.
Pistrina priuata nouem.
Curatorem unum.
20 Uernaculum unum.
Collegiatos uiginti et unum.
Uicomagistros quinque.

V   Regio IIII.

Regio quarta a miliario aureo, collibus dextra
    laeuaque surgentibus, ad planitiem usque
    ualle ducente perducitur.
5 Continet in se:
Idem miliarium aureum
Augusteum.
Basilicam.
Nympheum.
10 Porticum Fanionis.
Liburnam marmoream, naualis uictoriae mo-
    numentum.

7 eumdem *V* || 10 seminotundā *V* || 11 fabricae *om.* *V* || simma *S*[2] suuiua *S*[1] summa *V* *correx.* *Gyllius* || greco *V* || 16 magnus *V* || 17 undem *V* *correx.* *man. recens* || 18 pristina *V* || *secundum collectionem ciuitatis inserendum est:* Gradus undecim.

V 2 qaureo *V* || 3 leuaque *V* || planiciem *V* || 4 uale *V* || 5 Continet in se *neque h. l. neque postea rubrica distinxit S.*

NOTITIA URBIS CONSTANTINOPOLITANAE. 233

Ecclesiam siue martyrium sancti Menae.
Stadium.
15 Scalam Timasi.
Uicos XXXV.
Domos trecentas septuaginta quinque.
Porticus magnas quattuor.
Balneas priuatas septem.
20 Pistrina priuata quinque.
Gradus septem.
Curatorem unum.
Uernaculum unum.
Collegiatos XL.
25 Uicomagistros quinque.

VI   Regio V.

Regionis quintae non modica pars in obliquioribus posita locis planitie excipiente producitur; in qua necessaria ciuitatis aedificia continentur.
5
Continet in se:
Thermas Honorianas.
Cisternam Theodosianam.
Prytaneum.
10 Thermas Eudocianas.
Strategium, in quo est forum Theodosiacum et obeliscus Thebaeus quadrus.
Horrea olearia.
Nympheum.
15 Horrea Troadensia.
Horrea Ualentiaca.

13 mēne *S* ‖ 18 porticos *V* ‖ 20 pristrina *V* ‖ 25 uicomagistri *V*.
VI 2 uinte regionis *S*[1] *spatio uacuo relicto* ‖ 3 locis posita *S*[2] ‖ planitia *VS* ‖ 9 pryttaneum *VS* ‖ 12 oboliscustha ebeus *V* ‖ 13 holearia *S* ‖ 14 nymfaeum *V* ‖ 15 om. *V*; cf. ad 17 ‖ croadentia *S* ‖ 16 ualentiana *S*.

Horrea Constantiaca.
Portum prosforianum.
Scalam Chalcedonensem.
20 Uicos uiginti tres.
Domos centum octoginta quattuor.
Porticus magnas VII.
Balneas priuatas undecim.
Pistrina publica septem.
25 Pistrina priuata duo.
Gradus nouem.
Macellos duos.
Curatorem unum.
Uernaculum unum.
30 Collegiatos quadraginta.
Uicomagistros quinque.

VII   Regio VI.

Regio sexta, breui peracta planitie, reliqua in deuexo consistit; a foro namque Constantini scalam usque siue traiectum Sycenum
5   porrigitur spatiis suis.
Continet in se:
Columnam purpuream Constantini
Senatum eiusdem loci.
Neorium.
10 Portum.
Scalam Sycenam.
Uicos uiginti duos.
Domos quadringentas octoginta quattuor.

17 constantinoadentiaca V ǁ 18 portum habet prosphorianum (prossorianum S^1) S ǁ 19 calchedonensem V ǁ 22 VII] IIII S^1 quatuor S^2 ǁ 24 pristrina V ǁ 25 pristina V ǁ 29 uerniculum V.

VII 2 exta regio S^1 *spatio uacuo relicto* ǁ 2 inde uexo V inde uero S^1 ǁ 3 nanque S ǁ 4 sycaenum V ǁ 7 collumnam V ǁ 9 ueoriũ S^1 ǁ 10 pontum V ǁ 11 sycaenā VS^2.

Porticum magnam unam.
15 Balneas priuatas nouem.
Pistrinum publicum unum.
Pistrina priuata decem et septem.
Gradus decem et septem.
Curatorem unum.
20 Uernaculum unum.
Collegiatos quadraginta nouem.
Uicomagistros quinque.

VIII Regio septima.

Regio septima in conparatione superioris planior, quamuis et ipsa circa lateris sui extremitatem habeatur in mare decliuior. Haec
5 a parte dextera columnae Constantini usque ad *f*orum Theodosii continuis extensa porticibus et de latere aliis quoque pari ratione porrectis, usque ad mare uelut se ipsam inclinat et ita deducitur.
10 Habet autem in se:
Ecclesias tres, hoc est: Irenen, Anastasiam et sancti Pauli.
Columnam Theodosii, intrinsecus usque ad summitatem gradibus peruiam.
15 Equites magnos duos.
Partem eiusdem fori.
Thermas *C*arosianas.
Uicos octoginta quinque.
Domos septingentas undecim.
20 Porticus magnas sex.

14 magnū *V* || 22 uicosmagistros *V*.
VIII 2 conparationē *V* comparationē *S*² || 4 p$\overset{de}{r}$ocliuior *V*, corr. ead. man. || 5 dextre *S*¹ dextra *S*² || 6 eorum *VS*² corum *S*¹ || pàrticibus *V* || 8 uelut $\overset{se}{\text{i}}$psam *V* || 9 inclinat *om.* *V* || 10 *atramento non rubrica scriptum in* *VS* || 11 anastasiani *S*¹ || 16 *fort. addend.* Theodosiani; *cf. 6* || 17 scarosianàs *VS cf.* Sozom. h. eccles. VI 9 || 19 domus *S*.

Balneas priuatas XI.
Pistrina priuata XII.
Gradus XVI.
Curatorem unum.
Uernaculum unum.
Collegiatos octoginta.
Uicomagistros quinque.

Regio VIII.

Octaua regio ex parte tauri, nulla maris uicinitate contermina; angustior magis quam lata spatia sua in longitudinem producta conpensat.
Continet in se:
Partem fori Constantini.
Porticum sinistram taurum usque.
Basilicam Theodosianam.
Capitolium.
Uicos uiginti unum.
Domos centum octo.
Porticus maiores quinque.
Balneas priuatas decem.
Pistrina priuata quinque.
Gradus V.
Macellos duos.
Curatorem unum.
Uernaculum unum.
Collegiatos XVII.
Uicomagistros quinque.

Regio nona.

Regio nona prona omnis et in notum deflexa extensi maris litoribus terminatur.

IX 8 usque ad *S* || 9 theodosariam *V* || 14 balineas *V* || 19 om. *S*¹ || 21 uicosmagistros *V*.
X 2 ona regio *S*¹ *sp. uac. rel.* || nothū *S*¹ nodum *S*² || 3 extensis Mommsen || mauis *V* || terminantur *V*.

Continet in se:
    Ecclesias duas, Caenopolim et Homonoeam.
    Horrea Alexandrina.
    Domum nobilissimae Arcadiae.
    Thermas Anastasianas.
    Horreum Theodosianum.
    Uicos XVI.
    Domos centum sedecim.
    Porticus maiores duas.
    Balneas priuatas XV.
    Pistrina priuata XV.
    Pistrina publica IIII.
    Gradus IIII.
    Curatorem unum.
    Uernaculum unum.
    Collegiatos triginta octo.
    Uicomagistros quinque.

XI   Regio decima.

    Regio decima in aliud ciuitatis latus *uersa*. a
    nona regione platea magna uelut fluuio
    interueniente diuiditur. Est uero tractu
    planior nec usquam praeter maritima loca
    inaequalis, longitudini eius latitudine non
    cedente.
Continet in se:
    Ecclesiam siue martyrium sancti Acacii.
    Thermas Constantinianas.
    Domum Augustae Placidiae.
    Domum Augustae Eudociae.

5 omonoeam *VS*[2] omonorā *S*[1] || 12 porticos *V* || duos *V* || 14 pistrina priuata XV *om.* *S*[1] || 15 pistrina publica IIII *om.* *V* || 19 uicosmagistros *V*.
  XI 2 etima regio *S*[1] *sp. uac. rel.* || uersa *om.* *VS* || 3 uelud *VS*[1] || 4 dunditur *S*[1] || 6 latitudinē *S*[2] || 9 acacii *V* accacii *S*[2] accatii *S*[1].

Domum nobilissimae Arcadiae.
Nympheum maius.
15 Uicos uiginti.
Domos sexcentas triginta sex.
Porticus maiores sex.
Balneas priuatas . . . . .
Pistrina publica duo.
20 Pistrina priuata sedecim.
Gradus XII.
Curatorem unum.
Uernaculum unum.
Collegiatos nonaginta.
25 Uicomagistros quinque.

XII   Regio undecima.

Regio undecima spatio diffusa liberiore, nulla parte mari sociatur; est uero eius extensio tam plana, quam etiam collibus inae-
5   qualis.
Continet in se:
Martyrium Apostolorum.
Palatium Flaccillianum.
Domum Augustae Pulcheriae.
10 Bouem aereum.
Cisternam Arcadiacam.
Cisternam Modestiacam.
Uicos VIII.
Domos quingentas tres.
15 Porticus maiores quattuor.
Balneas priuatas quattuordecim.

    14 nymfaeum V || 18 *secundum collectionem ciuitatis erant uiginti duae* || 20 pristrina V || 25 uicosmagistros V.
    XII 2 ndetima regio S^1 *sp. uac. rel.* || spatio *om.* S^1 || liberior VS || 3 sociata S || uerum S || 7 martyrū $\varGamma$ || 8 palacium $\varGamma$ || facillianū V flaccilianū S || 16 balneas priuatas quattuor *om*. $\varGamma$, *sed add. man. altera coaeua.*

Pistrinum publicum unum.
Pistrina priuata tria.
Gradus septem.
20 Curatorem unum.
Uernaculum unum.
Collegiatos triginta septem.
Uicomagistros quinque.

XIII   Regio duodecima.

Regio duodecima portam a ciuitate petentibus
in longum plana omnis consistit, sed latere
sinistro mollioribus cliuis deducta maris
5 confinio terminatur; quam moenium su-
blimior decorat ornatus
Continet in se:
Portam auream.
Porticus Troadenses.
10 Forum Theodosiacum.
Columnam itidem intra se gradibus peruiam.
Monetam.
Portum Theodosiacum.
Uicos undecim.
15 Domos trecentas sexaginta tres.
Porticus maiores tres.
Balneas priuatas quinque.
Pistrina priuata quinque.
Gradus VIIII.
20 Curatorem unum.
Uernaculum unum.
Collegiatos decem et septem.
Uicomagistros quinque.

21 unum *om. V.*

XIII 1 *om. S[1]* || 2 uodetima regio *S[1] sp. uac. rel.* || 5 conuiuio
V || 9 troadensesi *V* || 15 trecentes *V* sexcentas *S[2]* || 18 pristina *V* ||
19 VIII *V.*

XIV Regio tertiadecima.

Tertiadecima regio Sycena est, quae sinu maris angusto diuisa societatem urbis nauigiis frequentibus promeretur; tota lateri montis adfixa praeter unius plateae tractum, quam subiacentium eidem monti litorum tantum praestat aequalitas.

Continet in se:
Ecclesiam.
Thermas Honorianas.
Forum Honorianum.
Theatrum.
Naualia.
Domos quadringentas triginta unam.
Porticum maiorem unam.
Balneas priuatas quinque.
Pistrinum publicum unum.
Pistrina priuata quattuor.
Gradus VIII.
Curatorem unum.
Uernaculum unum.
Collegiatos XXXIIII.
Uicomagistros quinque.

XV Regio XIIII.

Regio sane licet in urbis quartadecima numeretur parte, tamen quia spatio interiecto diuisa est, muro proprio uallata alterius

XIV 1 om. S^1 || 2 sycaena V || 5 preter V || 7 praestate qualitas V correx. man. 2 || 13 uicorum numerus deest, neque in collectione ciuitatis computatur || 14 domus V || unū V || 17 pristinum V || 18 pristina V || 21 om. S^2 || 23 uicomagistro V.

XV 2 licet om. S^2 || 3 spatia V || interieto V corr. man. 2 || 4 diuisum VS || uallatum VS^2 uallato S^1 || alternis S^1.

quodammodo speciem ciuitatis ostendit. Est
uero progressis a porta modicum situ pla-
num, dextro autem latere in cliuum sur-
gente usque ad medium fere plateae spatium nimis pronum; unde mare usque
mediocris haec, quae ciuitatis continet partem, explicatur aequalitas.

Continet in se:
 Ecclesiam.
 Palatium.
 Nympheum.
 Thermas.
 Theatrum.
 Lusorium.
 Pontem sublicium siue ligneum.
 Uicos undecim.
 Domos centum sexaginta septem.
 Porticus maiores duas.
 Balneas priuatas quinque.
 Pistrinum publicum unum.
 Pistrinum priuatum unum.
 Gradus quinque.

XVI Collectio ciuitatis.

Cognita urbe per partes, fas est etiam situm
conclusae iam uniuersitatis aperire, ut
magnificentiae unicum decus non solum
uideatur opere et manu confectum, sed etiam
conspirantibus elementis naturae felicitate
munitum. Prouidentia ergo diuina tot futu-

6 et uero V || 7 dextro V || cliū V || 10 mediocrem S^2 || quae
om. S^2 || 15 nymfaeum V || 19 supplicium V supplitium S || liganeū 7 ||
24. 25 pristinum V || 26 *desiderantur magistratus regionis, scil. cum
secundum collectionem ciuitatis (XVI 44 seqq.) neque curator neque
uicomagistri in hac regione fuerint, uernaculus et collegiati triginta
septem.*
 XVI 2 urbe om. S^2 || 7 prouidentiae V.
Notitia dignitatum.

rorum hominum domiciliis consulente, longo tractu in promunturii qualitatem spatiosior terra, faucibus Pontici maris opposita, sinuosis portuosa lateribus, angustior latitudine, circumflui maris tutela uallatur; hoc quoque spatium, quod solum apertum maris circulus derelinquit, duplici muro acies turrium extensa custodit. Intra quas saepta ciuitas continet in se omnia singillatim memorata, quae nunc ad firmioris memoriae qualitatem summatim collecta referemus.

Habet ergo urbs Constantinopolitana:
Palatia quinque.
Ecclesias quattuordecim.
Domos diuinas Augustarum sex.
Domos nobilissimas tres.
Thermas octo.
Basilicas duas.
Fora quattuor.
Senatus duos.
Horrea quinque.
Theatra duo.
Lusoria II.
Portus quattuor.
Circum unum.
Cisternas quattuor.
Nymphea IIII.
Vicos trecentos uiginti duos.

8 longu S^1 || 14 maius V || 16 septa VS || sigillatim S^1 || 17 nunc] non S^2 || 20 constantinopolitana urbs S^2 || constantinopolitano V || 21 palatio V || *nominantur quattuor* || 22 *nomin. duodecim* || 23 augustanū V || *nom. quinque* || 24 *totidem nomin.* || 25 *nom. nouem* || 27 *nom. tres* || 29 *nom. sex, si horreum olearium adnumeres* || 30 *nom. tria* || 31. 32 *totidem nom.* || 34 *nom. tres* || 35 *nymfaea V totid. nom.* || 36 *totidem numeris collectis efficiuntur, quamuis in regione tertiadecima uicorum numerus non indicetur.*

NOTITIA URBIS CONSTANTINOPOLITANAE. 243

  Domos quattuor milia trecentas octoginta octo.
  Porticus quinquaginta duas.
  Balneas priuatas centum quinquaginta tres.
40 Pistrina publica uiginti.
  Pistrina priuata centum uiginti.
  Gradus centum decem et septem.
  Macellos quinque.
  Curatores tredecim.
45 Uernaculos quattuordecim.
  Collegiatos quingentos sexaginta.
  Uicomagistros sexaginta quinque.
  Columnam purpuream.
  Columnas intra se peruias duas.
50 Colossum unum.
  Tetrapylum aureum unum.
  Augusteum.
  Capitolium.
  Monetam.
55 Scalas maritimas tres.
  Habet sane longitudo urbis a porta aurea usque ad litus maris directa linea pedum quattuordecim milia septuaginta quinque, latitudo autem pedum sex milia centum
60 quinquaginta.

  37 trecentos $V \parallel$ *totid. effic.* $\parallel$ 38 *totid. effic.* $\parallel$ 39 *cf.* XI 18 $\parallel$ 40 pristina $V \parallel$ *effic. uiginti unum* $\parallel$ 41 pristina $V \parallel$ *effic. centum tredecim* $\parallel$ 42 *cf.* IIII 18 $\parallel$ 43 *nomin. quattuor* $\parallel$ 44 tresdecim $V \parallel$ 44—47 *cf.* XV 26 $\parallel$ 49 inter $S^2 \parallel$ 50 collosū $S^1 \parallel$ 51 tetraphylum aereum $V \parallel$ 52 augustaeum $VS^2 \parallel$ 53 capetoliū $V \parallel$ 55 *totid. nomin.*

PROUINCIARUM LATERCULI.

LATERCULUS UERONENSIS.

Nomina prouinciarum omnium:

2 Diocensis Orientis habet prouincias numero XVIII:
3   Libia superior.
4   Libia inferior.
5   Thebais.
6   Aegyptus Iouia.
7   Aegyptus Herculea.
8   Arabia.
9   item Arabia Augusta Libanensis.
10   Palestina.
11   Fenice.
12   Syria Coele.
13   Augusta Eup*hr*atensis.
14   Cilicia.
15   Isauria.
16   *Cy*p*r*us.
17   Mesopotamia.
18   Osroena.

II Diocensis Pontica habet prouincias numero VII:

Uaria lectio codicis Ueron. cap. 2. S. VII f. 254 seqq. 1 Explicit cosmografia iuli caesaris. Incipit eiusdem nomina prouinciarum omnium || 11 fenicen ¶| 12 syriae cohele || 13 eupatensés || 16 tupus || 18 osroaena.

2	Bitinia.
3	Cappadocia.
4	Galatia.
5	Pap*h*lagonia, nunc in duas diuisa.
6	Diospontus.
7	Pontus Polemiacus.
8	Armenia minor, nunc et maior addita.

III Diocensis Asiana habet prouincias *numero* VIIII:

2	Panfilia.
3	Frigia prima.
4	Frigia secunda.
5	As*i*a.
6	Lid*i*a.
7	Caria.
8	Insulae.
9	*P*isidia.
10	Ellespontus.

IV Diocensis Trac*i*ae habet prouincias numero VI:

2	Europa.
3	Rodope.
4	Tracia.
5	Emos*mon*s.
6	Scitia.
7	Misia inferior.

V Diocensis Misiarum habet prouincias numero XI:

2	Dacia.
3	Misia superior Margensis.

II 5 paplagonia ǁ diuisas.
III 1 numero] supra scribtas ǁ 2 phanfilia ǁ 5 assa ǁ 6 lida ǁ 8 insuluae ǁ 9 fisidiae.
IV 1 traccae ǁ 5 emossanus ǁ 7 inferiori.
V 2 dacias.

4	Dardania.
5	Macedonia.
6	Tessalia.
7	Priantina.
8	Priualentina.
9	Epiros noua.
10	Epiros uetus.
11	Creta.

VI Diocensis Pannoniarum habet prouincias numero VII:

2	Pannonia inferior.
3	Sauensis.
4	Dalmatia.
5	Ualeria.
6	Pannonia superior.
7	Noricus ripariensis.
8	Noricus mediterranea.

VII Diocensis Brittaniarum habet prouincias numero VI:

1	Primam.
2	Secundam.
3	Maxime Caesariensis.
4	Flauiae Caesariensis.

VIII Diocensis Galliarum habet prouincias numero VIII:

2	Belgica prima.
3	Belgica secunda.
4	Germania prima.
5	Germania secunda.
6	Sequania.
7	Lugdunensis prima.

VI 3 fauensis ‖ 6 pannonia pannonia ‖ 7 pariensis.
VII 4 aelauiae.
VIII 2. 3 betica ‖ 7. 8 lubdunensis.

LATERCULUS UERONENSIS.

8   Lugdunensis secunda.
9   Alpes Graiae et Poeninae.

IX Diocensis Biennensis habet prouincias numero VII:
2   Biennensis.
3   Narbonensis prima.
4   Narbonensis secunda.
5   Nouem populi.
6   Aquitanica prima.
7   Aquitanica secunda.
8   Alpes maritimae.

X Diocensis Italiciana habet prouincias numero XVI:
2   Benetiam Histriam.
3   Flaminiam.
4   Picenum.
5   Tusciam Umbriam.
6   Apuliam Calabriam.
7   Lucaniam.
8   Corsicam.
9   Alpes Cotias.
10   Retia.

XI Diocensis Hispaniarum habet prouincias numero VII:
2   Beticam.
3   Lusitaniam.
4   Kartaginiensis.
5   Gallecia.
6   Tharraconensis.
7   Mauritania Tingitania.

XII Diocensis Africae habet prouincias numero VII:
2   Proconsularis Zeugitana.

X 2 beteiam || 5 umbrenam || 7 licaoniam.
XII 2. 3 proconsularis bizacina zeugitana.

3	Bizacina.	
4	Numidia Cirtensis.	
5	Numidia militiana.	
6	Mauritania Caesariensis.	
7	Mauritania Tabia insidiana.	
8	Felix saeculum.	

XIII Gentes barbarae, quae pullulauerunt sub imperatoribus:

		Restituit Muellenhoffius:
2	Scoti.	*Scoti.*
3	Picti.	*Picti.*
4	Calidoni.	*Caledonii.*
5	Rugi.	= *31.*
6	Heruli.	= *30.*
7	Saxones.	*Saxones.*
8	= *20*	*Franci.*
9	= *21*	*Chattuarii.*
10	Camari.	*Chamaui.*
11	Crinsiani.	*Frisiaui?*
12	Amsiuari.	*Amsiuarii.*
13	Angri Angriuari.	*Angriuarii.*
14	Fleui.	[*Fleuus fluuius*].
15	Bructeri.	*Bructeri.*
16	Cati.	*Chatti.*
17	Burgunziones:	*Burgundiones.*
18	Alamanni.	*Alamanni.*
19	Sueui.	*Suebi.*
20	Franci.	= *8.*
21	Gallouari.	= *9.*
22	Iotungi.	*Iuthungi.*
23	Armilausini.	*Armilausini.*
24	Marcomanni.	*Marcomanni.*
25	Quadi.	*Quadi.*
26	Taifruli.	= *35.*

XII 5 miliciana.

27	Hermundubi.	*Hermunduri.*
28	Uandali.	*Uandali.*
29	Sarmatae.	*Sarmatae.*
30	= 6.	*Heruli.*
31	= 5.	*Rugi.*
32	Sciri.	*Sciri.*
33	Carpi.	*Carpi.*
34	Scitae.	*Scythae.*
35	= 26.	*Taifali.*
36	Gothi.	*Gothi.*
37	Indii.	*Uinidi.*
38	Armeni.	*Armenii.*
39	Horro/	*Osrhoeni.*
40	Palmoerni.	*Palmyreni.*
41	Mosoritae.	*Bosoritae.*
42	Marmeritae.	*= 47.*
43	Theui.	*?*
44	Isaur/	*Isauri.*
45	Friges.	*Phryges.*
46	Persae.	*Persae.*
47	= 42.	*Marmeridae.*

XIV Item gentes, quae in Mauretania sunt:

2	Mauri Gensani.	*Mauri Quinquegentiani.*
3	Mauri Mazazeses.	*Mauri Mazices.*
4	Mauri Baueres.	*Mauri Barbares (aut Bauares).*
5	Mauri Bacautes.	*Mauri Bacuates.*

6	Celtitibari.	*Celtiberi.*
7	Turini.	*Astures? (aut Turdetani?)*
8	Ausitani.	*Ausetani.*
9	Calpitani.	*Carpetani.*
10	Cantabri.	*Cantabri.*
11	Enantes.	*Edetani.*

XV Nomina ciuitatum, trans Renum fluuium
   quae sunt:
2   Usiphorum.   *Usipiorum.*
3   Tuuanium.   *Tubantum.*
4   Nictrensium.   *Tencter —*
5   Nouarii/   *— uariorum.*
6   Casuariorum.   *Chasuariorum.*

7 Istae omnes ciuitates trans Renum in formulam Belgicae primae redactae. Trans castellum Mo*g*ontiace*n*se LXXX leugas trans Renum Romani possederunt. Istae ciuitates sub Gallieno imperatore a barbaris occupatae sunt. Leuga una habet mille quingentos passus. Explicit.

   XV 8 montiacesenam.

LATERCULUS POLEMII SILUII

siue

SCHONHOUIANUS.

P   *Bruxellensis 10615—10729*   s. *XII.*
F   *Monacensis 6243 (ol. Fris. 43)*   s. *VIII.*
S^1 *Oxon. Canon. lat. misc. 378*   s. *XV.*
S^2 *Monacensis 10291*   s. *XVI.*
S   *Spirensis uetus siue consensus codicum S^1 et S^2.*

Interpolationes, quae codicis Spirensis propriae sunt, litteris inclinatis in contextum recepi. Uncis rotundis inclusi, quae in Spirensi omissa sunt.

1   NOMINA PROUINCIARUM.
2   In Italia sedecim:
3   *Prima:*   Campania, in qua est Capua.
4   *Secunda:*   Tuscia cum Umbria, *in qua est Roma.*
5   . . . . . .   Emilia.
6   *Quarta:*   Nursia Valeria, in qua est Reate.
7   *Quinta:*   Flaminia, in qua est Rauenna.
8   *Sexta:*   Picinum, *in qua est Asculis.*
9   *Septima:*   Liguria, in qua est Mediolanum.

I 1 *ita P numero omnium prouinciarum F de prouinciis S* ‖ 2 *ita P in italia prouincia* XVII *F' prouincie (prouintiae S^2) italie (italiae S^2) sunt* XVII *S* ‖ 3 *caput P* ‖ 5 *om. S spatio unius uersus uacuo relicto* ‖ 7 *flamminia P flaminie F' flammina S* ‖ inque *F* ‖ 9 **leguriam** *P licoria F* ‖ *est om. P* ‖ *mediolanus P mediolanensis F.*

LATERCULUS POLEMII SILUII. 255

10 Octaua: Uenetia cum Histria, in qua est Aquileia.
11 Nona: Alpes Cottiae et Apenn̄, in quibus Genua.
12 Decima: Samnium, in qua est Beneuentum.
13 Undecima: Apulia cum Calabria, in qua (est) Tarentum.
14 Duodecima: Brittia cum Lucania in qua est Regium.
15 Tertia decima: Raetia prima.
16 Quarta decima: Raetia secunda.
17 Quinta decima: Sicilia insula in mari Tyrrheno.
18 Sexta decima: Sardinia in mari Tyrrheno.
19 Septima decima: Corsica in mari Tyrrheno.

II Item Galliarum XVII:

2 Prima: Uiennensis.
3 Secunda: Narbonensis (prima).
4 (Narbonensis secunda).
5 Tertia: Aquitania prima.
6 Quarta: Aquitania secunda.
7 Quinta: Nouempopulana.
8 Sexta: Alpes maritimarum.
9 Septima: Belgica prima, in qua est Treueris.
10 Octaua: Belgica secunda, de qua (transitur ad Brittanniam) transitus Britannorum.

10 uintia F ∥ histris PF ∥ in quibus S^2 ∥ aquilegia S^1 ∥ 11 abpis F ∥ cotcie F cottice S^1 cotticae S^2 ∥ 12 samium P samnum S^1 ∥ beneuentu S^2 ∥ 13 apolia cum calapria F ∥ in qua est Tarentum om. P ∥ quibus S^2 ∥ arentus F tarantum S ∥ 14 brutia P brucia F bricia S^1 britia S^2 ∥ con F ∥ lucinia P ∥ quibus S^2 ∥ est om. S^2 ∥ 15 raetia om. P ∥ 15. 16 ricia F retia S ∥ 17 cicilia P siciliae S^2 ∥ 17. 18. 19 tyrreno S^1 ∥ 18 sardina P ∥ 19 iursica P cursica F.
  II. 1—18 om. F ∥ 1 prouinciae galliarum sunt XVII S ∥ 2 uiennenses P ∥ 3 narbonenses P ∥ 7 nouempolana S ∥ 8 maritiorum P ∥ 9 in qua est Treueris om. S^1 ∥ treferus P ∥ 10 brittania P ∥ britanorum S^1.

11	Nona:	Germania prima super Renum.
12	Decima:	Germania secunda (ut supra) *uersus* Britann̄.
13	Undecima:	Lugdunensis prima.
14	Duodecima:	Lugdunensis (secunda) super oceanum.
15	Tertia decima:	Lugdunensis (tertia) ut supra *uersus* Britann̄.
16	Quarta decima:	Senonia.
17	Quinta decima:	Maxima (Sequanorum).
18	Sexta decima:	Sequanorum.
19	Septima decima:	Alpes Graiae.

III   Item in Africa VI:

2	Prima:	Proconsularis, in qua est Cartago.
3	Secunda:	Numidia.
4	Tertia:	Bizacium.
5	Quarta:	Tripolis.
6	Sexta:	Mauritania Sitifensis.
7	Quinta:	Mauritania Caesariensis.

IV   In Hispania VII:

2	Prima:	Tarraconensis.
3	Secunda:	Carthaginensis.
4	Tertia:	Betica.
5	Quarta:	Lusitania, in qua est Emerita.
6	Quinta:	Gallaecia.

13 lugdunens̄ S^1 || 14 lugduneñ S || supra S || occianum P occeanum S^1 || 15 lugd S^1 || 19 alpis F || gracie P gratiae F.

III 1 prouinciae afregana num̄. VI F prouinciae africae sunt VI S || 2 proconsulares P consularis S^2 || cartaco F kartago S || 3 numudia F || 4 bizaci ut supra P bizantium FS || 5 tripoles P tripulis F || 6 *post* 7 *colloc.* S || mauretanea sitifessis F || 7 *om.* F || cesarrienses P.

IV in spania prouincias sunt num̄. VII F prouinciae hispaniae sunt VIII S || 2 terraconensis FS || 3 cartaginenses P cartagensis F || 5 temerita P temerata F || 6 *om.* F gallicia P galatia S^1 galacia S^2.

LATERCULUS POLEMII SILUII. 257

7	*Sexta:*	Insulae Baleares.
8	*Septima:*	Tingitana,
9	*Octaua:*	trans fretum, quod ab oceano infusum (terras intrat) *transmittitur* inter Calpem et Abinam.

V · In Illirico XVIIII:

2	*Prima:*	Dalmatia (super mare).
3	*Secunda:*	Pannonia prima (in qua est Sermium).
4	*Tertia:*	Pannonia secunda.
5	*Quarta:*	Ualeria.
6	*Quinta:*	Preualis.
7	*Sexta:*	Misia (superior) *inferior*.
8	*Septima:*	Epirus uetus.
9	*Octaua:*	Epirus noua.
10	*Nona:*	Noricus (ripensis, supra Danubium).
11	*Decima:*	(Noricus) mediterranea.
12	*Undecima:*	Sauia.
13	*Duodecima:*	Dardania.
14	*Tertia decima:*	Haemimontus.
15	*Quarta decima:*	Dacia.
16	*Quinta decima:*	Scitia.
17	*Sexta decima:*	Creta insula.
18	*Septima decima:*	Achaia.
19	*Octaua decima:*	Macedonia.
20	*Nona decima:*	Thessalia.

7 insole *PF* || balearis *F* || 8 tingitanea *F* || 9 ab ociano *F* ob oceanum *P* ab occeano *S*¹ || infuso *F* || calpe *P* || uel abina *P* uel abinnant *F* et auienam *S*.

V 1 in iliricum prouincias XVIIII *F* prouinciae illiricae (illyricae *S*²) sunt XVIII *S* || 2 dalmacia *PF* || supra *F* || 3 serminum *P* || 5 uiridia *S* || 6 siribalis *S* || 8 ephirum *P* epulis *F* || 9 ephirus *P* epulis *F* || 12 suauia *PS* fauia *F* || 14 hemymantus *P* haec memonentus *F* emantus *S* || 15 datia *S* || 16 scotta *S* || 17 insola *F* || 18 acaia *F* || 20 thersalia *F* thessalonicensis *S*.

NOTITIA DIGNITATUM. 17

VI		In Thraciis VI:
2	*Prima:*	Thracia (prima).
3	*Secunda:*	*item* Thracia (secunda).
4	*Quinta:*	Misia (inferior) *superior*.
5	*Sexta:*	Scithia (inferior) *superior*.
6	*Tertia:*	Europa, in qua est Constantinopolis prius Licus dicta siue Bizantium.
7	*Quarta:*	Rodopa.
VII		In Asia XII:
2	*Prima:*	Asia (ipsa), in qua (est) Ilium.
3	*Secunda:*	Licia.
4	*Tertia:*	Galatia.
5	*Quarta:*	Lidia.
6	*Quinta:*	Caria.
7	*Sexta:*	Hellespontus.
8	*Septima:*	Pamphilia.
9	*Octaua:*	Pisidia.
10	*Nona:*	Phrigia (prima).
11	*Decima:*	(Phrigia) salutaris.
12	*Undecima:*	Licaonia.
13	*Duodecima:*	Ciclades.
VIII		In Oriente X:
2	*Prima:*	Siria Coele, in qua est Antiochia.

VI 1 in trachiis VI *P* in tracia prouincias VI *F* prouinciae traciae (thraciae S^2) sunt VI *S* || 2. 3 tracia *PF* thratia S^2 || 4. 5 *post* 7 *colloc.* *S* || 5 scitia *PF* scythia S^2 || 6 eorupa *F* || quae prius bicantium dicebatur *F* || dicta licus *S* || licos *P* || byzantium S^2 || 7 *om. F.*

VII 1 in asia prouincias XII *F* prouinciae asiae sunt XII *S* || 2 lium id est troia *F* || 3 licium *P* lycia S^2 || 4 galacia *F* || 5 item licia *F* lica S^1 lyca S^2 || 7 hillespontus *F* || 10 frigia *PF* phrygia S^2 |: 11 frigia *P* || salutaris) *FS* secunda *P* || 12 liconia *F* lycaonia S^2 || 13 clades *P* ciclatis *F* elclades S^1 cyclades S^2.

VIII 1 R in oriente prouincias X *F* prouinciae (prouiciae S^2) orientales (orient: S^2) sunt X *S* || 2 cile *P* ciliae *F* cole S^1 || anthiocia *F*.

3	*Secunda:*	(Siria) Palestina.
4	*Tertia:*	Siria Phoenice.
5	*Quarta:*	Isauria.
6	*Quinta:*	Cilicia, iuxta montem Taurum.
7	*Sexta:*	Cyprus.
8	*Septima:*	Mesopotamia, inter Tigrem et Eufraten.
9	*Decima:*	Eufratesia.
10	*Octaua:*	Hosdroene.
11	*Nona:*	Sophanene.

IX		In Ponto VIII:
2	*Prima:*	Pontus Polemoniacus.
3	*Secunda:*	Pontus Amasia.
4	*Tertia:*	Honoriada.
5	*Quarta:*	Bithinia.
6	*Quinta:*	Paflagonia.
7	*Septima:*	Armenia minor.
8	*Sexta:*	Armenia maior.
9	*Octaua:*	Cappadocia.

X		In Aegypto VI:
2	*Prima:*	Aegyptus (ipsa), in qua est Alexandria.
3	*Secunda:*	Augustamnis.

4 Siria *om.* $F \parallel$ finice P finecis F phenicis S^1 phoenicis $S^2 \parallel$ 5 ysauria P insauria $F \parallel$ 6 cylia $F \parallel$ tauromontem $F \parallel$ et eufraten *add.* $S^1 \parallel$ 7 *om.* S^1 ciprus $P \parallel$ 8 tigre uel eufrate P tegrem et eofratim F tygrem et euphraten $S^2 \parallel$ et euphraten *om.* S^1 *cf.* 6 $\parallel$ 9 *post* 11 *colloc.* $S \parallel$ eofratisia F eufragia $S \parallel$ 10 hosdrone $FS^1 \parallel$ 11 sufanis F supannene S^1 supamienae S^2.

IX 1 in pontu prouincias VIIII (*aut* VIII?) F prouinciae ponti sunt VIII $S \parallel$ 2 ponitus $F \parallel$ polemiacus P polimiacus $F \parallel$ 3 samaria P amassia $S \parallel$ 4 honoriata $F \parallel$ 5 bithelia P bythinia $S^2 \parallel$ 6 pamflagonia P aflaconia $F \parallel$ 7 *post* 8 *colloc.* $S \parallel$ arminia minior $F \parallel$ 8 arminia maior $F \parallel$ 9 cappadotia S^2.

X 1 in aegypto prouincias VI F prouinciae aegipti sunt VI $S \parallel$ 2 egyptus PF egiptus $S^1 \parallel$ alaxandria $F \parallel$ 3 augustannes P agustannis F augustalis S.

4	*Tertia:*	Thebaida.
5	*Quarta:*	Libia sicca.
6	*Quinta:*	Libia pentapolis.
7	*Sexta:*	Archadia.
XI		In Brittannia V:
2	*Prima:*	Brittannia (prima).
3	*Secunda:*	*item* Brittannia (secunda).
4	*Tertia:*	Flauia.
5	*Quarta:*	Maxima.
6	*Quinta:*	Ualentiniana.
7	*Sexta:*	Orcades.
8		(Summa CXII).

5 lebea P lybia S^2 ‖ 6 libea P lybia S^2 ‖ pentabolis F.

XI 1 item brittania (V *om.*) $P \overline{R}$ in brittania prouincias V F prouinciae occidentalis (occiden: S^2) sunt VI S ‖ 2. 3 brittania PF britannia S^1 ‖ 4 flabia F flagia S^1 phlagia S^2 ‖ 6 ualentina F ‖ 7 orchades S^1 ‖ 8 sunt simul numero CXIL F.

NOTITIA GALLIARUM.

A siue A^1 Colon. 212   s. VII.   Jaffé et Wattenbach,
           Eccl. metrop. Colon. codd. manuscr. Berol. 1874
           p. 161.
A^2 Paris. 2123   s. IX.   Guérardi E; u. Essai
           sur le système des diuisions .territoriales de la
           Gaule. Par. 1832 p. 12. Cod. Thuani apud Du
           Chesne hist. Franc. script. coaetan. p. 6.
A^3 Paris. 4280 B   s. X.   Guérardi M; cod. Thu-
           ani alter apud Du Chesne l. l. A^2 et A^3 paucis tan-
           tum locis adhibiti sunt.
B Colon. 186   s. IX.   Jaffé et Wattenbach.
           p. 133.
C^1 Uindob. 3103   s. XV.   contuli.
C^2 Monac. 10291   s. XVI. contuli.
a^1 Friburg.   s. X aut XI. Brambach, Mus.
           Rhen. nou. XXIII p. 265.
a^2 St. German. 366   s. X.   Guérardi W.
b^1 Colon. 106   s. IX.   Jaffé et Wattenbach.
           p. 133.
b^2 Paris. 3843   s. X.   Guérardi J.
c^1 Paris. 1451   s. X.   Guérardi A.
c^2 Paris. 5001   s. XI.   Guérardi S.
d Paris. 4808   s. X.   2 man. s. XII. Gué-
           rardi P; mea causa denuo contulit O. Hirschfeld.
e^1 Bern. 26 A   s. VIII. Brambach p. 267.
e^2 Paris. 4280 B   s. X.   Guérardi L.

Numeris omissis indicatur consensus codicum eiusdem notae, numeris ³⁴ additis lectio codicum reliquorum eiusdem familiae.

Notae in principio cuiusque commatis positae indicant codices, qui lectionem in contextum receptam integram exhibent.

Notas codicum, de quorum lectione dubitaui, uncis rotundis inclusi.
Interpolationes antiquissimas litteris inclinatis in contextum recepi.

Stemma codicum:

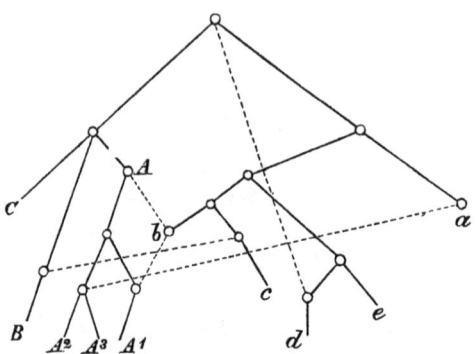

I IN PROUINCIIS GALLICANIS QUAE CIUITATES SINT:

2 In prouincia Lugdunensi prima ciuitates num. IIII:

I 1 notisia in prouincia galliarum uel gallicanis decem titulis n/////// qualiter statutum aut quantae prouinciae uel ad metropolym ciuitatem urbis per capitulum superius nuncupate redire. aut constitutionis designate debeant respondere. aut rei publicae ut ordo exposcit pontificum conseruentur aut requirantur arbitrio ut antiquitas nulla possit conuelli condicione. in prouinciis gallicanis decem q' ciuitatisint C *A inscriptionem om. B.* in dei nomine (nomine domini C^1) incipiunt annuntiationes (annunctiaciones C^1) prouinciarum urbium (urbium *om.* C^2) graecarum (grecarum C^1) et pinnarum uel gallicanarum cum priuilegiis suis (suis *om.* C^2) *C sequitur prou. Alpium Graiarum et Poeninarum, quae in hac familia primum locum obtinet.* incipiunt nomina ciuitatum prouinciarum galliae a^1 hic continentur prouinciae galliganis quae ciuitates sunt galligani metropolis b^1 in prouintiis galicanis quae ciuitates sint *d* incipiunt nomina prouintiarum e^1; *de reliquis non constat.*

2 *om. B.* in prouincia leudunense prima ciuitatis nm̄. III *A* rouincia lugdunensis ciuitas prima C^1 prouincia lugdunensis prima *numero ciuitatum omisso* $C^2 b^1$ proū. lugdunens̄. prima. habet. ciui-

NOTITIA GALLIARUM. 263

3	Metropolis ciuitas Lugdunensium.
4	Ciuitas Aeduorum.
5	Ciuitas Lingonum.
6	Castrum Cabillonense.
7	Castrum Matisconense.

II In prouincia Lugdunensi secunda ciuitates num. VII:

2	Metropolis ciuitas Rotomagensium.
3	Ciuitas Baiocassium.
4	Ciuitas Abrincatum.
5	Ciuitas Ebroicorum.
6	Ciuitas Saiorum.
7	Ciuitas Lexouiorum.

tates. num̄. IIII a^1 met̄. proū. lugduneñ. prima. n̄. IIII d lugdonensium habet ciuitates numero IIII e^1; *de reliquis non constat. Posthac discrepantes scripturas nisi in nominibus et numeris non adnotabo.*

3 Aa^2bc^2e lugdonensium Bc^1 lugduneñ C^1 lugdunensis C^2 lugdonens̄ a^1 lug d.

4 Aa^1d eduorum BCa^2bce hoc est agustedunum *add.* b^1 hoc est augustodunum *add.* b^2.

5 ABC^2bcde ligonum C^1 linguorum a.

6 *post* 7 *colloc.* b || castrum $ABCabc$ ciuitas *de recte; cf. Amm. XV, 11, 11; Sirmond. conc. Gall. p.* 11 *et numerum ciuitatum in inscriptione capitis et in subscriptione totius laterculi* || Cabillonense] a^2c^2 cabellonense A cauellonensium B caualonense C caballonense a^1 cabilonensium b^1 cabillonensium b^2 cabilonense c^1 gabilonense d cabellionensis e^1 gabillonensis e^2.

7 *om.* ABC || ciuitas be^1 || Matisconense] acd matiscensium b maticonensis e^1 matisconensis e^2.

II 1 *Inscriptiones usque ad IX in Aa secunda manu eiusdem temporis additae sunt* || leudunensis A lugdon Be^1 lugdoneñs̄ a^1.

2 C^2ac rotomagent̄ A rodomagensium Bb rothomagensium C^1 romanensium d rotomagensis e.

3 $ABCcde^2$ baiocasium ae^1 bolocasium b.

4 Aa^1bcd aprincatum B abincatum C abricatum a^2 albrincatium e^1 abrintakarum e^2.

5 $BCabcde$ ebroticorum A.

6 $ACbcde$ sadorum B salarum id est saiorum (siorum a^2) a.

7 Abd letouiorum B lexiouirorum C^1 lexiouiorum C^2 lixouiorum a luxouiorum c lixoiorum e.

8   Ciuitas Constantia.
III In prouincia Lugdunensi tertia ciuitates
     num. VIIII:
2   Metropolis ciuitas Turonorum.
3   Ciuitas Cenomannorum.
4   Ciuitas Redonum.
5   Ciuitas Andecauorum.
6   Ciuitas Namnetum.
7   Ciuitas Coriosolitum.
8   Ciuitas Uenetum.
9   Ciuitas Ossismorum.
10   Civitas Diablintum.
IV   In prouincia Lugdunensi Senonia ciuita-
     tes num. VII:
2   Metropolis ciuitas Senonum.
3   Ciuitas Carnotum.

8 ABC^2abcde constancia C^1.
III 1 *om.* B || lugdonensis C^1 lugdonens̄ a^1e^1 lugdunen̄ d ||
IIII A *sed correx.*
2 *Bad* torenorum A tirenorum C^1 tyrenorum C^2 toronorum *be* toronensium c^1 turonensium c^2
3 a^2cde^2 celomannorum A caelomannorum B celomannarum C cenomanorum a^1e^1 cennomanorum b^1 caennomanorum b^2.
4 $ABCabc^2de^2$ raedonum c^1 renodnm e^1.
5 $ABCc^1de^2$ andicauorum a^1 andegauorum a^2bc^2 antecauorum e^1.
6 $BC^2ab^2cde^2$ namitum A mannetum C^1 nannetum b^1 namnetium e^1.
7 coriosopitum A^1 consulitum A^2 conisolitum A^3 consolitum BC corisopitum ace^2 chorisoporum b corisopotum de^1.
8 *cde* uenitum A uenesium B cianeti C^1 ganeti C^2 uantium (cianctium a^{1j}) id est uenetum a uenotum b.
9 *ante 6 colloc.* e^2 || A ossiomorum B osisonorum C^1 osisinorum C^2 osismorum ae oscismorum b oxismorum c ossimorum d.
10 ac^1d diablentum Abc^2 diallintum B drabientum C^1 deabientum C^2 diablentium e^1 diabrentum e^2 id est carifes *add.* a^2.
IV 1. lugd B lugdunens̄ a^1 lugdunenses d lugdonens̄ e^1 || Senonia] *Ad* sinonia a^1 IIII Bb^1e^1 quarta C; *de reliquis non constat* || VIII c^2e^1.
2 $ABCab^2ce$ *om. d sed post. add.* sennonum b^1.
3 *Cabde* charnotum A caruotenum B carnotenum c.

4	Ciuitas Autisioderum.
5	*Ciuitas Autricum.*
6	Ciuitas Tricassium.
7	Ciuitas Aurelianorum.
8	Ciuitas Parisiorum.
9	Ciuitas Melduorum.
V	In prouincia Belgica prima ciuitates num. IIII:
2	Metropolis ciuitas Treuerorum.
3	Ciuitas Mediomatricum, *Mettis.*
4	Ciuitas Leucorum, Tullo.
5	Ciuitas Uerodunensium.
VI	In prouincia Belgica secunda ciuitates num. XII:
2	Metropolis ciuitas Remorum.

4 *post 6 colloc.* $C \parallel a^1$ altisiodarum A^1 autisioderinsium A^2 autisiodoresum A^3 autisiodero B autisiorum C autisiodorum $a^2c(e^2)$ authisioderum b autisio̊rum d authisio̊rum e^1.

5 *alterum ciuitatis Carnotum nomen; om.* $ABCa^1b$ ciuitas *om. d*; Autricum] cde^1 auericum a^2 audricum e^2 id est niuernum *add.* c^2.

6 Ca^1de trecassium Ab tricasium Ba^2 trigasinorum e^1 tricassinorum c^2.

7 Cab^2d aurilianorum ABb^1ce.

8 $BCacde$ paritiorum A parisaeorum b^1 pariseorum b^2.

9 $BCabc^1de$ meldorum Ac^2.

V 1 *om.* $B \parallel$ bellica a^1b^1d belgega e^1.

2 $BCacd$ treuerotium A trefororum b^1 trephorum b^2 treūorum e^1 treuisorum e^2.

3 Mediomatricum] $ACbe^1$ metitianorum B mediomatricorum acd mediomatrium $e^2 \parallel$ mettis ce^2 *om. A prim. man.* $BCde^1$ mettes A *secund. man.* id est mettis a hoc est mettis b.

4 Leucorum] $ABab^2cd$ leocorum C^1e leoeorum C^2 leuchorum $b^1 \parallel$ Tullo] $ABcde^2$ tullos C id est tullo a hoc est tullo b tollo e^1.

5 A^2d uerodentium A^1 uirdoninsium B uerodunensis C uerudonensium a^1 ueredunensium a^2e^2 uerdonensium b uerodonensium c ueredinensium e^1.

VI 1 belgicarum B bellica a^1b^1d belgega $e^1 \parallel$ secunda *om.* $e^1 \parallel$ XI $c^2 \parallel$ *ciuitates hoc ordine exhibet* B: 2, 3, 5, 7, 9, 13, 4, 6, 8, 12, 10.

2 $BCab(c)de$ remos A.

3   Ciuitas Suessionum.
4   Ciuitas Catalaunorum.
5   Ciuitas Ueromandorum.
6   Ciuitas Atrabatum.
7   Ciuitas Camaracensium.
8   Ciuitas Turnacensium.
9   Ciuitas Siluanectum.
10   Ciuitas Bellouacorum.
11   Ciuitas Ambianensium.
12   Ciuitas Morinum.
13   Ciuitas Bononiensium.
VII In prouincia Germania prima ciuitates num. IIII:
2   Metropolis ciuitas Magontiacensium.
3   Ciuitas Argentoratensium.

3 A^1Babcd sessionum $A^{2\cdot3}Ce$.

4 Aa cataleunorum B catalaonorum C cadellaunorum b gadellaunorum c^1 catellaunorum c^2 catuellaunorum d catuellorum e.

5 AC^2abcd uiromandorum Be ueremandorum C^1.

6 AC atrauatum Ba^2bcd atruatum a^1 atrauitium e^1 artrauitum e^2.

7 ac^1 camaracentium A capracensium B camaracentum C^1 cameracentium C^2 camarocensium b cameracensium c^2 camarecensium d caramarcensium e^1 amarecensium e^2.

8 $Cacde$ turnacentium A tornatensium B turiacensium b.

9 $ABCabcde^1$ seluanectum e^2.

10 ACa^1 bellocanorum B beluacorum a^2 bellocauorum bce^1 bellocouacorum de^2.

11 $abcde^1$ om. B ambianentium A ambiennensium C abinensium e^2.

12 $Aabcde$ moronorum B morenum C id est ponticum add. a.

13 BC^1bc^2 bononientium A bonouiensium C^2 bononensium ad bononinsium c^1 boninensium e^1 boninsium e^2.

VII 1 germanica I B germanorum priorum C germanica prima c^1 germaniae prima e^1.

2 $A^3ab^2cde^1$ mogontiacensium A^1 moganciacinsium A^2 magnensium B mogonziacensium C^1 magoziacensium C^2 magonciacensium b^1 magociacensium e^2 id est magontī add. a^1 id est magontis add. a^2.

3 $A^{2\cdot3}Ba^2$ argentoratentium A^1 ariotaracensium C^1 ariotoratensium C^2 argentora a^1 argentoracensium b^1cd argentoriacensium b^2 argentoracens̄ e^1 agentoracensium e^2 id est stratreburgo add. a hoc est stratisburgo add. b^1 hoc est stratisbugo add. b^2.

NOTITIA GALLIARUM.

4   Ciuitas Nemetum.
5   Ciuitas Uangionum
VIII   In prouincia Germania secunda ciuitates num. II:
2   Metropolis ciuitas Agripinensium
3   Ciuitas Tungrorum
IX   In prouincia Maxima Sequanorum ciuitates num. IIII:
2   Metropolis ciuitas Uesontiensium.
3   Ciuitas Equestrium, Noiodunus.
4   Ciuitas Eluitiorum, Auenticus.
5   Ciuitas Basiliensium.

4 *post* 5 *colloc.* $B \parallel abe^2$ nemitum AB neometum C nemmetum ce^1 mētẹtum d id est spira *add.* a hoc est spira *add. b.*

5 Aa^1cde^2 uagionum Be^1 wangionum Ca^2 uangiorum b id est warmatia *add.* a^1 warmatia *add.* a^2 hoc est warmacia *add.* b^1 hoc est warmacum *add.* b^2.

VIII 1 *totam prouinciam om.* $B \parallel$ germanie secunde C^1 germaniae secundae C^2 germanica secunda c^1 germaniae secunda e^1.

2 $C^2 ab$ agripinentium A agrippinensium $C^1 c^2$ agripinnensium c^1 agripenensium d agrapens̄ e^1 agrepenensium e^2 id est colonia *add. a* hoc est colonia *add. b.*

3 $ACab$ tungorum cde^2 taugorum e^1 id est tungris *add. a.*

IX *post IV colloc.* $b \parallel 1$ *om.* $B \parallel$ prima sequanorum A lugdunensis V sequanorum b maxima sequandorum d maxima *om.* $e^1 \parallel$ X a^1 VIIII *ce.*

2 a^2 uesonsientium AC^2 uesonensium B uesonsiensium C^1 uesotientium a^1 crassopolinorum (crisopolinorum b^2) hoc est uesontionum b uesoncionicum c uesontienicum d uisontucinicum e^1 uisontinium e^2.

3 Equestrium] ACa^2cJe^2 aquestrium B equistrium e^1 aequestrium $a^1b \parallel$ Noiodunus] A nolodunum B nosuduno C id est neuidununus a^1 id est neuidunus a^2 hoc est nugduno b^1 hoc est nugdono b^2 noiudunus c^1d nouidunum c^2 nuioduēns e^1 nuiodunum e^2.

4 Eluitiorum] Ac^1de^1 eluisosorum B fluisiorum C^1 eluisiorum C^2 eliuitiorum a^1 elitutionum a^2 eluicorum b heluitiorum c^2 elucionum $e^2 \parallel$ Auenticus] ABc auonticus C^1 auonticis C^2 id est auenticum a hoc est auentico b hoc est auenticus d hoc est auentic̄ e^1 hoc est auentias $e^2 \parallel$ ciuitas nouidunus hoc est auenticum *add.* a^1.

5 $BCabcde^1$ basilientium A basiliensiensium e^2 id est basilia *add.* a^2 basilia *add.* a^1.

6   Castrum Uindonissense.
7   Castrum Ebrodunense.
8   Castrum Argentariense.
9   Castrum Rauracense.
10   Portus Abucini.
X In prouincia Alpium Graiarum et Poenninarum ciuitates num. II:
2   Metropolis ciuitas Centronium, Darantasia.
3   Ciuitas Ualensium, Octodorum.
XI   ITEM IN PROUINCIIS NUMERO VII:
2   In prouincia Uiennensi ciuitates numero XIIII:

6 castrum] $BCabcde^2$ ciuitas Ae^1 || Uindonissense] de^2 uindonisse A uindoninse B uindenissense C uindonense a uendonense b uindonissinse c uindoninsense e^1.

7 *post 8 colloc. e* || castrum] $BCabcde$ ciuitas A || Ebrodunense] ab^1c^1d ebroiunense A ebrodonense B ebrudunense Ce^1 ebrodunensi b^2 ebredunense c^2e^2.

8 $ABabc^2d$ argentanense C argenturiense c^1 argentoratense e^1 argentaricense e^2.

9 a^1d om. Ac^2 ramragense B ramracense C^1 kamracense C^2 rauacense a^2 raurarcinse be^1 rausacense c^1 sauracense e^2.

10 bc^1de buceni A lupicini B busina C abucina a ebunici c^2.

X *postremo loco totius laterculi colloc. B primo loco colloc. C post XVII colloc. b* || 1 *sic Ad* gaiar. alpinius B grecarum (graecarum C^2) et pinnarum C alpium gratarum et poenninarum a^1 uienensis V in alpium graiarum (gratarum b^2) et pinnarum b alpium gratarum et poennanenš e^1 *de reliquis non constat*.

2 Centronium] a^2bcde^2 om. B ceutronium $A^{1\cdot3}$ centroñ C centronum a^1 metranium e^1 || Darantasia] c drantasia Ade^1 taratansia B tartarensia C^1 tarrentasia C^2 id est tarantasia a hoc est darentasia b dratasia e^2.

3 Ualensium] $A^{2\cdot3}Ca^2cde$ ualentium A uallensium Ba^1b || Octodorum] $BC(b^2)c^1$ octodoro A id est octodorus a^1 octoduro (a^2) hoc est octodoro b^1 octodonum c^2 uctodoro d iunctudoro e^1 iunctadoro e^2.

XI *ante I colloc. C; prouinciarum ordinem in septem prouinciis hunc exhibet b*: *XI, XV, XVI, XVII, X, XII, XIII, XIV* || 1 *ita Ad om.* $BCa^1b^1e^1$; *de reliquis non constat.* || *Ciuitates hoc ordine exhibet B*: 3, 4, 6, 8, 10, 13, 15, 5, 7, 9, 11, 14, 16.

2 uiennentium A uiennen B uiennenš prima a^1 uienensis I b^1 uienensium e^1 || XIIII *ace* XIII *Ad*.

NOTITIA GALLIARUM. 269

3	Metropolis ciuitas Uiennensium.
4	Ciuitas Genauensium.
5	Ciuitas Gratianopolitana.
6	Ciuitas Albensium, *nunc Uiuarium*.
7	Ciuitas Deensium.
8	Ciuitas Ualentinorum.
9	Ciuitas Tricastinorum.
10	Ciuitas Uasiensium.
11	Ciuitas Arausicorum.
12	*Ciuitas Carpentoratensium, nunc Uindausca.*
13	Ciuitas Cabellicorum.
14	Ciuitas Auennicorum.
15	Ciuitas Arelatensium.
16	Ciuitas Massiliensium.

3 $BCab^2c^2de$ uiennentium A uienensium b^1c^1.

4 bcd genauentium A gauanensium B gennauesium C^1 gennauensium C^2ae.

5 $BC^2ab^2c^2e^2$ gratianopl̄t A gracianopolitana C^1 gratiaropolitanorum c^1 gratianopolitanorum b^1d gratianobilitanorum e^1.

6 Albensium] *Cabcde* albentium A abhensium B ‖ nunc Uiuarium] *a om.* $ABCde^1$ uiuaria c nunc uiuario $e^{2\cdot3\cdot4}$ hoc est belisio b^1 hoc est bellisum b^2.

7 BC^2c^1 *cf. ad 11* deentium A decensium C^1a^2 detensium a^1de athensium b diuensium uel dibiunum c^2 *cf. ad 11.*

8 $ABCabcde$.

9 *Cae om.* c^1 trecastinorum Ac^2 trecasinorum B trecassinorum b^1 crecasianorum b^2 tricastric̄orum d.

10 ce uasentium A uasensium BC^2 uasinsium C^1 uasionensium a uasenciorum b^1 uasentiorum b^2 uastentium d.

11 $Aacde^2$ arausecorum B aurasicorum Ce^1 aurasinorum b^1 aurasiorum b^2 ciuitas decensium *add.* c^1 ciuitas detensium *add.* c^2 *cf.* 7.

12 *perperam in archetypo omissum erat, computatur in summa totius laterculi; om.* $ABCd$, *post 15 colloc. a, post. 14 colloc. c* ‖ Carpentoratensium] *abc* carpentoracensium e ‖ nunc Uindausca] e *om.* bc nunc uindasca a^1 nunc uinclausa a^2.

13 acd *óm.* e^1 cauellicorum ACb cauillicorum B cabellicum e^2.

14 $ABabcde^2$ auennecorum C au ennicorum e^1.

15 $Cacde$ arelatentium A arelatinsium B arlatensium b.

16 a^1bcde masselientium A masiliensium Ba^2 massaliensis C^1 massiliensis C^2.

XII In prouincia Aquitanica prima ciuitates
num. VIII:
2   Metropolis ciuitas Biturigum.
3   Ciuitas Aruernorum.
4   Ciuitas Rutenorum.
5   Ciuitas Albigensium.
6   Ciuitas Cadurcorum.
7   Ciuitas Lemouicum.
8   Ciuitas Gabalum.
9   Ciuitas Uellauorum.
XIII In prouincia Aquitanica secunda ciuitates num. VI:
2   Metropolis ciuitas Burdegalensium.
3   Ciuitas Agennensium.
4   Ciuitas Ecolisnensium.

XII *ciuitates hoc ordine enumerantur in B:* 2, 3, 5, 7, 9, 4, 6, 8 ||
1 om. *B* aquitania secunda C^1 *in margine a manu recentiore scriptum est;* ita in originali || aequitania b^1 aquitania c aequitaniae e^1 || VIIII e^2.
  2 betorigum A beturicum B beturiguum C bituricum ac^2de betorigorum b bitorigum c^1.
  3 $ABa^2b(c^2e^2)$ aauernorum C^1 aaruernorum C^2 aŭernorum a^1 aruennorum $c^{1\cdot 3\cdot 4}de^{1\cdot 3\cdot 4}$.
  4 Bcd ratinorum A^1 butenorum C rotenorum ae ruthinorum b^1 rutinorum A^3b^2.
  5 ad albigentium A albiensium $Bbce^1$ albegensium C albiginensium e^2
  6 A^2Ccd cadorcorum A^1a caturcorum B cadurchorum b cadercorum e^1 catorcorum e^2.
  7 A^1acde lemodicum A^3BC leumouicum b.
  8 AC^2acde cabalum B galabum C^1 gaballuorum b.
  9 $ABCa^1cde$ uallauorum a^2 bellauorum b^1 ballauorum b^2.
XIII *ciuitates hoc ordine enumerat B:* 2, 3, 5, 7, 4, 6 || 1 aquit̃ *B* aquitanea C^1 equitania b^1 aquitania c equitanega e^1 || secunda om. e^1.
  2 $Cacde$ bordigalentium A ordogalensium B bordegalensium b^1 bordaegalensium b^2.
  3 abd om. C agennentium A agennicium B agenensium c^1e^2 aginnensium c^2 agãnensium e^1 *correx.* 2 *man.*
  4 a^2 om. Cde^1 ecolisnentium A^1 aquilenensium A^2 aquelinensium

NOTITIA GALLIARUM. 271

5   Ciuitas Santonum.
6   Ciuitas Pictauorum.
7   Ciuitas Petrocoriorum.
XIV   In prouincia Nouempopulana ciuitates num. XII:
2   Metropolis ciuitas Ausciorum.
3   Ciuitas Aquensium.
4   Ciuitas Lactoratium.
5   Ciuitas Conuenarum.
6   Ciuitas Consorannorum.
7   Ciuitas Boatium.
8   Ciuitas Benarnensium.
9   Ciuitas Aturensium.
10   Ciuitas Uasatica.

A^3 aquilegensium B etolisnensium a^1 egolisnensium b^1 agolisnensium b^2 ecolinensium c^1 aecolisnensium c^2 eoolismensium (e^2).

5 $A^{1\cdot 3}C^2 a(b^2)de^1$ sanctonum $A^2BC^1 b^1 ce^2$.

6 *Bade* pectauorum $ACbc$.

7 $ABCde$ petrogoriorum a^1 petrogorium $a^2 b$ petracorium c^1 petrocorium c^2.

XIV *ciuit. hoc ord. enumerat B:* 2, 3, 5, 7, 9, 11, 13, 4, 6, 8, 10, 12 || 1 *om. B* aequitaniae III *add.* b^1 acquitaniae III *add.* b^2.

*2 *Bacd* ausiorum C auscorum b austiorum e metropolis ciuitas elusacium (elosasium A^2 aelosasium A^3) || ciuitas ausciorum (austriorum A^3) $A^{1\cdot 2\cdot 3}$.

3 $ab^2 d$ aquentium AB aquiensium C^1 aquientium C^2 laquensium b^1 aquinsium *ce*.

4 a^2 lactoracium A lectiorasium B latorasium C lactoricium a^1 lacturacium b^1 lacturantium $b^2 c$ latoracium de^1 latoratium e^2.

5 $BC^1 a$ conbinarum A conuennarum C^2 conuenas *bcde*.

6 $ABb^2 d$ consoranorum Cb^1 consuranorum a^1 consonarum a^2 consarranorum c^1 sarranorum c^2 consoramnorum e.

7 $A^1 ab^2 cde^1$ boasium $A^{2\cdot 3}$ boesium B baosium C boacium b^1 bohatium e^2 quod est boius *add. a.*

8 $A^3 BC^2$ benarnentium A^1 bernarnensium C^1 beranensium $abc^1 de^2$ barennensium c^2 perranensium e^1 id est benainus *add.* a^1 id est bonainus *add.* a^2.

9 *abcde* aturentius A^1 atorensium $A^2 C$ adtorensium A^3 astorensium B hoc est uico iuli *add.* a^2.

10 $ABacde$ basacia C^1 *add.* a^2. basatica C^2 uasateca b.

11	Ciuitas Turba, *ubi castrum Bogorra.*
12	Ciuitas Illoronensium.
13	Ciuitas Elosatium.

XV In prouincia Narbonensi prima ciuitates num. V:

2	Metropolis ciuitas Narbonensium.
3	Ciuitas Tolosatium.
4	Ciuitas Beterrensium.
5	*Ciuitas Agatensium.*
6	*Ciuitas Magalonensium.*
7	Ciuitas Nemausensium.
8	Ciuitas Luteuensium.
9	Castrum Uceciense.

11 turba $ABCbcde$ tursa a^1 tussa a^2 ‖ ubi castrum bogorra Aab^2c^2d om. BC ubi castrus bogori b^1 ubi castra bogorsa c^1 castor bigōr .. e^1 ubi castellum bigora e^2.

12 C^2 illoponentium A elloronensium *Bacde* illonorensium C^1 eloronensium b^1 eloronessium b^2.

13 *metropolim faciunt* $A^{1 \cdot 2 \cdot 3}$ ‖ e^2 elusacium A^1 elosasium $A^{2 \cdot 3} C$ florasium B elosaticum a elufacium b^1 ·elusantium b^2 elusatium cd aelosatium e^1.

XV *totam prouinciam om.* B ‖ narbonenš a^1 uienensis II b^1 uiennensis II b^2 narbonensium prima d narrabonensium I e^1 ‖ V Ad VI b^2 VIII ac^1e^1 IX c^2 VII e^2.

2 $ACabcde^2$ narbonenš e^1.

3 ab^2cde tolosasium A telosa C^1 tolosa C^2 tholosacium b^1 id est tolosa add. a.

4 d beterrentium A beterensium Cc beternensium a beteruensium b biterrensium e.

5. 6 om. ACd, *ante 4 colloc. e*, 5 *ante 4 colloc. b*, 6 *post 7 colloc. a.*

5 $ab^2 ce^2$ agathensium b^1 aganensium e^1.

6 a^1bce^2 magolonensium a^2 magalenensium e^1.

7 ACb^1de nemausentium a^1b^2 neumasensium a^2 nemausium c^1 mausensium c^2.

8 $Cbcd$ luteuentium A leuteuensium a^1 lutenensium a^2 latuuensium e^1 lutuuensium e^2 id est leuteua (lateua a^2) castrum add. a.

9 castrum $A^{1 \cdot 2} ab(c)d(e^2)$ om. C^1 ciuitas $A^3C^2e^1$ ‖ Uceciense] $Aacd$ uciense C uciacensium b uceciensium e^1 ucenciensium e^2 id est astituecensium add. a^1 id est astituaecensi add. a^2.

XVI In prouincia Narbonensi secunda ciuitates num. VII:
2   Metropolis ciuitas Aquensium.
3   Ciuitas Aptensium.
4   Ciuitas Reiensium.
5   Ciuitas Foroiuliensium.
6   Ciuitas Uappencensium.
7   Ciuitas Segestericorum.
8   Ciuitas Antipolitana.
XVII In prouincia Alpium Maritimarum ciuitates num. VIII:
2   Metropolis ciuitas Ebrodunensium.
3   Ciuitas Diniensium.
4   Ciuitas Rigomagensium.

XVI ciuit. hoc ordine enumerat B: 2, 4, 6, 3, 5, 7, 8 || 1 narbonense secunda A narb. B uienensis III b^1 uiennensis III b^2 narrabon̄ II e^1 || VI Ae^1.
    2 $Babd$ aquinsium $ACce$.
    3 post 4 colloc. b, post 8 colloc. C || $BCcde$ aptentium A aotensium a^1 abtensium a^2 athensium b.
    4 a^1 om. AC ragensium B reicensium a^2 regensium bce^1 retensium de^2 id est reius add. a.
    5 Ba^1cd foroiulientium A floroiolensium C^1 foroiolensium C^2 foroiuliensis a^2 foroiulensium b furituliensium e^1 foriiuliensis e^2.
    6 c^2e uappincensium A uappecinsium B quod est labardo uapetensium C^1 quod est labordo uappetensium C^2 wappencensium a^1 uappensentium a^2 wapincensium b uappensensium c^1 uapencensium d.
    7 sigesteriorum A cesterotorum B sergestrocorum C segesteriorum a^1bc^2d segestorium a^2 segestoriorum c^1 segestio̅r̅um e^1 corr. 2 man. regesteriorum e^2
    8 A^1ae antepolitana $A^{2\cdot 3}$ atepoletana B antiptiliana C anthiopolitana b antiopolitana cd.
    XVII ciuit. hoc ordine enumerat B: 2, 3, 7, 5, 9, 4, 8 || 1 om. B alpina maritimarum C uiennensis IIII in (et in b^2) alpium maritimarum b.
    2 bc^1de^2 ebredunensium Ac^2 ebradoninsium B ebrudunensium C ebrodonensium a ebrudunensis e^1.
    3 $ACacd$ diennensium Be^2 dignensium b dienensium e^1 dina add. a.
    4 $BCabcde$ regomagensium A.

5   Ciuitas Soliniensium.
6   Ciuitas Sanisiensium.
7   Ciuitas Glannatena.
8   Ciuitas Cemelensium.
9   Ciuitas Uintiensium.
10 In prouinciis num. XVII ciuitates numero CXV.

5 $ABCbe^2$ solliniensium a^1cde^1 sollinensium a^2.
6 C om. B sanitiensium A^1 sabsiensium $A^{2\cdot 3}$ saniciensium ab^1 saniniensium b^2 sanitienensium cd sanicienensium e^1 sanitianensium e^2 id est sanesio add. a.
7 Ba^2 glannatica Ac glaciatina C^1 glatiana C^2 gáannatena a^1 glanatica b^1 lanatica b^2 glannatina d planatena e^1 glanatena e^2.
8 $C^1b^1c^1de^1$ celenensium A caemellensium B semelensium C^2 cemelenensium a^1e^2 celemensium a^2 caemelessium b^2 celemsium c^2.
9 uisiensium A uensiensium A^2BCb^2 uisiciensium a^1 uinsicensium a^2 uensientium b^1 uinsicienisium c^1 uinsientium c^2 uinsitiensium d uinsiciensium e^1 uinsiensium e^2 id est uentio add. a; *in archetypo uidetur fuisse:* uinsᵗⁱiensium.
10 om. ab || XVII] XVI Bc^1.

INDICES.

Or *Notitia Dignitatum in partibus Orientis* . . . . . . *p.* 1
Oc *Notitia Dignitatum in partibus Occidentis* . . . . . *p.* 103
C *Notitia urbis Constantinopolitanae* . . . . *p.* 227
U *Laterculus Ueronensis* . . . . *p.* 247
P *Laterculus Polemii Siluii* . . . . *p.* 254
G *Notitia Galliarum* . . . . *p.* 261

NOMINA UIRORUM ET MULIERUM.

Acacius *C* XI 9.
Anastasia *C* VIII 11; X 8.
Arcadia *C* X 7; XI 13.
Arcadius *C* II 13; XII 11.
Caenopolis *C* X 5.
Carosa *C* VIII 17.
Constantinus *C* I 13; IV 13; VII 3; 7; VIII 5; IX 7; XI 10.
Constantius *C* VI 17.
Crispus *Oc* XL 20.
Eudocia *C* VI 10; XI 12.
Fanio *C* V 10.
Faustina *Oc* XII 9.
Flaccilla *C* XII 8.
Gallienus *U* XV 7.
Gildo *Oc* XII 5.

Homonoea *C* X 5.
Honorius *C* VI 7; XIV 10; 11.
Irene *C* VIII 11.
Iulianus *Oc* XII 24.
Marina *C* II 12.
Menas *C* V 13.
Modestus *C* XII 12.
Paulus *C* VIII 12.
Placidia *C* II 10; 11; XI 11.
Pulcheria *C* IV 8; XII 9.
Theodosius *C* I 14; VI 8; 11; VIII 6; 13; IX 9; X 9; XIII 10; 13.
Timasius *C* V 15.
Ualens *C* VI 16.
Zeuxippus *C* III 10.

INDEX GEOGRAPHICUS.

Aballaba (*Brit.*) *Oc* XL 47.
Abasgi *Or* XXXI 41 = 55.
Abina (*Tingit.*) *P* IV 9.
Abina (*Phoen.*) *Or* XXXII 24 = Abira 9.
Abocedo (*Theb*) *Or* XXXI 53.
Abrincates (*Lugd. II*) *G* II 4; *Oc* V 116=266=VII 92; XXXVII 11 = 22.
Abucini portus (*Sequan.*) *G* IX 9.
Abulci *Oc* VII 109; XXVIII 20.
Abusina (*Raet.*) *Oc* XXXV 25.
Abydum (*Theb.*) *Or* XXXI 53.
Acadama (*Syr.*) *Or* XXXIII 12 = 21.
Acauatha (*Syr.*) *Or* XXXIII 13 = 22.

Achaia *Or* I 27; III 8; XXI 1 —4; 15; *P* V 18; proconsul *Or* I 27; XXI.
Acimincum (*Pann. II*) *Oc* XXXII 7 = 26; 16 = 35.
Acincum (*Ualer.*) *Oc* VII 101; IX 19; XXXIII 48; 54; 65; XLI 25.
*Acoraba (*Syr.*) *Or* XXXIII 8 = 17.
*Acraba *Or* XXXVI 25.
Acti *Oc* XLII 38.
Ad Herculem, Ad Miliare etc. *u.* Hercules, Miliare etc.
*Adacha (*Phoen.*) *Or* XXXII 14 = 29.
Adada (*Syr.*) *Or* XXXIII 10 = 19.
Adatha (*Phoen.*) *Or* XXXII 14 = 29.

Adittha (*Arab.*) *Or* XXXVII 30;
Adtitha 31.
Adiuuense (*Noric. rip.*) *Oc* XXXIV 40.
Admatha (*Palaest.*) *Or* XXXIV 33.
Adnamantia (*Ualer.*) *Oc* XXXIII 18 = 39.
Adurni portus (*Brit.*) *Oc* XXVIII 11 = 21.
Aedui (*Lugd. I*) *G* I 4; *Oc* XLII 38; *cf.* Augustodunum.
Aegeta (*Dac. rip.*) *Or* XLII 11 = 20; 34; 42; *Oc* XXXII 56.
Aegissos (*Scyth.*) *Or* XXXIX 9 = 17; Accisso 34.
Aegyptii *Or* XXVIII 27; 39; XXXII 43; XXXVI 32.
Aegyptus dioecesis *Or* I 39; 78; 80; II 3; 24; XIII 7; 12; *P* X 1; Aegyptiaca *Or* I 80; praefectus Augustalis *Or* I 29; XXIII; comes commerciorum per Orientem et Aeg. *Or* XIII 7; comes et rationalis summarum Aeg. *Or* XIII 12; prouincia *Or* I 84; II 28; XXIII 5 = 12; *P* X 2; Aeg. Iouia *U* I 6; praeses *Or* I 84; limes *Or* I 36; XXVIII 1; 13; 54; comes *ll. ll.*
Aegyptus Herculea *U* I 7; *cf.* Augustamnica.
Aelia (*Palaest.*) *Or* XXXIV 15 = 21; 48.
Aeliana (*Armen.*) *Or* XXXVIII 24.
Aemilia *Oc* I 54; II 12; XLII 61; *P* I 5; consularis *Oc* I 54.
Aenus *Oc* XXXV 15.
Aepatiaci portus (*Belg. II*) *Oc* XXXVIII 5 = 9.
Aequinoctia (*Pann. I*) *Oc* XXXIV 8 = 19.
Aesica (*Brit.*) *Oc* XL 42.
Uade Afaris (*Arab.*) *Or* XXXVII 34; *cf.* Naarsafari.
Afri *Or* XXVIII 38.
Africa dioecesis *Oc* I 26; 61; 98; II 4; 8; 35; 41; XI 8; XII 11; XX 1; 8; *U* XII 1; *P* III 1; uicarius *Oc* I 26; XX; praefectus annonae Africae *Oc* II 41; comes titulorum largitionalium per Africam *Oc* XI 8;
rationalis rei priuatae per Afr. *Oc* XII 11;
prouincia *Oc* I 22; XI 15; 53; 69; XII 16; XVIII 1; 2; proconsularis *Oc* XVIII 3; *P* III 2; procos. Zeugitana *U* XII 2; proconsul *Oc* I 22; XVIII; rationalis summarum Afr. *Oc* XI 15; procurator bafiorum omnium per Afr. *Oc* XI 69; rationalis rei priuatae fundorum domus diuinae per Afr. *Oc* XII 16;
limes *Oc* I 32; V 128; VII 140; 179; XXV 1; 19; comes *ll. ll.*
Africanus *Oc* VI 64.
Afro (*Palaest.*) *Or* XXXIV 38.
Afrodito (*Aeg.*) *Or* XXVIII 43.
Agennum (*Aquit. II*) *G* XIII 3.
Aginnum (*Belg.?*) *Oc* XLII 41.
Agrippina (*Germ. II*) *G* VIII 2.
Aila (*Palaest.*) *Or* XXXIV 16 = 30; *14 = *29.
Aiy (*Aeg.*) *Or* XXVIII 44.
Aladaleariza (*Arm.*) *Or* XXXVIII 17.
*Alalis (*Euphr.*) *Or* XXXIII 32.
Alamanni *Or* XXXI 63; XXXII 36; 41; *U* XIII 18; *cf.* Bucinobantes, Raetobarii.
*Alamatha (*Euphr.*) *Or* XXXIII 35.
Alani *Oc* VI 8 = 50 = VII 163.
Ala noua (*Pann. I*) *Oc* XXXIV 7 = 18.
Alauni *Oc* XLII 68.
Alba (*Dac. rip.*) *Or* XLII 23.
Alba (*Uienn.*) *G* XI 6.
Albanum (*Pann. II*) *Oc* XXXII 10 = 29.
Albiga (*Aquit. I*) *G* XII 5; *Or* VIII 29.
Alesca *u.* Alisca.
Aleto (*Armor.*) *Oc* XXXVII 8 = 19.
Alexandria *C* X 6; *P* X 2.
Alio (*Brit.*) *Oc* XL 53.
Alisca (*Ualer.*) *Oc* XXXIII 52, Alescae 63.
Almum (*Dac. rip.*) *Or* XLII 10 = 19.
Alpes *Oc* XXIV 5.
Alpes Cottiae *Oc* I 91; II 21; *U* X 9; *P* I 11; praeses *Oc* I 91.
Alpes Graiae *u.* Alpes Poeninae.

INDEX GEOGRAPHICUS.

Alpes maritimae *Oc* I 107; III 21; XXII 9=29; *U* IX 8; *P* II 8; *G* XVII 1; praeses *Oc* I 107; XXII 29.
Alpes Poeninae et Graiae *Oc* I 108; III 22; XXII 30; Alpes Poen. *Oc* XXII 10; Alp. Grai. *P*·II 19; Alp. Grai. et Poen. *U* VIII 9; *G* X 1; praeses *Oc* I 108; XXII 30.
Alpinus *Or* XXXVII 35; *Oc* V 99; 107; 108; 248; 257; 258; XXXII 53; 57.
Alta ripa (*Magont.*) *Oc* XLI 7 = 19.
Ripa alta (*Ualer.*) *Oc* XXXIII 6 = 27; 20 = 41.
Altinum (*Ualer.*) *Oc* XXXIII 7 = 28; 44.
Altinum (*Moes. II*) *Or* XL 28.
*Alyi (*Aeg.*) *Or* XXVIII 44.
Amasia (*Pont.*) *P* IX 3.
*Amatha (*Palaest.*) *Or* XXXIV 33.
Ambiani (*Belg. II*) *G* VI 11; *Or* VI 36; *Oc* IX 39; XLII 67.
Amboglanna (*Brit.*) *Oc* XL 44.
Amida (*Mesop.*) *Or* XXXVI 3 = 19; 5 = 21.
*Ammatha (*Palaest.*) *Or* XXXIV 33.
Ammattha (*Euphrat.*) *Or* XXXIII 35.
Ammuda (*Euphrat.*) *Or* XXXIII 30.
Ampsiuarii *Oc* V 40 = 188 = VII 70; *U* XIII 12.
Analiba (*Armen.*) *Or* XXXVIII 28.
*Anasamum (*Moes. II*) *Or* XL 19.
Anatha (*Syr.*) *Or* XXXIII 20 = Aratha 11.
Andecaui (*Lugd. III*) *G* III 5.
Anderetiani *Oc* VII 100; XLI 17; XLII 22.
Anderidos (*Brit.*) *Oc* XXVIII 10 = *20.
Andros (*Aeg.*) *Or* XXVIII 9 = 18.
Angleuarii *Or* V 18 = 59.
Angriuarii *U* XIII 13.
*Annamatia (*Ualer.*) *Oc* XXXIII 18 = 39.
Annonaria regio *u.* Picenum, Italia.
Ansamum (*Moes. II*) *Or* XL 19.

Antiana (*Pann. II?*) *Oc* V 112 = 262; *XXXII 40.
Antiochia (*Syr.*) *Or* XI 22; 23; *P* VIII 2.
Antipolis (*Narb. II*) *G* XVI 8.
Antonacum (*Magont.*) *Oc* XLI 13 = 25.
*Anuath (*Palaest.*) *Or* XXXIV 32.
Apadna (*Mesop.*) *Or* XXXVI 8 = *23; *cf.* Apatna.
Apameni *Or* XXXI 60.
Apatna (*Osrh.*) *Or* XXXV 13 = *25; *cf.* Apadna.
Apenninus *P* I 11.
Apollo superior (*Theb.*) *Or* XXXI 34; Apollo 13; 51.
Appiaria (*Moes. II*) *Or* XL 4 = 16; 22.
Apte (*Narb. II*) *G* XVI 3.
Apulia *Oc* XI 52.
Apulia et Calabria *Oc* I 80; II 19; XII 18; XIX 8; XLII 46 = 49; XLIV 1—5; 15; *U* X 5; *P* I 13; corrector *Oc* I 80; XIX 8; XLIV; procurator rei priuatae per Ap. et Cal. siue saltus Carminianensis *Oc* XII 18.
Aquae (*Alp. Cott.*) *Oc* XLII 57.
Aquae (*Narb. II*) *G* XVI 2.
Aquae (*Nouempop.*) *G* XIV 3.
Aquileia (*Uenet.*) *Oc* XI 27; 40; 49; XLII 4; *P* I 10.
Aquincum *u.* Acincum.
Aquitanica prima *Oc* I 110; XXII 12 = 32; XXXVII 25; XLII 44; *U* IX 6; *G* XII 1; Aquitania pr. *Oc* III 24; *P* II 5; praeses *Oc* I 110; XXII 32.
Aquitanica secunda *Oc* I 111; XXII 13 = 33; XXXVII 26; *U* IX 7; *G* XIII 1; Aquitania sec. *Oc* III 25; *P* II 6; praeses *Oc* I 111; XXII 33.
Arabánenses *Or* XXXVI 25.
Arabes *Or* XXVIII 24; XXXVI 35; XXXVII 34.
Arabia *Or* I 48; II 14; XXII 16 = 32; XXXVII 1; 13; 36; 52; *U* I 8; praeses *Or* XXXVII 43; dux *Or* I 48 [II 14] XXXVII 1; 52; dux Arabiae et praeses *Or* XXXVII 36.

Arabia Augusta Libanensis *U* I
9; *cf.* Foenice Libani.
*Aracha (*Syr.*) *Or* XXXIII 11=·
20.
Arar *Oc* XLII 21.
Aratha (*Syr.*) *Or* XXXIII 11=
Anatha 20.
Arauraca (*Armen.*) *Or* XXXVIII
29.
Arausio (*Uienn.*) *G* XI 11.
Arbeia (*Brit.*) *Oc* XL 7=22.
Arbor (*Raet.*) *Oc* XXXV 34.
Arcades *Or* V 32; XXXIX 18.
Arcadia *Or* I 85; II 29; XXIII
6=13; *P* X 7; praeses *Or* I
85.
Arefa (*Phoen.*) *Or* XXXII 39.
Arelate (*Uienn.*) *G* XI 15; *Oc*
XI 33; 43; 54; 75; *XII 27;
XLII 14.
Areopolis (*Arab.*) *Or* XXXVII
5=17.
Argentaria (*Sequan.*) *G* IX 8.
Argentomagus *Oc* IX 31.
Argentorate (*Germ. I*) *G* VII 3.
Argentoratensis tractus *Oc* I 34;
V 130; XXVII; comes *ll. ll.*
Arieldela (*Palaest.*) *Or* XXXIV
44.
Arlape (*Nor. rip.*) *Oc* XXXIV
34; 42.
Armeni *Or* VI 31; XXVIII 22;
U XIII 38.
Armenia *Or* I 50; XXXVIII 1;
10; 46; dux *ll. ll.*
Armenia maior *U* II 8; *P* IX 8.
Armenia minor *U* II 8; *P* IX 7.
Armenia prima *Or* I 109; II 49;
XXV 12=24; praeses *Or* I 109.
Armenia secunda *Or* I 110; II
50; XXV 13=25; praeses *Or*
I 110.
Armeniacus *Or* VII 13=49; 14
=50.
Armilausini *U* XIII 23.
Armoricanus tractus *Oc* I 45;
XXXVII 1; 13; 24; dux *ll. ll.*
Armoricanus *Oc* XXXVII 14.
Arnon (*Arab.*) *Or* XXXVII 34;
35.
*Arpha (*Phoen.*) *Or* XXXII 39.
Arrabona (*Pann. I*) *Oc* XXXIV
4=15; 5=16; 27.
Arriana (*Pann. I*) *Oc* XXXIV 29.

*Arrubium (*Scyth.*) *Or* XXXIX
7=16.
Arsaciana (*Pann. II*) *Oc* XXXII
40.
*Arsinoe (*Aeg.*) *Or* XXVIII 25.
Arubium (*Scyth.*) *Or* XXXIX 7
=16.
*Arudis (*Euphr.*) *Or* XXXIII 30.
Aruerni (*Aquit. I*) *Oc* XLII 44;
G XII 3.
Asabaia (*Arab.*) *Or* XXXVII 32.
*Asapheidama (*Syria*) *Or* XXXIII
12=21.
*Asaradda (*Palaest.*) *Or* XXXIV
32.
Asculum (*Picen.*) *P* I 8.
Asfynis (*Theb.*) *Or* XXXI 11=40.
Asia *Or* I 26; XX 1; 2; 5; 6;
19; *U* III 5; *P* VII 2; proconsul *Or* I 26; XX.
Asiana dioecesis *Or* I 31; 64;
95; II 4; 30; XI 29=31; 47;
XXIV 1; 11; 20; 29; *U* III
1; Asia *P* VII 1; uicarius *Or*
I 31; XXIV
Aspalato (*Dalm.*) *Oc* XI 18.
Assara (*Mesop.*) *Or* XXXVI 12
=26
Assyrii *Or* XXVIII 33.
Astae *Or* XXVIII 36.
*Astho (*Palaest.*) *Or* XXXIV 36.
Astures *Oc* XXVI 19; XL 35;
38; 42; *Or* XXVIII 36; *U*
XIV 7; *cf.* Austuris.
Asuada (*Palaest.*) *Or* XXXIV 32.
Atecotti *Or* IX 8=29; *Oc* V
48=197=VII 74; V 51=200
=VII 24; V 70=*218=VII 78.
Atrabates (*Belg. II*) *Oc* XLII 40;
G VI 6.
Aturenses (*Nouempop.*) *G* XIV 9.
*Auara (*Palaest.*) *Or* XXXIV 12
=25.
Auatha (*Phoen.*) *Or* XXXII 7=
22; (*Arab.*) *Or* XXXVII 25.
Auaxa (*Armen.*) *Or* XXXVIII 7
=18.
Audiensis limes (*Maur. Caes.*)
Oc XXX 17=Audenses 8.
Auenio (*Uienn.*) *G* XI 14.
Auenticus (*Sequan.*) *G* IX 4.
*Aueria (*Phoen.*) *Or* XXXII 4=
19.
Augusta Eufratensis *Or* XXXIII
24; *U* I 13; *cf.* Eufratensis.

Augusta Uindelicensis (*Raet. II*)
Oc XI 30.
Augusta (*Brit.*) Oc XI 37.
Augusta (*Dac. rip.*) Or XLII 7
= 17.
Augustamnica Or I 127 ; XXIII
7=14; XXVIII 37; Augustamnis P X 3 ; Aegyptus Herculea
U I 7; corrector Or I 127.
Augustani (*Raet.*) Oc XXXV 3
= 14.
Augustenses Or VIII 20 = 52 ;
IX 14 = 36 ; Oc XXXII 41.
Augustensis limes (*Maur. Caes.*)
Oc XXX 10 = 19.
Augustiani (*Nor. rip.*) Oc XXXIV
35.
Augustodunum (*Lugd. I*) Oc IX
33 ; 34 ; XI 59 ; *G* I 3 ; *Oc
XLII 70.
Castra Augustoflauianensia (*Moes.
I*) Or XLI 33.
Aulucos (*Tingit.*) Oc XXVI 5 =
15.
Aureliani (*Lugd. Senon.*) G IV 7.
Aureus mons (*Moes. I*) Or XLI
6 = 15 ; 28.
Aureus mons (*Pann. II*) Oc XXXII
45.
Auscii (*Nouempop.*) G XIV 2.
Ausetani U XIV 8.
Austuris (*Nor. rip.*) Oc XXXIV
45.
Autisioderum (*Lugd. Senon.*) G
IV 4.
Autricum (*Lugd. Senon.*) G IV 5.
*Auzia (*Maur. Caes.*) Oc XXX
8 = 17.
Axeloduno (*Brit.*) Oc XL 49.
Axiupolis (*Scyth.*) Or XXXIX 21 ;
30.
*Azao (*Ualer.*) Oc XXXIII 8=29.

Babylonia (*Aeg.*) Or 'XXVIII 2
= Babilona 15.
Bacae Or XL 49.
Bacuates U XIV 5.
Badensis limes (*Afr.*) Oc XXV
18 = 36.
Badias (*Afr.*) Oc XXV 5 = 23.
Baetasii Oc XXVIII 18.
Baeterrae (*Narb. I*) G XV 4.
Baetica Oc I 65 ; III 7 ; XXI 3
= 8 ; U XI 2 ; P IV 2 ; consularis Oc I 65 ; XXI 8.

Baiocasses (*Lugd. II*) G II 3 ;
Oc XLII 34.
Bagaraca Or IX 42.
Balaretanus limes (*Afr.*) Oc XXV
11 = 29.
Baleares Oc III 13 ; Insulae Bal.
Oc I 105 ; XI 71 ; XXI 15 ; P
IV 7 ; praeses Oc I 105 ; XXI
15.
Balensis limes (*Tripol.*) Oc XXXI
12 = 27.
Banasam (*Osrh.*) Or XXXV 6=18.
Barbalissus (*Euphr.*) Or XXXIII
3 = 25.
Barbaricum Oc XXXII 41 ;
XXXIII 48.
Bariensis (*Tingit.*) Oc XXVI 6 =
Castrabariensi 16.
*Barsamon (*Palaest.*) Or XXXIV
10 = 22.
*Basas Oc XXXII 59.
Basilia (*Sequan.*) G IX 4.
Bassiana (*Pann. II*) Oc XI 46.
Bataui Or V 8 = 49 ; VI 30 ; Oc
V 19 = 163 = VII 14 ; V 38 =
186 = VII 72 ; V 58 ; VI 5 =
47 = VII 167 ; VI 9 = 51 = VII
169 ; XXXV 24 ; *XXXVI 5 ;
XL 39 ; XLII 34 ; 40 ; 41.
Bataui (*Raet.*) Oc XXXV 24.
Bauares U XIV 4.
*Baudobrica (*Magunt.*) Oc XLI
11 = 23.
Bazensis limes (*Afr.*) Oc XXV
5 = 23.
Belgica prima Oc I 73 ; III 19 ;
XI 58 ; XXII 7 = *26 ; XLII
37 ; 38 ; U VIII 2 ; XV 7 ; P
II 9 ; G V 1 ; consularis Oc I
73 ; *XXII 26.
Belgica secunda Oc I 46 ; 74 ;
III 20 ; V 140 ; XI 56 ; 57 ;
XXII 8 = 27 ; XXXVIII 1 ; 6 ;
XLII 39 — 42 ; 67 ; U VIII 3 ;
P III 10 ; G VI 1 ; consularis
Oc I 74 ; XXII 27 ; dux Oc I
46 ; V 140 ; XXXVIII.
Bellouaci (*Belg. II*) G VI 10.
Benarnum (*Nouempop.*) G XIV 8.
Beneuentum (*Samn.*) P I 12.
*Bereo (*Scyth.*) Or XXXIX 5=15.
Berosaba (*Palaest.*) Or XXXIV
5 = Benosaba 18.
*Berzamma (*Palaest.*) Or XXXIV
10 = 22.

Beterrae (*Narb. I*) *G* XV 4.
Bethallaha (*Mesop.*) *Or* XXXVI 35.
Betproclis (*Phoen.*) *Or* XXXII 12 = 27.
Betthora (*Arab.*) *Or* XXXVII 12 = 22.
*Bezereos (*Tripol.*) *Oc* XXXI 5 = 20.
Bidensis limes (*Afr.*) *Oc* XXV 17 = 35; Uidensis (*Maur. Caes.*) *Oc* XXX 4 = 13.
Bigorra (*Nouempop.*) *G* XIV 11.
Bingium (*Mogont.*) *Oc* XLI 10 = 22.
contra Bintha (*Osrh.*) *Or* XXXV 28.
Bireo (*Scyth.*) *Or* XXXIX 5 = 15.
Birsama (*Palaest.*) *Or* XXXIV 10 = 22.
*contra Birtha (*Osrh.*) *Or* XXXV 28
Bithynia *Or* I 70; II 43; XXV 3 = 15; *U* II 2; *P* IX 5; consularis *Or* I 70.
Bituriges (*Aquit. I*) *G* XII 2; *Or* V 34.
Bizerentanus limes (*Tripol.*) *Oc* XXXI 5 = 20.
Blabia (*Armor.*) *Oc* XXXVII 4 = 15.
Boates (*Nouempop.*) *G* XIV 7.
Bodobrica (*Magunt.*) *Oc* XLI 11 = 23.
Boiodurum (*Nor. rip.*) *Oc* XXXIV 44.
Bononia (*Aemil.*) *Oc* XLII 61.
Bononia (*Belg. II*) *G* VI 12.
Bononia (*Dac. rip.*) *Or* XLII 4 = 13.
Bononia (*Pann. II*) *Oc* XXXII 14 = 33; 41; 44.
Borcouicium (*Brit.*) *Oc* XL 40.
*Bosoritae *U* XIII 41.
Bosporianus *Or* XXXVIII 29.
Bostra (*Arab.*) *Or* XXXVII 10 = 21.
Braboniacum (*Brit.*) *Oc* XL 12 = 27.
*Bracaraugustani *Or* XL 49.
Branodunum (*Brit.*) *Oc* XXVIII 6 = 16.
Brecantia (*Raet.*) *Oc* XXXV 32.
Bregetio (*Ualer.*) *Oc* XXXIII 51.
Bremetenracum (*Brit.*) *Oc* XL 54.

Brigantia (*Gallaec.*) *Oc* XLII 30.
*Brigantium (*Raet.*) *Oc* XXXV 32.
*Brigetio (*Ualer.*) *Oc* XXXIII 51.
Brisigaui *Oc* V 52; 53 = 201; 202 = VII 128; 25.
*Britanni *Oc* XXXV 25.
Britanniae *Oc* I 29; 35; 36; 75; 118; III 4; 32; V 131; 132; 142; VII 153; 199; XI 20; 36; 60; XII 15; XXIII 1; 8; XXIX 4; *5; XL 1; 17; *U* VII 1; Britannia *Oc* I 48; XXVIII 1; 12; XXIX 1; 2; 5; *P* II 10; 12; 15; XI 1; uicarius *Oc* I 29; XXIII; comes *Oc* I 35; V 131; VII 153; 199; XXIX; comes litoris Saxonici per Br. *Oc* I 36; V 132; XXVIII; dux *Oc* I 48; V 142; XL; rationalis summarum *Oc* XI 20; rationalis rei priuatae *Oc* XII 15.
Britannia prima *Oc* I 119; II 35; XXIII 5 = 13; *U* VII 1; *P* XI 2; praeses *Oc* I 119; XXIII 13.
Britannia secunda *Oc* I 120; II 36; XXIII 6 = 14; *U* VII 2; *P* XI 3; praeses *Oc* I 120; XXIII 14.
Britannicianus *Oc* V 57; 206; 207; VII *84; *127; 154.
Britannicus *Oc* V 92 = 241.
Britones *Or* IX 2 = 22; XXXI 45; *Oc* VII 73; 84; 127.
Brittii u. Lucania.
*Brouonacis (*Brit.*) *Oc* XL 12 = 27.
Bructeri *Oc* V 39 = 187 = VII 69; *U* XIII 15.
Bubensis limes (*Tripol.*) *Oc* XXXI 10 = 25.
Bucellarii *Or* VII 25.
Bucinobantes *Or* VI 17 = 58.
Bugaracenses *Or* IX 42.
Burdegala (*Aquit. II*) *G* XIII 2.
Burgenae (*Pann. II*) *Oc* XXXII 5 = 24; 18 = 37; 46.
Burgundiones *U* XIII 17.
Burgus Centenarius (*Ualer.*) *Oc* XXXIII 62.
Burgus contra Florentiam (*Ualer.*) *Oc* XXXIII 44.
Burgus Nouus (*Dac. rip.*) *Or* XLII 36.

Burgus Seueri (*Theb.*) *Or* XXXI 63.
Burgus Zonus (*Dac. rip.*) *Or* XLII 28.
Busiris (*Aeg.*) *Or* XXVIII 36.
Byzacium *Oc* I 62; II 36; XX 3 = 10; *P* III 4; Bizacina *U* XII 3; consularis *Oc* I 62; XX 10.
Byzantium *P* VI 6.

Cabellio (*Uienn.*) *G* XI 13.
Cabillonum (*Lugd. I*) *G* I 6; *Oc XLII 21.
Cadurci (*Aquit. I*) *G* XII 6.
Caelius (*Raet.*) *Oc* XXXV 30.
Caene (*Pont.*) *Or* XXXVIII 35.
Caesarea Cappadociae *Or* XI 26.
Caini (*Mesop.*) *Or* XXXVI 15; 34.
Calabria *Oc* XI 65; cf. Apulia.
Calamona (*Phoen.*) *Or* XXXII 11 = 26; (*Palaest.*) *Or* XXXIV 43
Calarona (*Gall.*) *Oc* XLII 17.
Calcarienses *Oc* XXXII 49.
Caledonii *U* XIII 4.
Callaecia *Oc* I 67; III 9; XXI 5 = 10; XLII 25; Gallaecia *U* XI 5; *P* IV 6; consularis *Oc* I 67; XXI 10.
Callinicum (*Osrh.*) *Or* XXXV 4 = 16.
Calpe *P* IV 9.
Camaracum (*Belg. II*) *G* VI 7.
Cambidano (*Raet.*) *Oc* XXXV 8 = 19.
Campania *Oc* I 59; II 17; XIX 3; XLII 10; XLIII 1—4; 14; *P* I 3; consularis *Oc* I 59; XIX 3; XLIII.
Campona (*Ualer.*) *Oc* XXXIII 14 = 35.
*Campodunum (*Raet.*) *Oc* XXXV 8 = 19.
Candidiana (*Moes. II*) *Or* XL 24.
*Cannaba (*Osrh.*) *Or* XXXV 3 = 15.
Cannabiaca (*Nor. rip.*) *Oc* XXXIV 46.
Cantabri *U* XIV 10.
Canusium (*Apul.*) *Oc.* XI 52.
Capidaua (*Scyth.*) *Or* XXXIX 4 = 13.

Cappadocia *Or* X 2; XI 26; *U* II 3; *P* IX 9; domus diuina per C. *Or* X 2.
Cappadocia prima *Or* I 105; II 45; XXV 8 = 20; praeses *Or* I 105.
Cappadocia secunda *Or* I 106; II 46; XXV 9 = 21; praeses *Or* I 106.
Capua (*Campan.*) *P* I 3.
Caput Basensis (*Sau.*) *Oc* XXXII 59.
Caputcellensis limes (*Afr.*) *Oc* XXV 14 = 32; (*Maur. Caes.*) XXX 9 = 18.
Caratensis (*Pann. I*) *Oc* XXXIV 30.
*Carcaria (*Palaest.*) *Or* XXXIV 13 = 28.
Cardabiaca (*Ualer.*) *Oc* XXXIII 50.
Cardueni *Or* XXXVI 34; *Oc* VI 40 = 83 = VII 209.
Caria *Or* I 101; II 39; XXIV 5 = 14; *U* III 7; *P* VII 6; praeses *Or* I 101.
Carminianensis saltus (*Apul. et Cal.*) *Oc* XII 18.
Carnotes (*Lugd. Senon.*) *G* IV 3; Carnunta *Oc* XLII 33.
Carnuntum (*Pann. I*) *Oc* XXXIV 26; 28; *IX 20.
Carpentoracte (*Uienn.*) *G* XI 12.
*Carpetani *U* XIV 9.
Carpi *U* XIII 33.
*Carpis (*Ualer.*) *Oc* XXXIII 12 = 33; 49; 56.
*Carrodunum (*Raet.*) *Oc* XXXV 28.
Carronenses *Oc* XXXVII 15; cf. Garronenses.
Carso (*Scyth.*) *Or* XXXIX 22.
Cartha (*Palaest.*) *Or* XXXIV 39.
Cartha (*Mesop.*) *Or* XXXVI 11 = 25; 32.
Carthago (*Afr.*) *Oc* XI 53; *Or* XXXIV 39; *P* III 2.
Carthaginiensis prouincia *Oc* I 103; III 11; XXI 13; *U* XI 4; *P* IV 3; praeses *Oc* I 103; XXI 13.
Casama (*Phoen.*) *Or* XXXII 10 = 25.
Cassiliacum (*Raet.*) *Oc* XXXV 19.
Castellum contra Tautantum (*Ualer.*) *Oc* XXXIII 55.

Castellum Onagrinum (*Pann. II*) *Oc* XXXII 41; 48.
Castellum Tablariense (*Armen.*) *Or* XXXVIII 25.
Castra Arnonensia (*Arab.*) *Or* XXXVII 34.
Castra Augustoflauianensia (*Moes. I*) *Or* XLI 33.
Castrabariensi (*Ting.*) *Oc.* XXVI 16.
Castra Herculis (*Pann. II*) *Oc* XXXII 42 *cf.* ad Herculem.
Castra Iudaeorum (*Aegypt.*) *Or* XXVIII 42.
Castra Lapidariorum (*Theb.*) *Or* XXXI 66.
Castra Leptitana (*Tripol.*) *Oc* XXXI 29.
Castra Madensia (*Tripol.*) *Oc* XXXI 30.
*Castra Neptitana (*Afr.*) *Oc* XXV 22.
Castra Regina (*Raet.*) *Oc* XXXV 17.
*Castra Tillibarensia (*Afr.*) *Oc* XXV 33.
Catalauni (*Belg. II*) *G* VI 4.
Catarienses *Oc* VII 62.
*Ceangi (*Brit.*) *Oc* XL 9 = 24.
Cebrum (*Dac. rip.*) *Or* XLII 5 = 15; 32.
Cefae (*Mesop.*) *Or* XXXVI 13 = 30.
Cefro (*Aeg.*) *Or* XXVIII 35.
Celtae *Oc* V 17 = 161 = VII 12; V 56 = 205 = VII 141.
Celtiberi *Oc* XLII 30; *U* XIV 6.
Cemenelium (*Alp. marit.*) *G* XVII 8.
Cenomanni (*Lugd. III*) *Oc* XLII 35; *G* III 3.
Centenarius burgus (*Ualer.*) *Oc* XXXIII 62.
Centrones (*Alp. Grai.*) *G* X 2.
Cephae (*Mesop.*) *Or* XXXVI 13 = 30.
Chalcedon *C* VI 19.
Chamaui *Or* XXXI 61; * *U* XIII 10.
*Charac-Moab (*Palaestina*) *Or* XXXIV 14 = 29.
*Charcha (Mesop.) *Or* XXXVI 11 = 25; 32.
*Chasuarii *U* XV 6.

Chaszanenica (*Pont.*) *Or* XXXVIII 31.
*Chatti *U* XIII 16.
*Chattuarii *U* XIII 9 = 21.
Chenoboscia (*Theb.*) *Or* XXXI 47.
Chermula (*Palaest.*) *Or* XXXIV 6 = 20.
Chiaca (*Armen.*) *Or* XXXVIII 21.
Chora (*Gall.*) *Oc* XLII 66.
*Chusae (*Theb.*) *Or* XXXI 9 = 32.
*Ciacis (*Armen.*) *Or* XXXVIII 21.
Cii (*Scyth.*) *Or* XXXIX 6 = 14.
Cilicia *Or* I 62; II 12; XI 24; XXII 6 = 22; *U* I 14; *P* VIII 6; consularis *Or* I 62.
Cilicia secunda *Or* I 94; II 23; XXII 14 = 30; praeses *Or* I 94.
Cilurnum (*Brit.*) *Oc* XL 38.
Cimbriani *Oc* V 12 = 155 = VII 145; *Or* XL 27.
Cimbriani (*Moes. II*) *Or* XL 27.
*Cipha (*Mesop.*) *Or* XXXVI 13 = 30.
Circesium (*Osrh.*) *Or* XXXV 12 = 24.
Cirpi (*Ualer.*) *Oc* XXXIII 12 = 33; 49; 56.
Cirta (*Numid.*) *U* XII 4.
Cissa (*Uenet. et Histr.*) *Oc* XI 67.
*Clanouenta (*Brit.*) *Oc* XL 52.
Claudiana (*Euphrat.*) *Or* XXXIII 33.
Claustrini *Or* XLII 27.
Ad Cohortem Gallicam (*Gallaec.*) *Oc* XLII 28.
Coloni *Or* XXXVIII 21.
Columnatensis limes (*Afr.*) *Oc* XXV 12 = 30; (*Maur. Caes.*) XXX 3 = 12.
Comageni (*Nor. rip.*) *Oc* XXXIV 36; 42; V 110 = 260 = VII 58.
Comum (*Ligur.*) *Oc* XLII 9.
Concangii (*Brit.*) *Oc* XL 9 = 24.
Concordia *Oc* IX 24.
Condercum (*Brit.*) *Oc* XL 35.
Confluentes (*Magunt.*) *Oc* XLI 12 = 24.
Confluentes (*Raet.*) *Oc* XXXV 32.
Congauata (*Brit.*) *Oc* XL 48.
Conna (*Phoen.*) *Or* XXXII 35.
Conradculia (*Ualer.*) *Oc.* XXXIII 6 = 27.
Consoranni (*Nouempop.*) *G* XIV 6.

Constantia (*Lugd. II*) *Oc* XXXVII
  9 = 20; XLII 34; *G* II 8.
Constantia (*Ualer.*) *Oc* XXXIII
  13 = 34.
Constantina (*Mesop.*) *Or* XXXVI
  7 = 22; 9 = *24; 29.
Constantinopolis *Or* I 4; *C* I 1;
  12; XVI 20; *P* VI 6.
Contra Acinco (*Ual.*) *Oc* XXXIII
  48; *cf.* Transacinco.
Contra Apollonos (*Theb.*) *Or*
  XXXI 51.
*Contra Birtha (*Osrh.*) *Or* XXXV
  28.
Contra Florentiam (*Ualer.*) *Oc*
  XXXIII 44.
Contraginnum *Oc* XLII 41.
*Contra Herculia (*Ualer.*) *Oc*
  XXXIII 6 = 27.
Contra Lata (*Theb.*) *Or* XXXI 50.
Contra Reginam (*Moes.* I) *Or*
  XLI 21.
Conuenae (*Nouempop.*) *G* XIV 5.
Coptos (*Theb.*) *Or.* XXXI 18 =
  26; 19 = 36.
Coriosolites (*Lugd. III*) *G* III 7.
Cornacum (*Pann. II*) *Oc* XXXII
  3 = 22; 12 = 31; V 122 = 272
  = VII 102.
Cornouii *Oc* XL 34.
Corsica *Oc* I 97; II 27; XI 14;
  XIX 13; *U* X 8; *P* I 19;
  praeses *Oc* I 97; XIX 13.
Cortoriacum *Oc* V 96 = 245 =
  VII 88.
Cremona *Oc* IX 27; XLII 55.
Creta *Or* I 75; III 10; XXXIV
  47; *U* V 11; *P* V 17; consularis *Or* I 75.
Crinsiani *U* XIII 11.
Crispitia (*Dac. rip.*) *Or* XLII 25.
Crumerum (*Ualer.*) *Oc* XXXIII
  9 = 30.
Cucci (*Pann. II*) *Oc* XXXII 6
  = 25; 13 = 32.
Cunna (*Phoen.*) *Or* XXXII 35.
Cuppae (*Moes.* I) *Or* XLI 9 = 19;
  25; 32.
*Curiosolites (*Lugd. III*) *G* III 7.
Cursarienses *Oc* VII 104; *cf.* Ursaria.
Cusae (*Theb.*) *Or* XXXI 32 =
  Cussa 9.
Cusum (*Pann. II*) *Oc* XXXII
  15 = 34.

Cyclades *P* VII 13; *cf.* Insulae.
Cyprus *Or* I 63; II 13; XXII
  5 = 21; *U* I 16; *P* VIII 7;
  consularis *Or* I 63.
Cyrenaica *Or* XXXVII 21.
Dabana (*Osrh*) *Or* XXXV 5 =
  17.
Daci *Or* VI 3 = 43; XXXIII 33;
  XXXVIII 23; *Oc* XL 44.
Dacia dioecesis *Or* III 3 = 6;
  14; prouincia *U* V 2; *P* V 15.
Dacia mediterranea *Or* I 77; III
  15; Dacia *P* V 15 (?) 'consularis *Or* I 77.
Dacia ripensis *Or* I 55; 121; III
  16; XLII 1; 12; 51; Scitia *P*
  V 16 (?); praeses *Or* I 121; dux
  Or I 55; XLII.
Dacisci *Or* XL 21; XLII 24; 28.
Dafnenses *Or* VIII 13; 14 = 45;
  46.
Dalmatae *Or* V 36; 37; VI 37;
  VII 27; XXXII 21; XXXIII
  25; XXXIV 18; XXXV 15;
  XXXVII 16; XLI 15; 18; 19;
  XLII 13; 14; 16—18; *Oc* VI
  13; 56; 57 = VII 174; 175;
  XXVIII 16; XXXII 23; 28;
  29; 31; 33; 34; 36; 37; XXXIII
  25; 29; 32—35; 37; 39—43;
  XXXIV 14; 18—20; 34; 35;
  XXXVII 22 XXXVIII 7; XL
  19; 43.
Dalmatia *Oc* I 86; II 31; XI 10;
  23; 48; 66; XII 20; XLV 1—
  5; 15; *U* VI·7; *P* V 2; praeses *Oc* I 86; XLV; procurator rei priuatae per D. *Oc* XII
  20.
Damascus *Or* XI 20; XXXII 33.
Danaua (*Phoen.*) *Or* XXXII 16
  = 31.
Danum (*Brit.*) *Oc* XL 5 = 20.
Danuuius *Or* XXXIX 8; *P* V 10.
Darantasia (*Alp. Grai.*) *G* X 2.
Dardani *Oc* XXXII 53.
Dardania *Or* I 124; III 18; *U*
  V 4; *P* V 13; praeses *Or* I 124.
Dascusa (*Armen.*) *Or* XXXVIII
  22.
Dea (*Uienn.*) *G* XI 7.
*Dertona *Oc* XLII 57.
Deruentio (*Brit.*) *Oc* XL 16 = 31.
Dia (*Arab.*) *Or* XXXVII 11 = 23.

Diablintes (*Lugd. III*) *G* III 10.
Dianenses *Or* IX 11 = 33.
*Dibon (*Arab.*) *Or* XXXVII 27.
Dicti (*Brit.*) *Oc* XL 8 = 23.
Dierna (*Dac. rip.*) *Or* XLII 29; 37.
Dimo (*Moes. II*) *Or* XL 6 = 12.
Dinia (*Alp. marit.*) *G* XVII 3.
Dinigothia (*Scyth.*) *Or* XXXIX 24.
Dionysias (*Aeg.*) *Or* XXVIII 34.
Diospolis (*Theb.*) *Or* XXXI 16 = 27; 67.
Diospontus *U* II 6; cf. Helenopontus.
Diuitenses *Or* VIII 11=43; XLII 14; 16; *Oc* V 4 = 147 = VII 5.
Domana (*Armen.*) *Or* XXXVIII 4 = 12.
Dorticum (*Dac. rip.*) *Or* XLII 3 = 14.
Drasdea (*Thrac.*) *Or* XL 49.
Drobeta (*Dac. rip.*) *Or* XLII 6 = *16; 24; 35.
Dubrae (*Brit.*) *Oc* XXVIII 4 = 14.
Dugas (*Tingit.*) *Oc* XXVI 4 = 14.
Duodecimus (*Osrh.*) *Or* XXXV 34.
Durostorum (*Moes. II*) *Or* XL 26; 33; *35.

Ebrodunum (*Alp. marit.*) *G* XVII 2.
Ebrodunum (*Sequan.*) *Oc* XLII 15; *G* IX 7.
Ebroici (*Lugd. II*) *G* II 6·
*Eburacum (*Brit.*) *Oc* XL 18.
Ecolisna (*Aquit. II*) *G* XIII 4.
Edesa *Or* XI 23.
*Edetani *U* XIV 11.
+Egeta (*Dac. rip.*) *Or* XLII 11 = 20; 34; 42; *Oc* XXXII 56.
Elephantine (*Theb.*) *Or* XXXI 64.
Elosa (*Nouempop.*) *G* XIV 13.
Emerita (*Lusit.*) *P* IV 5.
Enantes *U* XIV 11.
Epatiaci portus (*Belg. II*) *Oc* XXXVIII 5 = 9.
Epirei *Or* XXVIII 42.
Epirus noua *Or* I 120; *U* V 9;· *P* V 9; Ep. n. et pars Macedoniae salutaris *Or* III 13; praeses *Or* I 120.

Epirus uetus *Or* I 119; III 12; *U* V 10; *P* V 8; praeses *Or* I 119.
Eporizio *Oc* XLII 62.
Epusum (*Belg. I*) *Oc* XLII 38.
Equestres (*Sequan.*) *G* IX 3.
Eufratensis *Or* XXXV 33.
Eufratensis *Or* I 44; 90; II 19; XXII 10 = 26; *P* VIII 9; Augusta Eufr. *Or* XXXIII 24; *U* I 13; Eufr. Syria *Or* XXXIII 15; praeses *Or* I 90; dux Eufrat. et Syriae *Or* I 44; dux Syriae et Eufrat. Syriae *Or* XXXIII 15.
Eufrates *Or* XXXVI 10; *P* VIII 8.
Euhari (*Phoen.*) *Or* XXXII 19 = Euhara 4.
Europa *Or* I 72; II 53; XXVI 3 = 10; *U* IV 2; *P* VI 6; consularis *Or* I 72.

Faenae (*Arab.*) *Or* XXXVII 11 = 23.
Fafiana (*Nor. rip.*) *Oc* XXXIV 41.
Falchouarii *Or* VI 18 = 59.
*Fanum Martis (*Belg. II*) *Oc* XXXVIII 7; XLII 39.
Febiana (*Raet.*) *Oc* XXXV 4 = 15.
Fenae (*Arab.*) *Or* XXXVII 11 = 23.
Filae (*Theb.*) *Or* XXXI 3 = 37.
Flaminia *Oc* XLII 5; *U* X 3; *P* I 7.
Flaminia et Picenum annonarium *Oc* I 56; II 14; consularis *Oc* I 56.
Flauia Caesariensis *Oc* I 121; III 37; XXIII 7 = 15; *U* VII 4; Flauia *P* XI 4; praeses *Oc* I 121; XXIII 15.
Flauiana (*Scythia*) *Or* XXXIX 3; 20.
Flauiana (*Moes. I*) *Or* XLI 3 = 13.
Flauianenses *Oc* XXXIII 45.
*Fleuus *U* XIII 14.
Flexum (*Pann. I*) *Oc* XXXIV 3 = 14; 11 = 22.
Florentia (*Ualer.*) *Oc* XXXIII 22 = 43; 44; 53; 58.
Foenice *Or* I 43; 60; II 10;

XXII 3=19; XXXII 1; 17;
52; *U* I 11; Siria Phoenice *P*
VIII 4; consularis *Or* I 60;
dux *Or* I 43; XXXII.
Foenice Libani *Or* I 89; II 18;
XXII 9=25; Arabia Augusta
Libanensis *U* I 9; praeses *Or*
I 89.
Foenices *Or* XXXII 38.
Foenicionis (*Theb.*) *Or* XXXI 49.
Foetibus (*Raet.*) *Oc* XXXV 10
=21.
Fortenses *Or* V 5=45; VII 15
=51; XLII 13; *Oc* V 76=
225=VII 130; V 106=255=
VII 152; XXVIII 13; XXXI
29; XXXIII 28; 49.
Fortensis limes (*Maur. Caes.*)
Oc XXX 6=15.
Forum Fuluiense *Oc* XLII 51.
Forum Iulium (*Narb. II*) *G*
XVI 5.
Franci *Or* XXXI 51; 67; XXXII
35; XXXVI 33; *Oc* XLII 36;
U XIII 8=20; *cf.* Salii.
Friglas (*Tingit.*) *Oc* XXVI 20=
Frigias 10.
⁺Frisiauones *Oc* XL 36; ⁺Frisiaui *U* XIII 11.
Fryges *Or* XXXIV 41; *Oc*
XXXV 29; *U* XIII 45.
Frygia Pacatiana *Or* I 98; II
36; XXIV 9=18; Frigia prima *U* III 3; *P* VII 10; praeses *Or* I 98.
Frygia salutaris *Or* I 99; II 37;
XXIV 10=19; *P* VII 11;
Frigia secunda *U* III 4; praeses *Or* I 99.

Gabales (*Aquit. I*) *G* XII 8.
Gabrosenti (*Brit.*) *Oc* XL 50.
Gadda (*Arab.*) *Or* XXXVII 9=
20.
Gaetuli *Or* XXXV 32.
Galatae *Or* XXVIII '35; XXXIV
44.
Galatia *Or* I 69; II 42; XXV 4
=16; *U* II 4; *P* VII 4; consularis *Or* I 69.
Galatia salutaris *Or* I 111; II
51; XXV 7=19; praeses *Or*
I 111.
*Galaua (*Brit.*) *Oc* XL 47.
Gallaecia *u.*Callaecia.

Galli *Or* XXVIII 28; XXXVIII
24; XL 46; *Oc* V 66=214=
VII 27; XL 41.
Galliae praefectura *Oc* I 3; III
1; 38; praefectus praetorio *ll. ll.*
regio *Oc* I 7; 68; 106; VII 63;
111; 166; IX 30; XI 31=32;
62; 72; XII 29; XLII 12; 64;
P II 1; Septem prouinciae *Oc*
I 28; III 3; 14; XXII 1; 20.
uicarius septem prouinciarum
Oc I 28; XXII; magister equitum per Gallias *Oc* I 7; VII
63; 111; 166.
dioecesis (decem prouinciarum)
Oc XI 19; XII 12; *U* VIII 1;
G I 1; rationalis summarum
Galliarum *Oc* XI 19; rationalis rei priuatae per Gallias *Oc*
XH 12.
Gallia riparensis *Oc* XLII 13.
Gallicanus *Or* V 35; 13; 14=
54; 55; VIII 11=43; 18=50;
Oc V 62; 72; 98; 209—212;
217; *218; 220; 239; 247;
264; VI *12=*55; VII 52;
75—78; 81; 89; 90; 129; 176;
XI 84; 85.
Gallicus *Or* XXXII 31; *Oc* XLII
28; 32.
Gallouari *'U* XIII 21.
Ganaba (*Osrh.*) *Or* XXXV 15=
Gallaba 3.
*Gardellaca (*Ualer.*) *Oc* XXXIII
50.
Garianno (*Brit.*) *Oc* XXVIII 7
=Gariannonor 17.
Garronenses *Oc* VII 99: *cf.* Carronenses.
Gemellensis limes (*Afr.*) *Oc* XXV
6=24.
Geminiacenses *Oc* V 97=246=
VII 87.
Genaua (*Uienn.*) *G* XI 4.
Genua (*Alp. Cott.*) *P* I 11.
Gerasa (*Aeg.*) *Or* XXVIII 29.
Germani *Or* XXXI 44; XXXVIII
30.
Germania prima *Oc* I 47; 71;
III 17; V 141; XII 19; XXII
5=24; *U* VIII 4; *P* II 11;
G VII 1; consularis *Oc* I 71;
XXII 24; dux *Oc* I 47; V 141.
Germania secunda *Oc* I 72; III
18; XXII 6=25; XLII 43;

U VIII 5; *P* II 12; *G* VIII
1; consularis *Oc* I 72; XXII 25.
Germanicianus *Or* IX 12=34;
20; *Oc* V 87=236= VII 33.
Germensis *Or* XLI 39.
Gerolata (*Pann. I*) *Oc* XXXIV
10=21.
Gerra (*Aeg.*) *Or* XXVIII 29.
Girba (*Tripol.*) *Oc* XI 70.
Gizenenica (*Pont.*) *Or* XXXVIII
31.
Glannatena (*Alp. marit.*) *G* XVII
7.
Glannibanta (*Brit.*) *Oc* XL 52.
Gomoha (*Arab.*) *Or* XXXVII 26.
Gothi *Or* XXXIII 32; *U* XIII
36; *cf.* Teruingi, Uisi.
Graecus *Or* I 25; XIX 5; 12;
13; *Oc* XLII 16; *C* IV 11.
Graio (*Pann. II*) *Oc* XXXII 51.
Grannono (*Armor.*) *Oc* XXXVII
14; 12=23.
Gratiana (*Moes. I* *Or* XLI 26.
Gratiana (*Scyth.*) *Or* XXXIX 27.
Gratianopolis (*Uienn.*) *G* XI 5.
Guntia (*Raet.*) *Oc* XXXV 9=20.

Hadrianopolis (*Haemim.*) *Or* XI
32.
Haemimontus *Or* I 113; II 55;
XI 32; XXVI 5=12; *U* IV 5;
[*P* V 14] Thracia secunda *P*
VI 3; praeses *Or* I 113.
Hasta (*Palaest.*) *Or* XXXIV 36.
*Hatita (*Arab.*) *Or* XXXVII 30;
31.
Hauare (*Palaest.*) *Or* XXXIV 12
= Hauânae 25.
Helela (*Euphrat.*) *Or* XXXIII 32.
Helenopontus *Or* I 107; II 48;
XXV 10=22; Diospontus *U*
II 6; Pontus Amasia *P* IX 3;
praeses *Or* I 107.
Hellespontus *Or* I 66; II 32;
XX 4=8; *U* III 10; *P* VII
7; consularis *Or* I 66.
*Heluetii (*Sequan.*) *G* IX 4.
Ad Herculem (*Pann. II*) *Oc*
XXXII 20=39; 42.
Ad Herculem (*Pann. I*) *Oc*
XXXIV 9=20.
Ad Herculem (*Ual.*) *Oc* XXXIII
11=32; *6= 27; 43.
Hermipolis (*Theb.*) *Or* XXXI 6
= Hermupoli 24.

Hermunduri *U* XIII 27.
Hermunthus (*Theb.*) *Or* XXXI 4
= 39.
Heruli *Oc* V 18=162= VII 13;
U XIII 6=30.
Hibeos (*Theb.*) *Or* XXXI 41.
Hiberi *Or* V 19=60; XXXI 46.
'Hieracon (*Theb.*) *Or* XXXI 58.
Hierosolyma *u.* Aelia.
Hierichus (*Palaest.*) *Or* XXXIV
48.
Hippon (*Aeg.*) *Or* XXVIII 32.
Hispani *Or* XXXI 43; XXXVII
26; *Oc* XXVI 14; XL 49.
Hispaniae *Oc* I 27; 64; 101; III
2; 6; VII 118; XII 12; XXI
6; *U* XI 1; *P* IV 1; Hispania *Oc* XI 17; 71; XXI 1;
XLII 24; uicarius *Oc* I 27;
XXI; rationalis summarum *Oc*
XI 17; rationalis rerum priuatarum per H. *Oc* XII 12; comes
Oc VII 118.
Histria *u.* Uenetia
Histrica *Or* XLI 38; XLII 42;
Oc XXXII 52; XXXIII 58;
XXXIV 28.
Honorias *Or* I 104; II 44; XXV
6=18; *U* II 5; *P* IX 4; praeses *Or* I 104.
Hornensis(*Belg. II*) *Oc* XXXVIII
8.
Horoba *u.* Oroba.
Horrea Margi *Or* XI 39.
Hunnum (*Brit.*) *Oc* XL 37.
*Hyssiport is (*Pont.*) *Or* XXXVIII
34.

*Iatron (*Moes. II*) *Or* XL 8=13.
*Ibiu (*Theb.*) *Or* XXXI 41.
Idiota (*Palaest.*) *Or* XXXIV 37.
Iehibo (*Palaest.*) *Or* XXXIV 42.
Ilium (*Asia*) *P* VII 2.
Illoro (*Nouempop.*) *G* XIV 12.
Illyrici *Or* XXXII 30.
Illyriciani *Or* XXXII 18=21;
XXXIII 16; 17; 25; 26;
XXXIV 18—22; XXXV 15—
17; XXXVI 19—22; XXXVII
14—17.
Illyricum praefectura *Or* I 3; 8;
54; 74; 117; III 1; 4; 20;
33; IX 1; 17; 49; 57; XI 35;
49; XIII 9; 11; *P* V 1=dioecesis Misiarum *U* V 1; prae-

fectus praetorio *Or* I 3; III;
magister militum per Ill. *Or*
I 8; IX; comes commerciorum
per Ill. *Or* XIII 9; comes metallorum per Ill. *Or* XIII 11.
dioecesis *Oc* I 85; II 3; 7; 28;
VII 40; IX 17; XI 4; *22;
86; XII 6; Pannonia *Oc* I *51;
82; Pannoniae *U* VI 1; comes
Ill. *Oc* VII 40; comes largitionum per Ill. *Oc* XI 4; comes commerciorum per Ill. *Oc*
XI 86; rationales summarum
duo *Oc* XI 10; 11; rationalis
rei priuatae per Ill. *Oc* XII 6.
*Iluro (*Nouempop.*) *G* XIV 12.
Indii *U* XIII 37.
Inferior limes (*Maur. Caes.*) *Oc*
XXX 5 = 14.
Inplateypegiis (*Scyth.*) *Or* XXXIX 35.
Insulae *Or* I 102; II 40; XX
3 = 7; *U* III 8; Ciclades *P*
VII 13; praeses *Or* I 102.
Insulae Baleares *u.* Baleares.
Intercisa (*Ualer.*) *Oc* XXXIII 4
= 25; 5 = 26; 17 = 38.
Iordanis *Or* XXXIV 4; 47.
*Iota (*Palaest.*) *Or* XXXIV 37.
Iouia (*Dalm.*) *Oc* XI 48.
*Iouia (*Osrh.*) *Or* XXXV 28.
Iouia (*Ualer.*) *Oc* XXXIII 61.
Iouiacum (*Nor. rip.*) *Oc* XXXIV 37.
Irenopolis (*Cilic.*) *Or* XI 24.
Isaura *Or* VII 20 = 56; XXIX 7; 8.
Isauri *Or* V 25 = 66; *U* XIII 44.
Isauria *Or* I 37; II 15; XXII
15 = 31; XXIX 1; 6; 18; *U*
I 15; *P* VIII 5; comes rei militaris per Isauriam et praeses
Or XXIX 6; *cf.* 1 37; [II 14]
XXIX 1; *18.
Isiu (*Theb.*) *Or* XXXI 45.
Italia praefectura *Oc* I 2; II 5;
43; XLIII 6; Italiae *Oc* II 1;
praefectus praetorio *ll. ll.*
regio *Oc* I 79; II 2 = 6; 10;
VII 2; 158; IX 23; XI 7; 26
= 27; 63; XLII 2; 45; *P* I
2; Italiae *Oc* I 52; 90 = dioecesis Italiciana *U* X 1; comes
largitionum Italicianarum *Oc*
XI 7.

dioecesis (regio annonaria) *Oc* I
25; XI 12; XII 8; 22; Italia
mediterranea *Oc* XLII 48; uicarius *Oc* I 25; rationalis summarum *Oc* XI 12; rationalis
rei priuatae *Oc* XII 8; procurator rei privatae *Oc* XII 22.
tractus Italiae circa Alpes *Oc*
XXIV 5; Italia *Oc* I 31; V
127; XXIV 1; 3; 4; comes
ll. ll.
Italicianus *Oc* V 86 = 235 = VII
144; VI 82 = VII 180; XI 7;
XXXII 27; *U* X 1.
Italicus *Or* VII 17; 18 = 53;
54; XL 30 — 32; *Oc* V 237;
XXXIV 37 — 39; XXXV 17 —
19; 21; 22; XLII 6.
Ityrei *Or* XXVIII *42; 44; *Oc*
XXVI 16.
Iudaei *Or* XXVIII 42; XXXV
7 = 19.
Iuliobriga (*Gallaec.*) *Oc* XLII 30.
Iuthungi *Or* XXVIII 43; XXXIII
31; *U* XIII 22.

Lactora (*Nouempop.*) *G* XIV 4.
Lacufelicis (*Nor. rip.*) *Oc* XXXIV 33.
Laederata (*Moes. I*) *Or* XLI 8
= Laedenatae 17; Laedemata 36.
Lagenses *Oc* XLII 43.
Lapidariorum castra (*Theb.*) *Or*
XXXI 66.
Lapurdum (*Nouempop.*) *Oc* XLII 19.
Lataui (*Phoen.*) *Or* XXXII 6 = 21.
Latauienses *Oc* XXXVI 5.
Latine *Or* XIX 13.
Latini *Oc* V 46 = 194 = VII 46.
Lato (*Theb.*) *Or* XXXI 7 = 28; 50.
Latris (*Moes. II*) *Or* XL 8 =
Latius 13.
Lauatres (*Brit.*) *Oc* XL 10 = 25.
Lauriacum (*Nor. rip.*) *Oc* XXXIV
39; 43; V 109 = 259 = VII 58;
IX 21.
*Lederata (*Moes. I*) *Or* XLI 8
= 17; 36.
Legio (*Gallaec.*) *Oc* XLII 26.
Lemannae (*Brit.*) *Oc* XXVIII 5
= 15.

Lemouices (*Aquit. I*) *G* XII 7.
Lentia (*Nor. rip.*) *Oc* XXXIV 32; 38.
Leonata (*Sau.*) *Oc* XXXII 58.
Leptitana castra (*Afr.*) *Oc* XXV 22.
Leptitana castra (*Tripol.*) *Oc* XXXI 14 = 29.
Leuci (*Belg. I*) *G* V 4.
Lexouii (*Lugd. II*) *G* II 7.
Libanus *u.* Foenice Libani.
Libona (*Arab.*) *Or* XXXVII 27.
Libyae *Or* I 40; XXX 6; dux *ll. ll.*
Libya inferior *Or* I 82; II 26; XXIII 3 = 10; *U* I 4; Libia sicca *P* X 5; praeses *Or* I 82.
Libya superior *Or* I 81; II 25; XXIII 2 = 9; *U* I 3; Libia pentapolis *P* X 6; praeses *Or* I 81.
Liguria *Oc* I 55; II 13; XI 28; 50; XLII 8; 63; *P* I 9; consularis *Oc* I 55.
Lingones (*Lugd. I*) *Oc* XLII 37; 69; *G* I 5.
Lingones *Oc* XL 33; 48.
*Locofelicis (*Nor.rip.*) *Oc* XXXIV 33.
Longouicium (*Brit.*) *Oc* XL 15 = 30.
Luca (*Tusc.*) *Oc* IX 29.
Lucania *U* X 7.
Lucania et Brittii *Oc* I 81; II 20; Bruttii et Lucania *Oc* XIX 9; XLII 47 = 50; *P* I 14; corrector *Oc* I 81; XIX 9.
Lucus (*Gallaec.*) *Oc* XLII 29.
Lugdunensis prima *Oc* I 70; III 16; XLII 20; *U* VIII 7; *P* II 13; *G* I 2; Lugdunensis *Oc* XXII 4 = 23; consularis *Oc* I 70; XXII 23.
Lugdunensis secunda *Oc* I 115; III 29; XXII 17 = 37; XXXVII 28; XLII 34; *U* VIII 8; *P* II 14; *G* II 1; praeses *Oc* I 115; XXII 37.
Lugdunensis Senonia *Oc* III 31; XXII 19 = 39; XXXVII 27; XLII 22; 33; Lugd. Senonica *Oc* I 117; Senonia *P* II 16; Lugd. quarta *G* IV 1; praeses *Oc* I 117; XXII 39.
Lugdunensis tertia *Oc* I 116; III 30; XXII 18 = 38; XXXVII 29; XLII 35; 36; *P* II 15; *G* III 1; praeses *Oc* I 116; XXII 38.
Lugdunum (*Lugd. I*) *Oc* XI 32; 42; 55; *XLII 21; *G* I 3.
*Luguuallium (*Brit.*) *Oc* XL 46.
Lusitani *Or* XXXI 58.
Lusitania *Oc* I 66; III 8; XXI 4 = 9; *U* XI 3; *P* IV 5; consularis *Oc* I 66; XXI 9.
Lussonium (*Ualer.*) *Oc* XXXIII 19 = 40; 57; Lusionio 26.
Luteua (*Narb. I*) *G* XV 6.
Lycaonia *Or* I 97; II 35; XXIV 7 = 16; *P* VII 12; praeses *Or* I 97.
Lycia *Or* I 100; II 38; XXIV 6 = 15; *P* VII 3; praeses *Or* I 100.
Lyco (*Theb.*) *Or* XXXI 17 = 23.
Lycus (*Europ.*) *P* VI 6.
Lydia *Or* I 67; II 33; XI 30; XXIV 4 = 13; *U* III 6; *P* VII 5; consularis *Or* I 67.
*Lytarariza(*Armen.*) *Or* XXXVIII 17.

Maccomadensis limes (*Tripol.*) *Oc* XXXI 8 = 23.
Macedonia dioecesis *Or* I 34; III 2 = 5; 7; uicarius *Or* I 34. prouincia *Or* I 76; III 9; *U* V 5 [*P* V 19]; Haemimontus *P* V 14 (?) consularis *Or* I 76. Macedonia salutaris *Or* I 125; III 13; 19; Macedonia *P* V 19 (?); Epirus noua et pars Mac. sal. *Or* III 13; Praeualitana et pars Mac. sal. *Or* III 19; praeses *Or* I 125.
Macedonicus *Or* VII 4 = 39; XXVIII 14; XLII 31—33; 39.
Macomades (*Tripol.*) *Oc* XXXI 8 = 23.
Madensis castra (*Tripol.*) *Oc* XXXI 15 = 30.
Madensis limes (*Tripol.*) *Oc* XXXI 7 = 22.
Magi (*Brit.*) *Oc* XL 14 = 29.
Magloue (*Brit.*) *Oc* XL 13 = Maglone 28.
Magna (*Brit.*) *Oc* XL 43.
Magontiacum (*Germ. I*) *G* VII 2; *Oc* XLI 9 = 21; *U* XV 7.

Magontiacensis *Oc* I 49; V 143;
XLI 1; 14; dux *ll. ll.*
Maia (*Brit.*) *Oc* XL 14 = 29.
Maiocarici (*Mesop.*) *Or* XXXVI 36.
*Malatha (*Palaest.*) *Or* XXXIV 45.
Mamucensis limes (*Tripol.*) *Oc* XXXI 11 = 26.
Mannatias (*Armor.*) *Oc* XXXVII 7 = 18.
Mantua *Oc* IX 26.
Maratha (*Osrh.*) *Or* XXXV 33.
Marcianopolis *Or* XI 34.
Marcis (*Belg. II*) *Oc* XXXVIII 7.
Marcomanni *Oc* V 49; 50 = 198; 199 = VII 38; VI 22 = 65 = VII 183; XXXIV 24; *U* XIII 24.
Margus (*Moes. I*) *Or* XLI 24; 33; 39; *U* V 3.
Marinana (*Ualer.*) *Oc* XXXIII 64.
Marisca *u.* Transmarisca.
Marmantarum (*Euphrat.*) *Or* XXXIII 34.
Marmeridae *U* XIII 42 = 47.
Marsonia (*Pann. II*) *Oc* XXXII 43.
Martenses *Or* VII 5 = 40; *Oc* V 115 = 265 = VII 91; XXXVII 19; XLI 19.
*Massara (*Mesop.*) *Or* XXXVI 12 = 26.
Massilia (*Uienn.*) *G* XI 16; Mass. Graecorum *Oc* XLII 16.
Matisco (*Lugd. I*) *G* I 7; *Oc* IX 32.
Matrica (*Ualer.*) *Oc* XXXIII 15 = 36.
Matthana (*Syr.*) *Or* XXXIII 9 = 18.
Mattiaci *Or* V 12 = 53; VI 12 = 53; *Oc* V 20; 61 = 164; 165; 209 = VII 15; 64; 77; *VII 52.
Mauretania *U* XIV 1; *cf.* Mauritania.
Mauri *Or* XXXI 23; XXXII 18; XXXIII 26; XXXIV 21; XXXV 17; XXXVII 17; *Oc* V 54; 55; 73; 74; 84; 118; 203; 204; 221; 222; 233; 268; VI 15; 18 = 58; 61; VII 26; 51; *52; 56; 94; 136; 137; 164; 177;
XXXIII 31; XXXIV 23; XXXVII 16; 17; XL 47.
Mauri Bacuates *U* XIV 5.
Mauri Bauares *U* XIV 4.
*Mauri Mazices *U* XIV 3.
*Mauri Quinquegentiani *U* XIV 2.
Mauritania Caesariensis *Oc* I 38; II 39; V 134; XX 7 = 15; XXX 11; *U* XII 6; *P* III 7; Mauritania *Oc* XXX 1; dux *Oc* I 38; V 134; dux et praeses *O* XXX 1; 11; 20; praeses *Oc* XX 15.
Mauritania Sitifensis *Oc* I 99; II 38; XII 25; XX 6 = 14; *P* III 6; Maur. Tabiainsidiana *U* XII 7; praeses *Oc* I 99; XX 14; procurator rei privatae per Maur. Sit. *Oc* XII 25.
Mauritania Tingitana *U* XI 7; *cf.* Tingitania.
Ad Mauros (*Nor. rip.*) *Oc* XXXIV 31.
Maxima Caesariensis *Oc* I 76; III 33; XXIII 3 = 10; *U* VII 3; Maxima *P* XI 5; consularis *Oc* I 76; XXIII 10.
Maxima Sequanorum *Oc* I 109; III 23; XXII 11 = 31; *P* II 17; *G* IX 1; Sequania *U* VIII 6; Sequanica *Oc* I 44; Sequanicum *Oc* XII 19; XXXVI 1; 4; praeses *Oc* I 109; XXII 31; dux *Oc* I 44; XXXVI.
Maximianopolis (*Theb.*) *Or* XXXI 21 = 29; 48.
*Mazices *U* XIV 3.
Mediana (*Osrh.*) *Or* XXXV 10 = 22.
Mediolana (*Moes. II*) *Or* XL 21.
Mediolanum (*Ligur.*) *Oc* XI 28; 50; *P* I 9.
Mediomatrices (*Belg. I*) *G* V 3; *cf.* Mettis.
Mefa (*Arab.*) *Or* XXXVII 8 = 19.
Mefana (*Mesop.*) *Or* XXXVI 25.
*Meiacariri (*Mesop.*) *Or* XXXVI 36.
Meldui (*Lugd. Senon.*) *G* IV 9.
Melitena (*Armen.*) *Or* XXXVIII 6 = 14.
Memfis (*Aeg.*) *Or* XXVIII 4 = 14.
Menapii *Or* VIII 3 = 35; *Oc* V 75 = 224 = VII 83; XLI 16.

Menois (*Palaest.*) *Or* XXXIV 3
= Menochiae 19.
*Mephaat (*Arab.*) *Or* XXXVII 8
= 19.
Merenses *Or* IX 45.
Mesopotamia *Or* I 47; 93; II 22; XXII 13 = 29; XXXVI 1; 18; 44; *U* I 17; *P* VIII 8; praeses *Or* I 93; dux *Or* I 47; XXXVI.
Metita (*Armen.*) *Or* XXXVIII 27.
Mettis (*Belg. I*) *Oc* XI 59; XII 27; *G* V 3.
Miliarenses *Or* XXXI 35; XXXVII 28; XLII 23.
Ad Militare (*Ualer.*) *Oc* XXXIII 45.
Misenum (*Campan.*) *Oc* XLII 11.
*Moab (*Palaest.*) *Or* XXXIV 14 = 29.
Moahile (*Palaest.*) *Or* XXXIV 29 = Mohaile 14.
Mochora (*Pont.*) *Or* XXXVIII 38.
*Moenoenum castrum (*Palaest.*) *Or* XXXIV 3 = 19.
Moesia *Or* XIII 8; *cf.* Moesia secunda.
Misiarum dioecesis *U* V 1; *cf.* Illyricum.
Moesia inferior *Or* XL 50; *U* IV 7; *P* V 7; VI 4; *cf.* Moesia secunda.
Moesia prima *Or* I 56; 122; III 17; XLI 1; 11; Moes. superior *Or* XLI 47; *P* V 7; Misia super. Margensis *U* V 3; praeses *Or* I 122; dux *Or* I 56; XLI.
Moesia secunda *Or* I 52; 115; II 57; XXVI 7 = 14; XL 1; 10; Moes. inferior *Or* XL 50; *U* IV 7; *P* VI 4; Moesia *Or* XIII 8; praeses *Or* I 115; dux *Or* I 52; XL.
Moesia superior *Or* XLI 47; *P* V 7; VI 4; *U* V 3; *cf.* Moes. prima.
Moesiaci *Or* XL 24; 25; *Oc* V 7 = 150 = VII 8.
*Mogaro (*Pont.*) *Or* XXXVIII 38.
Mogontiacum *u.* Magontiacum.
Moleatha (*Palaest.*) *Or* XXXIV 45.
Mons Aurcus *u.* Aureus mons.

Mons Iouis (*Phoen.*) *Or* XXXII 33.
Montensis limes (*Afr.*) *Oc* XXV 4 = 22.
Morbio (*Brit.*) *Oc* XL 6 = 21.
Morini (*Belg. II*) *G* VI 12; *Oc* XL 52.
Motha (*Arab.*) *Or* XXXVII 14 = 3.
Mursa (*Pann. II*) *Oc* XXXII 52.
Musmagenses *Oc* VII 105.
Muson (*Aeg.*) *Or* XXVIII 45.
Mutheos (*Theb.*) *Or* XXXI 59; *56.
Muticitanus limes (*Maur. Caes.*) *Oc* XXX 7 = 16.
Naarsafari (*Arab.*) *Or* XXXVII 28; *cf.* Afaris.
Naissus *Or* XI 37.
Naithu (*Aeg.*) *Or* XXVIII 40.
Namnetes (*Lugd. III*) *G* III 6; *Oc XXXVII 7 = 18.
Narbo (*Narb. I*) *G* XV 2; *Oc* XI 73.
Narbonensis prima *Oc* I 113; III 27; XXII 15 = 35; *U* IX 3; *P* II 3; *G* XV 1; praeses *Oc* I 113; XXII 35.
Narbonensis secunda *Oc* I 114; III 28; XXII 16 = 36; *U* IX 4; *P* II 4; *G* XVI 1; praeses *Oc* I 114; XXII 36.
Narmunthi (*Aeg.*) *Or* XXVIII 46.
Nazala (*Phoen.*) *Or* XXXII 8 = 23.
Nee (*Aeg.*) *Or* XXVIII 25.
Neia (*Phoen.*) *Or* XXXII 36.
Nemausus (*Narb. I*) *G* XV 5.
Nemetacum *Oc* XLII 40.
Nemetes (*Germ. I*) *G* VII 4; *Oc* XLI 6 = 18.
*Neptis (*Afr.*) *Oc* XXV 22.
Neocaesarea (*Euphrat.*) *Or* XXXIII 4 = 26.
Neruicanus tractus *Oc* I 45; XXXVII 13; limes *l. l.* 24.
Neruii *Or* V 6 = 46; *Oc* V 25 = = 170 = VII 121; V 63 = 211 = VII 75; XXXVIII 9; XL 23; 53; 56; XLII 39.
*Neue (*Phoen.*) *Or* XXXII 38.
*Nezala (*Phoen.*) *Or* XXXII 8 = 23.
*Nibis (*Theb.*) *Or* XXXI 41.

Nicomedia *Or* XI 27; 28.
Nictrienses *U* XV 4.
Nilus *Or* XXVIII 9; XXXI 5.
Nisibis *Or* XXXVI.29.
Nitnu (*Theb.*) *Or* XXXI 62.
Norici *Oc* XXXIV 40; 41.
Noricum mediterraneum *Oc* *I 88; II 33; XI 11; *U* VI 8; *P* V 11; praeses *Oc* *I 88.
Noricum ripense *Oc* I 40; 89; II 34; V 138; XI 11; XXXIV 13; *P* V 10; Noricus ripariensis *U* VI 7; praeses *Oc* I 89; dux Pannoniae primae et Nor. rip. *Oc* I 40; V 138; XXXIV.
Nouae (*Moes. I*) *u.* Nouas.
Nouae (*Moes. II*) *Or* XL 23; 30; 31.
Nouae (*Pann. II*) *Oc* XXXII 9 = 28; 40.
Nouaria *Oc* XLII 58.
Nouarii *U* XV 5.
Ad Nouas (*Moes. I*) *Or* XLI 10; 23; 34.
Nouempopulana *Oc* I 112; XXII 14 = 34; XLII 18; 19; *P* II 7; *G* XIV 1; Nouem populi *Oc* III 26; *U* IX 5; praeses *Oc* I 112; XXII 34.
Nouiodunum (*Scyth.*) *Oc* XXXIX 25; 32, 33.
Nouiodunus (*Sequan.*) *G* IX 3.
Nouiomagus (*Belg. II*) *Oc* XLII 41.
Burgus Nouus (*Dac. rip.*) *Or* XLII 36.
Numidae *Or* XXVIII 46.
Numidia *Oc* I 63; II 37; XI 16; XX 4 = 11; *P* III 3; Num. Cirtensis *U* XII 4; consularis *Oc* I 63; XX 11.
Numidia militiana *U* XII 5; *cf.* Tripolitana.
Nursia Ualeria *P* I 6; *cf.* Ualeria.

Oasis maior (*Theb.*) *Or* XXXI 10 = [41] = 55.
Oasis minor (*Theb.*) *Or* XXXI 56; (*Aeg.*) *Or* XXVIII 12=22.
Occariba (*Syr.*) *Or* XXXIII 8 = 17.
Occidentis partes *Oc* I 1.
Oceanus *P* II 14; IV 9.
Octodurum (*Alp. Grai.*) *G* X 3.

*Ocurura (*Phoen.*) *Or* XXXII 3 = 18.
Odiabo (*Ualer.*) *Oc* XXXIII 8 = 29.
Oescus (*Dac. rip.*) *Or* XLII 26; 33.
Olenacum (*Brit.*) *Oc* XL 55.
Olinone (*Sequan.*) *Oc* XXXVI 3 = Olitione 5.
*Olotoedariza (*Armeniae*) *Or* XXXVIII 17.
Ombos (*Theb.*) *Or* XXXI 31 = Ambos 20.
Castellum Onagrinum (*Pann. II*) *Oc* XXXII 41; 48.
Oneuatha (*Phoen.*) *Or* XXXII 41.
Opitergium *Oc* XLII 52.
Orcades *P* XI 7.
Oresa (*Syr.*) *Or* XXXIII 14 = 23.
Orientis partes *Or* I 1.
praefectura *Or* I 2; II 1; 59; *72; praefectus praetorio *ll. ll.*
dioecesis *Or* I 6; 28; 42; 58; 86; II 2; 8; VII 1; 23; 59; 68; XI 19; 46; XIII 7; XXII 1; 17; 33; 43; *U* I 2; *P* VIII 1; comes *Or* I 28; XXII; magister militum *Or* I 6; VII.
Orientalis *Or* VI 13; 14 = 54; 55; VII 26; 28; XXXII 44; *Oc* XI 79—83; XII 28.
*Oriza (*Syr.*) *Or* XXXIII 14=23.
Oroba (*Osrh.*) *Or* XXXV 8 = Oraba 20; Horoba 31.
*Oruba (*Syr.*) *Or* XXXIII 14 = 23.
Osismii *u.* Ossismii.
Osrhoena *Or* I 46; 92; II 21; XXII 12 = 28; XXXV 1; 14; 42; *U* I 18; *P* VIII 10; praeses *Or* I 92; dux *Or* I 46; XXXV.
Osrhoeni *Or* XXXV 23; *U* XIII 39.
Ossismii (*Lugd. III*) *G* III 9; *Oc* XXXVII 6 = 17.
Ossismiaci *Oc* V 118 = 268 = VII 94; XXXVII 17.
Othona (*Brit.*) *Oc* XXVIII 3 = 13.
Otthara (*Phoen.*) *Or* XXXII 3 = 18.

Pacatiana (*Ting.*) *Oc* XXVI 8 = 18.

Pacatiana *Oc* XLII 27.
Pacatianenses *Oc* V 81 = 230 = VII 55.
Pacenses *Oc* XL 29; XLI 15.
Paetaonium (*Gallaec.*) *Oc* XLII 27.
Pafenses *Or* XXXVI 26.
Paflagones *Or* XXXV 29.
Paflagonia *Or* I 128; XXV 5 = 17; *U* II 5; *P* IX 6; corrector *Or* I 128.
Palaestina *Or* I 45; XXXIV 1; 17; 56; *U* I 10; Siria Palaestina *P* VIII 3; dux *Or* I 45; XXXIV.
Palaestina (*prima*) *Or* I 59; II 9; XXII 2 = 18: XLIII 1 — 4; 14; consularis *Or* I 59; XLIII.
Palaestina salutaris *Or* I 87; II 16; XXII 8 = 24; praeses *Or* I 87.
Palaestina secunda *Or* I 88; II 17; XXII 7 = 23; praeses *Or* I 88.
Palaestini *Or* XXXIV 28; 46.
Palmyra (*Phoen.*) *Or* XXXII 15 = 30.
Palmyreni *Or* VII 34; XXXI 49; *U* XIII 40
Pamfylia *Or* I 65; II 31; XXIV 3 = 12; *U* III 2; *P* VII 8; consularis *Or* I 65.
Pampanis (*Theb.*) *Or* XXXI 52.
Pannonia dioecesis *Oc* I *51; 82;
Pannoniae *U* VI 1; *cf.* Illyricum.
Pannonia inferior *U* VI 2; *cf.* Pann. secunda.
Pannonia prima *Oc* I 40; 87; II 32; V 138; XI 11; 25; XXXIV 1; 13; *P* V 3; Pann. superior *U* VI 6; praeses *Oc* I 87; dux Pann. primae et Norici ripensis *Oc* I 40; V 138; XXXIV.
Pannonia secunda *Oc* I 41; *51; II 29; V 136; XI 10; 46; 47; *P* V 4; Pann. sec. ripariensis *Oc* XXXII 21; Pann. inferior *U* VI 2; Pannonia *Oc* I *51; XXXII 1; consularis *Oc* I 51; dux Pann. sec. ripariensis et Sauiae *Oc* XXXII; *cf.* I 41; V 136.
Pannonia superior *U* VI 6; *cf.* Pann. prima.

Pannoniciani *Or* VIII 16 = 48; *Oc* V 6 = 149 = VII 7.
Pannonicus *Oc* XXXII 55; 56.
Pannonii *Or* XXVIII 41; *Oc* XXXV 30; 34.
*Panu (*Theb.*) *Or* XXXI 61.
*Papa (*Theb.*) *Or* XXXI 52.
Parembole (*Aeg.*) *Or* XXVIII 10 = 19.
Parembole (*Pont.*) *Or* XXXVIII 35.
Parisii (*Lugd. Senon.*) *Oc* XLII 23; 66; *G* IV 8.
Parrodunum (*Raet.*) *Oc* XXXV 28.
Parthi *Or* V 40; VI 40; VII 32; XXXV 30; *Oc* VI 25; 30 = 68; 73 = VII 186; 192.
Parthicus *Or* VII 19 = 55; XXXV 24; XXXVI 29; 30.
Passerentiacenses *Oc* VI 14 = 57 = VII 175.
Patauium *Oc* XLII 53.
Peamu (*Theb.*) *Or* XXXI 61.
Pelusium (*Aeg.*) *Or* XXVIII 5 = 16.
*Peos Artemidos (*Theb.*) *Or* XXXI 43.
*Permun (*Theb.*) *Or* XXXI 61.
Persae *Or* VI 32; *U* XIII 46.
Pescla (*Theb.*) *Or* XXXI 44.
*Petauonium (*Gallaec.*) *Oc* XLII 27.
Petraei *Or* XXXVIII 27.
Petriani (*Brit.*) *Oc* XL 45.
Petrocorii (*Aquit. II*) *G* XIII 7.
Petuerienses *Oc* XL 31.
Ph. *u.* F.
Picenum *U* X 4; *P* I 8.
Picenum annonarium *u.* Flaminia.
Picenum suburbicarium *Oc* I 58; II 16; XIX 5; consularis *ll. ll.*
Pictaui (*Aquit. II*) *G* XIII 6; *Oc* XLII 65.
Picti *U* XIII 3.
Pincus (*Moes. I*) *Or* XLI 4 = 18; 12.
Piniana (*Raet.*) *Oc* XXXV 29.
Pisidia *Or* I 96; II 34; XXIV 8 = 17; *U* III 9; *P* VII 9; praeses *Or* I 96.
*Pityus (*Pont.*) = Pithiae *Or* XXXVIII 32.
*Poeniconon (*Theb.*) *Or* XXXI 49.

Poisarietemidos (*Theb.*) *Or* XXXI 43.
Pollentia (*Ligur.*) *Oc* XLII 63.
Pone Nauata (*Ualer.*) *Oc* XXXIII 47.
Pons Aeli (*Brit.*) *Oc* XL 34.
Pons Aeni (*Raet.*) *Oc* XXXV 15; *V 113 = *263 = *VII 39.
Pontica dioecesis *Or* I 32; 49; 68; 103; II 5; 41; XI 25; 48; XXV 1; 14; 35; *U* II 1; Pontus *P* IX 1; uicarius *Or* I 32; XXV.
Ponticum mare *C* XVI 10.
Ponticus *Or* XXXVIII 16.
Pontus *Or* XIII 8; XXXVIII 15; *P* IX 1.
Pontus Amasia *P* IX 3; cf. Helenopontus.
Pontus Polemoniacus *Or* I 108; II 47; XXV 11 = 23; *U* II 7; *P* IX 2; praeses *Or* I 108.
Portus Abucini (*Max. Sequ.*) *G* IX 10.
Portus Adurni (*Brit.*) *Oc* XXVIII 11 = 21.
Portus Epatiaci (*Belg. II*) *Oc* XXXVIII 5 = 9.
Praesentia (*Theb.*) *Or* XXXI 15 = 33.
Praesidium (*Brit.*) *Oc* XL 4 = 19.
Praesidium (*Palaest.*) *Or* XXXIV 35; 41.
Praesidienses *Oc* V *94 = *243 = VII 86; *XXXII 42.
Praeualitana *Or* I 123; III 19; *U* V 7 = 8; Preualis *P* V 6; Praeu. et pars Macedoniae salutaris *Or* III 19; praeses *Or* I 123.
Prectis (*Theb.*) *Or* XXXI 57.
Prista (*Moes. II*) *Or* XL 3; cf. Sexagintaprista.
Procolitia (*Brit.*) *Oc* XL 39.
Proconsularis *Oc* XVIII 3; *P* III 2; *U* XII 2; cf. Africa.
Psinaula (*Theb.*) *Or* XXXI 54.
Pyramides (*Aeg.*) *Or* XXVIII 6.

Quadi *Or* XXXI 56; *U* XIII 25.
Quadratae (*Ital.*) *Oc* XLII 62.
Quadratum (*Pann. I*) *Oc* XXXIV 12 = 23.
Quadriburgium (*Pann. I*) *Oc* XXXIV 6 = 17.
Quadriburgium (*Ualeriae*) *Oc* XXXIII 60.
Quartensis locus (*Belg. II*) *Oc* XXXVIII 4 = 8.
*Quinquegentiani *U* XIV 2.
Quinque prouinciae *Oc* XI 18; XII 14; cf. Septem prouinciae.
Quintani (*Raet.*) *Oc* XXXV 12 = 23.

Sub Radice (*Thrac.*) *Or* XL 48.
Raeti *Or* XXVIII 30; XXXVIII 28; *Oc* V 43 = 191 = VII 44; XXXV 23; 27; 28.
Raetia *Or* XXXV 1; *U* X 10.
Raetiae *Oc* XXXV 31.
Raetia prima *Oc* I 43; 92; II 22; V 139; XXXV 13; *P* I 15; praeses *Oc* I 92.
Raetia secunda *Oc* I 43; 93; II 23; V 139; XI 30; XXXV 13; *P* I 16; praeses *Oc* I 93; dux Raetiae primae et secundae *Oc* I 43; V 139; XXXV 13.
Raetobarii *Or* V 17 = 58.
Rasis (*Osrh.*) *Or* XXXV 11 = 23.
Ratiaria (*Dac. rip.*) *Or* XLII 38; 43; XI 38.
*Ratumagus (*Lugd. II*) *G* II 2; *Oc* XXXVII 21 = 10.
Rauenna (*Flamin.*) *Oc* XLII 6; 7; XI 63; *P* I 7.
Rauracum (*Sequan.*) *G* IX 9.
Reate (*Ualer.*) *P* I 6.
Redones (*Lugd. III*) *G* III 4; *Oc* XLII 36.
Regii *Or* VI 8 = 49; *Oc* V 80 = 229 = VII 32.
Castra Regina (*Raet.*) *Oc* XXXV 17.
Contra Reginam (*Moes. I*) *Or* XLI 21.
Regium (*Aemil.*) *Oc* XLII 60.
Regium (*Brutt.*) *P* I 14.
Regulbium (*Brit.*) *Oc* XXVIII 8 = 18.
Reii (*Narbon. II*) *G* XVI 4.
Remi (*Belg. II*) *G* VI 2; *Oc* IX 36; XI 34; 56; 76; XLII 42; 67.
Rene (*Phoen.*) *Or* XXXII 38.
Renus *U* XV 1; 7; *P* II 11.
Resaina (*Osrhoene*) *Or* XXXV 30; (*Mesop.*) *Or* XXXVI 20.

*Resapha (*Euphrat.*) *Or* XXXIII 5=27.
Rhinocorura (*Aeg.*) *Or* XXVIII 28.
Rhodanus *Oc* XLII 14.
Rhodopa *Or* I 114; II 56; XXVI 6=13; XL 45; *U* IV 3; *P* VI 7; praeses *Or* I 114.
Ricti (*Pann. II*) *Oc* XXXII 17 =36.
Rigomagus (*Alp. marit.*) *G* XVII 4.
Ripa alta (*Ualer.*) *Oc* XXXIII 27; 20=41; *cf.* Alta ripa.
Ripaltha (*Mesop.*) *Or* XXXVI 16; 33.
Riparensis prouincia (*Galliae*) *Oc* XLII 43.
*Risapha (*Euphrat.*) *Or* XXXIII 5=27.
*Riscipha (*Mesop.*) *Or* XXXVI 13=30.
*Ritti (*Pann. II*) *Oc* XXXII 17 =36.
Rizena *Or* XXXVIII 17.
Robatha (*Palaest.*) *Or* XXXIV 11=*27.
Rodumnensis tractus *Oc* XLII 68.
Roma *Oc* I 4; 24; IV I; XI 13; 29; 41; 51; XII 9; 23; XIX 1; *C* I 2; *P* I 4; praefectus urbis Romae *Oc* I 4; IV; dioecesis urbis Romae *Oc* I 24; XI 13; XII 9; 23; XIX 1; *cf.* Suburbicariae regiones; uicarius *Oc* I 24; XIX; rationalis summarum *Oc* XI 13; rationalis rei privatae *Oc* XII 9; procurator rei priuatae *Oc* XII 23.
Romanenses *Oc* V 124=274= VII 106.
Romani *Or* XXXI 59; XXXVIII 34; *Oc* XXXII 59; *U* XV 7.
Rosapha (*Euphrat.*) *Or* XXXIII 5=27.
Rotomagus (*Lugd. II*) *G* II 2; *Oc* XXXVII 10=21.
Rugi *U* XIII 5=31.
Ruteni (*Aquit. I*) *G* XII 4.
Rutupiae (*Brit.*) *Oc* XXVIII 9 =*19.

Sabaia (*Palaest.*) *Or* XXXIV 9 =23; *cf.* Asabaia.
Sabaria (*Pann. I*) *Oc* XI 25; V 9=152=VII 82.
Sabbu (*Armen.*) XXXVIII 3=11.
Sabini *Oc* V 47=195=VII 22.
Sabure (*Palaest*) *Or* XXXIV 28.
*Sabus (*Armen.*) *Or* XXXVIII 3 =11.
Sacidaua (*Scyth.*) *Or* XXXIX 12; *cf.* Sucidaua.
*Safenses *Or* XXXVI 26.
Saii (*Lugd. II*) *G* II 6.
Sala (*Ting.*) *Oc* XXVI 7=*17.
Saletio (*Magunt.*) *Oc* XLI 3=15.
Salii *Or* V 10=51; *Oc* V 29= 177=VII 67; V 62=210= VII 129.
*Salinae (*Alp. marit.*) *G* XVII 5.
Salona (*Dalmat.*) *Oc* IX 22; XI 23; 46; 66.
Salsouia (*Scyth.*) *Or* XXXIX 26.
Salthatha (*Phoen.*) *Or* XXXII 5 =20.
*Salua (*Ualer.*) *Or* XXXIII 3= 24; 10=31.
Salutaria (*Euphrat.*) *Or* XXXIII 31.
Sambricus *Oc* XXXVIII 8.
Samnium *Oc* I 94; II 24; XIX 11; [XLII 60] *P* I 12; praeses *Oc* I 94; XIX 11.
*Sancitus (*Tripol.*) *Oc* XXXI 16 =31.
Sanisio (*Alp. marit.*) *G* XVII 6.
Santones (*Aquit. II*) *G* XIII 5.
Sapaudia *Oc* XLII 15; 17.
*Sapphuris (*Palaest.*) *Or* XXXIV 28.
Saraceni *Or* XXVIII 17; XXXII 27; 28.
Sarcitanus limes (*Tripol.*) *Oc* XXXI 16=31.
Sardes (*Lyd.*) *Or* XI 30.
Sardinia *Oc* I 96; II 26; XI 14; XIX 12; *P* I 18; praeses *Oc* I 96; XIX 12.
Sarmatae *Or* XXVIII 26; *Oc* XL 54; XLII 46—70; *U* XIII 29.
Satala (*Armen.*) *Or* XXXVIII 13.
Sauaria (*Pann. I*) *Oc* XI 25; V 9=152=VII 82.
Sauia *Oc* I 83; II 30; XI 10; 24; XII 21; XXXII 21; *P* V 12; Sauensis *U* VI 3; corrector *Oc* I 83; dux Pannoniae secundae et Sauiae *Oc* XXXII 21.

INDEX GEOGRAPHICUS. 297

Saxones *Or* XXXII 37; *U* XIII 7.
Saxonicum litus per Britannias *Oc* I 36; V 132; XXVIII 1; 12; in tractu Armoricano *Oc* XXXVII 2=14; in Belgica secunda *Oc* XXXVIII 3=7.
Scampenses *Or* IX 48.
*Scarabantia (*Pann. I*) *Oc* XXXIV 30.
Scenae extra Gerasa (*Aeg.*) *Or* XXVIII 29.
Scenae Mandrorum (*Aeg*) *Or* XXVIII 26.
Scenae Ueteranorum (*Aeg.*) *Or* XXVIII 17; 30.
Sciri *U* XIII 32; *Oc VII 204.
Scoti *U* XIII 2.
Scupenses *Or* IX 43.
Scythae *Or* VI 4=44; *U* XIII 34.
Scythia *Or* I 53; 116; II 58; XIII 8; XXVI 8=15; XXXIX 1; 11; 43; [*P* V 16] *U* IV 6; Scythia inferior *P* VI 5; praeses *Or* I 116; dux *Or* I 53; XXXIX.
Scythicus *Oc* XXXIII 23; XXXIX 22; 24; 35.
Sebaste *Or* XXXIV 22.
Sebastopolis (*Pont.*) *Or* XXXVIII 36.
Secundaeforum limes (*Afr.*) *Oc* XXV 33.
Secundarum (*Pann. II*) *Oc* XXXII 8=27.
Securisca (*Moes. II*) *Or* XL 5=11.
Segedunum (*Brit.*) *Oc* XL 33.
Segestero (*Narb. II*) *G* XVI 7.
Seguntienses *Oc* V 65=213=VII 49.
*Sele (*Aeg.*) *Or* XXVIII 27.
*Selinum (*Theb.*) *Or* XXXI 60.
Selle (*Aeg.*) *Or* XXVIII 27.
Senones (*Lugd. Senon.*) *G* IV 2.
Senonia *u.* Lugdunensis Senonia.
*Sepphoris (*Palaest.*) *Or* XXXIV 28.
Septem prouinciae *(dioecesis Galliae meridionalis)* *G* XI 1; Uiennensis *U* IX 1; Quinque prouinciae *Oc* XI 18; XII 14; rationalis summarum *Oc* XI 18; rationalis rei priuatae *Oc* XII 14; *Gallia tota nomine septem*

prouinciarum nuncupata *Oc* I 28; III 3; 14; XXII 1; 20; uicarius *Oc* I 28; XXII.
Sequani *Oc* V 44=192=VII 43; XXXV 33.
Sequania *U* VIII 6; Sequanica *Oc* I 44; Sequanicum *Oc* XII 19; XXXVI 1; 4; dux *Oc* I 44; XXXVI; *cf.* Maxima Sequanorum.
Seriane (*Syr.*) *Or* XXXIII 7=16.
Seruitium (*Sauia*) *Oc* XXXII 55.
Seueri burgus (*Theb.*) *Or* XXXI 63.
Sexagintaprista (*Moes II*) *Or* XL *3=14; 32.
Sicilia *Oc* I 60; II 18; XI 14; 68; XII 10; 17; XIX 6; *P* I 17; consularis *Oc* I 60; XIX 6; rationalis rei priuatae *Oc* XII 10; procurator rei priuatae *Oc* XII 17.
*Sile (*Aeg.*) *Or* XXVIII 27.
Silili (*Theb.*) *Or* XXXI 60.
Siluana (*Armen.*) *Or* XXXVIII 8=19.
Siluanectes (*Belg. II*) *Oc* XLII 42; *G* VI 9.
Sina Iudaeorum (*Osrh.*) *Or* XXXV 7=19.
Singidunum (*Moes. I*) *Or* XLI 30.
Siosta (*Dac. rip.*) *Or* XLII 40; *cf.* Sostica.
Sirmium (*Pann. II*) *Oc* IX 18; XI 47; XXXII 49; 50; 54; *P* V 3.
Siscia (*Sauia*) *Oc* XI 24; 39; XXXII 56; 57.
Sisila (*Armen.*) *Or* XXXVIII 30.
Sitifis *u.* Mauritania Sitifensis.
Solenses *Or* VIII 2=34; 18=50; XXXIX 13; XL 12; *Oc* XL 28.
Solinienses (*Alp. marit.*) *G* XVII 5.
Solua (*Ualer.*) *Or* XXXIII 3=24; 10=31.
Sophanene *P* VIII 11.
Sosteos (*Aeg.*) *Or* XXVIII 33.
Sostica *Or* XLII 41; *cf.* Siosta.
Speluncae (*Arab.*) *Or* XXXVII 6=18.
Ad Statuas (*Ualer.*) *Oc* XXXIII 21=42; 47.

Stobenses *Or* VIII 12 = 44.
Stradensis *Or* XLI 39.
Submuntorium (*Raet.*) *Oc* XXXV 5 = 16; 18.
Sub Radice (*Thrac.*) *Or* XL 48.
Suburbicariae regiones *Oc* XII 9; urbicariae regiones *Oc* XII 24; *cf.* Roma; Picenum.
Sucidaua (*Dac. rip.*) *Or* XLII 39.
Sucidaua (*Moes. II*) *Or* XL 7 = 17; *(*Scyth.*) *Or* XXXIX 12.
Suebi *Oc* XLII 34; 35; *42; 44; *U* XIII 19.
*Suenenses *Or* XXXI 65; *cf.* Syene.
Suessiones (*Belg. II*) *G* VI 3; *Oc* IX 35.
*Sugambri *Or* XXXI 66.
Suissa (*Armen.*) *Or* XXXVIII 23.
Sura (*Euphrat.*) *Or* XXXIII 6 = 28.
Syce *C* VII 4; 11; XIV 2.
Syene (*Theb.*) *Or* XXXI 14 = 35; 65.
Syracusae *Oc* XI 68.
Syri *Oc* VII 204.
Syria *Oc* I 44; 61; II 11; XXII 4 = 20; XXXIII 1; 15; 43; Syria Coele *U* I 12; *P* VIII 2; consularis *Or* I 61; dux Syriae et Eufratensis *Or* I 44; XXXIII.
Syria Palaestina *P* VIII 3; *cf.* Palaestina.
Syria Phoenice *P* VIII 4; *cf.* Foenice.
Syria salutaris *Or* I 91; II 20; XXII 11 = 27; praeses *Or* I 91.

Tabernae (*Mogont.*) *Oc* XLI 4 = 16.
Tabernae (*Tingit.*) *Oc* XXVI 9 = 19.
Tablariense castellum (*Armen.*) *Or* XXXVIII 25.
Tablatensis limes (*Afr.*) *Oc* XXV 13 = 31.
Tacasiria (*Aeg.*) *Or* XXVIII 39.
Taifali *Or* V 31; *Oc* VI 16 = 59; VII 205; XLII 65; *U* XIII 26 = 35.
Talalatensis limes (*Tripol.*) *Oc* XXXI 3 = 18.
Talamonium (*Scyth.*) *Or* XXXIX 10 = 18.
Taliata (*Moes. I*) *Or* XLI 27; 35.

Tamalleni (*Afr.*) *Oc* XXV 3 = 21.
Tamalluma (*Afr.*) *Oc* XXV 10 = 28.
Tamucus (*Ting.*) *Oc* XXVI 3 = 13.
Tangensis limes (*Afr.*) *Oc* XXV 16 = Taugensis 34.
Tarba (*Palaest.*) *Or* XXXIV 40.
Tarentum (*Calabr.*) *Oc* XI 65; *P* I 13.
Tarraconensis *Oc* I 102; III 10; XXI 12; XLII 31; *U* XI 6; *P* IV 2; praeses *Oc* I 102; XXI 12.
Tarsus *Or* XXIX 4.
Taugensis limes (*Afr.*) *Oc* XXV 34 = Tangenses 16.
Taurini *Oc* XLII 56.
Taurunum (*Pann. II*) *Oc* XXXII 19 = 38; 43; V 111 = 261.
Taurus *Or* XXIX 5; *P* VIII 6.
Tautantum (*Ualer.*) *Oc* XXXIII 55.
Teglicium (*Moes. II*) *Or* XL 25.
Tegra (*Moes. II*) *Or* XL 9 = 15.
Telo *Oc* XI 72.
*Tencteri *U* XV 4.
Tentyra (*Theb.*) *Or* XXXI 8 = 25.
*Terenuthis (*Aeg.*) *Or* XXVIII 24.
*Terenuthis (*Theb.*) *Or* XXXI 56.
Terioli (*Raet.*) *Oc* XXXV 11 = 22; 31.
Tertona *Oc* XLII 57.
Teruingi *Or* VI 20 = 61.
Teutiburgium (*Pann. II*) *Oc* XXXII 4 = 23; *11 = *30; 47.
Teutoniciani *Oc* XLII 33.
*Thaiman (*Palaest.*) *Or* XXXIV 46.
Thainatha (*Arab.*) *Or* XXXVII 29.
Thalamonium (*Scyth.*) *Or* XXXIX 10 = 18.
Thama (*Phoen.*) *Or* XXXII 44.
Thamallensis limes (*Afr.*) *Oc* XXV 3 = 21.
Thamallomensis limes (*Afr*) *Oc* XXV 10 = 28.
Thamana (*Palaest.*) *Or* XXXIV 46.
*Thamara (*Palaest.*) *Or* XXXIV 40.
Thamudeni *Or* XXVIII 7 = 17; XXXIV 22.
*Thana (*Palaest.*) *Or* XXXIV 46.

Thannuris (*Mesop.*) *Or* XXXVI
17 = 28; XXXV 31.
*Thantia (*Arab.*) *Or* XXXVII 29.
Thaubastis (*Aeg.*) *Or* XXVIII 39.
Thebae (*Theb.*) *Or* XXXI 12=38;
 C VI 12.
Thebaei *Or* VII 10; 11 = 45; 46;
 VIII 4; 5 = 36; 37; XXXI 32;
 Oc V 11 = 154 = VII 29.
Thebais *Or* I 41; 83; II 27; XXIII
 4 = 11 [XXVIII 18] XXXI 1;
 22; 68; 75; XLIV 1; 3—5;
 15; *U* I 5; *P* X 4; praeses *Oc*
 I 83; XLIV; dux *Or* I 41;
 XXXI.
*Thebeta *Or* XXXVI 27.
Thelsee (*Phoen.*) *Or* XXXII 13
 = 28.
Thentettanus limes (*Tripol.*) *Oc*
 XXXI 4 = 19.
Theodosiopolis (*Mesopotam.*) *Or*
 XXXVI 4 = 20.
Theraco (*Theb.*) *Or* XXXI 58.
Thessalia *Or* I 118; III 11; *U*
 V 8; *P* V 20; praeses *Or* I
 118.
Thessalonice *Or* XI 36.
Theui *U* XIII 43
Thibithenses *Or* XXXVI 27.
Thilbisme (*Mesop.*) *Or* XXXVI
 14 = 27.
Thillacama (*Osrh.*) *Or* XXXV 27.
Thillafica (*Osrh.*) *Or* XXXV 29.
Thillazamana (*Osrh.*) *Or* XXXV
 21 = Thillazamara 9 = Thilla-
 amana 32.
Thinunepsi (*Aeg.*) *Or* XXVIII 31.
Thmou (*Theb.*) *Or* XXXI 46.
*Thornia (*Palaest.*) *Or* XXXIV
 46.
*Thou (*Aeg.*) *Or* XXVIII 41.
Thraces *Or* VI 19 = 60; XXVIII
 45; XXXVII 31; 32; *Oc* XXXII
 59; XL 50.
Thraciae dioecesis *Or* I 7; 33;
 51; 71; 112; VIII 1; 23; 54;
 62; XI 31 = 33; 49; XXVI 1;
 9; 25; *P* VI 1; Thracia *Or* II
 6; 52; *U* IV 1; uicarius *Or* I
 33; XXVI; magister militum
 Or I 7; VIII.
Thracia prouincia *Or* I 73; II 54;
 XXVI 4 = 11; XL 47; *U* IV
 4; Thracia prima *P* VI 2; consularis *Or* I 73.

Thracia secunda *P* VI 3; *cf.* Hae-
 mimontus.
Tiberis *Oc* IV 6.
Ticenum *Oc* IX 28.
*Tigra (*Moes. II*) *Or* XL 9 = 15.
Tigris *Or* VII 22 = 58; XXXVI
 6; *P* VIII 8.
Tigrisienses *Oc* XL 22.
Tillibarensia castra (*Afr.*) *Oc* XXV
 15 = 33; —sis limes (*Tripol*)
 Oc XXXI 6 = 21.
Timacenses *Or* IX 40.
Tingitania *Oc* I 33; 104; III 12;
 V 129; VII 135; 206; XXI 14;
 XXVI 1; 11; Tingitana *P* IV
 8; Mauritania Tingitania *U* XI
 7; praeses *Oc* I 104; XXI 14;
 comes *Oc* I 33; V 129; VII
 135; 206; XXVI.
Tingitanus *Or* XXVIII 31.
Tintiberitanus limes (*Tripol.*) *Oc*
 XXXI 9 = 24.
*Tmou (*Theb.*) *Or* XXXI 46.
*Tmunepsi (*Aeg.*) *Or* XXVIII 31.
Tohu (*Aeg.*) *Or* XXVIII 41.
Toloha (*Palaest.*) *Or* XXXIV 34.
Tolosates (*Narb. I*) *G* XV 3.
Tornacum *u.* Turnacum.
Touia (*Osrh.*) *Or* XXXV 28.
Transacinco (*Ualer.*) *Oc* XXXIII
 65.
Transalba (*Dac. rip.*) *Or* XLII
 23.
Transdierna (*Dac. rip.*) *Or* XLII
 29; *cf.* Zerna.
Transdrobeta (*Dac. rip.*) *Or* XLII
 35.
Transluco (*Dac. rip.*) *Or* XLII
 27.
Transmarisca (*Moes. II*) *Or* XL
 23; 34; 35.
Transtigritani *Or* VII 22 = 58.
Trapezus (*Pont*) *Or* XXXVIII 9
 = 16.
Tres prouinciae *Oc* XI 14; ratio-
 nalis summarum *l. l.*
Treueri (*Belg. I*) *G* V 2; *P* II
 9; Triberi *Oc* IX 37; 38; XI
 35; 44; 58; 77; XII 26.
Tricasses (*Lugd. Senon*) *G* IV 6.
Tricastini (*Uienn.*) *G* XI 9.
Tricomia (*Arab.*) *Or* XXXVII 4
 = 15.
Tricornium (*Moes. I*) *Or* XLI
 5 = 14; 22; 28.

Trimammium (*Moes. II*) *Or* XL 20.
Trimthis (*Theb.*) *Or* XXXI 56.
Tripolis *Oc* II 40; *P* III 5; Tripolitana *Oc* I 39; 100; V 135; XI 70; XX 5=13; XXXI 1; 17; Numidia militiana *U* XII 5; praeses *Oc* I 100; XX 13; dux *Oc* I 39; V 135; XXXI.
Troadensis *C* VI 15; XIII 9
Trosmis (*Scyth.*) *Or* XXXIX 23; 29; 31.
Tubantes *Or* VI 10=51; *Oc* V 28=176=VII 123; *U* XV 3.
Tubuniensis limes (*Afr.*) *Oc* XXV 7=25.
Tubusubditanus limes (*Afr.*) *Oc* XXV 9=27.
Tullum (*Belg. I*) *G* V 4.
Tungrecani *Oc* V 5=148 = VII 6; XXVIII 14.
Tungri (*Germ. II*) *G* VIII 2; *Oc* XLII 43; V 174=VII 41; V 71=219=VII 50; XL 40.
Tunnocelum (*Brit.*) *Oc* XL 51.
Turba (*Nouempop.*) *G* XIV 11
*Turdetani *U* XIV 7.
Turini *U* XIV 7.
Turnacum (*Belg. II*) *G* VI 8; *Oc* XI 57; XXVIII 15.
Turoni (*Lugd. III*) *G* III 2.
Tuscia et Umbria *Oc* I 57; II 15; XIX 4; *U* X 5; *P* I 4; consularis *Oc* I 57; XIX 4.
Tyrrhenum mare *P* I 17—19.
Tzani *Or* VIII 17=*49; XXXI 62.

Uade Afaris (*Arab.*) *Or* XXXVII 34; cf. Naarsafari.
Ualenses (*Alp. Grai*) *G* X 3.
Ualentia *Oc* I 77; III 34; XXIII 4=11; Ualentiniana *P* XI 6; consularis *Oc* I 77; XXIII 11.
Ualentia (*Pont.*) *Or* XXXVIII 33.
Ualentia (*Uienn.*) *G* XI 8.
Ualeria (*Italiae*) *Oc* I 95; II 25; XIX 14; *P* I 6; praeses *Oc* I 95; XIX 14.
Ualeria (*Pannoniarum*) *Oc* XI 11; XXXIII 1; *U* VI 5; *P* V 5; Ualeria ripensis *Oc* I 42; V 137; XXXIII 23; rationalis summarum Pannoniae primae, Ualeriae, Norici mediterranei et ri-
pensis *Oc* XI 11; dux Ualer. rip. *Oc* I 42; V 137; XXXIII.
Uallatum (*Raet.*) *Oc* XXXV 6=17; 26.
Uallenses (*Alp. Grai.*) *G* X 3.
Uallis Alba (*Phoen.*) *Or* XXXII 42.
Uallis Diocletiana (*Phoen.*) *Or* XXXII 43.
Ualtha (*Arab.*) *Or* XXXVII 33.
Uandali *U* XIII 28; Uandili *Or* XXVIII 25.
Uangiones (*Germ. I*) *G* VII 5; *Oc* XLI 8=20.
Uappincum (*Narb. II*) *G* XVI 6.
Uarensis limes (*Tripol.*) *Oc* XXXI 13=28.
Uariana (*Dac. rip.*) *Or* XLII *9 =*18; *31.
Uasates (*Nouempop.*) *G* XIV 10.
Uasio (*Uienn.*) *G* XI 10.
Ucetia (*Narb. I*) *G* XV 7.
Uelaui (*Aquit. I*) *G* XII 9; *Oc* XLII 68.
Ueleia (*Tarrac.*) *Oc* XLII 32.
Uemania (*Raet.*) *Oc* XXXV 19; 33.
Uenaxamodorum (*Raet.*) *Oc* XXXV 27.
Uenetes (*Ital.*) *Oc* XLII 4.
Ueneti (*Lugd. III*) *G* III 8; *Oc* XXXVII 16=5.
Uenetia et Histria *Oc* I 53; XI 67; *U* X 2; *P* I 10; Uenetia *Oc* II 11; *XI 27; consularis *Oc* I 53.
Uenetia inferior *Oc* XI 49; XLII 3.
Uenta (*Brit.*) *Oc* XI 60.
*Uenusia (*Apul.*) *Oc* XI 52.
Ueranoca (*Phoen.*) *Or* XXXII 40.
Uercellae *Oc* XLII 59.
Ueriaraca (*Phoen.*) *Or* XXXII 34.
Uerodunum (*Belg. I*) *G* V 4.
Uerofabula (*Phoen.*) *Or* XXXII 37.
Ueromandui (*Belg. II*) *G* VI 5.
Uerona *Oc* IX 25; *XLII 54.
*Uersaminum castrum (*Palaest.*) *Or* XXXIV 10=22.
Uerterae (*Brit.*) *Oc* XL 11=26.
Uesontio (*Sequan.*) *G* IX 2; *Oc* XXXVI 3=5.
Ueterocaria (*Palaest.*) *Or* XXXIV 28= Ueterocania 13.

Uetusalina (*Ualer*) Oc XXXIII 16 = 37.
Uiamata (*Thrac.*) Or XL 48.
Uicus Iulius (*Mogont.*) Oc XLI 5 = 17.
Uienna (*Uienn.*) G XI 3; Oc XI 62; XLII 14.
Uiennensis dioecesis U IX 1; *cf.* Septem prouinciae.
prouincia Oc I 69; III 15; XI 54; XXII 3 = 22; U IX 2; P II 2; G XI 2; consularis Oc I 69; XXII 22.
Uimania (*Raet.*) Oc XXXV 19; 33.
Uiminacium (*Moes. I*) Oc XLI 7 = 16; 31; 38.
Uincentia (*Ualer.*) Oc XXXIII 59; XLI 36.
Uindausca (*Uienn.*) G XI 12.
Uindelicensis Oc XI 30.
Uindobala (*Brit.*) Oc XL 36.
Uindobona *u.* Uindomana.
Uindolana (*Brit.*) Oc XL 41.
Uindomana (*Pann. I*) Oc XXXIV 25; 28.
Uindonissa (*Sequan.*) G IX 5.
Uingium (*Mogont.*) Oc XLI 10 = 22.
Uinidi U XIII 37.
*Uinouia (*Brit.*) Oc XL 6 = 21.
Uintio (*Alp. marit.*) G XVII 9.
Uirosidum (*Brit.*) Oc XL 56.
Uisi Or V 20 = 61.
Uiuarium (*Uienn.*) G XI 6; Oc XII 27.

Ulpiana Or IX 44.
Ulucitra (*Rhodope*) Or XL 46.
Umbria *u* Tuscia.
Urbicariae regiones *u.* Suburbicariae regiones.
Ursaria Oc V 95 = 244 = VII 85; *VII 104; XXXIII 47; XXXV 20; XXXVII 21.
Usipii U XV 2.
Uto (*Dac. rip.*) Or XLII 21 = Lito 8.
*Uxelodunum (*Brit.*) Or XL 49.

Ysiportus (*Pont.*) Or XXXVIII 34.

Zabdeni Or XXXVI 36.
Zabensis limes (*Afr.*) Oc XXV 8 = 26.
*Zadagatta (*Palaest.*) Or XXXIV 8 = 24.
*Zamartha (*Osrh*) Or XXXV 33.
*Zanaatha (*Palaest.*) Or XXXIV 8 = 24.
Zerna (*Dac. rip.*) Oc XLII 29; 37.
Zeugitana U XII 2; *cf.* Africa.
Ziganne (*Pont.*) Or XXXVIII 37.
Ziza (*Arab.*) Or XXXVII 7 = 16.
Zmirna (*Moes. I*) Or XLI 37.
Zoara (*Palaest.*) Or XXXIV 7 = 26.
Zodocatha (*Palaest.*) Or XXXIV 8 = 24.
Burgus Zonus (*Dac. rip.*) Or XLII 28.

MAGISTRATUS ET OFFICIA.

Ab actis Or II 64; III 25; XX 14; XXI 11; XXII 38; XXIII 20; XXIV 25; XXV 31; XXVI 21; XXIX 15; XLIII 11; XLIV 12; Oc II 48; III 43; IV 23; XVIII 11; XIX 21; XX 21; XXI 21; XXII 45; XXIII 21; XLIII 11; XLIV 12; XLV 12.
Adiutor Or II 62; III 23; VIII 64; XI 41; 43; XVII 9; XX 12; XXI 10; XXII 37; XXIII 18; XXIV 24; XXV 30; XXVI 20; XXVIII 51; XXIX 14; XXX 3; XXXI 71; XXXII 49; XXXIII 40; XXXIV 53; XXXV 39; XXXVI 41; XXXVII 40; 49; XXXVIII 43; XXXIX 40; XL 41; XLI 44; XLII 48; XLIII 9; XLIV 10; Oc I₁ 46; III 41; IV 21; V 279; VI 91; VII 115; IX 41;

42; XV 10; XVIII 10; XIX
20; XX 23; XXI 23; XXII 47;
XXIII 23; XXV 40; XXVI
26; XXVIII 27; XXIX 10;
XXX 25; XXXI 37; XXXII
63; XXXIII 70; XXXIV
51; XXXV 39; XXXVI 10;
XXXVII 34; XXXVIII 14;
XL 61; XLI 30; XLIII 9;
XLIV 11; XLV 11; adiutor
de scola notariorum *Or* XVIII
6; adiutores *Or* II 70; III 31;
Oc II 54; III 49; IV 30; XVI
6; adiutores de scriniis, quos
uoluerit (*quaestor*) *Or* XII 6;
adiutores electi de scriniis *Or*
XIX 14; adiutores memoriales
de scriniis diuersis *Oc* X 6;
adiutores numerariorum *Or*
*XXVIII 49; XXX 1; XXXI
70; XXXII 47; XXXIII 38;
XXXIV 51; XXXV 37; XXXVI
39; XXXVII 38; 48; XXXVIII
41; XXXIX 38; XL 39; XLI
42; XLII 46.
Admissionales *Oc* IX 14; officium admissionum *Or* XI 17.
Agentes in rebus; scola agentum
in rebus et deputati eiusdem
scolae *Or* XI 11; *Oc* IX 9;
officium de scola agentum in
rebus *Or* XI 40; *Oc* IX 40;
princeps de scola ag. in reb.
Or XXVI 17; XXXI 69; XXXII
46; XXXIV 50; XXXV 36;
XXXVI 38; XXXVII 37;
XXXVIII 40; princ. de sc.
ag. in reb. ducenarius *Or* XXI
6; XXII 34; XXIII 16, XXIV
21; XXV 27; XXVIII 48; *Oc*
XVIII 5; XIX 16; XX 17; ex
ducenariis *Oc* XXI 17; XXII
41; XXIII 17.
A libellis *Or* XXI 13; XXII 40;
XXIX 16; XLIII 12; *XLIV
13; a lib. siue subscribendarius
Or XXVIII 52; XXX 4; XXXI
73; XXXII 50; XXXIII 41;
XXXIV 54; XXXV 40; XXXVI
42; XXXVII 41; XXXVIII 44;
XXXIX 41; XL 42; XLI 45;
XLII 49; a lib. siue regerendarius *Or* XXXVII 50; quarto
loco libellos tractat *Or* XIII
34.

Apparitores *Or* V 74; VI 77;
VII 67; VIII 61; IX 56; XXI
Oc 14; V 281; VI 93; VII
117; *cf.* officiales, cohortalini.

Cancellarii *Oc*, IX 15.
Castrensis *Or* XVII 1; 2; 6; *Oc*
XV 3; 7; castr. sacri palatii
Or I 19; *Oc* I 17; XV 1.
Censuales *Oc* IV 31.
Centenarius portus *Oc* IV 16.
Chartularius et scrinium ipsius
Or XVII 10; *Oc* XV 11.
Cohortalini, quibus non licet ad
aliam transire militiam sine annotatione clementiae principalis *Or* XLIII 13; XLIV 14;
Oc XLIII 13; XLIV 14; XLV
14.
Collegiati, qui e diuersis corporibus ordinati incendiorum solent casibus subuenire *C* II 25;
cf. III 21; IV 21; V 24; VI
30; VII 21; VIII 26; IX 20;
X 19; XI 24; XII 22; XIII
22; XIV 22; *XV 26; XVI 46.
Comes *u.* Comes rei militaris.
Comes auri *Oc* XI 6.
Comes commerciorum per Illyricum (*praefecturam*) *Or* XIII 9;
(*dioeces.*) *Oc* XI 86; per Moesiam, Scythiam et Pontum *Or*
XIII 8; per Orientem et Aegyptum *Or* XIII 7.
Comes domesticorum equitum *Or*
I 15; XV; *Oc* I 13; XIII.
Comes domesticorum peditum *Or*
I 16; XV; *Oc* I 14; XIII.
Comes et magister equitum *Oc*
VI 41; *cf.* magister militum.
Comes et rationalis summarum
Aegypti *Or* XIII 12.
Comes formarum *Oc* IV 5.
Comes Gildoniaci patrimonii *Oc*
XII 5.
Comes largitionum Italicianarum
Oc XI 7; com. larg. per Illyricum *Oc* XI 4; com. titulorum largitionalium per Africam
Oc XI 8; comites largitionum
per omnes dioeceses *Or* XIII 5.
Comes largitionum priuatarum *Oc*
XII 4.
Comes limitis *Or* XXVIII 1; *Oc*
V 126; *cf.* comes rei militaris.

Comes metallorum per Illyricum *Or* XIII 11.
Comes portus *Oc* IV 7.
Comes rei militaris *Or* I 35; [II 14]; XXVIII 13; XXIX 6; *Oc* I 30; comes limitis *Or* XXVIII 1; *Oc* V 126; comes *passim;* com. per — *Or* XXVIII 13; XXIX 1; 6; *cum genetiuo nominis prouinciae passim;* comes Aegypti *Or* I 36; XXVIII; Africae *Oc* I 32; V 128; VII 140; 179; XXV; tractus Argentoratensis *Oc* I 34; V 130; XXVII; Britanniarum *Oc* I 35; V 131; VII 153; 199; XXIX; litoris Saxonici per Britannias *Oc* I 36; V 132; XXVIII; Hispaniae *Oc* VII 118; Illyrici *Oc* VII 40; Isauriae *Or* I 37; XXIX; Italiae *Oc* I 31; V 127; XXIV; Tingitaniae *Oc* I 33; V 129; VII 135; 206; XXVI; comes rei militaris per Isauriam et praeses *Or* XXIX 6.
Comes rerum priuatarum *Or* I 13; XIV 2; 8; 15; *Oc* I 12; XII 3; 30; com. priuatarum *Or* XIV 1; *Oc* XII 1.
Comes riparum et aluei Tiberis et cloacarum *Oc* IV 6.
Comes sacrarum largitionum *Or* I 12; XIII 4; 21; *Oc* *I 11; XI 1; 3; 87; com. largitionum *Or* XIII 1; 35.
Comes titulorum largitionalium per Africam *Oc* XI 8; *cf.* comes largitionum.
Commentariensis *Or* II 63; III 24; V 71; VI 74; VII 63; VIII 58; IX 53; XX 13; XXI 8; XXII 36; XXIII 19; XXIV 23; XXV 29; XXVI 19; XXVIII 50; XXIX 12; XXX 2; XXXI 72; XXXII 48; XXXIII 39; XXXIV 52; XXXV 38; XXXVI 40; XXXVII 39; 47; XXXVIII 42; XXXIX 39; XL 40; XLI 43; XLII 47; XLIII 8; XLIV 9; *Oc* II 47; III 42; IV 22; V 2,8; VI 90; VII 113; XVIII 9; XIX 19; XX 20; XXI 20; XXII 44; XXIII 20; XXXII 64; XXXIII 69; XXXIV 50; XXXVIII 13;

XLIII 10; XLIV 10; XLV 10; comm. ex officiis magistrorum militum alternis annis *Oc* XXV 41; XXVI 23; XXIX 7; XXX 23; XXXI 35; XXXV 38; XXXVII 33; XL 59; ex officio magistri militum praesentalis a parte peditum *Oc* XXVIII 25; XXXVI 9; a parte peditum semper *Oc* XLI 29.
Consularis *Or* I 57 — 78; XLIII; XLV 6; 8; 13; 14; 22; *Oc* I 50 — 77; XIX 2 — 6; XX 9 — 11; XXI 7 — 10; XXII 21 — 27; XXIII 9 — 11; XLIII.
Consularis aquarum *Oc* IV 11.
Cornicularius *Or* II 61; III 22; XX 11; XXI 7; XXII 35; XXIII 17; XXIV 22; XXV 28; XXVI 18; XXIX 11; XXXVII 45; XLIII 7; XLIV 8; *Oc* II 45; III 40; IV 20; XVIII 6; XIX 17; XX 18; XXI 18; XXII 42; XXIII 18; XXV 39; XXVI 25; XXVIII 26; XXX 24; XXXI 36; XLIII 7; XLIV 8; XLV 8.
Corrector *Or* I 126 — 128; XLV 30; *Oc* I 78 — 83; XIX 7 — 9; XLIV.
Cura epistularum *Or* II 67; III 28; *XXII 40; XXIII 22; XXIV 27; XXV 33; XXVI 23; *Oc* II 51; III 46; IV 27; XIX 22; XX 22; *XXI 22; XXII 46; XXIII 22.
Curae palatiorum *Or* XVII 5; *Oc* XV 6.
Curator (*regionis primae urbis Constant.*) unus, qui totius regionis sollicitudinem gerat *C* II 21; III 19; IV 19; V 22; VI 28; VII 19; VIII 24; IX 18; X 17; XI 22; XII 20; XIII 20; XIV 20; XVI 44
Curator horreorum Galbanorum *Oc* IV 15.
Curator operum maximorum *Oc* IV 12.
Curator operum publicorum *Oc* IV 13.
Curator statuarum *Oc* IV 14.
Curiosus cursus publici praesentalis unus *Or* XI 50; cur. curs. publ. in praesenti *Oc* IX 44.

Curiosi per omnes prouincias *Or*
XI 51; cur. omnium prouinciarum *Oc* IX 45.

Dispositionum, scrinium *Or* XI
16; *Oc* IX 11.

Domestici equites, domestici pedites, et deputati eorum *Or*
XV 3; 4 = 6—8; *Oc* XIII 3;
4 = 6—8; *cf.* comes domesticorum.

Ducenarius *Or* XXI 6; XXII 34;
XXIII 16; XXIV 21; XXV 27;
XXVIII 48; *Oc* XVIII 5; XIX
16; XX 17; XXI 17; XXII
41; XXIII 17.

Dux *Or* I 38—56 [II 14]; XXX
—XLII; *Oc* I 37—49; V 133
—143; XXX—XLI; dux limi-
tis *Oc* I 38; 39; V 133; dux
prouinciae *Oc* XXXI 1; 17;
XXXII 21; XXXIII 1; 23;
XXXV 13; XXXVI 1; 4; dux
et praeses prouinciae Mauritaniae Caesariensis *Oc* XXX 1;
11; *cf.* 20; dux Arabiae et
praeses *Or* XXXVII 36; dux
Arabiae *Or* I 48 [II 14];
XXXVII; Armeniae *Or* I 50;
XXXVIII; tractus Armoricani
et Neruicani *Oc* I 45; XXXVII;
Belgicae secundae *Oc* I 46; V
140, XXXVIII; Britanniarum
Oc I 48; V 142; XL; Daciae
ripensis *Or* I 55; XLII; Eu-
fratensis et Syriae *Or* I 44;
XXXIII; Foenicis *Or* I 43;
XXXII; Germaniae primae; *Oc*
I 47; V 141; Libyarum *Or* I
40; XXX; Mauritaniae Caesa-
riensis *Oc* I 38; V 134; XXX;
Mesopotamiae *Or* I 47; XXXVI;
Moesiae primae *Or* I 56; XLI;
Moesiae secundae *Or* I 52; XL;
Mogontiacensis *Oc* I 49; V
143; XLI; Osrhoenae *Or* I 46;
XXXV; Palaestinae *Or* I 45;
XXXIV; Pannoniae primae et
Norici ripensis *Oc* I 40; V 138;
XXXIV; Pannoniae secundae
Oc I 41; V 136; XXXII; Rae-
tiae primae et secundae *Oc* I
43; V 139; XXXV; Scythiae
Or I 53; XXXIX; Sequanicae
Oc I 44; XXXVI; Syriae et

Eufratensis *Or* I 44; XXXIII;
Tripolitanae *Oc* I 39; V 135;
XXXI; Ualeriae ripensis *Oc* I
42; V 137; XXXIII.

Exceptores *Or* II 69; III 30; V
74; VI 77; VII 67; VIII 61;
IX 56; XIII 32; XX 18; XXI
14; XXII 42; XXIII 23; XXIV
28; XXV 34; XXVI 24; XXVIII
53; XXIX 17; XXX 5; XXXI
74; XXXII 51; XXXIII 42;
XXXIV 55; XXXV 41; XXXVI
43; XXXVII 42; 51; XXXVIII
45; XXXIX 42; XL 43; XLI
46; XLII 50; XLIII 13; XLIV
14; *Oc* II 53; III 48; IV 29;
V 281; VI 93; VII 117; XI
98; XVIII 13; XIX 24; XX
25; XXI 25; XXII 49; XXIII
25; XXV 45; XXVI 29; XXVIII
30; XXIX 13; XXX 28; XXXI
40; XXXII 67; XXXIII 73;
XXXIV 54; XXXV 42; XXXVI
13; XXXVII 37; XXXVIII 17;
XL 64; XLI 33; XLIII 13;
XLIV 14; XLV 14.

Interpretes diuersarum gentium
Or XI 52; int. omnium gentium *Oc* IX 46.

Lampadarii *Or* XI 12.

Legati proconsulis Africae duo
Oc XVIII 3.

Magister census IV *Oc* 8.
Magister epistularum *Or* I 22;
XIX 3; 8; 9; *Oc* I 20; XVII
3; 6; 8; 10; 12.
Magister epistularum Graecarum
Or XIX 12; mag. Graecarum
Or I 24; XIX 5.
Magister equitum *Oc* VI 1; comes
et magister equit. praesentalis
Oc VI 41; mag. eq. in praesenti
Oc I 6; mag. eq. Galliarum
Oc VII 63; 166; mag. eq. per
Gallias *Oc* I 7; VII 111; *cf.*
magister militum.
Magister equitum et peditum *Or*
I 5—8; *cf.* magister militum.
Magister libellorum *Or* I 23; XIX
4; 10; *Oc* I 21; XVII 4; 13.
Magistri lineae uestis *Or* XIII 14.

MAGISTRATUS ET OFFICIA.

Magister memoriae *Or* I 21; XIX 2; 6; XLV 24; *Oc* I 19; XVII 2; 11.
Magister militum *Or* V — IX; *Oc* XXV 38; 41; 42; XXVI 22; XXVIII 23; XXIX 7; XXX 21; XXXI; 33; XXXV 36; XXXVI 7; XXXVII 31; XL 58; XLI 27; XLII 1; magister equitum et peditum *Or* I 5—8; mag. mil. per — *Or* I 6—8; VII 1; 23; 59; 68; VIII 1; 23; 24; 62; IX 1; 17; 49; 57; *Oc* I 7; VII 111; *cum genetiuo nominis prouinciae Oc* VII 63; 166; mag. mil. in praesenti *Or* I 5; V 67; 75; VI 70; 78; mag. equitum in praesenti *Oc* I 6; mag. peditum in praesenti *Oc* I 5; mag. mil. praesentalis *Or* V 1; 26; VI 1; 26; *Oc* XXV 38; 41; 42; XXVI 22: XXVIII 23; XXIX 7; XXX 21; XXXI 33; XXXV 36; XXXVI 7; XXXVII 31; XL 58; XLI 27; XLII 1; mag. eq. praesentalis *Oc* VI 41 = mag. eq. *Oc* VI 1; mag. peditum praesentalis *Oc* VI 125; 275 = = mag. peditum *Oc* V 1; mag. equitum per Gallias *Oc* I 7; VII 63; 111; 166; mag. mil. per Illyricum *Or* I 8; IX; mag. mil. per Orientem *Oc* I 6; VII; mag. mil. per Thracias *Or* I 7; VIII.
Magister officiorum *Or* I 10; XI; *Oc* I 9; IX.
Magister peditum *u.* magister militum.
Magistri priuatae *Or* XIII 15.
Magistri scriniorum *Or* I 20— 24; XIX; *Oc* I 18—21; XVII.
Magistri uicorum *u.* Uicomagistri.
Memoriales de scriniis diuersis *Oc* X 6.
Mensores *Or* VII 66; XI 12.
Ministeriales dominici *Or* XVII 4; min. domini *Oc* XV 5.

Nomenculatores *Oc* IV 32.
Notarii, adiutor de schola notariorum *Or* XVIII 6; *cf.* primicerius notariorum.
Numerarius *Or* XLIII 10; XLIV 11; *Oc* V 277; VI 88; XXXII 62; XXXIII 68; XXXIV 49; XXXVIII 12; numerarius ex officio magistri militum praesentalis a parte peditum *Oc* XXXVI 8; numerarius a parte peditum semper *Oc* XLI 28; numerarius a parte peditum *omni anno *Oc* XXXVII 32; numerarii *Or* II 65; XX 15; XXI 12; XXII 39; XXIII 21; XXIV 26; XXV 32; XXVI 22; XXVIII 49; XXIX 13; *Oc* II 49; III 44; *IV 24; numerarii et adiutores eorum *Or* *XXVIII 49; XXX 1; XXXI 70; XXXII 47; XXXIII 38; XXXIV 51; XXXV 37; XXXVI 39; XXXVII 38; 48; XXXVIII 41; XXXIX 38; XL 39; XLI 42; XLII 46; numerarii duo *Or* V 70; VI 73; VII 62; VIII 57; IX 52; *Oc* XVIII 7; XIX 18; XX 19; XXI 19; XXII 43; XXIII 19; numerarii duo ex utrisque officiis magistrorum militum praesentalium singuli *Oc* XXV 42; XXVI 24; XXIX 9; XXX 22; *XXXI 34; XXXV 37; numerarii ex utrisque officiis singulis annis *Oc* VII 114; numerarii ex utrisque officiis omni anno *Oc* XL 60; numerarii duo ex officio magistri militum praesentalis a parte peditum *Oc* XXIII 24; numerarii quattuor, in his auri unus, operum alter *Or* III 26.

Officiales *Or* XX 18, XXII 42; XXIII 23; XXIV 28; XXV 34; XXVI 24; XXVIII 53; XXIX 17; XXX 5; XXXI 74; XXXII 51; XXXIII 42; XXXIV 55; XXXV 41; XXXVI 43; XXXVII 42; 51; XXXVIII 45; XXXIX 42; XL 43; XLI 46; XLII 50; *Oc* XIX 25; XX 26; XXII 50; XXIII 26; XXV 46; XXVI 30; XXVIII 31; XXIX 14; XXX 29; XXXI 41; XXXII 68; XXXIII 74; XXXIV 55; XXXV 43; XXXVI 14; XXXVII 38; XXXVIII 18; XL 65; XLI 34.

Officium, *sub dispositione magistratus positum* Or II 59—71; III 20—32; Oc II 43—55; III 38—50; IV 18—33; V 275—281; VI 86—93; *ab eis quae sub dispositione sunt, particula autem diuisum, passim*, officium magisteriae — potestatis in numeris militat et in officio deputatur Or V 67; VIII 54; IX 49; officium magisteriae — potestatis cardinale habetur Or VI 70; VII 59; officium magistri officiorum de scola agentum in rebus Or XI 40; Oc IX 40; *officium deest* Or X; XII; XV; XVIII; XIX; Oc X; XIII; *XIV; XVI; XVII; XXIV; XXVII *officium duplex* XXXVII 36—51.
Officium admissionum Or XI 17; *cf.* admissionales.
Ordinarii Or XXXVII 46.

Paedagogia Or XVII 3; Oc XV 4.
Palatini Or XIII 34; XIV 14; XVII 11; Oc XII 38; XV 12.
Praefectus alae Oc XXVI 13; XXXV 23; 26; 33; XL 35; 37; 38; 45; 55.
Praefectus annonae Oc IV 3.
Praefectus annonae Africae Oc II 41.
Praefectus Augustalis Or I 29; XXIII.
Praefectus classis Or *XXXIX 35; XLI 38; 39; XLII 42; 43; Oc XXXII 50—52; 55; 56; XXXIII 58; XXXIV 28; 42; 43; XXXVIII 8; XLII 4; 7; 9; 11; 14; 15; 21; 23; praefectus classis Rauennatium (Comensis), cum curis eiusdem ciuitatis Oc XLII 7; 9.
Praefectus equitum Oc XL 19—21; *cf.* praefectus Sarmatarum, praepositus equitum.
Praefectus fundorum patrimonialium Oc II 42.
Praefectus laetorum Oc XLII 33—44.
Praefectus legionis Or XXXII 30; 31; XXXIII 23; 28; XXXIV 30; XXXV 24; *25; XXXVI 29; 30; XXXVII 21; 22; XXXVIII 13; 14; 16; XXXIX 29—35; XL 30—35; XLI 30—32; XLII 31—39; Oc XXVIII 19; XXXII 44—48; XXXIII 51—57; 65; XXXIV 25—27; 37—41; XXXV 17—19; 21; 22; XL 18; XLII 26.
Praefectus militum Or XL 36; XLI 33—37; XLII 29; Oc XXXII 49; XXXV 20; XXXVII 15—23; XLI 15—25; XLII 6; 16; *cf.* praepositus militum.
Praefectus nauium amnicarum et militum ibidem deputatorum Or XL 36.
Praefectus numeri Oc XXXV 32; XL 22—31; 47; *cf.* praepositus numeri.
Praefectus praetorio per — Or II 1; III 1; 4; 20; Oc II 1; *cum genetiuo nominis regionis* Or I 2; II 59; *72; I 3; III 33; Oc I 2; 3; II 5; 43; III 1; 38; XLIII 6; Galliarum Oc I 3; III; Illyrici Or I 3; III; Italiae Oc I 2; II; XLIII 6; Orientis Or I 2; II.
Praefectus ripae legionis Or XXXIX 30; *31; 33—35; XL 31; 32; *34; 35.
Praefectus Sarmatarum gentilium Oc XLII 46—70.
Praefectus uigilum Oc IV 4.
Praefectus urbis Oc IV 2; 18; praef. urb. Constantinopolitanae Or I 4; praef. urb. Romae Oc I 4; IV 1.
Praepositi bastagarum Or XIII 19; Oc XI 78—85; XII 28; 29.
Praepositi branbaricariorum siue argentariorum Oc XI 74—77.
Praepositus equitum Oc XXVIII 16; 17; *cf.* praefectus equitum.
Praepositi gregum et stabulorum Or XIV 6.
Praepositus limitis Oc XXV 21—36; XXX 12—19; XXXI 18—28; 31.
Praepositus militum Oc XXVIII 14; *cf.* praefectus militum.
Praepositus numeri Oc XXVIII 13; 15; 20; 21; *cf.* praefectus numeri.
Praepositus rei priuatae per Sequanicum et Germaniam primam Oc XII 19.

Praepositus sacri cubiculi *Or* I 9; X; *Oc* I 8.
Praepositi thesaurorum *Or* XIII 10; *Oc* XI 21—37.
Praeses *Or* I 79—125; XXIX 6; XXXVII 36; 43; XLIV; *XLV 31; *Oc* I 84—121; XIX 10— 14; XX 12—15; XXI 11—15; XXII 28—39; XXIII 12—15; XXX 1; 11; 20; XLV; dux et praeses *Or* XXXVII; *Oc* XXX; comes rei militaris et praeses *Or* XXIX.
Primicerius exceptorum *Or* XIII 32; *Oc* XI 98.
Primicerius notariorum *Or* I 18; XVIII; *Oc* I 16; XVI.
Primicerius sacri cubiculi *Or* I 17; *Oc* I 15; XIV.
Primicerius scrinii ab argento *Oc* XI 95; argenti *Or* XIII 29; a miliarensibus *Or* XIII 30; *Oc* XI 96; a pecuniis *Or* XIII 31; *Oc* XI 97; aureae massae *Or* XIII 26; *Oc* XI 92; auri ad responsum *Or* XIII 27; *Oc* XI 93; canonum *Or* XIII 23; *Oc* XI 89; largitionum priuatarum *Or* XIV 13; numerorum *Or* XIII 25; *Oc* XI 91; tabulariorum *Or* XIII 24; *Oc* XI 90; uestiarii sacri *Or* XIII 28; *Oc* XI 94; *cf.* primiscrinius.
Primicerius totius officii *Or* XIII 22; XIV 9; *Oc* XI 88; XII 31.
Primiscrinius *Oc* IV 25; VI 89; XVIII 8; primiscrinii (*duo*) qui numerarii fiunt *Or* V 72; VI 75; VIII 59; IX 54; primiscrinius beneficiorum *Or* XIV 10; *Oc* XII 32; canonum *Or* XIV 11; *Oc* XII 33; largitionum priuatarum *Oc* XII 35; securitatum *Or* XIV 12; *Oc* XII 34; *cf.* primicerius scrinii.
Princeps *Or* II 60; III 21; V 69; VI 72; VII 61; VIII 56; IX 51; XXXIII 37; *Oc* II 44; III 39; IV 19; V 276; VI 87; princeps de eodem officio *Or* XX 10; XXIX 10; XXXVII 44; XLIII 6; XLIV 7; *Oc* XXXII 61; ex eod. off. *Oc* XLIV 7; XLV 7; de eodem corpore *Oc* XXXIII 67; XXXIV

48; ex eod. corp. *Oc* XXXVIII 11; pr. de eod. off. qui completa militia adorat protector *Or* XXXIX 37; XL 38; XLI 41; XLII 45; — princ. de officio praefecti praetorio Italiae *Oc* XLIII 6; ex officiis magistrorum militum praesentalium, uno anno a parte peditum, alio a parte equitum *Oc* VII 112; XXV 38; XXVI 22; XXIX 7; XXX 21; XXXI 33; XXXV 36; XXXVII 31; XL 58; XLI 27; ex officio magistri militum praesentalis a parte peditum *Oc* XXVIII 23; XXXVI 7; princ. de schola agentum in rebus *Or* XXVI 17; XXXI 69; XXXII 46; XXXIV 50; XXXV 36; XXXVI 38; XXXVII 37; XXXVIII 40; pr. de sch. ag. in reb. ducenarius *Oc* XVIII 5; XIX 16, XX 17; ex ducenariis *Oc* XXI 17; XXII 41; XXIII 17; pr. qui de sch. ag. in reb. ducenarius adorata clementia principali cum insignibus exit *Or* XXII 34; XXIII 16; XXIV 21; XXVIII 48; princ. qui — exit transacto biennio *Or* XXI 6; XXV 27.
Proconsul Achaiae *Or* I 27; XXI; Africae *Oc* I 22; XVIII; Asiae *Or* I 26; XX.
Procuratores bafiorum *Or* XIII 17; *Oc* XI 64—73.
Procuratores gynaeciorum *Or* XIII 16; *Oc* XI 45—60; XII 26; 27.
Procuratores linyfiorum *Or* XIII 20; *Oc* XI 61—63.
Procuratores monetarum *Or* XIII 19; *Oc* XI 38—44.
Procuratores rei priuatae *Oc* XII 17—26.
Procuratores saltuum *Or* XIV 7; *Oc* XII 18.

Questora *Or* I 11; XII; *Oc* I 10; X.
Quaestor (*proconsulis Achaiae*) *Or* XXI 9.
Quarto loco libellos tractat *Or* XIII 34.

20*

Rationales rerum priuatarum *Or*
XIV 4; *Oc* XII 6 — 16.
Rationales summarum *Or XIII
13; *Oc* XI 9—20; comes et
rationalis summarum Aegypti
Or XIII 12.
Rationalis uinorum *Oc* IV 9.
Regerendarius *Or* II 68; III 29;
Oc II 52; III 47; IV 28; V
280; VI 92; VII 116; XXV 44;
XXVI 28; XXVIII 29; *XXIX
12; XXX 27; XXXI 39;
XXXII 66; XXXII 72; XXXIV
53; XXXV 41; XXXVI 12;
XXXVII 36; XXXVIII 16; XL
63; XLI 32; a libellis siue re-
gerendarius *Or* XXXVII 50.

Schola *Or* XI 4 — 11; XVIII 5;
6; *Oc* VII 197; IX 4—9; *cf.*
agentes in rebus.
Scriniarii *Or* V 73; VI 76; VII
65; VIII 60; IX 55; XIII 31;
XIV 13; XX 16; *Oc* XI 97;
XII 36.
Scrinium *Or* XII 6; XIII 31;
XIV 13; *Oc* X 6; XI 97; XII
36; ab argento *Or* XIII 29;
Oc XI 95; a miliarensibus *Or*
XIII 30; *Oc* XI 96; a pecuniis
Or XIII 31; *Oc* XI 97; au-
reae massae *Or* XIII 26; *Oc*
XI 92; auri ad responsum *Or*
XIII 27; *Oc* XI 93; beneficio-
rum *Or* XIV 11; *Oc* XII 33;
canonum *Or* XIII 23; XIV 11;
Oc XI 89; XII 33; chartularii
Or XVII 10; *Oc* XV 11; dis-
positionum *Or* XI 16; *Oc* IX
11; epistularum *Or* I 22; XI
14; XIX 3; *Oc* I 20; IX 12;
XVII 3; epistularum graecarum
Or I 24; XIX 5; largitionum
priuatarum *Or* XIV 13; *Oc*
XII 35; libellorum *Or* I 23;
XI 15; XIX 4; *Oc* I 21; IX
13; XVII 4; memoriae *Or* I
21; XI 13; XIX 2; *Oc* I 19;
IX 10; XVII 2; numerorum
Or XIII 25; *Oc* XI 91; secu-
ritat' m *Or* XIV 12; *Oc* XII
34; tabulariorum *Or* XIII 24;
Oc XI 90; uestiarii sacri *Or*
XIII 28; *Oc* XI 94.

Secundocerius officii, qui primi-
cerius est exceptorum *Or* XIII
32; *Oc* XI 98; qui tractat char-
tas ipsius officii *Or* XIV 14;
Oc XII 37.
Singulares *Oc* XVIII 14; XIX
25; XX 26; XXI 26; XXII
50; XXIII 26; XXV 46; XXVI
30; XXVIII 31; XXIX 14;
XXX 29; XXXI 41; XXXII
68; XXXIII 74; XXXIV 55;
XXXV 43; XXXVI 14;
XXXVII 38; XXXVIII 18;
XL 65; XLI 34.
Singularii *Or* II 71; III 32; *Oc*
II 55; III 50; IV 33
Subadiuua *Oc* XXV 43; XXVI
27; XXVIII 28; XXIX 11;
XXX 26; XXXI 38; XXXII
65; XXXIII 71.; XXXIV 52;
XXXV 40; XXXVI 11;
XXXVII 35; XXXVIII 15;
XL 62; XLI 31; XLIII 12;
XLIV 13; XLV 13; subadiu-
uae *Or* II 66; *III 27; XI 42
—49; XXII 41; *Oc* II 50;
III 45; IV 26; IX 42; 43;
XVIII 12; XIX 23; XX 24;
XXI 24; XXII 48; XXIII 24;
subadiuuae adiutoris duo *Or*
XI 43; subadi. adiut. *Or* IX
42; subiadiuuae fabricarum di-
uersarum *Oc* IX 43; fabrica-
rum tres *Or* XI 44; barbari-
cariorum quattuor *Or* XI 45—
49.
Subscribendarius *u.* a libellis.

Tabularius dominicus *Or* XVII
7; tab. domini *Oc* XV 8.
Tabularius dominarum Augustarum *Or* XVII 8; tab. dominae
Augustae *Oc* XV 9.
Tabularii *Or* XIII 24; *Oc* XI 90;
tab. duo *Oc* XLIII 8; XLIV
9; XLV 9; *cf.* numerarii.
Tertiocerius officii, qui tractat
bastagas *Or* XIII 33; *Oc* XI
99.
Tribunus cohortis *Or* XLII 40;
41; *Oc* XXVI 14—20; XXVIII
18; XXXII 53; 57 — 59;
XXXIII 59 — 64; XXXIV 29;
30; 44—46; XXXV 24; 25;
27—30; 34; XXXVII 14; XL

33; 34; 36; 39—44; 48—53;
56; XLII 17; 19; 27—30; 32.
Tribunus fori suarii *Oc* IV 10.
Tribunus gentis per Raetias deputatae *Oc* XXXV 31; tr. g.
Marcomannorum *Oc* XXXIV 24.
Tribunus militum Neruiorum *Oc* XXXVIII 9.
Tribunus rerum nitentium *Oc* IV 17.

Uernaculus unus, uelut seruus in omnibus et internuntius regionis *C* II 23; III 20; IV 20; V 23; VI 29; VII 20; VIII 25; IX 19; X 18; XI 23; XII 21; XIII 21; XIV 21; *XV 26; XVI 45.

Uicarius *Or* I 30—34; *Oc* I 2 3 —29; Africae *Oc* I 26; XX; Asianae *Or* I 31; XXIV; Britanniarum *Oc* I 29; XXIII; Hispaniarum *Oc* I 27; XXI; Italiae *Oc* I 25; Macedoniae *Or* I 34; Ponticae *Or* I 32; XXV; Septem prouinciarum *Oc* I 28; XXII; Thraciarum *Or* I 33; XXVI; Urbis Romae *Oc* I 24; XIX.
Uicomagistri, quibus per noctem tuendae urbis cura mandata est *C* II 28; III 22; IV 22; V 25; VI 31; VII 22; VIII 27; IX 21; X 20; XI 25; XII 23; XIII 23; XIV 23; *XV 26; XVI 47.

LEGIONES

quae ante Constantinum imperatorem institutae esse uidentur.

I (?) Primani *seniores? (pal. praes.) Or* VI 5 = 45; iuniores *(com. in Brit.) Oc* VII 155.
I adiutrix, Bregetione (*Ualer.*) *Oc* XXXIII 51.
I Illyricorum, Palmyra (*Phoen.*) *Or* XXXII 30.
I Iouia, Nouioduno; Aegisso; Inplateypegiis (*Scyth.*) *Or* XXXIX 32—35; Iouiani seniores (*palat. in Ital.*) *Oc* V 2 = 145 = VII 3; iuniores (*pal. praes.*) *Or* V 3 = 43.
I Italica, Nouas; Sexagintaprista (*Moes. II*) *Or* XL 30—32; (*pseud. in Or*) *Or* VII 17 = 53.
I Maximiana, Filas (*Theb.*) *Or* XXXI 37; I Max. Thebaeorum (*comit. in Thrac.*) *Or* VIII 4 = 36.
I Noricorum militum liburnariorum, Adiuuense; Fauianae (*Noric.*) *Oc* XXXIV 40; 41.
I Parthica Nisibena, Constantina (*Mesop.*) *Or* XXXVI 29.

I Pontica, Trapezunta (*Pont.*) *Or* XXXVIII 16.
II (?) Secundani (*comit. in Illyr.*) *Or* IX 35.
II adiutrix, Aliscae; Florentiae; Acinco; in castello contra Tautantum; Cirpi; Lussonio (*Ualer.*) *Oc* XXXIII 52—57.
II Augusta, Rutupis (*Brit.*) *Oc* XXVIII 19; secundani iuniores (*comit. in Brit.*) *Oc* VII 156 = secundani Britanniciani (*comit. in Gall.*) *Oc* VII 84 = secunda Britannica *Oc* V 241 = Britannici *Oc* V 92.
II Herculia, Trosmis; Axiupoli; Inplateypegiis (*Scythiae*) *Or* XXXIX 29—31; 35; Herculiani seniores (*pal. in Ital.*) *Oc* V 3 = 146 = VII 4; iuniores (*pal. praes.*) *Or* V 4 = 44.
II Italica, Lentiae; Lauriaco(*Noric.*) XXXIV 38; 39; II Ital. militum liburnariorum, Iouiaco *l. l.* 37; secundani Italiciani

(*comit. in Afr.*) *Oc* V 86 = 235 = VII 144.
II Parthica, Cefae (*Mesop.*) *Or* XXXVI 30.
II Traiana, Parembole (*Aeg.*) *Or* XXVIII 19; Apollonos superioris (*Theb.*) *Or* XXXI 34.
III Augusta; tertio Augustani (*comit. in Afr.*) *Oc* V 105 = 254 = VII 151.
III Cyrenaica, Bostra (*Arab.*) *Or* XXXVII 21.
III Diocletiana, Andro (*Aeg.*) *Or* XXVIII 18; Ombos; Praesentia; Thebas (*Theb.*) *Or* XXXI 31; 33; 38; III Diocl. Thebaeorum (*comit. in Thrac.*) *Or* VIII 5 = 37.
III Gallica, Danaua (*Phoen.*) *Or* XXXII 31.
III Herculia (*comit. in Illyr.*) *Oc* V 89 = 238 = VII 54.
III Italica, Castra Regina nunc Uallato; Submuntorio; praetendens a Uimania Cassiliacum usque, Cambiduno; transuectioni specierum deputata, Foetibus; transu. spec. dep. Teriolis (*Raet.*) *Oc* XXXV 17 — 19; 21; 22; (*comit. in Illyr.*) *Oc* V 237 = tertiani V 88 = VII 53.
*III Parthica, Apadna (*Osrh.*) *Or* XXXV 25.
IV Flauia, Singiduno (*Moes. I*) *Or* XLI 30.
IV Italica (*pseudoc. in Or.*) *Or* VII 18 = 54.
IV Martia, Betthoro (*Arab.*) *Or* XXXVII 22; Martenses seniores (*com. in Or.*) *Or* VII 5 = 40; Martenses *iuniores*? (*pseud. in Gall.*) *Oc* V 115 = 265 = VII 91.
IV Parthica, Circesio (*Osrh.*) *Or* XXXV 24.
IV Scythica, Oresa (*Syr.*) *Or* XXXIII 23.
V Iouia, Bononiae; Burgenas; in castello Onagrino (*Pann. II*) *Oc* XXXII 44; 46; 48.
V Macedonica, Cebro; Uariana; Oesco; Sucidaua (*Dac. rip.*) *Or* XLII 31—33; 39; Memfi (*Aeg.*) *Or* XXVIII 14; (*comit. in Or.*) *Or* VII 4 = 39; Moesiaci

seniores (*pal. in Ital.*) *Oc* V 7 = 150 = VII 8; *cf.* C. I. L. III 6241; Wilmanns, exempl. inscr. lat. 1647.
VI Herculia, Aureomonte; Teutiburgio; in castello Onagrino (*Pann. II*) *Oc* XXXII 45; 47; 48.
VI Parthica (*pseud. in Or.*) *Or* VII 19 = 55.
VI *uictrix*, Eburaco (*Brit.*) *Oc* XL 3 = 18.
VII (?) Septimani (*pseud. in Gall.*) *Oc* V 123 = 273 = septimani iuniores VII 103; septimani seniores (*comit. in Hisp.*) *Oc* V 79 = 228 = VII 132; sept. iuniores (*comit. in Ital.*) *Oc* V 93 = 242 = VII 31; (*pseud. in Ting.*) *Oc* VII 139.
VII Claudia, Uiminacio; Cuppis (*Moes. I*) *Or* XLI 31; 32.
VII Gemina, Legione (*Gallaec.*) *Oc* XLII 26; (*comit. in Or.*) *Or* VII 6 = 41; septimani seniores (*comit. in Hisp.*) *Oc* V 79 = 228 = VII 132.
VIII *Augusta*; octauani (*pal.*) *Oc* V 10 = 153 = (*comit. in Ital.*) *Oc* VII 28.
X Fretensis, Ailae (*Palaest.*) *Or* XXXIV 30.
X gemina, Uindobonae; militum liburnariorum, Arrabonae (*Pann. I*) *Oc* XXXIV 25; 27; (*comit. in Or.*) *Or* VII.7 = 42.
XI Claudia, Durostoro; Transmariscae (*Moes. II*) *Or* XL 33 — 35; undecimani (*pal. praes.*) *Or* VI 6 = 46; (*comit. in Hisp.*) *Oc* V 85 = 234 = VII 134.
XII fulminata, Melitena (*Armen.*) *Or* XXXVIII 14.
XIII gemina, Aegeta; Transdrobeta; Burgo Nouo; Zernis; Ratiaria (*Dac. rip.*) *Or* XLII 34—38; Babylona (*Aeg.*) *Or* XXVIII 15; tertiodecimani (*com. in Thrac.*) *Or* VIII 6 = 38.
XIV gemina militum liburnariorum, Carnunto; Arrabonae (*Pann. I*) *Oc* XXXIV 26; 27; quartodecimani (*com. in Thrac.*) *Or* VIII 7 = 39.

XV Apollinaris, Satala (*Armen.*)
Or XXXVIII 5 = 13.
XVI Flauia firma, Sura (*Euphrat.*) Or XXXIII 28.

XXX *Ulpia uictrix*; truncensimani (*pseudoc. in Gall.*) Oc VII 108.

ALAE.

I Abasgorum, Hibeos; Oasi maiore (*Theb.*) Or XXXI 41; 55.
I Aegyptiorum, Selle (*Aeg.*) Or XXVIII 27.
II Aegyptiorum, Tacasiria (*Aeg.*) Or XXVIII 39.
II noua Aegyptiorum, Cartha (*Mesop.*) Or XXXVI 32.
II Ulpia Afrorum, Thaubasteos (*Aeg.*) Or XXVIII 38.
I Alamannorum, Neia (*Phoen.*) Or XXXII 36.
Antana dromedariorum, Admatha (*Palaest.*) Or XXXIV 33.
Apriana, Hipponos (*Aeg.*) Or XXVIII 32.
III Arabum, Terenuthi (*Aegypt.*) Or XXVIII 24.
Arcadiana nuper constituta (*Aeg.*) Or XXVIII 8=21.
II Armeniorum, Oasi minore (*Aeg.*) Or XXVIII 22.
II Assyriorum, Sosteos (*Aeg.*) Or XXVIII 33.
I Asturum, Conderco (*Brit.*) Oc XL 35.
II Asturum, Cilurno (*Brit.*) Oc XL 38.
Augusta u. Colonorum, Thracum.
Auriana, Dascusa (*Armen.*) Or XXXVIII 22.

IV Britonum, Isiu (*Theb.*) Or XXXI 45.

XV Flauia Carduenorum, Caini (*Mesop.*) Or XXXVI 34.
I Iouia catafractariorum, Pampane (*Theb.*) Or XXXI 52.
I Augusta Colonorum, Chiaca (*Armen.*) Or XXXVIII 21.
Constantiana, Toloha (*Palaest.*) Or XXXIV 34.
II Constantiana, Libona (*Arab.*) Or XXXVII 27.

I Ulpia Dacorum, Suissa (*Armen.*) Or XXXVIII 23.
I Damascena, Monte Iouis (*Phoen.*) Or XXXII 33.
Noua Diocletiana, Ueriaraca (*Phoen.*) Or XXXII 34.
I noua Diocletiana, inter Thannurin et Horobam (*Osrh.*) Or XXXV 31.
Antana dromedariorum, Admatha (*Palaest.*) Or XXXIV 33.
I Ualeria dromedariorum, Precteos (*Theb.*) Or XXXI 57.
II Herculia dromedariorum, Psinaula (*Theb.*) Or XXXI 54.
III dromedariorum Maximianopoli (*Theb.*) Or XXXI 48.
Felix u. Iouia, Theodosiana, Ualentiana, Ualentiniana.
Flauia u. Carduenorum, Francorum, Raetorum.
I Foenicum, Rene (*Phoen.*) Or XXXII 38.
I Francorum, contra Apollonos (*Theb.*) Or XXXI 51; Cunna (*Phoen.*) Or XXXII 35.
VIII Flauia Francorum, Ripaltha (*Mesop.*) Or XXXVI 33.

Ueterana Gallorum, Rinocorura (*Aeg.*) Or XXVIII 28.
II Gallorum, Aeliana (*Armen.*) Or XXXVIII 24.
Germanorum, Pescla (*Theb.*) Or XXXI 4.

I Herculia, Olenaco (*Brit.*) Oc XL 55; Scenas extra Gerasa (*Aeg.*) Or XXVIII 29.
I noua Herculia, Ammuda (*Syr.*) Or XXXIII 30.
II Herculia dromedariorum, Psinaula (*Theb.*) Or XXXI 54.
VII Herculia uoluntaria, contra Lato (*Theb.*) Or XXXI 50.

ALAE.

I Hiberorum, Thmou (*Theb.*) *Or* XXXI 46.
II Hispanorum, Pois Arietemidos (*Theb.*) *Or* XXXI 43.
VI Hispanorum, Gomoha (*Arab.*) *Or* XXXVII 26.

I Iouia catafractariorum, Pampane (*Theb.*) *Or* XXXI 52.
I Iouia felix, Chaszanenica (*Pont.*) *Or* XXXVIII 31.
I Iuthungorum, Salutaria (*Euphrat.*) *Or* XXXIII 31.

I Miliarensis, Naarsafari (*Arab.*) *Or* XXXVII 28.
I miliaria, Hasta (*Palaest.*) *Or* XXXIV 36.
I miliaria Sebastena, Asuada (*Palaest.*) *Or* XXXIV 32.
IX miliaria, Auatha (*Arab.*) *Or* XXXVII 25.

Neptunia, Chenoboscia (*Theb.*) *Or* XXXI 47.
Noua *u.* Aegyptiorum, Diocletiana, Herculia.

II Paflagonum, Thillafica (*Osrh.*) *Or* XXXV 29.
VIII Palmyrenorum, Foenicionis (*Theb.*) *Or* XXXI 49.
I Parthorum, Resaina (*Osrh.*) *Or* XXXV 30.
Petriana, Petrianis (*Brit.*) *Oc* XL 45.
Phoenicum *u.* Foenicum.
V praelectorum, Dionysiada (*Aeg.*) *Or* XXVIII 34.
VII Ualeria praelectorum, Thillacama (*Osrh.*) *Or* XXXV 27.
I praetoria nuper constituta (*Armen.*) *Or* XXXVIII 26.

I Quadorum, Oasi minore — Trimtheos (*Theb.*) *Or* XXXI 56.
*I quingenaria Iota constituta (*Palaestina*) *Or* XXXIV 37.

I Flauia Raetorum, Quintanis (*Raet.*) *Oc* XXXV 23.
V Raetorum, Scenas Ueteranorum (*Aeg.*) *Or* XXVIII 30.
Rizena, Aladaleariza (*Armen.*) *Or* XXXVIII 17.

Sabiniana, Hunno (*Brit.*) *Oc* XL 37.
I salutaria, Duodecimo constituta (*Osrh.*) *Or* XXXV 34.
II Salutis, Arefa (*Phoen.*) *Or* XXXII 39.

VII Sarmatarum, Scenas Mandrorum (*Aeg.*) *Or* XXVIII 26.
I Saxonum, Uerofabula (*Phoen.*) *Or* XXXII 37.
I miliaria Sebastena, Asuada (*Palaest.*) *Or* XXXIV 32.
II Ualeria Sequanorum, Uimania (*Raet.*) *Oc* XXXV 33.
II Ualeria singularis, Uallato (*Raet.*) *Oc* XXXV 26.
Sirmensis, Sirmi (*Pann. II*) *Oc* XXXII 54.

Theodosiana apud Auaxam (*Armen.*) *Or* XXXVIII 18.
Theodosiana nuper constituta (*Aeg.*) *Or* XXVIII 11 = 20.
Felix Theodosiana, Siluanis (*Armen.*) *Or* XXXVIII 19.
I felix Theodosiana, Pithiae (*Pont.*) *Or* XXXVIII 32.
I Tingitana, Thinunepsi (*Aeg.*) *Or* XXVIII 31.

I Ualentiana, Thainatha (*Arab.*) *Or* XXXVII 29.
II felix Ualentiana, apud Praesidium (*Palaest.*) *Or* XXXIV 35.
II felix Ualentiniana, apud Adittha (*Arab.*) *Or* XXXVII 30.
Ualeria *u.* dromedariorum, praelectorum, Sequanorum, singularis.
VIII Uandilorum, Nee (*Aeg.*) *Or* XXVIII 25.
Ueterana *u.* Gallorum.
I Uictoriae, Touia — contra Bintha (*Osrh.*) *Or* XXXV 28.
Ulpia *u.* Afrorum Dacorum.
Uoluntaria *u.* Herculia.

VIII ......, Abydum — Abocedo (*Theb.*) *Or* XXXI 53.
sine nomine, castello Tablariensi constituta (*Armen.*) *Or* XXXVIII 26.

COHORTES.

II Aegyptiorum, Ualle Diocletiana (*Phoen.*) *Or* XXXII 43.
Aelia *u.* classica, Dacorum.
V pacata Alamannorum, Oneuatha (*Phoen.*) *Or* XXXII 41.
IX Alamannorum, Burgo Seueri (*Theb.*) *Or* XXXI 63.
III Alpinorum, apud Arnona (*Arab.*) *Qr* XXXVII 35; Sisciae (*Sau.*) *Oc* XXXII 57.
III Alpinorum Dardanorum (*Pannon. II*) *Oc* XXXII 53.
I Apamenorum, Silili (*Theb.*) *Or* XXXI 60.
Apuleia ciuium Romanorum, Hyssiporto (*Pont.*) *Or* XXXVIII 34.
Quinquagenaria Arabum, Bethallaha (*Mesop.*) *Or* XXXVI 35.
III felix Arabum, in ripa Uade-Afaris fluuii in castris Arnonensibus (*Arab.*) *Or* XXXVII 34.
I noua Armoricana, Grannona in litore Saxonico (*Armor.*) *Oc* XXXVII 14.
II Astarum, Busiris (*Aeg.*) *Or* XXVIII 36.
I Asturum, Aesica (*Brit.*) *Oc* XL 42.
III Asturum, Tabernas (*Tingit.*) *Oc* XXVI 19.
Augusta *u.* Pannoniorum.
I Aureliana, Sub Radice — Uiamata (*Thrac.*) *Or* XL 48.

Bacarum *u.* Bracaraugustanorum.
I Baetasiorum, Regulbio (*Brit.*) *Oc* XXVIII 18.
Noua Batauorum, Batauis (*Raet.*) *Oc* XXXV 24.
I Batauorum, Procolitia (*Brit.*) *Oc* XL 39.
Miliaria Bosporiana, Arauraca (*Armen.*) *Or* XXXVIII 29.
III Ualeria *Bracaraugustanorum, Drasdea (*Thrac.*) *Or* XL 49.
III *Britannorum, Abusina (*Raet.*) *Oc* XXXV 25.

Caratensis (*Pann. I*) *Oc* XXXIV 30.

X Carthaginensis, Cartha (*Palaest.*) *Or* XXXIV 39.
Celtibera, Brigantiae nunc Iuliobriga (*Gallaec.*) *Or* XLII 30.
*Centenaria, Tarba (*Palaest.*) *Or* XXXIV 40.
XI Chamauorum, Peamu (*Theb.*) *Or* XXXI 61.
Ciuium Romanorum *u.* Apuleia, scutata, Thracum.
I Aelia classica, Tunnocelo (*Brit.*) *Oc* XL 51.
I Claudia equitata, Sebastopolis (*Pont.*) *Or* XXXVIII 36.
I Cornouiorum, Ponte Aeli (*Brit.*) *Oc* XL 34.
II Cretensis, iuxta Iordanem fluuium (*Palaest.*) *Or* XXXIV 47.

I Aelia Dacorum, Amboglanna (*Brit.*) *Oc* XL 44.
I Ulpia Dacorum, Claudiana (*Syr.*) *Or* XXXIII 33.
II Dalmatarum, Magnis (*Brit.*) *Oc* XL 43.
III Alpinorum Dardanorum (*Pannon. II*) *Oc* XXXII 53.

I equitata; Calamona (*Palaest.*) *Or* XXXIV 43; *cf.* Claudia.
I Eufratensis, Maratha (*Osrh.*) *Or* XXXV 33.

Felix *u.* Arabum, Theodosiana.
I Flauia, Moleatha (*Palaest.*) *Or* XXXIV 45; *cf.* Pacatiana, Sapaudica.
VII Francorum, Diospoli (*Theb.*) *Or* XXXI 67.
Friglensis, Friglas (*Tingit.*) *Oc* XXVI 20.
I *Frisiauonum, Uindobala(*Brit.*) *Oc* XL 36.
IV Frygum, Praesidio (*Palaest.*) *Or* XXXIV 41.
V Ualeria Frygum, Pinianis (*Raet.*) *Oc* XXXV 29.

I Gaetulorum, Thillazamana (*Osrh.*) *Or* XXXV 32.
II Galatarum, Arindela (*Palaest.*) *Or* XXXIV 44.

III Galatarum, Cefro (*Aeg.*) *Or* XXVIII 35.
I Gallica, Ueleia (*Tarrac.*) *Oc* XLII 32.
II Gallica, ad cohortem Gallicam (*Gallaec.*) *Oc* XLII 28.
IV Gallorum, Ulucitra (*Rhodope*) *Or* XL 46; Uindolana (*Brit.*) *Oc* XL 41.
Miliaria Germanorum, Sisila (*Armen.*) *Or* XXXVIII 30.
I Gothorum, Helela (*Euphrat.*) *Or* XXXIII 32.
II Gratiana, Iehibo (*Palaest.*) *Or* XXXIV 42.

I Herculia, Aulucos (*Tingit.*) *Oc* XXVI 15; *cf.* Pannoniorum, Raetorum.
III Herculia, Ueranoca (*Phoen.*) *Or* XXXII 40.
I Hispanorum, Uxeloduno (*Brit.*) *Oc* XL 49.
II Hispanorum, Duga (*Tingit.*) *Oc* XXVI 14.

I Iouia, Leonatae (*Sau.*) *Oc* XXXII 58.
I Ituraeorum, Castra Bariensi (*Tingit.*) *Oc* XXVI 16; Castra Iudaeorum (*Aeg.*) *Or* *XXVIII 42.
II Ituraeorum, Aiy (*Aeg.*) *Or* XXVIII 44.
Iulia *u.* lectorum.
IV Iuthungorum, Afrodito (*Aeg.*) *Or* XXVIII 43.

I Iulia lectorum, Ualle Alba (*Phoen.*) *Or* XXXII 42.
I Lepidiana, Caene — Parembole (*Pont.*) *Or* XXXVIII 35.
II *Lingonum, Congauata (*Brit.*) *Oc* XL 48.
IV *Lingonum, Segeduno (*Brit.*) *Oc* XL 33.
Lucensis, Luco (*Gallaec.*) *Oc* XLII 29.
I Lusitanorum, Hieracon (*Theb.*) *Or* XXXI 58.

Miliaria *u.* Bosporiana, Germanorum, Petraeorum, Thracum.
I Morinorum, Claniuenta (*Brit.*) *Oc* XL 52.

III Neruiorum, Alione (*Brit.*) *Oc* XL 53.
VI Neruiorum, Uirosido (*Brit.*) *Oc* XL 56.
Noua *u.* Armoricana, Batauorum, Sostica.
Nouempopulana, Lapurdo (*Nouempop.*) *Oc* XLII 19.
IV Numidarum, Narmunthi (*Aeg.*) *Or* XXVIII 46.

I Orientalis, Thama (*Phoen.*) *Or* XXXII 44.

Pacata *u.* Alamannorum.
II Flauia Pacatiana, Petauonio (*Gallaec.*) *Oc* XLII 27.
Pacatianensis, Pacatiana (*Tingit.*) *Oc* XXVI 18.
Palaestinorum, Thamana (*Palaest.*) *Or* XXXIV 46.
I Augusta Pannoniorum, Tohu (*Aeg.*) *Or* XXVIII 41.
Herculia Pannoniorum, Arbore (*Raet.*) *Oc* XXXV 34.
III Herculia Pannoniorum, Caelio (*Raet.*) *Oc* XXXV 30.
III Ulpia miliaria Petraeorum, Metita (*Armen.*) *Or* XXXVIII 27.
Ph. *u.* F.

*I quingenaria Iota constituta (*Palaest.*) *Or* XXXIV 37.
Quinquagenaria *u.* Arabum.
I Herculia Raetorum, Parroduno (*Raet.*) *Oc* XXXV 28.
IV Raetorum, Analiba (*Armen.*) *Or* XXXVIII 28.
VI Ualeria Raetorum, Uenaxamodorum (*Raet.*) *Oc* XXXV 27.
II Reducum, Siosta (*Dac. rip.*) *Or* XLII 40.

VI Saginarum, in Castris Lapidariorum (*Theb.*) *Or* XXXI 66.
I sagittariorum, Naithu (*Aeg.*) *Or* XXVIII 40.
I salutaria, inter Aeliam et Hierichunta (*Palaest.*) *Or.* XXXIV 48.
I Flauia Sapaudica, Calaronae (*Gall.*) *Oc* XLII 17.
Scarabantensis (*Pann. I*) *Oc* XXXIV 30.

Scutata ciuium Romanorum, Mutheos (*Theb.*) Or XXXI 59.
Noua Sostica (*Dac. rip.*) Or XLII 41.
V *Suenensium, Suene (*Theb.*) Or XXXI 65.
VI *Sugambrorum, in castris Lapidariorum (*Theb.*) Or XXXI 66.

I Theodosiana, Ualentia (*Armen.*) Or XXXVIII 33.
I felix Theodosiana, apud Elephantinem (*Theb.*) Or XXXI 64.
I Thracum, Asabaia (*Arab.*) Or XXXVII 32.
I miliaria Thracum, Adittha (*Arab.*) Or XXXVII 31.
I Thracum ciuium Romanorum, Caput Basantis (*Sau.*) Oc XXXII 59.
II Thracum, Muson (*Aeg.*) Or XXVIII 45; Gabrosenti (*Brit.*) Oc XL 50.
I Tungrorum, Borcouicio (*Brit.*) Oc XL 40.

IX Tzanorum, Nitnu (*Theb.*) Or XXXI 62.
II Ualentiana, Ziganne (*Pont.*) Or XXXVIII 37.
III Ualeria, Marmantarum (*Euphrat.*) Or XXXIII 34; *cf.* Bracaraugustanorum, Frygum, Raetorum, Zabdenorum.
XII Ualeria, Afro (*Palaest.*) Or XXXIV 38.
I uictorum, Ammattha (*Euphrat.*) Or XXXIII 35.
Ulpia *u.* Dacorum, Petraeorum.
VIII uoluntaria, Ualtha (*Arab.*) Or XXXVII 33.
XIV Ualeria Zabdenorum, Maiocariri (*Mesop.*) Or XXXVI 36.

sine nomine, Mochora (*Armen.*) Or XXXVIII 38; Uincentiae; Quadriburgio; Iouia; ad burgum Centenarium; Aliscae; Marinianae (*Ualer.*) Or XXXIII 59—64; Arrianis; Caratensis (*Pann. I*) Oc XXXIV 29; 30; Boioduro; Asturis; Cannabiaca (*Nor. rip.*) *l. l.* 44—46.

CLASSES.

Aegetensium siue secunda Pannonica, ... nunc Sisciae (*Sau.*) Oc XXXII 56.
Naues amnicae et milites ibidem deputati (*Moes. II*) Or XL 36.
Anderetianorum, Parisiis (*Lugd. Senon.*) Oc XLII 23.
Ararica, Caballoduno (*Lugd. I*) Oc XLII 21.
Arlapensis (*Nor. rip.*) Oc XXXIV 42.
Augusta *u.* Flauia.
Barcariorum, Ebroduni Sapaudiae Oc XLII 15.
Numerus barcariorum, Confluentibus siue Brecantia (*Raet.*) Oc XXXV 32.
Numerus barcariorum Tigrisiensium, Arbeia (*Brit.*) Oc XL 22.
*Comaginensis (*Nor. rip.*) Oc XXXIV 42.

Comensis, Como (*Ligur.*) Oc XLII 9.
Egetensium *u.* Aegetensium.
Euphratis *u.* fabrica scutaria et armamentaria Edesa Or XI 23.
I Flauia Augusta, Sirmi (*Pann. II*) Oc XXXII 50.
II Flauia, Graio (*Pann. II*) Oc XXXII 51.
Germensis, Margo (*Moes. I*) Or XLI 39.
Histrica, Uiminacio (*Moes. I*) Or XLI 38; Aegetae (*Dac. rip.*) Or XLII 42; Mursae (*Pann. II*) Oc XXXII 52; Florentiae (*Ual.*) Oc XXXIII 58; Carnunto siue Uindobonae (*Pann. I*) Oc XXXIV 28.
Lauriacensis (*Nor. rip.*) Oc XXXIV 42.

Liburnarii; praef. leg. XIV geminae militum liburnariorum cohortis V partis superioris, Carnunto; praef. leg. X et XIV geminarum mil. lib., Arrabonae (*Pann. I*) *Oc* XXXIV 26; 27; praef. leg. II Italicae mil. lib. Iouiaco; praef. leg. I Noricorum mil. lib. cohortis V partis superioris, Adiuuense; praef. leg. I Nor. mil. lib., Fafianae (*Nor. rip.*) *Oc* XXXIV 37; 40; 41.
Misenatium, Miseno (*Campan.*) *Oc* XLII 11.
Musculorum Scythicorum, Inplateypegiis (*Scyth.*) *Or* XXXIX 35.

I Pannonica, Seruitii (*Sau.*) *Oc* XXXII 55.
II Pannonica *u.* Aegetensium.
Ratiarensis (*Dac. rip.*) *Or* XLII 43.
Rauennatium, Rauennae (*Flamin.*) *Oc* XLII 7.
Fluminis Rhodani, Uiennae siue Arelati *Oc* XLII 14.
Sambrica, in loco **Quartensi** siue Hornensi (*Belg. II*) *Oc* XXXVIII 8.
Scythica *u.* musculorum.
Stradensis, Margo (*Moes. I*) *Or* XLI 39.
Tigrisienses *u.* barcarii.
Uenetum, Aquileia *Oc* XLII 4.

NUMERI RELIQUI.

I EQUITES.

Acti *u.* laeti.
Africani *u.* stablesiani.
Alani, comites Al. (*uex. pal. in Ital.*) *Oc* VI 8 = 50 = VII 163.
Albigenses *u.* catafractarii.
Alites *u.* Mauri.
Ambianenses *u.* catafractarii.
Arabanenses *u.* sagittarii indigenae.
Arcades (*uex. pal. praes.*) *Or* V 32; Talamonio (*Scyth.*) *Or* XXXIX 18.
Arcadiaci, comites Arc. (*uex. pal. in Thrac.*) *Or* VIII 25.
Armaturae seniores (*schola pal.*) *Oc* IX 6; iuniores (*schol. pal.*) *Or* XI 9.
Armeni, comites sagittarii Arm. (*uex. pal. praes.*) *Or* VI 31.
Armigeri, Aegissos (*Scyth.*) *Or* XXXIX 17; Sexagintaprista (*Moes. II*) *Or* XL 14; secundi arm., Tegra *l. l.* 15; arm. (*uex. com. in Gall.*) *Oc* VI 11 = 54 = arm. seniores VII 173; arm. seniores (*uex. com. in Afr.*) *Oc* VI 23 = 66 = VII 184; arm. iuniores (*uex. com. in Afr.*)

Oc VI 37 = 80 = VII 198; arm. seniores Gallicani (*uex. com. praes.*) *Or* V 35; arm. sen. Orientales (*uex. com. in Or.*) *Or* VII 26.
Aureliaci *u.* scutarii.
Bataui seniores (*uex. pal. in Gall.*) *Oc* VI 5 = 47 = VII 167; iuniores (*id.*) *Oc* VI 9 = 51 = VII 169; (*uex. pal. praes.*) *Or* VI 30; laeti Bataui *u.* laeti.
Biturigenses *u.* catafractarii.
Brachiati (*uex. pal. in Ital.*) *Oc* VI 4 = br. seniores *Oc* VI 45 = VII 161; br. iuniores (*uex. pal. in Gall.*) *Oc* *VI 46 = VII 170; (*uex. pal. praes.*) *Or* VI 29.
Branodunenses *u.* Dalmatae.
Bucellarii *u.* catafractarii.
Cardueni (*uex. com. in Ting.*) *Oc* VI 40 = VII 209 = sagittarii Card. *Oc* VI 83.
Catafractarii, Arubio (*Scyth.*) *Or* XXXIX 16; Morbio (*Brit.*) *Oc* XL 21; (*uex. com. praes.*) *Or*

NUMERI RELIQUI: I EQUITES. 317

VI 35; cat. iuniores (*uex. com. in Brit.*) *Oc* VII 200; cat. Albigenses (*uex. com. in Thrac.*) *Or* VIII 29; Ambianenses (*uex. com. praes.*) *Or* VI 36; Biturigenses (*id.*) *Or* V 34; comites catafr. Bucellarii iuniores (*uex. com. in Or.*) *Or* VII 25.
Cetrati seniores (*uex. com. in Afr.*) *Oc* VI 31=74=VII 187; iuniores (*id.*) *Oc* VI 35=78= VII 193.
Clibanarii (*uex. com. in Afr.*) *Oc* VI 24 = VII 185 = sagittarii clib. *Oc* VI 67; comites clib. (*uex. pal. praes.*) *Or* V 29; secundi clib. Palmyreni (*uex. com. in Or.*) *Or* VII 34; primi clib. Parthi (*uex. com. praes.*) *Or* V 40; secundi clib. Parthi (*id.*) *Or* VI 40; quarti clib. Parthi (*uex. com. in Or.*) *Or* VII 32; Persae clib. (*uex. pal. praes.*) *Or* VI 32; promoti clib. (*uex. com. in Or.*) *Or* VII 31; schola scutariorum clibanariorum *Or* XI 8.
Comites (*uel. pal. in Ital.*) *Oc* VI 2=com. seniores *Oc* VI 43=VII 159; (*uex. pal. praes.*) *Or* VI 28; iuniores (*uex. com.*) *Oc* VI 32=75; com. Alani (*uex. pal. in Ital.*) *Oc* VI 8= 50=VII 163; com. Arcadiaci (*uel. pal. in Thrac.*) *Or* VIII 25; com. catafractarii Bucellarii iuniores (*uex. com. in Or.*) *Or* VII 25; com. clibanarii (*uex. pal. praes.*) *Or* V 29; com. Honoriaci (*uex. pal. in Thrac.*) *Or* VIII 26; com. sagittarii Armeni (*uex. pal. praes.*) *Or* VI 31; com. sagittarii iuniores (*id.*) *Or* V 30; com. Taifali (*id.*) *Or* V 31.
Constantes, Aciminci (*Pann. II*) *Oc* XXXII 26; const. Ualentinianenses seniores (*uex. pal.*) *Oc* VI 52 = Ualentinianenses *Oc* VI 10 = const. Ualentinianenses iuniores (*uex. com.? in Ital.*) *Oc* VII 165.
Constantiaci, Constantiani, Pinco (*Moes. I*) *Or* XLI 12; Burgenas (*Pann. II*) *Oc* XXXII 24;

Lussonio, nunc Intercisa (*Ualer.*) *Oc* XXXIII 26; (*uex. com. in Gall.*) *Oc* VI 19 = Const. feroces *Oc* VI 62 = VII 178.
Constantiniani, Uto (*Dac. rip.*) *Or* XLII 21.
Contraginnenses *u.* laeti Bataui.
Cornuti seniores (*uex. pal. in Ital. aut in Gall.*) *Oc* VI 6=48=VII 162 *aut* 168; iuniores (*id.*) *Oc* VI 7=49=*VII 162 *aut* 168.
Crispiani, Dano (*Brit.*) *Oc* XL 20.

Dalmatae (*Moes. I*) *Or* XLI 15; 18; 19; (*Dac. rip.*) *Or* XLII 17; 18; (*Pann. II*) *Oc* XXXII 23; 28; 29; 31; 33; 34; 36; 37; (*Ualer.*) *Oc* XXXIII 25; 29; 32 — 35; 37; 39 — 43; (*Pann. I*) *Oc* XXXIV 14; 18 —20; (*Nor. rip.*) *Oc* XXXIV 34; 35; (*Belg. II*) *Oc* XXXVIII 7; (*Brit.*) *Oc* XL 19; tertio Dalmatae (*uex. com. in Or.*) *Or* VII 27; quinto Dalm. (*uex. com. praes.*) *Or* V 36; sexto Dalm. (*id.*) *Or* VI 37; octauo Dalm. (*uex. com. in Gall.*) *Oc* VI 13=56=VII 174; nono Dalm. (*uex. com. praes.*) *Or* V 37; Dalm. Branodunenses, Branoduno (*Brit.*) *Oc* XXVIII 16; Dalm. Diuitenses (*Dac. rip.*) *Or* XLII 14; 16; Dalm. Fortenses (*ibid.*) *Or* XLII 13; Dalm. Illyriciani (*Phoen.*) *Or* XXXII 21; (*Euphr.*) *Or* XXXIII 25; (*Palaest.*) *Or* XXXIV 18; (*Osrh.*) *Or* XXXV 15; (*Arab.*) *Or* XXXVII 16; Dalm. Passerentiacenses (*uex. com. in Gall.*) *Oc* VI 14=57=VII 175.
Diuitenses *u.* Dalmatae.
Domestici equites *Or* I 15; XV 1; 3; 6; *Oc* I 13; XIII 1; 3; 6.
Ducatores Illyriciani, Amidae (*Mesop.*) *Or* XXXVI 21.

Felices *u.* Honoriani, Palaestini.
Feroces *u.* Constantiaci, Mauri.
Flauianenses, ad Miliare (*Ualer.*) *Oc* XXXIII 45.
Fortenses, Altino (*Ualer.*) *Oc* XXXIII 28; *cf.* Dalmatae.
Franci *u.* laeti.

Gallicani, primi Gall. (*uex. com. in Gall.*) *Oc* V *12 = *55 = VII 176; *cf.* armigeri.
Gariannonenses *u.* stablesiani.
Gentiles; schola gentilium seniorum *Or* XI 6; *Oc* IX 7; iuniorum *Or* XI 10; gentiles Sueui *u.* laeti gentiles Sueui; Sarmatae gentiles *u.* Sarmatae; Taifali gentiles *u.* Taifali.
Germaniciani seniores (*uex. com. in Illyr.*) *Or* IX 20.

Honoriaci, Honoriani seniores (*uex. com. in Gall. et Brit.*) *Oc* VI 17 = 60 = VII 171 = 202; iuniores (*uex. com. in Afr.*) *Oc* VI 36 = 79 = VII 196; comites Hon.(*uex.pal. in Thrac.*) *Or* VIII 26; felices Hon. Asfynis (*Theb.*) *Or* XXXI 40; felices Hon. Illyriciani, Constantina (*Mesop.*) *Or* XXXVI 22; Hon. Taifali iuniores (*uex. com. in Gall.*) *Oc* VI 59 = Taifali *Oc* VI 16 = Hon. iuniores *Oc* VII 172

Illyriciani *u.* Honoriani, Dalmatae, Mauri, promoti, scutarii, Thamudeni.
Indigenae *u.* sagittarii, Saraceni, promoti.
Italiciani, Secundarum (*Pann.II*) *Oc* XXXII 27 *cf.* stablesiani.

Laeti Acti, Epuso (*Belg. I*) *Oc* XLII 38; laet. Bataui, Baiocasses et Constantiae (*Lugd. II*) *Oc* XLII 34; laet. Bataui Contraginnenses, Nouiomago (*Belg. II*) *Oc* XLII 41; laet. Bat Nemetacenses, Atrabates (*Belg. II*) *Oc* XLII 40; laeti Franci, Redonas (*Lugd. III*) *Oc* XLII 36; laeti gentiles Sueui, Baiocasses et Constantiae (*Lugd. II*) *Oc* XLII 34; . . . . . et Cenomannos (*Lugd. III*) *Oc* XLII 35; Remos et Siluanectas (*Belg. II*) *Oc* XLII 42; Aruernos (*Aquit. I*) *Oc* XLII 44; laeti Lagenses, prope Tungros (*Germ. II*) *Oc* XLII 43; laeti Lingonenses per diuersa dispersi Belgicae primae *Oc* XLII 37; laeti Neruii, Fano Martis (*Belg. II*)

Oc XLII 39; laeti Teutoniciani, Carnunta (*Lugd. Senon.*) *Oc* XLII 33.
Lagenses *u.* laeti.
Lingonenses *u.* laeti.

Marcomanni (*uex. com. in Afr.*) *Oc* VI 22 = 65 = VII 183.
Mauri, Solua (*Ualer.*) *Oc* XXXIII 31; Quadrato (*Pann. I*) *Oc* XXXIV 23; Mauri alites (*uex. com. in Gall.*) *Oc* VI 15 = 58 = VII 177; feroces (*uex. com. in Ital.*) *Oc* VI 18 = 61 = VII 164; Illyriciani (*Phoen.*) *Or* XXXII 18; (*Euphrat.*) *Or* XXXIII 26; (*Palaest.*) *Or* XXXIV 22; (*Osrh.*) *Or* XXXV 16; (*Mesop.*) *Or* XXXVI 20; (*Arab.*) *Or* XXXVII 17; scutarii, Lyco (*Theb.*) *Or* XXXI 23.
Medianenses *u.* sagittarii indigenae.

Nemetacenses *u.* laeti Bataui.
Neruii *u.* laeti.

Orientales *u.* armigeri, scutarii.
Osrhoeni, primi Osrh. Rasin (*Osrh.*) *Oc* XXXV 23.

Pafenses *u.* sagittarii indigenae.
Palaestini, primi felices Pal. Sabure siue Ueterocariae (*Palaest.*) *Or* XXXIV 28.
Palmyreni *u.* clibanarii.
Parthi *u.* clibanarii, sagittarii.
Passerentiacenses *u.* Dalmatae.
Persae *u.* clibanarii.
Promoti (*Moes. I*) *Or* XLI 13; 16; (*Pann. II*) *Oc* XXXII 25; 30; 38; (*Ualer.*) *Oc* XXXIII 30; 36; (*Pann. I*) *Oc* XXXIV 16; 22; (*Nor. rip.*) *Oc* XXXIV 31; 36; (*uex. com.*) *Oc* VI 85; prom. seniores (*uex. pal. praes.*) *Or* V 28; (*uex. pal. in Ital.*) *Oc* VI 3 = 44 = VII 160; iuniores (*uex. com. praes.*) *Or* V 39; (*uex. com. in Afr.*) *Oc* VI 33 = 76 = VII 194; clibanarii (*uex. com. in Or*) *Or* VII 31; Illyriciani (*Phoen.*) **Or* XXXII 20; (*Syr.*) *Or* XXXIII 17; (*Pa-

NUMERI RELIQUIT: I EQUITES. 319

laest.) *Or* XXXIV 19; (*Osrh.*)
Or XXXV 16; (*Mesop.*) *Or*
XXXVI 20; (*Arab.*) *Or* XXXVII
15; indigenae (*Theb.*) *Or* XXXI
30; (*Phoen.*) *Or* XXXII 22;
23; (*Syr.*) *Or* XXXIII 19;
(*Euphrat.*) *Or* XXXIII 27;
(*Palaest.*) *Or* XXXIV 23; 24;
(*Osrh.*) *Or* XXXV 18; 19;
(*Mesop.*) *Or* XXXVI *23; *24;
(*Arab.*) *Or* XXXVII 18; 19.

Sagittarii (*Syr.*) *Or* XXXIII 21;
22; (*Armen.*) *Or* XXXVIII 11;
12; (*Moes. I*) *Or* XLI 14; 17;
(*Pann. II*) *Oc* XXXII 32; 35;
(*Ualer.*) *Oc* XXXIII 38; 44;
(*Pann. I*) *Oc* XXXIV 17; 21;
(*Nor. rip.*) *Oc* XXXIV 32; 33;
sag. seniores (*uex. com. in
Thrac.*) *Or* VIII 30; (*uex. com.
in Illyr.*) *Or* IX 19; (*uex. com.
in Tingit.*) *Oc* VI 84 = VII
208; iuniores (*uex.com.inThrac.*)
Or VIII 31; primi sagittarii
(*uex. com. in Or.*) *Or* VII 33;
(*uex. com. in Afr.*) *Oc* VI 26 =
69 = VII 188; secundo, tertio,
quarto sagitt. (*uex. com. in
Afr.*) *Oc* VI 27 — 29 = 70—72
= VII 189—191; sagitt. Cardueni (*uex. com. in Tingit.*) *Oc*
VI 83 = Cardueni *Oc* VI 40 =
VII 209; sag. clibanarii (*uex.
com. in Afr.*) *Oc* VI 67 = clibanarii *Oc* VI 24 = VII 185;
comites sag. Armeni (*uex. pal.
praes.*) *Or* VI 31; comites sag.
seniores (*id.*) *Or* V 30; sagitt.
indigenae (*Theb.*) *Or* XXXI 25
—29; (*Phoen.*) *Or* XXXII 24
—26; 29; (*Syr.*) *Or* XXXIII
18; 20; (*Palaest.*) *Or* XXXIV
25—27; 29; (*Osrh.*) *Or* XXXV
20; 21; (*Mesop.*) *Or* XXXVI
28; (*Arab.*) *Or* XXXVII 20;
23; sagitt. indig. Arabanenses
(*Mesop.*) *Or* XXXVI 25; sag.
indig. Medianenses (*Osrh.*) *Or*
XXXV 22; sag. ind. Pafenses
(*Mesop.*) *Or* XXXVI 26; sag.
indig. Thibithenses (*ibd.*) *Or*
XXXVI 27; sag. Parthi seniores (*uex. com. in Afr*) *Oc* VI
25 = 68 = VII 186; iuniores
(*id.*) *Oc* VI 30 = 73 = VII 192;

schola scutariorum sagittario-
rum *Or* XI 7.
Saraceni, Thelsee (*Phoen.*) *Or*
XXI 11 28; Sarac. indigenae,
Betproclis (*ibd.*) *Or* XXXII 27;
Sarac. Thamudeni, Scenas Ue-
teranorum (*Aeg.*) *Or* XXVIII 17.
Sarmatae, Bremetennaco (*Brit.*)
Oc XL 54; Sarm. gentiles *Oc*
XLII 46—70.
Scutarii (*Theb.*) *Or* XXXI 24;
(*Scyth.*) *Or* XXXIX 12; (*Moes.
II*) *Or* XL 11; 13; 16; (*Moes.
I*) *Or* XLI 15; (*Dac. rip.*) *Or*
XLII 20; (*Pann. II*) *Oc* XXXII
22; (*Ualer.*) *Oc* XXXIII 24;
(*uex. com. praes.*) *Or* VI 39; (*uex.
com. in Afr. et Tingit.*) *Oc* VI
20 = 63 = scut. seniores *Oc* VII
181 = 207; scut. iuniores (*uex.
com. in Afr.*) *Oc* VI *34 = *77
= VII 195; primi scutarii (*uex.
com. praes.*) *Or* V 38; secundi
scut. (*id.*) *Or* VI 38; secundi.
scut. iuniores (*uex. com. in Afr.*)
Oc VI 38 = 81 = VII 197;
schola scutariorum prima *Or*
XI 4; *Oc* IX 4; secunda *Or*
XI 5; *Oc* IX 5 (*cf.* VII 197);
tertia *Oc* IX 8; scutarii Aureliaci (*uex. com. in Brit.*) *Oc*
VII 209; schola scutariorum
clibanariorum *Or* XI 8; scutarii
Illyriciani (*Phoen.*) *Or* XXXII
18; (*Syr.*) *Or* XXXIII 16; (*Pa-
laest.*) *Or* XXXIV 20; (*Mesop.*)
Or XXXVI 19; (*Arab.*) *Or*
XXXVII 14; Mauri scutarii,
Lyco (*Theb.*) *Or* XXXI 23;
primi scut. Orientales (*uex. com.
in Or.*) *Or* VII 28; schola scu-
tariorum sagittariorum *Or* XI 7.
Solenses, Capidaua (*Scyth.*) *Or*
XXXIX 13; Dimo (*Moes. II*)·
Or XL 12.
Stablesiani (*Aeg.*) *Or* XXVIII 16;
(*Scyth.*) *Or* XXXIX 14; 15;
(*Moes. II*) *Or* XL 17; (*Dac.
rip.*) *Or* XLII 19; (*Ualer.*) *Oc*
XXXIII 27; (*Pann. I*) *Oc*
XXXIV 15; (*uex. com. in Brit.*)
Oc VII 203; (*uex. com. in Afr.*)
Oc VI 21 = stables. seniores *Oc*
VII 182 = stabl. Africani *Oc*
VI 64; stabl. seniores, Augu-

320 NUMERI RELIQUI: II PEDITES.

stanis (*Raet.*) *Oc* XXXV 14;
iuniores, Ponte Aeni nunc Fe-
bianis; Submuntorio (*Raet.*)
Oc XXXV 15; 16; secundi
stablesiani (*uex. com. in Or.*)
Or VII 29; tertii stabl. (*id.*)
Or VII 30; stables. Africani
(*uex. com. in Afr.*) *Oc* VI 64;
stables. Gariannonenses, Gari-
annonos (*Brit.*) *Oc* XXVIII 17;
stabl. Italiciani (*uex. com. in
Afr.*) *Oc* VI 39 = 82 = VII 180.
Sueui *u.* laeti gentiles.
Syri (*uex. com. in Brit.*) *Oc* VII 204.

Taifali (*uex. com. in Brit.*) *Oc* VII
205; comites Taif. (*uex. pal.
praes.*) *Or* V 31; Taif. gentiles,
Pictauis *Oc* XLII 65; Honoriani Taif. iuniores (*uex. com.
in Gall.*) *Oc* VI 59 = Taifali
Oc VI 16 = Honoriani seniores
Oc VII 172.
Teutoniciani *u.* laeti.
Theodosiaci, Theodosiani seniores (*uex. pal. praes.*) *Or* VI
33; iuniores (*uex. pal. in Thrac.*)
Or VIII 27; primi Theod. (*uex.
com. in Thrac.*) *Or* VIII 32.
Thibithenses *u.* sagittarii indigenae.
Ualentinianenses *u.* constantes.

II PEDITES.

Abrincateni (*pseud. in Gall.*) *Oc*
V 116 = 266 = VII 92.
Abulci (*pseudocom. in Gall.*) *Oc*
VII 109; numerus Abulcorum,
Anderidos (*Brit.*) *Oc* XXVIII
20.
Acincenses (*pseudocom. in Gall.*)
Oc VII 101; milites Acinc., An-
tonaco (*Magunt.*) *Oc* XLI 25.
Alexandria, Iulia Al. (*leg. com.
in Thrac.*) *Or* VIII 19 = 51.
Alpina; prima Alp. (*pseudocom.
in Ital.*) *Oc* V 257 = Alpini *Oc*
V 107 = prima Iulia *Oc* VII
34; secunda Iulia Alpina (*pseu-
docom. in Illyr.*) *Oc* V 108 =
258 = secunda Iulia *Oc* VII
60; tertia Iulia Alp. (*leg. com.*)
Oc V 99 = 248 = tertia Iulia
(*pseudocom. in Ital.*) *Oc* VII 35.
Altinenses *u.* nauclarii.
Ampsiuarii (*aux. pal. in Gall.*)
Oc V 40 = 188 = VII 70.
Anderetiani (*pseudocom. in Gall.*)
Oc VII 100; milites And., Uico
Iulio (*Magunt.*) *Oc* XLI 17;
classis Anderetianorum, Pari-
siis (*Lugd. Sen.*) *Oc* XLII 23.
Angleuarii (*aux. pal. praes.*) *Or*
V 18 = 59.

Antianenses (*pseudocom.*) *Oc* V
112 = 162.
Arcadiani, felices Arc. seniores
(*aux. pal. in Or.*) *Or* VII 2 =
36; felices Arc. iuniores (*aux.
pal. praes.*) *Or* VI 22 = 24 =>
63 = 65.
Armeniaca, prima Arm. (*pseudocom.
in Or.*) *Or* VII 13 = 49; secunda Arm. (*id.*) *Or* VII 14 =
50.
Armigeri, milites arm., Mogontiaco *Oc* XLI 21; arm. defensores seniores (*leg. com. in Gall.*)
Oc V 78 = 227 = VII 80; arm.
propugnatores seniores (*leg. pal.*)
Oc V 8 = 151 = (*leg. com. in
Afr.*) *Oc* VII 142; arm. pro-
pugn. iuniores (*leg. pal.*) *Oc* V
13 = 156 = (*leg. com. in Afr.*)
Oc VII 143.
Ascarii, auxilia ascarii, Tauruno
siue Marsonia (*Pann. II*) *Oc*
XXXII 43; asc. seniores (*aux.
pal. in Illyr.*) *Or* IX 3 = 24;
(*aux. pal. in Hisp.*) *Oc* V 21 =
166 = VII 119; iuniores (*aux.
pal. in Illyr.*) *Or* IX 4 = 25;
(*aux. pal. in Hisp.*) *Oc* V 22
= 167 = VII 120; Honoriani

NUMERI RELIQUI: II PEDITES. 321

asc. seniores (*aux. pal. in Gall.*)
Oc V 68 = 216 = VII 79.
Atecotti (*aux. pal. in Illyr.*) Or
IX 8 = 29; iuniores Gallicani
(*aux. pal. in Gall.*) Oc V 70 =
*218 = VII 78; Honoriani Atec.
seniores (*id.*) Oc V 48 = 197 =
VII 74; Honoriani Atec. iuniores (*aux. pal. in Italia*) Oc V 51
= 200 = VII 24.
Augustei (*aux. pal.*) Oc V 35 =
183.
Augustenses (*leg. com. in Thrac.*)
Or VIII 20 = 52; auxilia Aug.
contra Bononiam in barbarico
in castello Onagrino (*Pann. II*)
Oc XXXII 41; lanciarii Aug.
(*leg. com. in Illyr.*) Or IX 14
= 36.
Aureliani u. Mauri.
Aureomontanum, auxilium Aur.,
Tricornio (*Moes. I*) Or XLI 28.
Auxiliarii sagittarii (*pseudocom.
praes.*) Or VI 69; Fortenses
aux. (*pseudocom. in Or.*) Or VII
15 = 51; Timacenses aux.
(*pseudocom. in Illyr.*) Or IX 40.

Balistarii (*pseudocom. in Gall.*) Oc
VII 97; milites balistarii, Bodobrica (*Mogont.*) Oc XLI 23;
bal. seniores (*leg. com. in Or.*)
Or VII 8 = 43; iuniores (*leg.
com. in Thrac.*) Or VIII 15 =
47; bal. Dafnenses (*id.*) Or VIII
14 = 46; bal. Theodosiaci (*pseudocom. in Or.*) Or VII 21 = 57;
bal. Theodosiani iuniores (*pseudocom. in Illyr.*) Or IX 47.
Barcarii u. p. 315.
Bataui seniores (*aux. pal. in Ital.*)
Oc V *19 = 163 = VII 14;
(*aux. pal. praes.*) Or V 8 = 49;
Bataui iuniores (*aux. pal. in
Gall.*) Oc V *38 = 58 = 186 =
VII 72; cf. Latauienses.
Bingenses, milites Bing., Bingio
(*Mogont.*) Oc XLI 22.
Brachiati seniores (*aux. pal. in
Ital.*) Oc V *15 = 159 = VII
10; brach. iuniores (*aux. pal.
in Gall.*) Oc *V 196 = VII 66;
(*aux. pal. praes.*) Or V 9 = 50.
Brisigaui seniores (*aux. pal. in*

Hisp.) Oc V 52 = 201 = VII
128; Bris. iuniores (*aux. pal.
in Italia*) Oc V 53 = 202 =
VII 25.
Britannica, legio II Brit. siue secundani (*leg. com. in Gall.*) Oc
V 92 = 241 = Secundani Britones VII 84.
Britanniciani u. exculcatores, inuicti, uictores.
Britones (*aux. pal. in Gall.*) Oc
VII 73; Brit. seniores (*leg. pal.
in Illyr*) Or IX 2 = 22.
Brucțeri (*aux. pal. in Gall.*) Oc V
39 = 187 = VII 69.
Bucinobantes (*aux. pal. praes.*)
Or VI 17 = 58.
Bugaracenses (*pseud. in Illyr.*)
Or IX 42.

Calcarienses, milites Calc. Sirmi
(*Pann. II*) Oc XXXII 49.
Carronenses, milites Carr. Blabia
(*Armor.*) Oc XXXVII 15; cf.
Garronenses
Catarienses (*pseud. in Illyr.*) Oc
VII 62.
Celtae seniores (*aux. pal. in Ital.*)
Oc V *17 = 161 = VII 12; iuniores (*aux. pal. in Afr.*) Oc V
56 = 205 = VII 141.
Cetrati u. Mauri.
Cimbriani (*leg. pal.*) Oc V 12 =
155 = (*leg. com. in Afr.*) Oc
VII 145; milites Cimbr. Cimbrianis (*Moes. II*) Or XL 27.
Claustrini, auxilium Claustrinorum, Transluco (*Dac. rip.*) Or
XLII 27.
Comaginenses u. lanciarii.
Constantes u. mattiarii.
Constantia (*pseudocom. in Gall.*)
Oc V 114 = prima Flauia Gallicana Const. Oc V 264 = prima
Flauia Gallicana Oc VII 90;
prima Flauia Const. (*leg. com.
in Or.*) Or VII 9 = 44; secunda Flauia Const. Thebaeorum
(*id.*) Or VII 10 = 45; Cusas
(*Theb.*) Or XXXI 32.
Constantiaci, Constantiani (*aux.
pal. praes.*) Or V 11 = 52;
(*pseud. in Ting.*) Oc V 121 =
271 = *VII 138; (*leg. com. in
Afr.*) VII 150 = V 103 = Fla-

uia uictrix Constantiana V 252;
milites primi Const. Nouioduno
(*Scyth.*) *Or* XXXIX 25; milites
secundi Const. Trosmis (*ibd.*)
Or XXXIX 23; milites *tertii
Const., Trimammio (*Moes. II*)
Or XL 20; milites quarti Const.,
Durostoro (*ibd.*) *Or* XL 26; mi-
lites quinti Const., Salsouia
(*Scyth.*) *Or* XXXIX 26.

Constantini seniores (*leg. com. in
Thrac.*) *Or* VIII 10 = 42;
Const. Dafnenses (*id.*) *Or* VIII
13 = 45.

Constantiniani (*aux. pal. praes.*)
Or VI 11 = 52; (*leg. com. in
Afr.*) *Oc* V 104 = VII 149 =
secunda Flauia Constantiniana
Oc V 253.

Cornacenses (*pseud. in Gall.*) *Oc*
V 122 = 272 = VII 102.

Cornuti (*aux. pal. praes.*) *Or* VI
9 = 50; corn. seniores (*aux.
pal. in Ital.*) *Oc* V *14 = 158
= VII 9; iuniores (*id.*) *Oc* V
*24 = 169 = VII 18.

Cortoriacenses (*leg. com. in Gall.*)
Oc V 96 = 245 = VII 88.

Crispitiense, auxilium Crisp., Crispitia (*Dac. rip.*) *Or* XLII 25.

Cuppense, auxilium Cupp., Cuppis (*Moes. I*) *Or* XLI 25.

Cursarienses iuniores (*pseudocom.
in Gall.*) *Oc* VII 104; *cf.* Ursarienses.

Daci (*leg. pal. praes.*) *Or* VI 3
= 43.

Dacisci, milites Dac., Mediolana
(*Moes. II*) *Or* XL 21; auxilium
primorum Daciscorum, Drobeta
(*Dac. rip.*) *Or* XLII 24; auxi-
lium secundorum Daciscorum,
Burgo Zono (*ibd.*) *Or* XLII 28.

Dafnenses *u.* balistarii, Constantini.

Dalmatae, milites Dalm., Abrin-
catis (*Armor.*) *Oc* XXXVII 22.

Defensores (*aux. pal. praes.*) *Or*
V 16 = 57; numerus defensorum, Braboniaco (*Brit.*) *Oc* XL
27; milites defensores, Confluentibus (*Magunt.*) *Oc* XLI 24;
def. seniores (*pseudocom. in*

Gall.) *Oc* V 117 = 267 = VII
93; iuniores (*id.*) *Oc* VII 98;
armigeri def. seniores (*leg. com.
in Gall.*) *Oc* V *78 = 227 =
VII 80.

Dianenses (*leg. com. in Illyr.*) *Or*
IX 11 = 33.

Dictenses *u.* Neruii.

Directores, numerus directorum,
Uerteris (*Brit.*) *Oc* XL 26.

Diuitenses seniores (*leg. pal. in
Ital.*) *Oc* V *4 = 147 = VII 5;
Diuit. Gallicani (*leg. com. in
Thrac.*) *Or* VIII 11 = 43.

Domestici pedites *Or* I 16; XV
1; 4; 7; *Oc* I 14; XIII 1;
4; 7.

Dominici *u.* sagittarii.

Exculcatores seniores (*aux. pal.
in Ital.*) *Oc* V 173 = VII 20;
iuniores (*aux. pal. in Hisp.*)
Oc V 175 = VII 122; exc. iuniores Britanniciani (*aux. pal.*)
Oc V *59 = 207.

Exploratores (*pseudocom. in Gall.*)
Oc VII 110; numerus explora-
torum, Portum Adurni (*Brit.*)
Oc XXVIII 21; Lauatres (*Brit.*)
Oc XL 25; milites exploratores
(*Moes. I*) *Or* XLI 34; 35; 37;
(*Dac. rip.*) *Or* XLII 29.

Falchouarii (*aux. pal. praes.*) *Or*
VI 18 = 59.

Felices seniores (*aux. pal. in Hisp.*)
Oc V 31 = 179 = VII 124; iuniores (*aux. pal. in Ital.*) *Oc* V
32 = 180 = VII 23; fel. iuniores Gallicani (*aux. pal.*) *Oc* V
*69 = 217; *cf.* Arcadiani, Honoriani, Isauri, Placidi, Theodosiani, Ualentinianenses, Ualentis.

Flauia, milites primae Flauiae,
Constantia(*Armor.*) *Oc* XXXVII
20; milites secundae Flauiae,
Uangiones (*Magunt.*) *Oc* XLI
20; prima Flauia gemina (*leg.
com. in Thrac.*) *Or* VIII 8 =
40; secunda Flauia gemina (*id.*)
Or VIII 9 = 41; prima Flauia
Martis (*leg. pseud. in Gall.*) *Oc*
V *119 = *269 = prima Flauia

Oc VII 95; prima Flau. Pacis
(*leg. com. in Afr.*) Oc V 100 =
249 = primani Oc VII 146; secunda Fl. Uirtutis (*id.*) Oc V
101 = 250 = secundani Oc VII
147; tertia Flauia Salutis (*id.*)
Oc V 102 = 251 = tertiani Oc
VII 148; cf. Constantia, Constantiaci, Constantiniani, Theodosiana; *p. 310* leg. IV; XVI.

Fortenses (*leg. pal. praes.*) Or V
5 = 45; (*leg. com. in Hisp.*) Oc
V 76 = 225 = VII 130; (*leg.
com. in Afr.*) Oc V 106 = 255
= VII 152; milites Fort. in
castris Leptitanis (*Tripol.*) Oc
XXXI 29; auxilia Fortensia,
Cirpe (*Ualer.*) Oc XXXIII 49;
numerus Fortensium, Othonae
(*Brit.*) Oc XXVIII 13; Forten-
ses auxiliarii (*pseud. in Or.*) Or
VII 15 = 51.

Funditores (*pseud. in Or.*) Or VII
16 = 52.

Galli uictores (*aux. pal. in Ital.*)
Oc V 66 = 214 = VII 27.
Gallicani u. Atecotti, Constantia,
Diuitenses, felices, Honoriani,
Iouii, lanciarii. Mattiaci, Mat-
tiarii, sagittarii, Salii, Solenses.
Garronenses (*pseud. in Gall.*) Oc
VII 99.
Gemina, prima Flauia gem. (*leg.
com. in Thrac.*) Or VIII 8 =
40; secunda Flauia gem. (*id*)
Or VIII 9 = 41; cf. *p. 310*
leg. VII; X; XIII; XIV.
Geminiacenses (*leg. com. in Gall.*)
Oc V 97 = 246 = VII 87.
Gens per Raetias deputata, Terio-
lis Oc XXXV 31; gens Marco-
mannorum (*Pann. I*) Oc XXXIV
24.
Germaniciani seniores (*leg. com.
in Illyr.*) Or IX 12 = 34; iu-
niores (*leg. com. in Ital.*) Oc V
87 = 236 = Germaniciani Oc
VII 33.
Grannonenses, milites Grann.
Grannono (*Armor.*) Oc XXXVII
23.
Grati (*aux. pal. in Ital.*) Oc V 30
= 178 = VII 21.

Gratianenses (*leg. com. in Thrac.*)
Or VIII 22; auxilium Gratia-
nense, Gratiana (*Moes. I*) Or
XLI 26; milites primi Grat.,
Gratiana (*Scyth.*) Or XXXIX
27; Grat. seniores (*aux. pal. in
Gall.*) Oc V 33 = 181 = Gratianenses Oc VII 68; iuniores
(*aux. pal in Ital.*) Oc V 41 =
189 = VII 37.

Herculensia, auxiliaHerc., adHer-
culem (*Pann. II*) Oc XXXII
39; (*Ualer.*) Oc XXXIII 46.
Herculiani seniores (*leg. pal. in
Ital.*) Oc V 3 = 146 = VII 4;
iuniores (*leg. pal. praes.*) Or V
4 = 44.
Heruli seniores (*aux. pal. in Ital.*)
Oc V 18 = 162 = VII 13.
Hiberi (*aux. pal. praes.*) Or V 19
= 60.
Honoriani, felices Hon. seniores
(*aux. pal. in Or.*) Or VII 3 =
37; felices Hon. iuniores (*aux.
pal. praes.*) Or V 21 = 62;
Hon. felices Gallicani (*leg. com.
in Gall.*) Oc V 98 = 247 = VII
89; cf. Ascarii, Atecotti, lanciarii, Marcomanni, Mattiarii,
Mauri, uictores.

Illyrici, legio prima Illyricorum,
Palmyra (*Phoen.*) Or XXXII 30.
Insidiatores (*pseudocom. in Gall.*)
Oc VII 107; auxilia insidiato-
rum, Cardabiaca (*Ualer.*) Oc
XXXIII 50.
Inuicti seniores (*aux. pal. in Hisp.*)
Oc V 34 = 182 = VII 125; iu-
niores (*aux. pal. in Illyrico*) Or
IX 7 = 28; iuniores Britanni-
ciani (*aux. pal. in Hisp.*) Oc V
*57 = 206 = *VII 127.
Iouiani seniores (*leg. pal. in Ital.*)
Oc V *2 = 145 = VII 3; iuni-
ores (*leg. pal. praes.*) Or V 3
= 43.
Iouii seniores (*aux. pal. in Ital.*)
Oc V 23 = 168 = VII 16; iu-
niores (*aux. pal. in Illyr.*) Oc
V 36 = 184 = VII 42; iuniores
Gallicani (*aux. pal. in Gall.*)
Oc V 64 = 212 = VII 76.
Isaura, legio secunda Is. (*Isaur.*)

Or XXIX 7; legio tertia Is.
(*ibd.*) Or XXIX 8; prima Is.
sagittaria (*pseudocom. in Or.*)
Or VII 20 = 56; felices Theodosiani Isauri (*aux. pal. praes.*)
Or V 25 = 66.
Italica, prima It. (*pseudocom. in Or.*) Or VII 17 = 53; secundani Italiciani (*leg. com. in Afr.*)
Oc V 86 = 235 = VII 144; quarta Italica (*pseudocom. in Or.*) Or VII 18 = 54; milites iuniores Italici, Rauennae (*Flam.*) Oc XLII 6.
Iulia *u.* Alexandria, Alpina.
Iuniores *u.* Italica.

Lanciarii seniores (*leg. pal. praes.*)
Or V 2 = 42; iuniores (*id.*) Or VI 7 = 47; (*leg. com. in Illyr.*)
Or IX 16 = 38; Augustenses (*leg. com. in Illyr.*) Or IX 14 = 36; Comaginenses (*pseudocom. in Ill.*) Oc V 110 = 260 = VII 59; Honoriani Gallicani (*leg. com. in Gall.*) Oc V 90 = 239 = VII 81; Lauriacenses (*pseudocom. in Illyr.*) Oc V 109 = 259 = VII 58; Sabarienses (*leg. pal.*) Oc V 9 = 152 = (*leg. com. in Gall.*) Oc VII 82; Stobenses (*leg. com. in Thrac.*) Or VIII 12 = 44.
Latauienses, milites Lat. Olitione (*Sequan.*) Oc XXXVI 5.
Latini (*aux. pal. in Illyr.*) Oc V 46 = 194 = VII 46.
Lauriacenses *u.* lanciarii.
Lecti *u.* sagittarii.
Leones seniores (*aux. pal. in Gall.*)
Oc V 26 = 171 = VII 65; iuniores (*aux. pal. in Ital.*) Oc V 27 = 172 = VII 19.
Longouicani, numerus Longouicanorum, Longouicio (*Brit.*) Oc XL 30.

Marcomanni (*aux. pal. in Ital.*)
Oc VII 38; Honoriani Marc. seniores (*id.*) Oc V 49 = 198; iuniores (*id.*) Oc V 50 = 199; gens Marcomannorum (*Pann. I*) Oc XXXIV 24.
Margense, auxilium M. Margo (*Moes. I*) Or XLI 24.

Mariensium, auxilium Mar. Oesco (*Dac. rip.*) Or XLII 26.
Martenses (*pseudocom. in Gall.*)
Oc V 115 = 265 = VII 91; milites Mart. Aleto (*Armor.*) Oc XXXVII 19; Alta Ripa (*Magunt.*) Oc XLI 19; auxilium Martensium, Oesco (*Dac. rip.*)
Or XLII 26; Mart. seniores (*leg. com. in Or.*) Or VII 5 = 40.
Martia, legio quarta Mart. Betthoro (*Arab.*) Or XXXVII 24.
Martii (*leg. com. in Illyr.*) Or IX · 10 = 32.
Martis *u.* Flauia.
Mattiaci seniores (*aux. pal. praes.*)
Or V 12 = 53; (*aux. pal. in Ital.*) Oc V 164 = VII 15; iuniores (*aux. pal. praes.*) Or VI 12 = 53; (*aux. pal. in Gall.*)
Oc V *20 = 165 = VII 64; iuniores Gallicani (*id.*) Oc V 61 = 209 = VII 77; Matt. Honoriani Gallicani (*aux. pal. in Illyr.*) Oc *VII 52 = Honoriani Gallicani Oc V 72 = 220.
Mattiarii seniores (*leg. pal. praes.*)
Or VI 2 = 42; iuniores (*leg. pal. praes.*) Or V 7 = 47; (*leg. com. in Ital.*) Oc V 83 = 232 = VII 30; Matt. constantes (*leg. com. in Illyr.*) Or IX 9 = 31; Matt. Honoriani Gallicani (*aux. pal. in Illyr.*) Oc VII 52 = Honoriani Gallicani Oc V 72 = 220.
Mauri, numerus Maurorum Aurelianorum, Aballaua (*Brit.*) Oc XL 47; Mauri cetrati (*leg. com. in Illyr.*) Oc V 84 = 233 = VII 56; Mauri Honoriani seniores (*aux. pal. in Illyr.*) Oc V 54 = 203 = VII 51; iuniores (*aux. pal. in Ital.*) Oc V 55 = 204 = VII 26; Mauri Honoriani Gallicani (*aux. pal. in Illyr.*) Oc ·VII 52 = Honor. Gallicani Oc V 72 = 220; Mauri Osismiaci (*pseudocom. in Gall.*) Oc V 118 = 168 = VII 94; milites Mauri Osismiaci, Osismis (*Armor.*) Oc XXXVII 17; Mauri tonantes seniores (*aux. pal. in Ting.*) Oc V 73 = 221 = VII 136; iuniores (*id.*) Oc V 74 = 222 = VII 137.

NUMERI RELIQUI: II PEDITES.   325

Menapii (*leg. com. in Thrac.*) *Or*
VIII 3 = 35; milites Menapii,
Tabernis (*Mogont.*) *Oc* XLI 16;
Men. seniores (*leg. com. in Gall.*)
Oc V 75 = 224 = VII 83.
Merenses (*pseudocom. in Illyr.*)
Or IX 45.
Miliarenses, milites Mil. Syene
(*Theb.*) *Or* XXXI 35; auxilium Miliarensium, Transalba
Dac. rip.) *Or* XLII 23.
Mineruii *leg. com in Illyr.*) *Or*
IX 15 = 37.
Moesiaci, milites Moes. Teglicio
(*Moes. II*) *Or* XL 25; Moes.
seniores (*leg. pal. in Ital.*) *Oc*
V 7 = 150 = VII 8; milites
primi Moes. Candidiana (*Moes.
II* *Or* XL 24.
Munifices, mil. munif. in castris
Madensibus (*Tripol.*) *Oc* XXXI
30.
Muscularii *u.`p. 316.*
Musmagenses *'pseud. in Gall.*) *Oc*
VII 105.

Nauclarii, milites naucl., Flauiana
(*Scyth.*) *Or* XXXIX 20; milites
tertii naucl., Appiaria (*Moes. II*)
Or XL 22; milites naucl. Altinenses, Altino (*Moes. II*) *Or*
XL 28.
Neruii (*leg. pal. praes.*) *Or* V 6
= 16; milites Neruii, Portu
Epatiaci(*Belg. II*)*Oc*XXXVIII
9; numerus Neruiorum Dictensium, Dicti (*Brit.*) *Oc* XL 23;
cf. sagittarii.
Nouenses, milites Nou., Transma-
'riscae (*Moes II*) *Or* XL 23;
auxiliares Nou.. ad Nouas (*Moes.
I*) *Or* XLI 23; auxilia Nouensia, Arsaciana siue Nouas (*Pann.
II*) *Oc* XXXII 40.

Octauani (*leg. pal.*) *Oc* V 10 =
153 = (*leg. com. in Ital.*) *Oc*
VII 28.
Orientales *u.* sagittarii.
Osismiaci *u.* Mauri.

Pacatianenses (*leg. com. in Illyr.*)
Oc V 81 = 230 = VII 55.
Pacenses, milites Pac., Saletione
(*Mogont.*) *Oc* XLI 15; numerus

Pacensium, Magis (*Brit.*) *Oc*
XL 29.
Pacis *u.* Flauia.
Pannoniciani seniores (*leg. pal. in
Ital.*) *Oc* V 6 = 149 = VII 7;
iuniores (*leg. com. in Thrac.*) *Or*
VIII 16 = 48.
Parthica *u. p. 309* leg. I; II;
III; IV; VI.
Petuerienses *u.* superuenientes.
Petulantes seniores (*aux. pal. in
Ital.*) *Oc* V 16 = 160 = VII 11;
iuniores '*aux. pal. in Illyr.*) *Or*
IX 5 = 26.
Placidi Ualentinianici felices
'*pseud. in Ital.*) *Oc* VII 36.
Pontaenenses (*pseud. in Ital.*)
Oc V *113 = *263 = *VII 39.
Pontica, legio prima Pont., Trapezunta (*Pont.*) *Or* XXXVIII 16.
Praesidienses (*leg. com. in Gall.*)
Oc V *94 = *243 = VII 86;
auxilia Praesidiensia in castris
Herculis (*Pann. II*) *Oc* XXXII
42.
Praeuentores, milites praeu. Ausamo (*Moes. II*) *Or* XL 19.
Primani (*leg. pal. praes.*) *Or* VI
5 = 45; iuniores (*leg. com. in
Brit.*) *Oc* VII 155; *cf.* Flauia.
Propugnatores seniores (*leg. com.
in Hisp.*) *Oc* V 77 = 226 =
VII 131; iuniores (*leg. com. in
Illyr.*) *Oc* V 91 = 240 = VII
57; *cf.* armigeri.

Quartodecimani (*leg. com. in
Thrac.*) *Or* VIII 7 = 39.

Raeti (*aux. pal. in Illyr.*) *Oc* V
43 = 191 = VII 14.
Raetobarii (*aux. pal. praes.*) *Or* V
17 = 58.
Regii (*aux. pal. praes.*) *Or* VI 8
= 49; (*leg. com. in Ital.*) *Oc*
V 80 = 229 = VII 32.
Reginenses, auxiliares Reg., contra Reginam (*Moes. I*) *Or* XLI
21.
Romanenses (*pseud. in Gall.*)
Oc V 124 = 274 = VII 106.

Sabini (*aux. pal. in Ital.*) *Oc* V
47 = 195 = VII 22.
Sagittarii, auxiliarii sag. '*pseudocom. praes.*) *Or* VI 69; sag.

dominici (*aux. pal. praes.*) *Or*
VI 15 = 56; seniores Gallicani
(*id.*) *Or* V 13 = 54; iuniores
Gallicani (*id.*) *Or* V 14 = 55;
prima Isaura sagittaria (*pseudocom. in Or.*) *Or* VII 20 = 56;
sag. lecti (*aux pal. in Illyr.*) *Or*
IX 6 = 27; sag. Neruii (*aux. pal. in Hisp.*) *Oc* V 25 = 170
= VII 121; sag. Neruii Gallicani (*aux. pal. in Gall.*) *Oc* V
63 = 211 = VII 75; sag. seniores Orientales (*aux. pal. praes.*)
Or VI 13 = 54; iuniores Orientales (*id.*) *Or* VI 14 = 55; sag.
Tungri (*aux. pal. in Illyr.*) *Oc.*
V 174 = VII 41; tertii sagitt.
Ualentis (*aux. pal. praes.*) *Or.*
V 15 = 56; sag. uenatores (*aux. pal. in Illyr.*) *Oc* V 45 = 193
= VII 45.
Salii (*aux. pal. praes.*) *Or* V 10
= 51; (*aux. pal. in Gall.*) *Oc.*
V 29 = 177 = Salii seniores *Oc*
VII 67; Salii iuniores Gallicani
(*aux. pal. in Hisp.*) *Oc* VII 192 =
Salii Gallicani *Oc* V 62 = 210.
Salutis *u.* Flauia.
Scampenses (*pseud. in Illyr.*) *Or*
IX 48.
Scupenses (*pseud. in Illyr.*) *Or*
IX 43.
Scythae (*leg. pal. praes.*) *Or* VI
4 = 44.
Scythici, milites Scyth., Carso;
Dinigothia (*Scyth.*) *Or* XXXIX
22; 24
Secundani (*leg. com. in Illyr.*) *Or*
IX 13 = 35; sec. Italiciani (*leg. com. in Afr.*) *Oc* V 86 = 235 =
VII 144; *cf.* Britannica, Flauia.
Seguntienses (*aux. pal. in Illyr.*)
Oc V 65 = 213 = VII 49.
Septimani (*pseudocom. in Gall.*)
Oc V 123 = 273 = sept. iuniores VII 103; seniores (*leg. com. in Hisp.*) *Oc* V 79 = 228 = VII
132; iuniores (*leg. com.*) *Oc* V
93 = 242 = (*in Ital.*) *Oc* VII 31
= (*in Tingit.*) *Oc* VII 139.
Sequani (*aux pal. in Illyr.*) *Oc* V
44 = 192 = VII 43.
Solenses, numerus Solensium, Maglone (*Brit.*) *Oc* XL 28; Sol. seniores (*leg. com. in Thrac.*)

Or VIII 2 = 34; Sol. Gallicani
(*id.*) *Or* VIII 18 = 50.
Stobenses *u.* lanciarii.
Superuenientes, numerus superuenientium Petueriensium, Deruentione (*Brit.*) *Oc* XL 31.
Superuentores, milites sup., Axiupoli (*Scyth.*) *Or* XXXIX 21;
Mannatias (*Armor.*) *Oc* XXXVII
18; sup. iuniores (*pseudocom. in Gall.*) *Oc* V 120 = 270 =
VII 96.

Taliatense, auxilium Tal. Taliata
(*Moes. I*) *Or* XLI 27.
Taurunenses (*pseud.*) *Oc* V 111
= 161.
Tertiodecimani (*leg. com. in Thrac.*)
Or VIII 6 = 38.
Teruingi (*aux. pal. praes.*) *Or* VI
20 = 61.
Thebaei (*leg. pal.*) *Oc* V 11 = 154
= (*leg. com. in Ital.*) *Oc* VII
29; *cf.* Constantia, Ualentis.
Theodosiani, primi Theod. (*aux. pal. praes.*) *Or* V 23 = 64; secundi Theod. (*id.*) *Or* VI 23 =
64 = 66; (*pseudocom. in Illyr.*)
Or IX 46; tertii Theod. (*aux. pal. praes.*) *Or* V 24 = 65;
quarti Theod. (*id.*) *Or* VI 25 =
67; balistarii Theod. (*pseudocom. in Or.*) *Or* VII 21 = 57; balistarii Theod. iuniores (*pseudocom. in Illyr.*) *Or* IX 47; felices
Theod. (*aux. pal. praes.*) *Or* VI
21 = 62; felices Theod. Isauri
(*id.*) *Or* V 25 = 66; felices
Theod. iuniores (*pseudocom. in Illyr.*) *Or* IX 41; prima Flauia
Theodosiana (*leg. com. in Or.*)
Or VII 12 = 47.
Thraces (*aux. pal. praes.*) *Or* VI
19 = 60.
Timacenses auxiliarii (*pseud. in Illyr.*) *Or* IX 40.
Transtigritani (*pseud. in Or.*) *Or*
VII 22 = 58.
Tricornienses, auxiliares Tric. Tricornio (*Moes. I*) *Or* XLI 22.
Truncesimani (*pseud. in Gall.*) *Oc*
VII 108.
Tubantes (*aux. pal. praes.*) *Or* VI
10 = 51; (*aux. pal. in Hisp.*)
Oc V 28 = 176 = VII 123.

Tungrecani,milites Tungr., Dubris
(*Brit.*) *Oc* XXVIII 14; Tungr
seniores (*leg. pal. in Ital.*) *Oc*
V 5 = 148 = VII 6.
Tungri (*aux. pal. in Illyr.*) *Oc* V
71 = 219 = VII 50; *cf.* sagittarii.
Turnacenses, numerus Turnacensium, Lemannis (*Brit*) *Oc*
XXVIII 15.
Tzanni (*leg. com. in Thrac.*) *Oc*
VIII 17 = 49.

Ualentiniana, legio prima Ual.
Copto (*Theb.*) *Or* XXXI 36;
legio secunda Ual. Hermunthi
(*ibd.*) *Or* XXXI 39.
Ualentinianenses (*leg. com. in
Thrac*) *Or* VIII 21 = 53; (*aux.
pal. in Illyr.*) *Oc* VII 61 = (*pseudocom. in Gall.*) *Oc* VII 71 =
(*aux. pal.*) V 42 = Ualent. iuniores *Oc* V 190; felices Ualentinianenses (*aux. pal. in Illyr.*)
Oc V 60 = 208 = VII 47.
Ualentinianici *u.* Placidi.
Ualentis, secunda felix Ual. Thebaeorum (*leg. com. in Or.*) *Or*
VII 11 = 46; *cf.* sagittarii.
Uenatores *u.* sagittarii.
Ueneti *u.* Mauri.
Uesontes (*leg. com. in Hisp.*) *Oc*
V 82 = 231 = VII 133.
Uictores (*aux. pal. praes.*) *Or* V
22 = 63; seniores (*aux. pal. in
Ital.*) *Oc* VII 17; iuniores (*aux.
pal. in Hisp.*) *Oc* V 37 = 185
= VII 126; uict. iuniores Britanniciani (*aux. pal. in Brit.*)
Oc VII 154; Honoriani uict.
iuniores (*aux. pal. in Illyr.*) *Oc*
V 67 = 215 = Honoriani uictores *Oc* VII 48.
Uigiles, numerus uigilum, Concangios (*Brit.*) *Oc* XL 24; auxilia
uigilum, contra Acinco in barbarico (*Ualer.*) *Oc* XXXIII 48.
Uincentienses, milites Uinc., Laederata (*Moes. I*) *Or* XLI 36.
Uindices (*aux. pal. praes.*) *Or* VI
16 = 57; milites uind., Nemetis (*Mogont.*) *Oc* XLI 18.
Uirtutis *u.* Flauia.
Uisi (*aux. pal. praes.*) *Or* V 20 =
61.
Ulpianenses (*pseud. in Illyr.*) *Or*
IX 44.
Undecimani (*leg. pal. praes.*); *Or*
VI 6 = 46; (*leg. com. in Hisp.*)
Oc V 85 = 234 = VII 134.
Ursarienses (*leg. com. in Gall.*)
Oc V 95 = 244 = VII 85; milites Urs., Guntiae (*Raet*) *Oc*
XXXV 20; Rotomago (*Armor.*)
Oc XXXVII 21; auxilia Ursariensia, Pone Nauata nunc ad
Statuas (*Ualer.*) *Oc* XXXIII
47.

NOTABILIA UARIA.

Acta *u. p.* 301 ab actis.
Administrationes *Or* XVIII 4 =
Oc XVI 5; *Oc* IV 2.
Admissiones *Or* XI 17; *Oc* IX
14.
Adnotatio clementiae principalis
Or XLIII 13 = XLIV 14 = *Oc*
XLIII 13 = XLIV 14 = XLV
14; adnotationes dictare *Or*
XIX 7 = *Oc* XVII 11.
Adorare *Or* XXXIX 37 = XL 38
XLI 41 = XLII 45; clementiam
principalem *Or* XXI 6 = XXII
34 = XXIII 16 = XXIV 21 =
XXV 27 = XXVIII 48.
Alueum Tiberis *Oc* IV 6.
Amnicae naues *Or* XL 36.
Amphitheatrum *C* III 12.
Angiportus *C* II 14; III 13.
Annona *Oc* II 41; IV 3; XVIII
insign.; *cf.* annonaria regio *p.*
279.
Annus (*militiae tempus*) *Oc* VII
112; 114; XXV 38; 41; XXVI
22; 23; XXIX 7; 8; XXX 21;
23; XXXI 33 — 35; XXXV 36;
38; XXXVII 31 — 33; XL 58
— 60; XLI 27; *cf.* biennium.
Ansati codices Or XIX; *Oc* XVII
insign.

Apostoli *C* XII 7.
Aquae *Oc* IV 6.
Arcuaria fabrica *Oc* IX 28.
Argentaria *u.* barbaricaria.
Argentum *Or* XIII 29; *Oc* XI 95.
Armamentaria fabrica *Or* XI 23.
Armorum fabrica *Or* XI 20; 21; 27; 30; 32; 34; *Oc* IX 18; 22; 25; 31.
Augusteum *C* V 7; XVI 52.
Aurum *Or* III 26;; *Oc* XI 6; *Or* XIII 26 = *Oc* XI 92; *Or* XIII 27 = *Oc* XI 93.
Auxilia *Or* XLI 20 — 28; XLII 22 — 28; *Oc* XXXII 39 — 43; XXXIII 46—50; *cf.* milites, numeri; aux. palatina *Or* V 48; VI 48; *VII 35; IX 23; *Oc* V 157; auxiliarii sagittarii (*pseudocom.*) *Or* VI 69; Fortenses auxiliarii (*id.*) *Or* VII 51.

Balistaria fabrica *Oc* IX 33; 38.
Balneae priuatae *C* II 17; III 16; IV 17; V 19; VI 23; VII 15; VIII 21; IX 14; X 13; XI 18; XII 16; XIII 17; XIV 16; XV 23; XVI 39; *cf.* Thermae.
Baphia *Or* XIII 17; *Oc* XI 64 —73.
Barbari *U* XIII 1; XV 7; *cf.* *p.* 281 Barbaricum.
Barbaricaria *Or* XI 45; branbaricaria siue argentaria *Oc* XI 74—77.
Barcarii *u. p.* 315.
Basilica *C* V 8; XVI 26; Theodosiana *C* IX 9.
Bastaga *Or* XIII 19; 33; *Oc* XI 78—85; 99; priuata *Or* XIV 5; rei priuatae *Oc* XII 28; 29.
Beneficia *Or* XIV 10 = *Oc* XII 32.
Biennium (*militiae tempus*) *Or* XXI 6 = XXV 27; *cf.* annus.
Bos aereus *C* XII 10.
Burgus *u. p.* 282.

Canones *Or* XIII 23 = *Oc* XI 89; *Or* XIV 11 = *Oc* XII 33.
Capitolium *C* IX 10; XVI 53.
Cardinale; officium card. habetur *Or* VI 70 = VII 59; *cf.* deputare.

Carruca *Or* III; *Oc* II; IV insign.
Castrum, Castellum *U* XV 7; *G* I 6; 7; IX 6—9; XIV 11; XV 9; *cf. p.* 283.
Census *Oc* IV 8; *cf.* 31.
Cereae *Or* III; *Oc* II *insign.*
Chartae officii *Or* XIV 14 = *Oc* XII 37; *cf. p.* 302 chartularius.
Circus *C* IV 3; XVI 33; maximus *C* IV 7.
Cisterna *C* XVI 34; Arcadiaca *C* XII 11; Modestiaca *C* XII 12; Theodosiana *C* VI 8.
Ciuilis dignitas *Or* I 1 = *Oc* I 1; *Or* XVIII 4 = *Oc* XVI 5.
Ciuitas *Or* XIX 9 = *Oc* XVII 12; *Oc* XLII 7; 9; *C* IV 4; XI 2; XIII 2; XV 5; 10; XVI 16; *U* XV 1; 7; *G passim.*
Clarissimus uir *Or* XLIII 3; XLIV,4; *Oc* XLIII 3; XLIV 4.
Classes *u. p.* 315.
Clementia principalis *u.* adnotatio, adorare.
Clibanaria fabrica *Or* XI 22; 26; 28; *Oc* IX 33.
Cloacae *Oc* IV 6.
Codicilli dignitatum in omnibus insignium tabulis depicti sunt.
Cognitiones *Or* XIX 11 = *Oc* XVII 13.
Cohors quinta legionis *Or* XXXIX 30; 31; 33; 34; *35; XL 31; 32; 34; 35; *Oc* XXXII 44; 45; XXXIII 51; *52; XXXIV *26; 40; *cf. p.* 313 *et p.* 302 cohortalini.
Collegium *u. p.* 302 collegiati.
Colossus *C* XVI 50.
Columna purpurea Constantini *C* VII 7; VIII 5; XVI 48; col. gradibus peruia *C* VIII 13; XIII 11; XVI 49; Theodosii *C* VIII 13.
Comitatensis *u.* legio, uexillatio.
Commercia *u. p.* 302 comes commerciorum.
Constitutus *in loco aliquo Or* XXXIV 37; XXXV 34; XXXVIII 25; nuper const. *Or* XXXVII 20; 21; XXXVIII 26.
Consularitas *Or* I 78.
Consultationes *Or* XIX 9 = *Oc* XVII 12.

NOTABILIA UARIA.

Corpus *Oc* XXXIII 67 = XXXIV 48 = XXXVIII 11; *C* I 18; II 25.
Cubiculum sacrum *u. p.* 307 praepositus s. c. *et* primicerius s. c.
Cuneus *Oc* XL 54; cuneus equitum *Or* VII 34; *Oc* VI 85; *Or* XXXI 23; 24; XXXIX 12 — 18; XL 11 — 17; XLI 12 — 19; XLII 13 — 21; *Oc* XXXII 22 — 27; XXXIII 24 — 28; XXXIV 14; 15.
Cura, sub cura *pro* sub dispositione *positum Oc* XVI 4; curae ciuitatis *Oc* XLII 7; 9; *cf. p.* 303.
Cursus publicus *Or* XI 50 = *Oc* IX 44; *cf.* euectio.

Deputare; officium in numeris militat et in officio deputatur *Or* V 67 = VIII 54 = IX 49; *cf.* cardinale; deputati scholae agentum in rebus *Or* XI 11 = *Oc* IX 9; deputati domesticorum *Or* XV 8 = *Oc* XIII 7; naues amnicae et milites ibidem deputati *Or* XL 36; legio deputata ripae primae *Oc* XXXV 18; legio transuectioni specierum deputata *l. l.* 21; 22; gens per Raetias deputata *l. l.* 31.
Dictare leges *Or* XII 4 = *Oc* X 4; adnotationes *Or* XIX 7 = *Oc* XVII 11; epistulas *Or* XIX 13.
Dignitates; notitia dignitatum *Or* I 1 = *Oc* I 1; not. dign. et administrationum *Or* XVIII 4 = *Oc* XVI 5; dignitates officii *Or* V 68 = VI 71 = VII 60 = VIII 55 = IX 50; *dignitates honorariae:* protector *Or* XXXIX 37 = XL 38 = XLI 41 = XLII 45.
Dioecesis *Or* II 1 = III 4 = *Oc* II 5 = III 1; *Or* XIII 5; XXIV 1 = 11 = 20; XXV 1 = 14;. XXVI 1 = 9; *U* I 2; II 1; III 1 etc.
dispersi; laeti per diuersa dispersi Belgicae primae *Oc* XLII 37.
Dispositio *Or* II 1; III 4; V 26; VI 26 etc.; *cf.* cura; iuris-

dictio; scrinium dispositionum *Or* XI 16; *Oc* IX 11.
Diuisio prouinciae *Or* III 13; 19; *U* II 5.
Domus *C* II 15; III 14; IV 15; V 17; VI 21; VII 13; VIII 19; IX 12; X 11; XI 16; XII 14; XIII 15; XIV 14; XV 21; XVI 37; domus diuinae *Or* XIV 3; domus diuina per Cappadociam *Or.* X 2; fundi domus diuinae per Africam *Oc* XII 16; domus diuinae Augustarum *C* XVI 23; domus Augustae Eudociae *C* XI 12; Placidiae Augustae *C* II 11; XI 11; Pulcheriae Augustae *C* IV 8; XII 9; domus nobilissimae *C* XVI 24; nob. Arcadiae *C* X 7; XI 13; nob. Marinae *C* II 12.

Ecclesia *C* XIV 9; XV 13; XVI 22; Anastasia *C* VIII 11; antiqua *C* III 7; Caenopolis *C* X 5; Homonoea *l. l.* Irene *C* VIII 11; magna *C* III 6; sancti Pauli *C* VIII 12; eccles. siue martyrium sancti Acacii *C* XI 9; sancti Menae *C* V 13.
Emittere *euectiones Or* II 72; III 33; XI 53; XIX 7; *Oc* XVII 11; *dignitatum codicillos Or* XXVIII 23 = XXXI 42 = XXXII 32 = XXXIII 29 = XXXIV 31 = XXXV 26 = XXXVI 31 = XXXVII 24 = XXXVIII 20 = XL 44; epistulas *Or* XIX 13.
Epistulae *Or* XIX 13; *u. p.* 303 cura epistularum, magister epistularum, scrinium epistularum.
Equites magni *C* VIII 15.
Euectiones *Or* II 72; *numerus euectionum annualium indicatur:* quotiens usus exegerit *Or* XIII 35; XIV 15; quindecim *Or* V 75; VI 78; *VII 68; VIII 62; *IX 57; duodecim *Or* XXV 35; octo *Or* XXXVI 44; septem *Or* XXVIII 54; XXXVIII 46; sex *Or* XXIX 18; *XXX 6; quinque *Or* XXXI 75; XXXII 52; XXXIII 43; XXXIV 56; XXXV

42; XXXVII 52; XXXIX 43;
XL 50; *XLI 47; XLII 51;
quattuor *Or* XXI 15; *cf.* XV
9; 10; XX 19; XXII 43; XXIII
24; XXIV 29; XXVI 25 *et*
emittere.
Exire (*militiam deponere*) *u.* in-
signia.
Fabrica *C* IV 11; fabricae *Or*
XI 2; 18—39; 44; *Oc* IX 2;
16—39; 43.
Formae *Oc* IV 5.
Formula; ciuitates in formulam
Belgicae primae redactae *U*
XV 7.
Forum *C* XVI 27; Constantini
C IV 13; VII 3; IX 7; Ho-
norianum *C* XIV 11; suarium
Oc IV 10; Theodosiacum *C*
VI 11; XIII 10; Theodosii *C*
VIII 6; 16.
Fundi domus diuinae per Afri-
cam *Oc* XII 16; fundi patri-
moniales *Oc* II 42.

Gentes *U* XIV 1; barbarae *U*
XIII 1; interpretes diuersarum
gentium *Or* XI 52 = *Oc* IX 46;
tribunus gentis Marcomanno-
rum *Oc* XXXIV 24; tribunus
gentis per Raetias deputatae
Oc XXXV 31; *cf. p.*317 gentiles.
Gradus *C* II 20; III 18; *IV 18;
V 21; VI 26; VII 18; VIII 23;
IX 16; X 16; XI 21; XII 19;
XIII 19; XIV 19; XV 26;
XVI 42.
Graecus *sermo in rescriptis im-
peratorum adhibitus Or* XIX 13.
Greges et stabula *Or* XIV 6.
Gynaecea *Or* XIII 16; *Oc* XI 45
— 60; XII 26; 27.

Hastaria fabrica *Or* XI 24.
Honorarii codicilli u. dignitates.
Horrea *C* XVI 29; Alexandrina
C X 6; Constantiaca *C* VI 17;
Galbana *Oc* IV 15; olearia *C*
VI 13; Troadensia *C* VI 15;
Ualentiaca *C* VI 16; horreum
Theodosianum *C* X 9.

Illustris uir *Or* II 1; 59; III 1;
4; 20; V 1; 26; VI 1; 26;
VII 1; 23; VIII 1; 23; IX 1;
17; X 1; XI 1; 2; 40; XII
1; 3; XIII 1; 4; 21; XIV 1;
2, 8; XV 5; *Oc* II 1; 5; 43;
III 1; 38; IV 1; 2; 18; V 1;
125; VI 1; 41; VII 63; 111;
166; IX 1; 3; 40; X 1; 3;
XI 1; 3; 87; XII 1; 3; 30;
XIII 5.
Incendia *C* II 25.
Insignia *Or* III 1; V 1; VI 1;
VII 1; VIII 1; IX 1; XI 1;
XII 1; XIII 1; XIV 1; *Oc* II
1; IV 1; V 1; VI 1; IX 1;
X 1; XI 1; XII 1; princeps,
qui adorata clementia principali cum insignibus exit *Or*
XXI 6; XXII 34; XXIII 16;
XXIV 21; XXV 27; XXVIII
48.
Internuntius regionis *C* II 23.
Inuictus princeps *C* I 14.
Iussus Augusti *Or* XLIV 2; do-
mini *Or* XLV 6; 8; 13; 14;
22; 24; 30; *Oc* XLIV 2; do-
minorum *Or* XLV 31; *Oc* XVII
6; 8, 10; XLV 2.

Laeti *Oc* XLII 33 — 44.
Largitiones *Or* XIII 2 = *Oc* XI
2; priuatae *Or* XIV 13; *Oc*
XII 4; 35; *cf. p.* 302 comes lar-
gitionum, comes sacrarum lar-
gitionum.
Laterculum maius *Or* XVIII 2 =
Oc XVI 3; *cf.* notitia digni-
tatum; laterculum minus *Or*
XXVIII 23 = XXXI 42 =
XXXII 32 = XXXIII 29 =
XXXIV 31 = XXXV 26 =
XXXVI 31 = XXXVII 24 =
XXXVIII 20 = XL 44.
Legationes ciuitatum *Or* XIX 9
= *Oc* XVII 12.
Leges salutares *Or* XII 2; salu-
bres *Oc* X 2; dictandae *Or* XII
4 = *Oc* X 4.
Legiones *Or* XLI 29; XLII 30;
comitatenses *Or* VII 38; VIII
33; IX 30; *Oc* V 223; pala-
tinae *Or* V 41; VI 41; IX 21;
Oc V 144; riparienses *Or*
XXXIX 28; XL 29; *cf. p.* 309.
Leuga *U* XV 7 *bis*.

Libelli *u. p.* 302 A libellis, magister libellorum.
Liburna marmorea naualis uictoriae monumentum *C* V 11.
Liburnarii *Oc* XXXIV 26; 27; 37; 40; 41.
Ligneus, pons sublicius siue ligneus *C* XV 19.
Limes *Or* XXVIII 1; *Oc* I 38; 39; V 126; 133; XXV 21—36; XXX 12—19; XXXI 18—28; 31; tractus Armoricani et Neruicani limitis *Oc* XXXVII 24.
Limitanei *Oc* XXV 20; XXVI 12.
Linea ualli *Oc* XL 32;
Linea uestis *Or* XIII 14.
Linyphia *Or* XIII 20; *Oc* XI 61 — 63.
Litus.*u. p.* 297 Saxonicum litus.
Locus *Oc* XXXVIII 8; quarto loco *in officio Or* XIII 34.
Loricaria fabrica *Oc* IX 26; 33.
Lusorium *C* II 9; XV 18; XVI 31.

Macelli *C* VI 27; IX 17; XVI 43.
Magisteria potestas *Or* V 67; VI 70; VII 59; VIII 54; IX 49; *Oc* VI 86.
Martyrium Apostolorum *C* XII 7; ecclesia siue mart. sancti Acacii *C* XI 9; sancti Menaę *C* V 13.
Massa aurea *Or* XIII 26 = *Oc* XI 92.
Memoria *u. p.* 305 magister memoriae, scrinium memoriae.
Metalla per Illyricum *Or* XIII 11.
Miliarenses *Or* XIII 30 = *Oc* XI 96.
Miliarium aureum *C* V 2; 6.
Militare in numeris *Or* V 67 = VIII 54 = IX 49.
Militaris dignitas *Or* I 1 = *Oc* I 1; *Or* XVIII 4 = *Oc* XVI 5; res militaris *u. p.* 303 comes rei militaris.
Milites *Or* XXXI 35; XXXIX 20—27; XL 19—28; 36; XLI 33—37; XLII 29; *Oc* XXVIII 14; XXXI 29; 30; XXXII 49;

XXXIV 26; 27; 37; 40; *41; XXXV 20; XXXVI 5; XXXVII 15—23; XXXVIII 9; XLI 15 —25; XLII 6; 16; *cf.* auxilia, numeri.
Militia completa *Or* XXXIX 37 = XL 38 = XLI 41 = XLII 45; *cf.* exire; ad aliam transire militiam *Or* XLIII 13 = XLIV 14 = *Oc* XLIII 13 = XLIV 14 = XLV 14.
Moenia *C* XIII 5; *cf.* murus.
Moneta *Or* XIII 18; *Oc* XI 38 —44; *C* XIII 12; XVI 54.
Monumentum uictoriae naualis *C* V 11.
Murus *C* XV 4; XVI 14; *cf.* moenia.
Musculi *Or* XXXIX 35; *Oc* XLII 16.
Mutatio nominis urbis Or XXXVI 20; *G* XI 6; 12.

Naualia *C* XIV 13.
Naualis uictoria *C* V 11.
Naues amnicae *Or* XL 36.
Neorium *C* VII 9.
Nitentes; res nit. *Oc* IV 17.
Nobilis *C* II 5; nobilissimus *C* II 12; X 7; XI 13; XVI 24.
Notitia *C* I 13; 19; dignitatum *Or* I 1 = *Oc* I 1; dign. et administrationum *Or* XVIII 4 = *Oc* XVI 5.
Numerus *Oc* VII 1; XXVIII 13; 15; 20; 21; XXXV 32; XL 22—31; 47; *cf.* auxilia, milites; scholas et numeros tractat *Or* XVIII 5; in numeris militare *Or* V 67 = VIII 54 = IX 49; scrinium numerorum *Or* XIII 25 = *Oc* XI 91.
Nympheum *C* V 9; VI 14; XV 15; XVI 35; maius *C* XI 14.

Obeliscus Thebaeus quadrus *C* VI 12.
Olearia horrea *C* VI 13.
Opera maxima *Oc* IV 12; publica *Oc* IV 13; numerarius operum *Or* III 26.

Palatinus *u.* auxilia legiones, uexillationes.
Palatium *C* II 3; XV 14; XVI

21; Flaccillianum *C* XII 8;
magnum *C* II 8; Placidianum
C II 10; *cf.* p. 302 curae palatiorum, castrensis sacri palatii.
Partes Occidentis *Oc* I 1; Orien-
tis *Or* I 1; partes Macedoniae
salutaris *dioecesibus diuersis at-
tributae Or* III 13; 19; pars
Faustinae *Oc* XII 9; legionis
cohortis quintae pars superior
Oc XXXII 44; 45; XXXIII
51; 52; 54; XXXIV 26; 40;
XXXV 17; 18; inferior *Oc*
XXXIII 53; XXXIV 38;
*XXXV 17; media *Oc* XXXV
19; *cf.* pedatura; magistrorum
militum a parte peditum *Oc*
VII 112; XXV 38; XXVI
22; XXVIII 23; XXXVI 7;
XXXVII 32; XLI 28; 29;
XLII 1; a parte equitum *Oc*
VII 112; XXV 38; XXVI 22;
*XXXVII 32.
Patrimoniales fundi *Oc* II 42.
Patrimonium Gildoniacum *Oc* XII 5.
Pecuniae *Or* XIII 31 = *Oc* XI 97.
Pedatura; legionis cohortis quin-
tae pedatura super. *Or* XXXIX
*30; 33; XL 31; 34; inferior
Or XXXIX 30; 31; 34; XL
32; 35; *cf.* pars.
Perfectissimus uir *Or XLIV 4;
Oc XLV 4.
Pistrinum priuatum *C* II 19; III
17; IV 18; V 20; VI 25; VII
17; VIII 22; IX 15; X 14;
XI 20; XII 18; XIII 18; XIV
18; XV 25; XVI 41; publicum
II 18; VI 24; VII 16; X 15;
XI 19; XII 17; XIV 17; XV
24; XVI 40.
Platea *C* XI 3; XIV 5; XV 8.
Pons sublicius siue ligneus *C* XV
19; *cf. p.* 295.
Porta *C* XIII 2; XV 6; aurea
C XIII 8; XVI 56; *cf.* Tetra-
pylum.
Porticus *C* VIII 6; XVI 38;
Fanionis *C* V 10; magna *C* III
15; IV 16; V 18; VI 22; VII
14; VIII 20; maior *C* IX 13;
X 12; XI 17; XII 15; XIII
16; XIV 15; XV 22; perpetua
C II 16; semirotunda, quae

ex similitudine fabricae sigma
nuncupatur *C* IV 10; sinistra
C IX 8; Troadenses *C* XIII 9.
Portus *Oc* IV 7; 16; *C* VII 10;
XVI 11; 32; nouus *C* IV 9;
Prosforianus *C* VI 18; Theo-
dosiacus *C* XIII 13; *cf. p.*
295.
Potestas *u.* magisteria.
Praesentalis, magister militum *Or*
V 1; 26; VI 1; 26; *Oc* V 125;
275; VI 41; XXV 38; 41; 42
= XXVI 22 = XXVIII 25;
XXIX 7 = XXX 21 = XXXI
33 = XXXV 36; 37 = XXXVI
7 = XXXVII 31 = XL 58 = XLI
27; XLII 1; curiosus cursus
publici *Or* XI 50; officium *Oc*
XXXV 37; in praesenti; magister militum *Or* I 5; V 67;
VI 70; *Oc* I 5; 6; curiosus
cursus publici *Oc* IX 44.
Praetendere; legio III Italica pro
parte media praetendens a Uimania Cassiliacum usque *Oc*
XXXV 19; *cf.* pars.
Preces *Or* XII 5 = *Oc* X 5; precibus respondere *Or* XIX 7 =
Oc XVII 11; preces tractare
Or XIX 9; 11 = *Oc* XVII 12;
13.
Princeps *C* I 14.
Priuatus *u.* balnea, bastaga, pistrina, largitiones; *cf. p.* 303
comes rer. priuatar., magistri
priuatae, rationales rei priuatae,
procuratores rei priuatae.
Promotionis ordo: primiscrinii,
qui numerarii fiunt *Or* V 72 =
VI 75 = VIII 59 = IX 52; prin-
ceps, qui completa militia ad-
orat protector *Or* XXXIX 37
= XL 38 = XLI 41 = XLII 45;
cohortalini, quibus non licet
ad aliam transire militiam *Or*
XLIII 13 = XLIV 14 = *Oc*
XLIII 13 = XLIV 14 = XLV
14; *cf.* annus, biennium.
Prytaneum *C* VI 9.
Pseudocomitatenses *Or* VI 68
VII 48; IX 39; *Oc* V 256.
Publicus *u.* opera, pistrinum.
Pyramides *Or* XXVIII 6.

Regiones urbis Constantinopolitanae *C passim;* suburbicariae *Oc* XII 9; urbicariae *Oc* XII 24.
Regius *C* II 5.
Res Iuliani *Oc* XII 24.
Respondere precibus *Or* XIX 7 = *Oc* XVII 11.
Responsum; aurum ad resp. *Or* XIII 27 = *Oc* XI 93.
Ripae et alueum Tiberis *Oc* IV 6; ripa legionis *Or* XXXIX 30; *31; 33 — 35; XL 31; 32; *34; 35; legio deputata ripae primae *Oc* XXXV 18.
Riparienses *u.* legiones.
Sacer *u.* cubiculum, largitiones, palatium, uestiarium.
Sagittaria fabrica *Oc* IX 24; 32.
Saltus *Or* XIV 7; Carminianensis *Oc* XII 18.
Scalae maritimae *C* XVI 55; scala Chalcedonensis *C* VI 19; Sycena *C* VII 4; 11; Timasi *C* V 15.
Scholas tractare *Or* XVIII 5; equites scutarii iuniores scolae secundae *Oc* VII 197; schola agentum in rebus *u. p.* 302 agentes; armaturarum seniorum *Oc* IX 6; iuniorum *Or* XI 9; gentilium seniorum *Or* XI 6; *Oc* IX 7; iuniorum *Or* XI 10; notariorum *u. p.* 305 notarii; scutariorum prima *Or* XI 4; *Oc* IX 4; secunda *Or* XI 5; *Oc* IX 5; tertia *Oc* IX 8; scut. clibanariorum *Or* XI 8; scut. sagittariorum *Or* XI 7.
Scordiscorum fabrica *Oc* IX 18.
Scrinia *u. p.* 308.
Scutaria fabrica *Or* XI 20; 21; 23; 27; 30; 32; 34; 39; *Oc* IX 18 — 21; 25; 27; 34; 37; 39.
Securitates *Or* XIV 12 = *Oc* XII 34.
Senatus *C* III 8; VII 8; XVI 28.
Sigma *C* IV 11.
Spatharia fabrica *Oc* IX 29; 36; 39.
Species *Oc* XXXV 21; 22.
Spectabilis uir *Or* XVII — XLII

passim; Oc VII 40; 118; 135; 140; 153; 179; 199; 206; XIV — XLI *passim.*
Stabula *Or* XIV 6.
Stadium *C* V 14.
Statuae *Oc* IV 14.
Strategium *C* VI 11.
Suarium forum *Oc* IV 10.
Sublicius pons *C* XV 19.
Summae *u. p.* 308 rationales summarum.
Taurus *C* IX 2; 8.
Tetrapylum aureum *C* XVI 51; *cf.* porta.
Theatrum *C* III 11; XIV 12; XV 17; XVI 30; maius II 3; minus III 2.
Thermae *C* XV 16; XVI 25; Anastasianae *C* X 8; Arcadianae *C* II 13; Carosianae *C* VIII 17; Constantinianae *C* XI 10; Eudocianae *C* VI 10; Honorianae *C* VI 7; XIV 10; Zeuxippi *C* III 10; *cf.* balnea.
Thesauri *Or* XIII 10 = *Oc* XI 21 — 37; thesauri priuatarum *Oc* XII 2.
Tituli largitionales per Africam *Oc* XI 8.
Tractare bastagas *Or* XIII 33 = *Oc* XI 99; chartas officii *Or* XIV 14 = *Oc* XII 37; cognitiones et preces *Or* XIX 11 = *Oc* XVII 13; legationes ciuitatum, consultationes et preces *Or* XIX 9 = *Oc* XVII 12; libellos *Or* XIII 34; scholas et numeros *Or* XVIII 5.
Tractus *Oc* I 34; 45; XXIV 5; XXVII 5; XXXVII 1; 13; 24.
Traiectus Sycenus *C* VII 4.
Transferre; epistulas latine dictatus transfert in Graecum *Or* XIX 13.
Translationes gynaeceorum *Oc* XI 46; 48; 59; XII 27; numerorum militarium *Or* XXXI 41; 53; 56; XXXIV 28; *29; XXXV 28; XXXVI 25; XXXVII 23; XXXVIII 35; XL 48; *Oc* XXXII 56; XXXIII 26; 27; 44; 47; XXXIV 28;

XXXV 15; 17; 32; XXXVIII
8; XLII 14; *21; 30.
Transire ad aliam militiam *u. militia.*
Transuectio; legio transuectioni specierum deputata *Oc* XXXV 21; 22.
Tribunal fori Constantini *C* IV 13; trib. purpureis gradibus extructum *C* III 9.
Tuendae urbis per noctem cura *C* II 28.
Turres *C* XVI 15.

Uallum Britannicum *Oc* XL 32.
Uestiarium *Oc* XI 5; sacrum *Or* XIII 28 = *Oc* XI 94.

Uestis linea *Or* XIII 14.
Uexillata dea *Or* VIII 1 *adn.*
Uexillatio *Oc* VII 157; comitatensis *Or* V 33; VI 34; VII 24; VIII 28; IX 18; *Oc* VI 53; palatina *Or* V 27; VI 27; VIII 24; *Oc* VI 42.
Uici *C* IV 14; V 16; VI 20; VII 12; VIII 18; IX 11; X 10; XI 15; XII 13; XIII 14; XV 20; XVI 36; uici siue angiportus *C* II 14; III 13.
Uictoria naualis *C* V 11.
Uigiles *Oc* IV 4.
Uina *Oc* IV 7.

CONSPECTUS OFFICIORUM CIUILIUM.

CONSPECTUS OFFICIORUM MILITARIUM.

Officium	1	2	3	4	5	6	7	8	9	10	11	12	13	14	15	16	17	18
Magister militum Orientis.	Princeps.	—	11	8	Numerarii duo.	—	Commentariensis.	11	—	Adiutor.	—	—	Scriniarii.	—	—	Exceptores.	—	
Magistri mil. reliqui in partibus Orientis.	Princeps.	—	11	8	Numerarii duo.	9	Commentariensis.	—	—	—	—	—	Scriniarii.	—	—	Exceptores.	—	
Magister peditum in partibus Occidentis.	Princeps.	—	11	8	Numerarius.	—	Commentariensis.	11	—	Adiutor.	—	—	—	Regerendarius.	—	Exceptores.	—	
Magister equitum in partibus Occidentis.	Princeps.	—	11	8	Numerarius.	Primiscrinius.	Commentariensis.	11	6	Adiutor.	—	—	—	Regerendarius.	—	Exceptores.	—	
Magister equitum per Gallias.	Princeps.	—	11	8	Numerarii duo.	—	Commentariensis.	4	11	Adiutor.	—	—	—	Regerendarius.	—	Exceptores.	—	
Dux Thebaidos.	Princeps.	—	7	8	Numerarii et adiutores eorum.	—	Commentariensis.	—	7	Adiutor. A libellis.	—	—	—	—	—	Exceptores.	—	
Comites et duces reliqui in partibus Orientis.¹)	Princeps.	—	11	8	Numerarii et adiutores eorum.	—	Commentariensis.	11	—	Adiutor. A libellis.	—	—	—	—	—	Exceptores.	—	
Comes Africae.	Princeps.	Numerarii duo.	Commentariensis.	4	—	2	3	Adiutor.	Subadiuua.	Regerendarius.	Singulares.	Exceptores.	—	—	—	—	—	
Comes Tingitaniae.	Princeps.	10	Numerarii duo.	Commentariensis.	11	4	—	Adiutor.	Cornicularius.	—	Subadiuua.	Regerendarius.	Singulares.	Exceptores.	—	—	—	
Comes litoris Saxonici, duces Mauretaniae et Tripolitanae.	Princeps.	10	Numerarii duo.	8	Commentariensis.	11	—	Adiutor.	Cornicularius.	—	Subadiuua.	Regerendarius.	Singulares.	Exceptores.	—	—	—	
Comes Britanniarum.	Princeps.	—	Numerarii duo.	8	Commentariensis.	11	4	—	Adiutor.	—	Subadiuua.?	Regerendarius.	Singulares.	Exceptores.	—	—	—	
Dux Britanniarum.	Princeps.	—	Numerarii duo.	8	Commentariensis.	11	4	—	Adiutor.	—	Subadiuua.	Regerendarius.	Singulares.	Exceptores.	—	—	—	
Dux Raetiae.	Princeps.	—	Numerarii duo.	8	Commentariensis.	11	—	—	Adiutor.	—	Subadiuua.	Regerendarius.	Singulares.	Exceptores.	—	—	—	
Dux Pannoniae secundae.	Princeps.	—	Numerarius.	8	7	—	Commentariensis.	—	—	7	—	Regerendarius.	Singulares.	Exceptores.	—	—	—	
Duces Ualeriae, Pannoniae primae, Sequanici, Armoricae, Belgicae secundae, Mogontiacensis.	Princeps.	—	Numerarius.	5	11	—	Commentariensis.	—	—	Adiutor.	Subadiuua.	Regerendarius.	Singulares.	Exceptores.	—	—	—	

1) Officium comitis et praesidis Isauriae in conspectu officiorum ciuilium proposuimus.

ADDENDA ET CORRIGENDA.

p. 7 72 adn. scribe prefectura prefect *P* pro praefectus prefectus (*P*).

p. 23 1 adn. dea uexillata in contextum recipiendum erat.

p. 32 8 commemoratur schola scutariorum clibanariorum in C. Th. XIV 17, 9.

p. 47 6 scr. ducenarium pro ducenarum.

p. 63 11 adn. scr. *P* pro (*P*).

p. 64 41 scr. Hibeos [Oaseos maioris] pro Hibeos — Oaseos maioris.

p. 70 30 adn. scr. āmuda *CPV* amuda *M* pro āmuda *CV* amuda (*P*) *M*.

p. 76 adn. 5 scribe 'Αφφαδάνα pro Αφραδάνα.

p. 83 9 adn. dele trapezus (*P*).

p. 87 23 scrib. uidetur Constanti*a*ni pro Constantini.

p. 90 20 scrib. uidetur Milites *tertii* Constanti*a*ni pro Milites Constantini; u. die Zeit des Vegetius, Hermae t. XI p. 79.

p. 92 8 adn. dele laederatae *P*.

p. 131 62 scr. feroces pro felices.

p. 142 204 fortasse scr. S*ci*ri pro Syri.

p. 157 3. 4 adn. dele (*P*?).

p. 165 3 adn. dele byzacium (*P*).

p. 169 17 scr. Lugdonensis secunda pro Lugdonensis prima.

18 scr. Lugdonensis tertia pro Lugdonensis secunda.

p. 221 14 adn. scr. habet *CVM* pro habet *C*(*P*)*VM*.

k. 262 I 1 adn. adde: item nomina prouintiarum uel ciuitatum in prouintiis gallicanis quae ciuitates sint. incipiunt nomina ciuitatum prouintiarum galliae a^2 huic continentur prouinī gallicanis quae ciuitatesunt gallicani metropolis b^2 in prouinciis gallicanis quae ciuitates sunt metropolitane c^1 incipit numerus ciuitatum prouintiarum gallicanarum et aliarum prouintiarum et quae sint ciuitates metropolitanae et quae eis sint subiectae c^2 in nomine domini nostri iesu christi numerum ciuitatum prouincia galliarum e^2.

I 2 adn. adde: prouintia lugdunensis habet ciuitates IIII a^2 prouint lugdonensis prima *numero ciuitatum omisso*

338   ADDENDA ET CORRIGENDA.

b^2 prouintia lugdonensium num̄ VI c^1 prouintia lugdunensium prima numero VI c^2 lugdunensis prima habet ciuitates numero IIII e^2

p. 263 I 4 adn. scr. hoc est agustodunum (pro augustodunum) add. b^2.

II 1 adn. adde lugdonens̄s̄ b^2 (om. secunda) lugd̄ c^1 lugdon̄ c^2 lugdonen̄s̄ e^2.

II 2 adn. scr. e^1 pro e; adde rotomaginsis e^2.

II 4 adn. scr. Aa^1bcde^2 pro Aa^1bcd; dele abrintakarum e^2.

p. 264 III 1 adn. adde lugdonens̄s̄ b^2 lugd̄ c^1 lugdon̄ c^2 lugdonen̄s̄ e^2.

III 7 adn. scr. A^1c^2 pro A^1; ac^1e^2 pro ace^2.

III 8 adn. scr. ciantium pro uantium.

IV 1 scribe quarta pro Senonia.

IV 1 adn. adde om. c^1 lugdonen̄s̄ b^2 lugdonensium c^2 lugd̄ e^2; scribe IIII Bbc^2e quarta Ca^2 pro IIII Bb^1e^1 quarta C.

p. 265 IV 4 adn. scr. e^2 pro (e^2).

IV 5 adn. scr. a^2 secunda manu pro a^2; c^2 manu multo recentiore pro c^2.

IV 9 scr. c pro c^1; dele c^2.

V 1 adn. scr. b pro b^1; adde belgeca e^2.

V 3 dele Mettis.

V 3 adn. dele c; scr. $BCcde^1$ pro $BCde^1$.

V 4 adn. scribe a^1 pro a; adde leuicorum a^2.

VI 1 adn. scr. a^1bd pro a^1b^1d; adde belgeca c^2.

VI 2 adn. dele (c); adde remmorum c.

p. 266 VI 6 sdn. scr. atrauitum e^2 pro artrauitum e^2.

VI 7 adn. dele c^1; scr. c pro c^2.

VI 11 adn. scr. c^2 pro c; adde ambianensius c^1.

VI 13 adn. scr. bonomensium c^1 pro bononinsium c^1.

VII 1 adn. scr. germanica c^1 pro germanica prima c^1.

VII 2 adn. scr. id est magont add. a^2 pro id est magontis add. a^2.

p. 267 VII 5 adn. scr. a pro a^1 dele warmatia add. a^2.

VIII 2 adn. scr. C^1c^1 agrippiniensium c^2 pro C^1c^2 agripinnensium c^1.

VIII 3 adn. scr. c^1 pro c; adde tungorium c^2.

IX 1 adn. scr. X a pro X a^1.

IX 5 adn. scr. a pro a^2, dele basilia add. a^1.

p. 268 IX 6 adn. scr. castrum] $BCabc^1de^2$ ciuitas Ac^2e^1. pro castrum $BCabcde^2$ ciuitas Ae^1.

IX 8 adn. scr. c pro c^2; dele argenturiense c^1.

X 1 adn. adde alpium graiarum et penninarum a^2 alpium

ADDENDA ET CORRIGENDA.

gracarum et peninarum c^1 alpium gratiarum et poeninarum c^2 alpium gratarum et pennanensium e^2.

X 3 adn. scr. id est ortodorus a^2 pro octoduro (a^2); dele (b^2); adde hoc est octodorum b^2.

XI 1 adn. scr. om. $BCabce$ pro om. $BCa^1b^1e^1$; adde expliciunt nomina ciuitatum regionis galliae inser. a^2.

XI 2 adn. scr. ce pro e^1; adde uionensis a^2 uienenŝ I b^2.

p. 269 XI 3 adn. scr. $BCab^2c^2de^1$ pro $BCab^2c^2de$; $b^1c^1e^2$ pro b^1c^1.

XI 5 adn. scr. BC^2a pro $BC^2ab^2c^2e^2$; bde^2 pro b^1d; adde gratiǫ̃politanorum c^2.

XI 6 adn. scr. a^1 pro a; adde nunc iuuarium a^2.

XI 7 adn. dele c^1; adde om. c^1; scr. C^1 detensium ade pro C^1a^2 detensium a^1de.

XI 14 adn. scr. c^1 pro c; adde auentiṇorum c^2.

p. 270 XII 1 adn. adde inequitaniae b^2 aquitaneca e^2.

XII 3 adn. scr. $ABbc^2e^2$ pro $ABa^2b(c^2e^2)$; scr. a pro a^1.

XII 6 adn. scr. b^1 pro b; adde cardurchorum b^2.

XII 8 adn. scr. c^1 pro c; adde gaualum c^2.

XIII 1 adn. adde aequitanie b^2 aquitaneca e^2.

XIII 4 adn. scr. a^2e^2 pro a^2; dele ecolismensium. (e^2).

p. 271 XIII 5 adn. scr. b^2 pro (b^2).

XIV 1 adn. scr. b pro b^1; dele acquitaniae III add. b^2; adde noū pupolař e^2.

XIV 4 adn. scr. de; pro de^1; dele latoratium e^2.

XIV 6 adn. dele b^2; scr. Cb pro Cb^1.

XIV 9 adn. scr. add. a^2 manu secunda pro add. a^2.

p. 272 XV 1 adn. scr. c^2d pro d; adde narbonensium a^2 narbonenŝ I c^1 narbonŝ prm̄ e^2.

XV 2 adn. scr. c^2 pro c; adde narbonŝ c^1.

XV 9 adn. scr. $A^{1\cdot 2}abcde^2$ pro $A^{1\cdot 2}ab(c)d(e^2)$.

p. 273 XVI 1 adn. adde narb II c^1 narbonensium II c^2 narbonsm̃ II e^2.

XVII 1 adn. scr. (uienŝ IIII et in b^2) pro (et in b^2).

Typis Breitkopfii & Haertelii Lipsiensium.

CPSIA information can be obtained
at www.ICGtesting.com
Printed in the USA
LVHW031651210619
621985LV00001B/39/P